현대 우리 말본

하치근 지음

도서
출판 박이정

▲지은이 소개
· 경남 진주에서 태어남
· 동아대학교 문과대학 국어국문학과와 부산대학교
  대학원 국어국문학과 마침(문학박사)
· 현재 동아대학교 인문대학 한국어문학부 교수
· 한글 학회 이사

지은 책 ≪국어 파생형태론≫(1989)
        ≪남북한 문법 비교 연구≫(1993)
        ≪우리 말본의 이해≫(1999)
        ≪화법 개론≫(1999, 구현옥과 같이 엮음)
        ≪성공적인 말하기·듣기≫(2003, 구현옥과 같이 엮음)

현대 우리 말본

|1쇄 발행| 2002년 7월 20일
|2쇄 발행| 2004년 8월 31일

|지은이| 하치근
|펴낸이| 박찬익

|펴낸곳| 도서출판 **박이정**
        130-070 서울시 동대문구 용두동 129-162
        전화 : 922-1192~3, FAX : 928-4683
        인터넷 http://www.pjbook.com, book@pjbook.com
        온라인 (국민) 729-21-0137-159

|등록번호| 1991년 3월 12일 제1-1182호
|ISBN| 89-7878-587-5 93710

정가 15,000원
※ 저자와 협의하여 인지를 생략합니다.
※ 잘못 만들어진 책은 바꾸어 드립니다.

현대 우리 말본

1999년 2월에 나는 말본갈의 교재로 《우리 말본의 이해》를 펴내었다. 그 동안 이 책을 교재로 삼아 강의를 해 오는 가운데 부족한 점이 눈에 띄어 고침판을 내려고 마음먹었다. 그리하여 거슬리는 부분을 다듬고 보충할 내용을 더한 결과 본래의 체재에 많은 변화가 생겼다. 그래서 처음의 계획을 바꾸어 고침판보다는 《현대 우리 말본》이란 이름으로 새 책을 펴내기로 했다.

이 책의 특징은 다음과 같다.

첫째, 전체적으로 연역적인 기술 방법을 취했다. 말본갈의 강의는 이미 세운 말본 범주를 이해시키고 나아가 새로운 말본 범주를 세우도록 지도하는 데 그 목적이 있다. 지금까지 나의 경험에 의하면, 강의 시간에 말본 범주에 대한 기본적인 이해의 바탕을 마련해 주지 못하고 부분적인 설명에 얽매이다가 강의를 끝내곤 했었다. 곧 숲은 보여 주지 못하고 나무만 보여 주는 강의가 된 셈이었다. 이와 같은 점을 보완해 나가기 위하여 읽는이가 말본 현상의 전체적인 면을 개관해 보고 학습해 나갈 수 있도록 말본의 얼거리와 우리말의 말본 범주에 대한 종합적인 내용을 기술했다.

둘째, 우리말의 공시적인 말본 현상을 체계적으로 이해하기 위하여 우리 말본의 형성 배경을 기술했다. 지금까시의 밀본 연구의 흐름이 공시적인 현상과 역사적인 현상을 뒤섞시 말아야 한다는 원칙 아래 주로 공시적인 현상만을 다루어 왔다. 현재의 말본 현상을 종합적으로, 객관적으로 이해할 수 있는 안목을 갖기 위해서는 우리 말본이 형성되어 나온 역사적인 배경을 이해하는 일이 필요하다는 생각이 바탕이 되었다.

셋째, 북한의 말과 글을 개괄적으로 소개했다. 1980년대부터 남한과 북한 사이에 해빙의 분위기가 조성되자 북한의 말과 글에 대한 연구가 시작되어 지금까지 상당한 성과를 거두어 왔다. 이와 같은 연구 결과로 분단 반세기 동안에 남북한의 말과 글 사이에 점점 이질화가 심화되고 있다는 사실이 밝혀졌다. 앞으로 다가올 통일에 대비하여 ≪통일 맞춤법≫을 만들기 위한 여건 조성을 위하여 북한의 말과 글에 대한 이해가 필요하다는 생각에서 기본적인 면을 기술했다.

이 책은 크게 3부로 나누고 모두 13장으로 짜여졌다.

제1부는 '총론' 편으로 우리 말본의 본질을 이해하기 위한 기초적이고 주변적인 내용을 기술하였다. 2장에서는 말본 범주의 이해를 통하여 우리 말본 연구에 대한 조감적 안목을 기르도록 했으며, 3장의 우리 말본 형성 배경의 이해를 통하여 말본의 역사적 흐름을 개관해 볼 수 있도록 했다.

제2부 '형태론' 편에서는 형태소의 됨됨이와 종류, 형태소가 결합하여 낱말을 이루거나 거꾸로 낱말을 형태소로 분석하는 방법을 다루었다. 그리고 씨가름의 기준을 이해하고 실제적으로 씨가름을 하는 방법 및 준굴곡법, 굴곡법, 영굴곡법 등 형태론 전반을 기술했다.

제3부 '통어론' 편에서는 월을 이루는 월성분들이 어떠한 절차를 밟아 어떠한 짜임새를 이루는가를 밝히고 월을 짜임새와 의향(태도)에 따라 나누었다. 그리고 하임법, 임음법, 때매김법, 높임법, 지움법에 나타나는 말본 요소들의 통어적 기능을 다루었다.

각 장의 끝에는 '정리 문제'를 실어 읽는이 스스로가 보충 학습과 심화 학습을 겸할 수 있도록 했다. '정리 문제' 다음에는 그 장과 관련있는 '참고 문헌'을 소개하여 읽는이 스스로가 보충해야 할 내용을 보완해 나갈 수 있도록

했다. 이 책에는 우리말로 된 용어를 쓰는 것을 원칙으로 삼았으나 부득이한
경우에는 한자말 용어도 곁들였으며 끝 부분에는 우리말과 한자말 용어의
대비표를 붙여 이해를 돕도록 했다.

　끝으로 책을 펴내는 과정에서 의욕만 앞서고 그 동안의 공부가 모자람을
새삼 느꼈다. 같은 길을 걷고 있는 많은 분들이 깨우침을 주시기를 간절히
바란다. 그리고 설익은 원고가 이렇게 단정한 모양의 책이 되도록 수고해 준
박이정 출판사의 편집진에 고맙다는 인사를 드린다.

2002년 6월 21일

지은이

제1부 총론

제1장 말본의 얼거리

제2장 말본 범주

제3장 말본의 형성 배경

제2부　형태론

제9장 굴곡법(풀이씨의 씨끝바꿈)

제3부 통어론

제11장 월의 성분

제12장 월의 갈래

제1부
총 론

제1장 말본의 얼거리

물고기가 물을 떠나서 살 수 없듯이 사람이 말을 사용하지 않고서는 육체적인 삶은 누릴 수 있어도 정신적인 삶은 누릴 수가 없다. 그러므로 말은 사람이 정신적인 삶을 누리기 위해서는 반드시 있어야 한다. 우리의 사회 생활도 말 없이는 유지되기 어려우며 우리의 사고 역시 말 없이는 기대하기 어렵다.

따라서 지구상의 모든 문명한 나라에서는 나라말 교육을 통해서 이러한 분야를 가르치기에 힘쓰고 있는데 말본 교육은 나라말 교육의 길잡이로서 나라말의 본질적인 체계를 이해시키는 데 그 목적이 있다. 그러므로 우리가 우리말을 정확히 알고 이를 올바르게 사용하려면, 우리말의 말본에 관한 규칙 전반에 대하여 알아두어야 한다.

    (1) ㄱ. *꽃이 빨간 예쁘다.
       ㄴ. *빡란 꽃이 예쁘다.
       ㄷ. *빨 간꽃 이 ·예쁘다.

위의 (1ㄱ)은 낱말의 배열 순서를, (1ㄴ)은 음소 배열 순서를 지키지 않았고 (1ㄷ)은 형태소의 경계 설정을 잘못 했기 때문에 비정상적인 월이 되었다.

여기서 우리가 알 수 있는 것은 우리말도 어떤 엄격한 규칙의 자배를 받고 있다는 사실이다. 곧 (1ㄱ)은 낱말의 배열 규칙을, (1ㄴ)은 음소의 배열 규칙을, (1ㄷ)은 형태소나 낱말의 경계 설정 규칙을 지켜야만 바른 월을 만들어 낼 수 있다. 따라서 말본 연구에서는 우리말이 어떠한 규칙에 의해서 어떠한 짜임새를 갖는가가 1차적인 관심사가 된다. 왜냐하면, 복잡한 규칙 체계인 언어는 그 규칙의 이해 없이는 음운적, 형태적, 통어적, 의미적인 특성을 파악할 수 없기 때문이다.

언어는 본질적으로 매우 복잡한 체계로 이루어져 있기 때문에 언어의 규칙은 몇 가지 다른 층위의 체계로 나누어서 이해하는 것이 좋다.

말본은 그런 층위 가운데 한 부문이다. 넓은 의미의 말본은 한 언어의 월을 이루는 체계 전반을 가리킨다. 그러나 말본은 이보다 좁은 의미로 쓰이는 일이 많다. 넓은 의미의 말본에서 이른바 음운론 분야와 의미론 분야를 제외한 부문이 좁은 의미의 말본이다.

우리말의 풀이씨는 줄기가 변하지 않는 것이 원칙이나 '먹다'의 줄기 '먹 - '은 음성적 환경에 따라서 '먹 - , 멍 - '으로도 바뀌며, '보아라, 잡아라' 등의 씨끝 ' - 아라'는 줄기 '가 - ' 밑에서는 ' - 거라'로 바뀐다. 이와 같이 하나의 형태가 서로 다른 환경에서 달리 실현되는 것은 형태소의 꼴바꿈에 의한 것이다.

또 형태소는 서로의 결합으로 더 큰 언어형식을 이루게 되는데, 이때 줄기 뒤에는 토씨가 붙을 수 없고 반드시 씨끝이 붙어야 하며 앞가지나 뒷가지는 자립적으로 쓰이시 못하고 뿌리의 앞이나 뒤에 놓여 새말을 만든다. 이와 같은 현싱은 형태소의 '결합'에 의한 것이다.

형태소는 그 됨됨이와 갈래와 그것이 결합되는 방법이 겨레말에 따라 다른데, 그것이 모여서 낱말을 이루는 방법이나 어떤 낱말을 형태소로 나누는 방법을 연구하는 말본의 한 부문을 형태론이라고 한다.

(2)　　저 곳이 나의 <u>고향이다</u>.

(2)와 같이 우리말의 월에서는 잡음씨 '이다'가 홀로는 풀이말이 되지 못
하고 임자씨 '고향'과 더불어 풀이말이 될 수 있다.

(3) ㄱ. <u>영희가</u> <u>마음씨가</u> 곱다.
　　ㄴ. 친구들이 <u>나를</u> <u>등</u>을 밀어 무대에 나서게 하였다.

(3ㄱ)과 같이 우리말에서는 두 개의 임자말을 취해서 큰 임자말 '영희가'에
대하여 작은 임자말 '마음씨가'가 '곱다'와 더불어 풀이말이 되는 겹임자말을
가진 월의 짜임이 가능하고, (3ㄴ)과 같이 겹부림말을 가진 월의 짜임도 가능
한데 이와 같은 현상들은 모두 월성분의 통합에 관한 것이다.

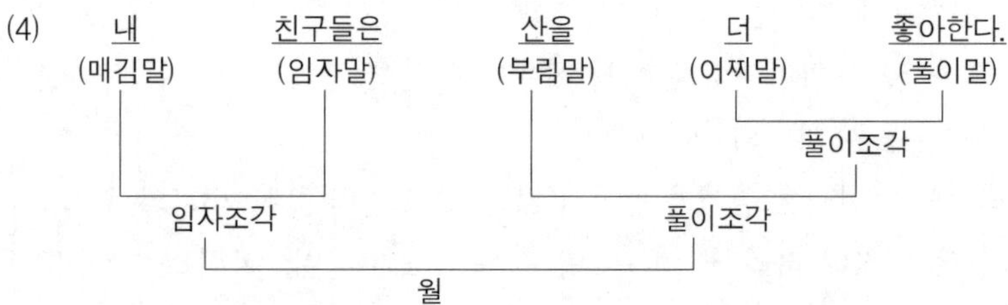

(4)의 월은 일차적으로 임자조각인 '내 친구들은'과 풀이조각인 '산을 더
좋아한다'로 나누어진다. 임자조각은 다시 매김말인 '내'와 임자말인 '친구
들은'으로 나누어지고 풀이조각은 부림말 '산을'과 풀이조각 '더 좋아한다'
로 나누어지며 풀이조각은 어찌말 '더'와 풀이말 '좋아한다'로 나누어진다.
　이와 같이 월이 여러 겹의 층위로 이루어진다는 것은 말이 지닌 중요한
특성의 하나로 이를 올바르게 인식하는 일은 말의 짜임새를 파악함에 있어
서 매우 중요한 일이다.

말본 연구에서 하는 중요한 일 가운데 하나는 이처럼 월이 어떠한 절차를 밟아 어떠한 짜임새의 모습으로 이루어지는가를 밝히는 것인데 이와 같은 연구 분야를 통어론이라고 한다.

1.2. 말본의 유형

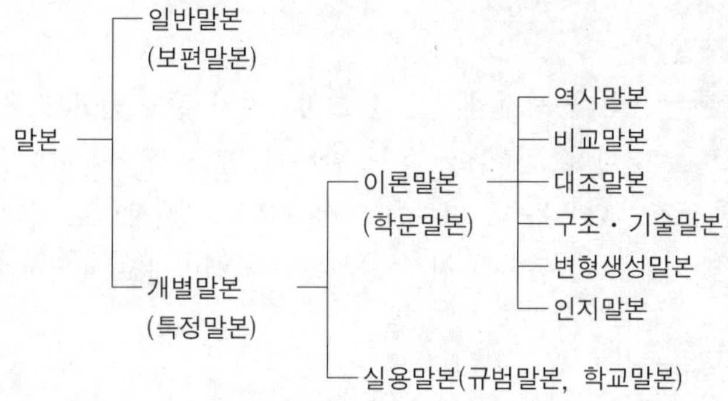

일반말본(보편말본) : 한 언어의 말본 현상을 독자적인 현상으로 파악하려는 개별말본에 비하여 일반말본은 모든 겨레말들이 궁극적으로 어떤 동일한 규칙으로 이루어져 있다는 이론적 바탕 위에서 말의 보편성을 추구하는 입장의 말본 연구를 말한다.

개별말본(특징말본) : 개별말본은 일반말본에 상대가 되는, 개별적인 말을 대상으로 한 말본을 말한다. 개별말본은 일반말본의 이론을 예정하지 않고는 성립되지 못하며 일반말본은 개별말본을 기초로 하지 않고서는 성립하지 못한다.

개별말본은 다시 연구 태도의 차이에 따라 이론말본(학문말본)과 실용말본(규범말본, 학교말본)으로 나누어진다.

이론말본(학문말본) : 이론말본은 학문말본 또는 과학말본이라고도 한다. 말을 과학적인 방법으로 연구하려는 목적 아래 말본적인 현상을 있는 그대로 객관적이며 과학적으로 체계화하고 기술하는 말본이다. 이론말본은 실용말본에 대립되는데 연구자의 태도와 연구 대상에 따라 역사말본, 비교말본, 대조말본, 구조·기술말본, 변형생성말본, 인지말본 등으로 나뉜다.

① 역사말본

역사말본은 말본을 시간의 흐름을 고정시키지 않고 언어사적인 관점에서 통시적으로 설명한다. 곧 구조·기술말본이 말을 시간의 흐름을 고정시킨 정태적 현상으로 다루는 데 비하여 역사말본은 시간적으로 바뀌고 있는 말의 진화하는 현상, 곧 동태적 현상을 계통있게 해명하고 체계화하는 것이다.

② 비교말본

비교말본은 친족 관계에 있는 말들 사이의 말본적인 사실을 연구하여 조어(祖語, Parent language)의 재구(reconstruction)에 이바지하는 말본이다.

곧 같은 어족의 말이 서로 어떠한 관계에 있고, 얼마나 친근한 사이이며, 과거에 어떠한 친족 관계를 가졌는가를 연구한다.

우리말의 비교말본은 알타이말과의 비교 연구로 친족 관계가 밝혀지고 위치가 결정된다.

③ 대조말본

대조말본은 서로 계통이 다른 말의 말본을 대조하여 그 차이점을 연구하는 말본이다. 우리말과 영어의 말본을 대조 연구하면 높임법, 어순 등에 많은 차이를 발견할 수 있다.

④ 구조·기술말본

구조·기술말본은 연구 대상이 되는 말의 모습을 공시적인 관점에 서서 말본 현상을 있는 그대로 기술하는 말본이다.

이때 기술은 처방하는 입장이 아니기 때문에 그만큼 과학적이다. 따라서 구조·기술말본은 규범을 중시하는 학교말본보다 더 과학적이며 실증적인 방법의 말본으로 평가된다. 그러나 있는 그대로의 기술은 단순한 관찰일 뿐, 그 속의 원리를 설명하지 않는다고 하여, 설명을 목표로 하는 말본과 대립하여 평가하기도 한다.

⑤ 변형생성말본

변형생성말본은 합리론에 입각한 변형생성 이론을 바탕으로 한 말본으로서 구조·기술말본이 기계적으로 언어 자료를 수집, 분류, 정리하는 데 대한 반발로 등장한 말본이다.

촘스키는, 소쉬르의 랑그에 해당되는 면을 언어능력이라 하고, 빠롤에 해당되는 면을 언어운용이라고 했다. 그러나 랑그와 언어능력이 다른 점은, 랑그가 에르곤적인데 비해 — 촘스키는 그렇게 해석했다 — 언어능력은 에네르게이아적이다. 그리하여 촘스키는 언어능력을, 포르롸얄 말본의 이론을 좇아 속짜임새와 겉짜임새의 이차원적인 짜임새를 가진 것으로 파악하고, 이 두 짜임새를 만드는 과정을 변형과 생성의 정신 활동으로 보았는데, 이것은 언어를 에네르게이아로 본 훔볼트의 영향이다.

변형생성말본은 과거의 언어학 이론에 머무르지 않고 한 걸음 나아간 특색을 지니고 있다. 곧 변형생성말본에서는, 어떠한 특정한 월도 해석하지 않으면 안 될 뿐 아니라 지금까지 한 번도 나타나지 않은, 그러나 나타날 가능성이 있는 월까지도 포함한 한 언어의 모든 월을 만들어 내어야 한다는 목표를 가지고 성립한 말본이다.

6 인지말본

인지말본은 언어를 통일된 조직체로 보지 않고 여러 조직이나 체계들의 한 조립체로 보는 통합주의를 바탕으로 하면서 변형생성말본의 분석주의에 대한 반발로 생겨났다.

언어란 의사소통이라는 목적을 위하여 운용되는 유기적인 조직체이기 때문에 각 체계나 조직이 저마다 독립적이고 자율적으로 움직이는 것 같지만, 실제로는 통합된 상태에서 운용될 수밖에 없다는 것이 인지말본적인 관점이다. 따라서 변형생성말본에서는 통사부와 어휘부, 음운부를 독립적인 체계로 보고 있는데 인지말본에서는 하나의 연속체로 통합되어 있는 것으로 보았다. 그리고 변형생성말본에서는 모든 언어 현상을 일정한 수의 원리와 규칙으로 설명할 수 있다고 보아 말본 연구의 궁극적인 목적을 보편말본의 이상을 실현하는데 두었다. 그러나 인지말본에서는 언어 현상 가운데는 어떤 원리나 규칙으로 설명할 수 없는 불분명한 현상들도 많으므로 언어의 개별성이나 다양성을 밝히는 일에 중점을 두었다.

인지말본의 출현으로 언어학의 연구 방향이 종전의 내부지향적인 것으로부터 외부지향적인 것으로 바뀌어 심리학이나 기호학, 생리학, 정보처리학, 컴퓨터공학 등과 같은 인접 학문과의 관련성 아래 넓은 범위에 걸쳐 언어 연구가 이루어지고 있다.

변형생성말본에서는 언어는 더 이상 변하지 않는 규칙의 집합 곧 선천적 능력으로 보고 꼴과 월 중심의 말본 연구가 기본을 이루었으나 인지말본에서는 언어는 늘 변하고 있는 한 묶음의 관습 곧 후천적인 능력으로 보고 뜻과 이야기(담화) 중심의 연구로 방향 전환을 했다.

실용말본(규범말본, 학교말본) : 실용말본은 내용면에서는 규범말본, 용도면에서는 학교말본이라고 하는데, 우리의 언어 생활을 올바르게 하기 위하여 규칙을 설정하고 그것을 지키도록 명령하는 말본이다. 학교에서 말본 교육의 목표는 말본갈이라고 하는 학교말본으로서의 지식이나 말본 이론의 체계를 중심으로 하는 체계 말본으로 인식되어서는 안 된다. 말본 교육은 우리의 언어 생활 속에서 실제로 직면하는 언어적 사실의 일반적 질서, 곧 말본적 지식을 학습하고, 과거의 언어 생활을 반성하는 능력을 기르며, 동시에 정확한 언어 표현의 요령을 습득시키는 실제적 의의를 가지고 있다.

따라서 학교말본은 일정한 기준에 따라서 옳고 그름을 단정하기 때문에 언어의 시대적, 지역적, 사회적 위상성을 무시하는 경향이 있다.

【정리문제】

1. 우리의 삶에 있어서 말이 중요한 까닭을 생각해 보라.

2. 나라말 교육의 필요성에 관하여 정리해 보라.

3. 아래 월이 말본에 어긋난 까닭을 말하고 바르게 고쳐 보라.
   (가) 꽃이 빨간 예쁘다.
   (나) 일주일이 시간을 지나갔다.
   (다) 신문이 철수를 읽는다.

4. 넓은 의미에서 본 말본의 연구 영역과 좁은 의미에서 본 말본의 연구
   영역을 구분하여 설명하라.

5. 언어형식(linguistic form)과 음성형식(phonetic form)을 설명하라.

6. 형태론(Morphology)의 연구 영역과 통어론(Syntax)의 연구 영역을 정리해 보라.

7. 비교말본과 대조말본의 연구 경향을 정리해 보라.

8. 구조·기술말본과 변형생성말본의 연구 경향을 정리해 보라.

9. 학교 말본의 연구 목적 및 경향을 정리해 보라.

10. 세계의 언어를 계통별로 나누고 기준과 그 갈래를 정리해 보라.

11. 세계의 언어를 유형별로 나누고 그 특징을 정리해 보라.

●참고문헌

김진우(1999), ≪인지언어학의 이해≫, 한국문화사.

김형규(1962), ≪국어학 개론≫, 일조각.

남기심·이정민·이홍배(1984), ≪언어학 개론≫, 탑출판사.

박지홍(1992), ≪우리 현대말본≫, 과학사.

이을환·이철수(1983), ≪한국어 문법론≫, 개문사.

이길록(1975), ≪국어문법 연구≫, 일신사.

이익섭·임홍빈(1983), ≪국어문법론≫, 학연사.

허　웅(1981), ≪언어학≫, 샘문화사.

______(1983), ≪국어학≫, 샘문화사.

제2장 말본 범주

언어 활동은 말할이, 들을이, 시간, 공간, 언어 내용 등 여러 요소들의 복합적인 관계 속에서 이루어진다. 이때 언어 활동의 여러 요소 사이의 관계를 말본의 관념이라 하고, 이러한 말본의 관념이 월에서 실현되는 범주를 말본 범주라 한다. 이 장에서는 말본 범주의 유형을 검토하고 그 실현 방법에 대하여 살펴 볼 것이다.

2.1. 말본 범주의 유형

말본 범주를 합리적으로 이해하기 위해서는 그 유형을 분류하여 체계적으로 파악하는 일이 중요하다. 이를 위하여 객관적으로 타당한 분류 기준을 마련해야 하는데, 말본 범주는 그 관념이 상당히 복잡하고 실현되는 방법도 다양하므로 객관적인 기준의 설정이 그리 쉽지 않다.

따라서 타당한 기준을 설정하려면 말본의 관념부터 검토해야 한다. 말본의 관념은 어휘적인 관념과 대립되는 개념으로서, 언어 활동의 환경이나 순수한 통어상의 관계 개념을 가리킨다. 언어 활동의 환경이란 들을이에 대한 말할이의 태도와 언어 내용에 대한 말할이의 판단이며, 통어상의 관계란 월을 이루는 구성 성분들 사이의 여러 가지 관계를 말한다. 이러한 말본의 관념에 따라 우리말의 말본 범주를 분류해 보면 다음과 같다.

(1) 말본 범주의 유형
  ㄱ. 언어 활동의 환경에 따라
   ① 말할이의 들을이에 대한 태도 : 마침법(의향법), 들을이높임법
   ② 말할이의 언어 내용에 대한 판단 : 때매김법
  ㄴ. 통어상의 관계에 따라
     자리(격), 주체높임법, 객체높임법, 하임법, 입음법

마침법(의향법) : 마침법은 월을 끝맺으면서 들을이에 대한 말할이의 태도를 나타내므로 달리 의향법이라고 부르기도 한다. 마침법은 말할이의 들을이에 대한 태도에 따라 크게 둘로 나누어진다. 하나는 들을이에게 특별한 요구 없이 들을이에게 자기의 할 말을 해 버리거나(평서법), 자기의 느낌을 나타내거나(느낌법), 또는 들을이에게 무언가 약속을 하면서(약속법) 월을 끝맺는 방법이다. 이러한 범주를 서술법이라 한다.

다른 하나는 말할이가 들을이에게 무언가 요구하면서 월을 끝맺는 방법이다. 이것은 다시 들을이에게 대답을 요구하는가, 행동을 요구하는가에 따라 둘로 나눌 수 있다. 이때 대답을 요구하는 경우를 물음법이라 한다. 그리고 행동을 요구하는 경우에는 들을이만의 행동을 요구하는 시킴법과 들을이에게 자기와 함께 행동하기를 요구하는 꾀임법 두 가지로 갈라진다(허 웅, 1993 : 225).

(2) 마침법(의향법)의 유형
  ㄱ. 들을이에게 요구함이 없음
     서술법(평서법, 느낌법, 약속법)
  ㄴ. 들을이에게 요구함이 있음
   ① 대답의 요구 : 물음법

② 행동의 요구 ┌ 들을이의 행동 요구 : 시킴법
              └ 함께 하기를 요구 : 꾀임법

높임법 : 높임법은 말할이가 언어 활동에 나타나는 사람에 대해 높임의 의도를 실현하는 말본 범주이다. 높임법에는 두 가지 하위 범주가 있다. 하나는 언어 활동의 환경상의 높임법이고 다른 하나는 통어상의 높임법이다.

언어 활동의 환경에는 반드시 들을이가 포함되는데, 이때 말할이가 들을이를 높이는 방법을 '들을이높임법'이라 한다. 월에는 임자말로 지시되는 사람(주체)과 부림말이나 위치말로 지시되는 사람(객체)도 있다. 여기서 말할이가 주체나 객체를 높이는 것을 통어상의 높임법이라 한다. 통어상의 높임법은 높임의 대상에 따라 '주체높임법'과 '객체높임법'으로 나누어진다. 그런데 현대 국어에서는 객체높임법이 점차 들을이높임법에 통합되어 그 범주가 소멸되는 과정에 있다.

(3) 높임법의 유형
 ㄱ. 언어 활동의 환경
    들을이높임법
 ㄴ. 통어상의 관계
  ① 임자말과 관계됨 : 주체높임법
  ② 부림말 또는 위치말과 관계됨 : 객체높임법

때매김법 : 때매김의 관념은 '말할이가 말하고 있는 때(발화시)'와 '움직임이나 상태를 드러내고 있는 때(사건시)'와의 관계에 따라 이적(현재), 지난적(과거), 올적(미래)으로 나누어진다.

⑷ 때매김법의 유형
　ㄱ. 사건시와 발화시의 앞뒤 관계에 따라
　① 이적때매김
　② 지난적때매김
　③ 올적때매김
　ㄴ. 경험과 돌이킴의 관계에 따라

④ 돌이킴때매김 ┌ 이적 돌이킴때매김
　　　　　　　　├ 지난적 돌이킴때매김
　　　　　　　　└ 올적 돌이킴때매김

이적은 발화시와 사건시가 일치하는 때이며, 지난적은 사건시가 발화시에 앞서는 때이며, 올적은 발화시가 사건시에 앞서는 때이다. 우리말에만 나타나는 특수한 때매김으로 돌이킴때매김(회상시제)이 있다. 이 때매김은 말할이 자신이 직접 경험한 일을 때나 곳을 옮겨 회상하고 이를 들을이에게 보고하는 때매김으로 이적, 지난적, 올적과의 결합이 가능하다.

따라서 이 때매김은 이적, 지난적, 올적과 대등한 위치에 있지 않고 한 단계 높은 층위에 있는 특수한 때매김이다.[1]

자리(격) : '자리'란 월을 만드는 성분의, 그 월에서 차지하는 지위, 바꾸어 말하면 한 성분의 다른 성분에 대한 관계이다. 따라서 자리는 관계 개념에 따라 규정된다(허 웅, 1983:198).

그런데 풀이말은 여러 월성분 가운데 가장 중심적인 지위를 가진다고 할 수 있다. 그것은 풀이말이 다른 월성분과 달리 생략되는 경우도 거의 없을 뿐 아니라 여러 가지 말본상의 중요한 정보를 나타내기 때문이다.

---

1) 허 웅(1993 : 242 - 244)은 우리말의 때매김의 관념을 대립되는 두 관념의 짝으로 나타내어 현실적인 것과 그렇지 않은 것, 결정된 것과 그렇지 않은 것으로 대립시키고 있다.

　　현실성 ┌ 있음 - 현실법　　　결정성 ┌ 있음 - 완결법
　　　　　 └ 없음 - 회상법　　　　　　　 └ 없음 - 미정법

월의 구성도 이러한 풀이말에 여러 성분들이 직접으로 또는 간접으로 이끌려서 이루어지게 되는 것이다. 이처럼 여러 성분들이 풀이말에 이끌리는 관계를 기능이라 부른다(허 웅, 1983:203).

이러한 점에서 풀이말은 월 안에서 중요한 지위를 가지기는 하지만 기능을 가지지는 않는다고 할 수 있다. 우리말의 '자리'를 기능에 따라 분류하면 다음과 같다.

    (5) 자리의 유형
     ㄱ. 직접 기능
       임자자리, 부림자리, 위치자리, 방편자리, 견줌자리
     ㄴ. 간접 기능
       매김자리, 부름자리

임자말이나 부림말 등은 풀이말에 직접 이끌리므로 직접 기능을 갖는다. 그러나 매김말이나 부름을 나타내는 홀로말은 풀이말에 직접 이끌리지 않는다. 그러나 이들도 풀이말에 이끌려 만들어진 통어적 짜임새와 전혀 관계를 맺지 않는 것은 아니다. 그러므로 이들의 풀이말에 대한 관계는 간접 기능이라 할 수 있다.

하임법과 입음법 : '하임'은 월의 임자가 직접으로 실질적 움직임을 하지 아니하고, 남에게 그 움직임을 하게 하는 형식적인 움직임을 말한다(최현배, 1971:410).

이러한 하임의 상황을 실현하는 말본 범주가 하임법이다.

    (6) ㄱ. 학생이 책을 읽는다.
      ㄴ. 선생님이 학생에게 책을 읽힌다.
      ㄷ. 선생님이 학생에게 책을 읽게 한다.

(6ㄴ, ㄷ)은 하임법이 실현된 월인데, 이를 (6ㄱ)과 비교해 보면 자리(격)가 바뀌었음을 알 수 있다. 즉 (6ㄱ)에서 임자자리에 있던 '학생'이 (6ㄴ, ㄷ)에서는 위치자리로 이동하고, 새로운 임자자리에 '선생님'이 들어왔다. 결국 하임법은 어떤 상황의 임자자리를 다른 자리로 옮기고, 새로운 행위자를 임자자리로 끌어 들임으로써 자리수를 늘리는 표현이라 할 수 있다.

하임법의 실현에는 (6ㄴ)과 같이 풀이말에 파생의 가지를 붙이는 파생의 방법과 (6ㄷ)과 같이 도움풀이씨를 붙이는 통어적 방법을 사용한다.[2]

'입음'은 월의 임자가 남의 힘을 입어서 움직임을 하는 것이다(최현배, 1971:420).

이러한 입음의 상황을 실현하는 말본 범주가 입음법이다.

   (7) ㄱ. 경찰이 도둑을 잡았다.
       ㄴ. 도둑이 경찰에게 잡혔다.

입음법에서도 자리(격)의 바뀜이 일어난다. (7ㄱ)의 임자자리는 (7ㄴ)에서 위치자리로 바뀌었으며, (7ㄱ)의 부림자리는 (7ㄴ)에서 임자자리로 바뀌었다. 이로 보아 하임법이 자리수를 늘리는 과정이라면 입음법은 자리수를 줄이는 과정이라 하겠다. 왜냐하면, 하임법은 새로운 행위자를 끌어 들이기 때문에 자리수가 늘어나지만 입음법에서는 원래의 행위자가 위치 자리로 옮기어 그 기능이 약화된 관계로 일상적인 쓰임에서는 위치 자리의 월성분을 생략하는 것이 일반적이므로 자리수를 줄이는 과정으로 볼 수 있다.

---

2) '파생의 방법'을 통어적 방법과 대칭 관계에 놓이는 '형태적 방법'이라고도 하는데, 굴곡가지에 의한 굴곡의 방법도 형태적 방법에 포함된다. 여기서는 이 두 방법을 구분하기 위해서 '형태적 방법'을 '파생의 방법'으로 부르기로 한다.

(8) ㄱ. 스스로움직임(주동) → 하임(사동)
                          자리바꿈
                          행위자 끌어들임
                          자리 내림
                          자리수 늘림
    ㄴ. 제힘움직임(능동) → 입음(피동)
                          자리바꿈
                          행위자 기능 약화
                          자리 올림
                          자리수 줄임

2.2. 말본 범주의 실현 방법

말본 범주는 굴곡의 방법으로 실현되는 것이 일반적이다. 특히 교착어인 우리말에 있어서는 굴곡가지에 의해 말본의 관념을 나타내는 일이 대부분이므로 굴곡 범주가 곧 말본 범주를 가리키는 것으로 인식되기도 한다. 그러나 말본 범주의 실현이 전적으로 굴곡의 방법에만 의존하는 것은 아니다. 하임법이나 입음법의 경우에는 파생의 방법이나 통어적 방법에 의해 실현되는 모습을 볼 수 있다.

마침법(의향법)의 실현 방법 : 마침법은 말을 마치면서 동시에 말할이의 들을이에 대한 태도를 나타내는 말본 범주이다. 마침법은 맺음씨끝에 의해 실현되는 것이 일반적이지만 동일한 형태의 맺음씨끝이 억양의 차이로써 말할이의 태도를 달리 나타내는 경우도 있다.

(9) 마침법의 실현
   ㄱ. 굴곡의 방법 : 맺음씨끝
   ㄴ. 음운적 방법 : 억양

굴곡의 방법 : 굴곡의 방법으로 마침법이 실현되는 경우는 마침법의 하위
범주에 따라 다음과 같이 정리할 수 있다.

① 서술법

서술법이란 들을이에게 특별히 요구하는 일이 없이 월을 끝맺는 방법이
다. 여기에는 들을이에게 단순히 자기의 할 말을 해 버리는 '평서법', 자기의
느낌을 나타내는 '느낌법', 들을이에게 무언가 약속을 하는 '약속법'이 있다.

> (10) ㄱ. 꽃이 <u>아름답다</u>.
> ㄴ. 이 곳에도 꽃이 <u>피었네</u>.
> ㄷ. 오늘은 기분이 <u>좋으이</u>.
> ㄹ. 저 곳이 내 <u>고향일세</u>.

(10ㄱ～ㄹ)은 평서법이 실현된 월이다. 평서법은 주로 맺음씨끝 '- 다,
- 네, - 으이, - ㄹ세' 등으로 실현된다. 평서법 씨끝은 풀이씨 줄기에 바로
붙기도 하고, 때매김이나 주체높임을 나타내는 안맺음씨끝을 앞세워 결합하
기도 한다. 이 가운데 '-ㄹ세'는 반드시 잡음씨에 결합된다. 그리고 평서법
씨끝에는 이 밖에도 들을이높임을 아울러 나타내는 '-습니다', 예스러운 형
태 '- 오리다, - 올시다, - 오이다, - 사오이다'가 있으며, 억양에 따라 다
른 범주를 나타내기도 하는 '- 어, - 지, - 으오, - 소' 등이 있다.

> (11) ㄱ. 너 참 <u>예쁘구나</u>.
> ㄴ. 오늘도 비가 <u>오는군</u>.
> ㄷ. 기어이 그 문제를 <u>해결하셨구려</u>.
> ㄹ. 아이구, <u>좋아라</u>.

(11ㄱ～ㄹ)은 맺음씨끝 '- 구나, - 군, - 구려, - 아라'에 의해 느낌법이
실현된 월이다. 이들 씨끝은 풀이씨 줄기에 바로 붙기도 하고, 때매김이나

주체높임을 나타내는 안맺음씨끝을 앞세워 결합하기도 한다. 느낌법 씨끝에는 이 밖에도 예스러운 형태 '-도다'와 억양에 따라 범주가 달라지는 '-어, -지, -구려' 그리고 '-은걸, -는걸, -을걸' 등이 있다.

    (12) ㄱ. 돌아오는 일요일쯤 내려 <u>가마</u>.
        ㄴ. 그 책은 내일 <u>읽을게</u>.
        ㄷ. 그곳에는 내년 여름에 <u>다녀옴세</u>.

(12ㄱ~ㄷ)은 약속법 씨끝 '-으마, -을게, -음세'에 의해 약속법이 실현된 월이다. 약속법 씨끝은 그림씨, 잡음씨와의 결합에 제약이 있으며 때매김법, 주체높임법 씨끝과의 결합에도 제약이 있다. 약속법의 실현은 억양에 따라 범주가 달라지는 맺음씨끝 '-어, -지'에 의해서도 이루어진다.

② 물음법

말할이가 들을이에게 대답을 요구하는 말본 범주가 물음법이다. 물음법에 사용되는 씨끝으로는 '-으냐, -니, -나, -은가, -을까, -습니까, -습디까' 등이 있다.

    (13) ㄱ. 너는 이 책을 <u>읽었느냐</u>?
        ㄴ. 밤에 비가 정말 <u>왔니</u>?
        ㄷ. 누가 이 문제를 <u>풀었나</u>?
        ㄹ. 회장이 그렇게 <u>똑똑하던가</u>?
        ㅁ. 그 애가 혼자 그곳에 <u>갔을까</u>?
        ㅂ. 그 사람은 언제 이곳에 <u>왔습니까</u>?

물음법 씨끝도 줄기에 바로 붙기도 하고, 때매김법이나 주체높임법의 안맺음씨끝을 앞세워 결합할 수 있다. 다만 '-으냐'가 줄기에 바로 붙거나 때매김법 씨끝 '-었-, -겠-'을 앞세울 때에는 반드시 '-느냐, -더냐'로 실현되고, '-은가'도 이러한 경우 반드시 '-는가, -던가'로 실현된다. 물음법을 나타내는 씨끝에는 이 밖에도 억양에 따라 마침법의 갈래가 달라지는 '- 어, - 지, - 으오, - 소' 등이 있다. 그리고 널리 쓰이지는 않지만 '- 으랴, - 을쏘냐, - 을손가, - 남, - 은감, - 게' 등이 물음법을 실현하기도 한다.

3 시킴법

시킴법은 말할이가 들을이에게 어떤 행동을 요구하는 말본 범주이다. 시킴법 씨끝으로는 '- 어라, - 으라, - 게, - 으십시오' 등이 쓰인다.

(14) ㄱ. 책을 빨리 <u>읽어라</u>.
     ㄴ. 선생님께서 이 책은 꼭 읽어 <u>보라</u>고 하셨다.
     ㄷ. 자네는 다음에 <u>오게</u>.
     ㄹ. 이 약은 반드시 식후에 <u>드십시오</u>.

시킴법 씨끝은 움직씨 줄기에만 붙을 수 있다. 그림씨나 잡음씨의 줄기와 연결될 수 없으며, 때매김의 안맺음씨끝과도 연결되지 않는다. 이러한 형태소 결합의 제약은 시킴법 씨끝의 특징이다. 이 가운데 '- 어라'는 형태론적 조건에 따라 '- 어라, - 거라, - 여라'로 변동된다. 그리고 따옴마디에는 '- 으라'가 쓰이기도 한다. 시킴법 씨끝에는 이 밖에도 '- 려므나, - 으소서'가 쓰이며, 억양에 따라 달리 표현되는 '- 어, - 지, - 으오, - 구려'가 쓰이기도 한다.

4 꾀임법

꾀임법은 말할이가 들을이에게 어떤 일을 함께 하기를 요구하는 말본 범주로서 맺음씨끝 '- 자, - 세, - ㅂ시다' 등에 의해 실현된다.

(15) ㄱ. 이번에는 같이 읽어 <u>보자</u>.
     ㄴ. 내일 같이 고향에 <u>가세</u>.
     ㄷ. 그 음식은 내일 <u>먹읍시다</u>.

꾀임법 씨끝은 움직씨 줄기에만 붙을 수 있다. 이러한 형태소 결합의 제약은 꾀임법 씨끝의 특징이라 할 수 있다. 이 밖에 꾀임법 씨끝으로 사용되는 것에는 억양에 따라 범주가 달라지는 '-어, -지, -으오, -구려'가 있다.

음운적 방법 : 마침법을 실현하는 씨끝 가운데 '-어, -지, -으오, -소, -구려' 등은 문맥에 따라 범주가 달라진다. 이때 문맥을 변별해 주는 것이 억양이다. 이처럼 마침법의 하위 범주는 음운적 방법에 따라 달라지기도 한다.

1 -어

억양으로 범주를 달리 실현하는 씨끝 가운데 가장 대표적인 형태이다. '-어'는 서술법, 물음법, 시킴법, 꾀임법 등 모든 마침법을 실현한다.

> (16) ㄱ. 나는 이제 막 제주도에 <u>도착했어</u>. (↘)
> ㄴ. 너는 한눈 팔지 말고 빨리 <u>읽어</u>. (↘)
> ㄷ. 여름이 오면 우리도 제주도에 <u>가</u>. (↘)
> ㄹ. 영수는 언제 고향에 다녀 <u>왔어</u>? (↗)

(16ㄱ~ㄷ)은 '-어'에 의해 서술법, 시킴법, 꾀임법이 실현된 월로서 이때의 '-어'는 내림 억양이다. 반면에 (16ㄹ)의 '-어'는 올림 억양으로 물음법을 실현하고 있다.

2 -지

'-지'도 내림 억양으로 서술법, 시킴법, 꾀임법을 실현하고, 올림 억양으로 물음법을 실현하는 것이 '-어'와 같다.

> (17) ㄱ. 어린 시절에는 참으로 <u>행복했지</u>. (↘)
> ㄴ. 너도 집으로 <u>가지</u>. (↘)
> ㄷ. 우리도 이번 여름에는 제주도로 <u>가지</u>. (↘)
> ㄹ. 너는 어제 어디에 <u>있었지</u>? (↗)

③ - 으오

'- 으오'도 내림 억양으로 서술법, 시킴법, 꾀임법을 실현하고, 올림 억양
으로 물음법을 실현하는 것이 '- 어'와 같다.

  (18) ㄱ. 나는 오늘도 거리를 <u>방황하오</u>. (↘)
      ㄴ. 당신도 집으로 <u>가오</u>. (↘)
      ㄷ. 우리도 함께 <u>가오</u>. (↘)
      ㄹ. 당신은 무슨 책을 <u>읽으오</u>? (↗)

④ - 소

'- 소'도 내림 억양으로 서술법을, 올림 억양으로 물음법을 실현시킨다.

  (19) ㄱ. 나는 이제야 책을 <u>읽소</u>. (↘)
      ㄴ. 당신은 무슨 책을 <u>읽소</u>? (↗)

⑤ - 구려

'- 구려'는 올림 억양으로 서술법(특히 느낌법)을, 내림 억양으로 시킴법
을 실현시킨다.

  (20) ㄱ. 저 애가 이제서야 <u>떠나는구려</u>. (↗)
      ㄴ. 당신도 친정에 한번 다녀 <u>오구려</u>. (↘)

높임법의 실현 방법 : 높임법은 말할이가 높이고자 하는 대상에 따라 주
체높임법, 객체높임법, 들을이높임법으로 체계화할 수 있다. 높임법의 실현
은 굴곡의 방법뿐만 아니라 파생의 방법으로도 실현된다.

  (21) 높임법의 실현
      ㄱ. 굴곡의 방법 : 토씨와 안맺음씨끝
      ㄴ. 파생의 방법 : 파생가지

굴곡의 방법 : 높임법은 자리토씨, 안맺음씨끝, 맺음씨끝과 같은 굴곡 가지로써 실현하는 것이 일반적이다.

   (22) ㄱ. 아버지 - 께서 학교에 가 - 시 - ㄴ다.
      ㄴ. 나는 이 책을 아버지 - 께 드렸다.
      ㄷ. 나는 어제 서울에 있었 - 습니다.
      ㄹ. 신 - 이여, 우리를 불쌍히 여기소서.
      ㅁ. 동생은 학교에 갔어 - 요.

(22ㄱ)은 주체높임법이 실현된 예로서, 임자말이 지시하는 대상인 '아버지'에 임자자리토씨 '-가' 대신 ' - 께서'를 붙임으로써 높임의 의도를 실현한 경우이다. 아울러 풀이씨의 줄기에 안맺음씨끝 ' - 시 - '가 붙은 것도 주체높임법을 실현하기 위한 것이다. 객체높임법은 (22ㄴ)과 같이 안맺음씨끝에 의하지 않고, 위치말이 지시하는 대상인 '아버지'에 위치자리토씨 ' - 에게' 대신 ' - 께'를 붙임으로써 실현된다. 들을이높임법은 (22ㄷ)과 같이 맺음씨끝 ' - 습니다'에 의해 실현되는 것이 일반적이지만 (22ㄹ)의 부름자리토씨 ' - 이여, - 이시여'나 (22ㅁ)과 같이 월을 끝맺는 들을이높임의 토씨 ' - 요'에 의해 실현된다.

   파생의 방법 : 높임법은 다양한 굴곡의 방법이 사용될 뿐 아니라 높임의 파생가지를 사용하여 실현되기도 한다.

   (23) ㄱ. 선생 - 님께서 오셨다.
      ㄴ. 우리는 새로운 선생 - 님을 모셨다.
      ㄷ. 선생 - 님, 그 일은 제가 처리하겠습니다.

(23ㄱ)은 임자말이 지시하는 대상인 '선생'에 파생가지 ' - 님'을 붙임으로써 주체높임법이 실현된 경우이고, (23ㄴ)은 부림말이 지시하는 대상인 '선

생’에 ‘-님’을 붙임으로써 객체높임법이 실현된 경우이다. (23ㄷ)은 파생의 방법으로 들을이높임법을 실현한 경우로서 들을이를 부르는 말에 파생가지 ‘-님’을 붙였다. 부르는 말은 항상 들을이를 지시하므로 말할이의 들을이에 대한 높임의 의도를 실현할 수 있다.

때매김법의 실현 방법 : 때매김법은 대개 안맺음씨끝 ‘-었-, -겠-, -으리-, -더-’와 맺음씨끝 ‘-은, -을, -는, -던’에 의해 실현되지만 ‘-고 있-’ 구성과 같은 통어적 방법에 의해 ‘진행상’이 실현되기도 한다.

(24) 때매김법의 실현
　　ㄱ. 굴곡의 방법 : 안맺음씨끝 ‘-었-, -겠-, -으리-, -더-’
　　　　　　　　　　맺음씨끝 ‘-은, -을, -는, -던’
　　ㄴ. 통어적 방법 : ‘-고 있-’

자리(격)의 실현 방법 : 자리는 월성분이 월 안에서 차지하는 지위, 곧 풀이말에 대하여 다른 월성분이 가지는 관계 개념이다. 자리의 실현이 어순에 의해 실현되는 언어도 있지만 우리말은 순전히 자리토씨에 의해 실현된다.

(25) 자리(격)의 실현
　　굴곡의 방법 : 자리토씨
　　　① 임자자리 : -이/가, -께서, -께옵서
　　　② 부림자리 : -을/를
　　　③ 위치자리 : -에, -에서, -에게, -한테, -께, -더러, -보고
　　　④ 방편자리 : -으로, -으로서, -으로써
　　　⑤ 견줌자리 : -와/과, -보다, -처럼, -하고,
　　　⑥ 매김자리 : -의
　　　⑦ 부름자리 : -아/야, -이여, -이시여

하임법의 실현 방법 : 하임법은 파생의 방법과 통어적 방법에 의해 실현된다.

(26) 하임법의 실현
    ㄱ. 파생의 방법 : 파생가지 '-이-, -히-, -리-, -기-, -우-, -구-, -추-'
    ㄴ. 통어적 방법 : '-게 하다'

파생의 방법 : 파생의 방법에 의한 하임법은 풀이씨 뿌리에 하임의 파생 가지를 붙여 이루어진다.

(27) ㄱ. 높다:높이다, 좁다:좁히다, 넓다:넓히다, 밝다:밝히다, 낮다:낮추다, 늦다:늦추다
    ㄴ. 속다:속이다, 익다:익히다, 웃다:웃기다, 날다:날리다, 비다:비우다
    ㄷ. 먹다:먹이다, 읽다:읽히다, 벗다:벗기다, 물다:물리다, 지다:지우다.

통어적 방법 : 통어적 방법에 의한 하임법은 통어적 구성 '-게 하다'로써 실현된다.

(28) 나는 철수에게 책을 <u>읽게 하였다</u>.

입음법의 실현 방법 : 입음법의 실현 방법도 파생의 방법과 통어적 방법이 있다

(29) 입음법의 실현
    ㄱ. 파생의 방법 : 파생가지 '-이-, -히-, -리-, -기-'
    ㄴ. 통어적 방법 : '-어 지다'

파생의 방법 : 파생의 방법에 의한 입음법은 풀이씨 뿌리에 입음의 파생 가지를 붙여 실현된다.

(30) 보다:보이다, 잡다:잡히다, 안다:안기다, 물다:물리다

통어적 방법 : 통어적 방법에 의한 입음법은 통어적 구성 '-어 지다'에 의해 실현된다.

(31) 문제가 김박사에 의해 <u>밝혀 졌다</u>.

【정리문제】

1. '말본 범주' 설정의 필요성을 생각해 보라.

2. 아래 낱말의 묶음을 말본 범주별로 구분해 보라.
   (가) 먹<u>었</u>다, 먹<u>겠</u>다, 먹<u>는</u>다
   (나) 먹<u>이</u>다, 숨<u>기</u>다, 돌<u>리</u>다
   (다) 업<u>히</u>다, 섞<u>이</u>다, 밀<u>리</u>다
   (라) 논밭, 돌다리, 봄비
   (마) 앉은<u>뱅이</u>, 앉<u>을깨</u>, 꽃<u>달</u>다
   (바) 본<u>다</u>, 보<u>는가</u>, 보<u>아라</u>, 보라

3. 우리말 말본 범주의 유형을 정리해 보라.

4. 말본 범주의 실현 방법에는 굴곡의 방법, 파생의 방법, 통어적 방법, 음운적 방법이 있다. 이들 실현 방법의 차이점을 구분해 보라.

5. 우리말 마침법(의향법)의 유형과 실현 방법을 정리해 보라.

6. 우리말 때매김법의 유형과 실현 방법을 정리해 보라.

7. 우리말의 자리(격)를 유형별로 정리하고 실현 방법을 생각해 보라.

8. 우리말 높임법의 유형과 실현 방법을 정리해 보라.

9. 우리말 하임법과 입음법의 말본적 특성을 살펴 보고 실현 방법을 정리해 보라.

10. 아래 글을 읽고 말본형태소를 가려 내어 말본 범주별로 정리해 보라.

"아! 신하가 한 명 왔구나!"
어린 왕자가 오는 것을 보자 왕이 큰 소리로 외쳤다.
그래서 어린 왕자는 이상한 생각이 들었다.
(나를 한 번도 본 적이 없는데 어떻게 나를 알아볼까?)
왕에게는 세상이 아주 간단하다는 것을 그는 알지 못했던 것이다. 모든 사람이
다 신하인 것이다.
"너를 좀더 잘 볼 수 있게 가까이 다가오라."
어떤 사람의 왕 노릇을 하게 된 것이 무척 자랑스러워진 왕이 말했다.
어린 왕자는 앉을 자리를 찾았으나 그 별은 흰 담비 모피의 그 호화스러운 망
토로 온통 다 뒤덮여 있었다. 그래서 그는 서 있었다. 그리고 피곤했으므로 하
품을 했다.
"왕의 면전에서 하품하는 것은 예절에 어긋나는 일이니라. 하품을 금지하노라."
임금이 말했다.
"하품을 참을 수가 없어요. 긴 여행을 해서 잠을 자지 못했거든요……."
어리둥절해진 어린 왕자가 말했다.
"그렇다면 네게 명하노니 하품을 하도록 하라. 하품하는 걸 본 지도 여러 해가
되었구나. 하품하는 모습은 짐에게는 신기한 구경거리니라. 자! 또 하품을 하
라. 명령이니라."
왕이 말했다.
"그렇게 말씀하시니까 겁이 나서…… 하품이 나오지 않는군요……."
얼굴을 붉히며 어린 왕자가 말했다.

(생텍쥐페리의 '어린 왕자' 중에서)

●참고문헌

고영근(1993), ≪우리말의 총체적 서술과 문법 체계≫, 일지사.

권재일(1994), ≪한국어 문법의 연구≫, 서광학술자료사.

서정수(1994), ≪국어 문법≫, 뿌리깊은나무.

최현배(1971), ≪우리 말본≫, 정음문화사.

허 웅(1983), ≪국어학≫, 샘문화사.

Jesperson, O.(1924), The philosophy of Grammar. George Allen & Unwin, Ltd.
　　　　　[이환묵·이석무 옮김(1987), ≪문법철학≫, 한신문화사]

제3장 말본의 형성 배경

3.1. 형성 과정

국어학 연구에 있어서 외래 이론의 최초 수용기로 볼 수 있는 것은, 15세기 중엽 훈민정음 창제 때에 중국의 성운학과 성리학 이론을 바탕으로 한 수용과, 18세기 중엽부터 19세기 말엽까지 중국의 고증학풍을 수용한 실학 사상의 영향에 의한 국어학 연구 경향으로 구분할 수 있다. 이 두 시기의 수용 양상은 전기가 창조적인 수용인데 비해 후기는 모방과 창조의 양면성을 보이는 수용이었다. 그러다가 국어에 대한 관심과 연구가 최초로 본격화된 것은 개화기의 국어학자 주시경에서부터이다.

주시경의 말본 이론이 매우 독창적이고 창의적이라고 보는 것은 분명한데 어떤 이론의 영향을 받았는가에 대해서는 아직 명확한 결론을 내리지 못하고 있다.

그 뒤 국운의 쇠퇴로 인한 일제 강점기를 맞는다.

이 당시의 국어학 연구는 그 방향에 있어서 두 갈래로 나누어진다. 한 갈래는 주시경의 말본 이론에 바탕을 둔, 주로 연희전문 출신들의 국어학 연구이며, 한 갈래는 일본의 관학 기관인 경성제국대학 조선어과 출신들의 국어학 연구이다. 연희전문 관계자의 대표적인 업적은 최현배의 ≪우리 말본≫이다. ≪우리 말본≫은 그가 그때까지 나온 우리 나라의 말본책을 종합적으로 분석하고 일본의 여러 말본책과 예스페르센(Jesperson. O)의 ≪문법의 원리(Philosopy of Grammar)≫를 참조하여 이론적인 바탕을 확립하고 우리말의 특성을 밝히고 규범을 정립한 책이다. 당시 최현배의 이론 수용의 양상은 분명한 내적 동기에 의한 직접적 수용이었으며 이론적인 바탕은 전통말본적인 연구 경향을 지향했다. 한편 경성제국대학 출신들은 유럽의 말본 이론을 일본 학자의 지도를 받아 간접 수용하여 역사언어학적인 연구와 일반언어학적인 연구 분위기를 활성화시켰다.

해방이 되자 국어학의 외래 이론 수용 방향이 유럽 쪽에서 미국 쪽으로 바뀐다. 당시 새로이 수용한 미국 쪽의 이론은 언어의 공시적 연구에 초점을 두고 있었는데 이와 같은 경향의 원서들이 국어학 전공의 학자나 대학원생에게 직접적으로 읽혔다. 따라서 유럽 쪽의 이론은 일본을 통하여 간접적 접촉으로 수용되었으며 미국 쪽의 이론은 직접적 접촉의 방법에 의하여 수용되었다. 이리하여 당시의 국어학 연구는 미국 쪽의 구조·기술언어학 이론이 주도하여 음소와 형태소의 분석 기준과 정의의 정밀화, 형태음소론의 도입과 국어에의 적용, 직접성분구조의 분석 방법 수립 등 객관적이고 귀납적인 연구 경향이 일반화되었다.

그리고 이 이론의 수용으로 말본 자료를 정확하고 철저하게 분석 기술하여 국어의 특성에 맞는 형태론 중심의 말본 체계를 세워 국어학을 학문말본으로 승화시키는 데 기여했다.

1970년대 초에 와서 국어학계에서는 구조·기술말본적인 연구 경향에 대한 반성이 일기 시작했다. 이와 같은 현상은 내적 요인에 의한 것보다 외적 요인에 의한 것이었다.

구조·기술말본은 음운론이나 형태론에 있어서는 그 성과가 두드러졌지만 통어론에 대한 연구는 소홀했다. 이와 같은 취약점을 보완할 수 있는 변형 생성 이론의 수용은 국어학자들에게 관심의 대상이 아닐 수 없었다.

활발한 이론 수용의 분위기가 조성되었고 우리말에 이 이론을 적용한 '입음법', '하임법', '지움법', '관계화', '주제화', '이행문 분석' 등 통어론 분야의 논문들이 쏟아져 나왔다. 우리말은 담화나 의미 중심적인 특성을 지닌 주제부각형 언어인데, 구조·기술말본기의 연구에서는 주어진 형태를 단지 기계적으로 분석만 했기 때문에 현상의 이면에 숨어 있는 본질 접근의 방법을 찾지 못했다. 변형생성말본에서는 이와 같은 우리말의 특성을 고려하여 구조·기술말본적인 국어학 연구의 한계점을 보완할 수 있었다.

1957년 촘스키(Chomsky. N)의 <통어 구조(Syntatic Structures)>를 출발점으로 한 이 이론은 그 동안 수차례의 수정을 거듭해 왔다. 한 시대에 위세를 떨치던 이론이 그 주창자가 생존해 있는 동안에 이처럼 많은 변모를 거듭해 온 것은 언어학사에 있어서 거의 유례가 없는 일이다.

주로 미국 유학파에 의해서 직접 수용된 이 이론은 우리말의 통어론에 대한 관심을 높였고 말본 연구의 깊이를 더했다. 나아가서는 우리말의 내부적 기술 방법으로 소화, 수용되어 국어학 발전에 이바지했고 학문말본에서 뿐만 아니라 학교말본에서도 기본적인 이론을 수용할 정도가 되었다.

그러나 수용상의 문제점도 나타났다. 그것은 이 이론이 국어학 연구 과정의 절실한 필요성에 의해 나타난 것이 아니고 수용 과정에서 미국 쪽 연구를 우리말에 적용하여 시험하려는 단계에서 나타난 점이다. 변형생성말본에 대한 철학적 배경이나 이 이론의 원리에 대한 인식의 부족으로 우리말이 갖고 있는 고유 특성을 고려하지 못하고 잘못 적용한 예들이 나타났다. 곧 우리말은 말본 범주가 형태적 방법에 의해서 실현되지만 영어는 통어적 방법으로 실현된다. 이와 같은 세부적인 특성이 고려되지 않았기 때문에 적용상의 잘못이 나타났다.

또 하나의 문제는 외국에서 이론을 공부하고 그것을 우리말에 적용한 학자들 가운데 몇몇은 우리말 자료에 대한 인식이 부족하였다. 그래서 이들은 우리말에 대한 직관의 대체적인 틀은 형성되어 있다고 하더라도 문제가 미묘한 부분에 이르면 본질적인 직관을 얻기 어려웠고 그 결과로 우리말의 특성에 빗나가는 결론을 내리기도 했다.

지금까지 변형생성말본 이론의 수용은 부분적으로 시행착오를 겪었으나, 1980년대 이후부터는 무비판적인 수용에 의한 문제점의 노출에 대한 반성과 실험의 경연장과 같은 현상을 자제하면서 비판적인 태도로 이론 수용에 합리성을 높혀 가고 있다.

변형생성 이론의 우리말 적용에 대한 문제점이 나타나자 이를 개선해 나가려는 연구가 심도있게 이루어지고 있는 가운데, 20세기 후반 세계의 언어학계에는 인지언어학(cognitive linguistics)이란 새로운 바람이 일어났다.

인지언어학은 변형생성 이론 뿐만 아니라 구조·기술주의 이론에서부터 시작된 극단적인 형식주의 흐름에 제동을 걸고서 의미 중심의 전통적인 방법으로 돌아 가는 것을 그 대안으로 내 놓았다. 이 이론을 주창한 레이코프(Lakoff. G)나 랭그커(Langacker. R)가 처음에는 변형생성 이론에 동조하다가 반기를 들고 새로운 이론을 제기한 사실은 시사하는 바가 크다.

이들은 변형생성 이론이나 구조·기술주의 이론은 언어에 대한 지식을 구조적으로 파악한 결과 그 연구 방법이 한계점에 이르렀다고 판단했다. 그리하여 언어의 구조에는 심리학의 지각 작용을 많이 반영하고 있다는 점을 밝혀 내고 인지능력과 언어능력 사이의 관련성을 보여 주는 인지언어학적인 연구의 필요성을 제기했다.

요즈음 우리나라의 언어학계에도 인지언어학 이론을 수용하여 우리말에 적용해 나가는 연구 분위기가 서서히 소성되어 나아가고 있다.

우리말 연구에서 외래 이론의 수용기는 아래와 같이 5기로 나누어 살펴 볼 수 있다.

(1) 1기 : 15세기 중기~19세기 말기 <성운학과 실학 이론>
    2기 : 19세기 말기~1950년대 중기 <전통말본 이론>
    3기 : 1950년대 중기~1970년대 초기 <구조·기술말본 이론>
    4기 : 1970년대 초기~현재 <변형생성말본 이론>
    5기 : 1990년대 후기~현재 <인지말본 이론>

3.2. 성운학과 실학 이론

세종 당시 신숙주, 성삼문 등은 어명을 받들고 중국을 왕래하면서 중국의 성운학과 성리학 이론을 수용하여 우리 문자사에 길이 남을 훈민정음을 창제했다. 이 당시의 외래 이론 수용 양상이 비판적이고 창조적이었음을 알 수 있는 것은, 성운학 이론을 수용하여 우리 나라의 한자음을 정리하고 한편 중국 어음과의 비교를 통하여 우리 음운이 가진 본질적인 특성을 명확하게 부각시켰다는 점이다.

그리고 이와 같은 창조적인 운학 이론은 중국의 음양 사상을 그 철학적인 기반으로 삼았다.

(2) 동국정운, 세종 26년(1444).
    훈민정음 해례, 세종 28년(1446).
    홍무정운 역훈, 단종 3년(1455).

(2)의 저술들은 외래 이론을 창조적으로 수용하여 바람직한 국어학 연구의 기반을 닦은 대표적인 업적들이다. 훈민정음 창제 이후 50여 년 동안은 실로 국어학사상 개화기라고 할 만큼 발전적인 연구 분위기가 조성되었다.

그러다가 연산군 10년(1504)의 훈민정음 박해 사건으로 정음 사용이 금지되자 국어학 연구는 한 동안 위축기에 들어갔다.

⑶ 사성통해, 중종 12년(1517), 최세진.
　훈몽자회, 중종 22년(1527), 최세진.
　운회옥편, 중종 31년(1536), 최세진.

　그 뒤 중종조에 와서 위축된 국어학 연구의 분위기가 최세진에 의하여 회복의 전기를 맞게 되었다. 최세진은 어디까지나 실용성을 존중한 응용언어학자였다. 현실적인 수요와, 그의 천부적인 어학 재질이 결합하여 침체 일로에 있었던 당시의 국어학 연구에 새롭고도 개성적인 학문을 이룩하였다. 최세진의 운학은 신숙주의 절대적인 영향 밑에 이루어진 것이었으나, 그는 거기에다가 자신의 창의성을 충분히 발휘하여 개성적이고 독특한 최세진 학문을 건설하였다.

　그의 저서 가운데 특히 ≪훈몽자회≫는 훈민정음 창제 당시에 중국의 운학과 성리학 이론을 창조적으로 수용한 바탕 위에서 국어학 발전에 기여한 공로가 높은 저서이다.

　글자 쓰는 방법을 정립하고, 그 배열 방법을 상당히 과학적으로 재조정하고, 글자 이름의 기반을 만들어 준 점 등은 국어학 발전상 높게 평가되어야 할 것이다.

⑷ 훈민정음 운해, 영조 26년(1750), 신경준.
　자모변, 정조조, 황윤석.
　언문지, 순조 24년(1824), 유희.

　그 이후 약 2세기 반에서 3세기 동안은 국어학 연구가 침체기에 들어섰다. 그 원인은 정주학에 대한 일방적인 연구와 예학 위주의 시대 학풍 때문이었다. 따라서 국어학 연구에 대한 분위기가 되살아나고 활성화되기 위해서는 당연히 시대적 조류로써 기존의 학풍이 변모하지 않는 한 불가능한 것이었다. 임진왜란 이후 실학사상이 모든 사람의 관심 속에서 터잡게 된다. 실학은 청나라의 고증학의 영향을 받아, 이론에만 치우쳤던 경학(經學) 연구에서 자유성과 과학성과 현실성을 바탕으로 한 실용을 위주로 하는 학풍이다. 이와 같은 배경에서 국어학 연구는 활성화 되었고 위의 (4)와 같은 연구 업적이 나오게 되었다. 바로 이 시기는 세종 시대의 훈민정음 창제 이후 침체의 늪에서 벗어나지 못했던 국어학 연구가 정상적인 궤도를 찾은 시기로 평가된다.

그런데 이 시기에 실학사상을 바탕으로 한 국어학 연구는, 총괄하여 긍정적으로 평가하는 데 문제점이 있다.

왜냐하면 당시의 국어학자들은 앞 시기의 ≪훈민정음 해례≫를 보지 못하고 단지 중국 운학의 체계에 맞추어 정음 연구를 했기 때문이다. 그 결과 앞 시기의 창의적인 이론을 계승, 발전시키지 못하고 견강부회식의 수용 양상을 보였다. 그러나 유희의 ≪언문지≫는 이 시기의 모방적인 수용의 결함을 창의적인 방향으로 돌려 국어학 발전에 이바지한 성과로 평가한다.

이 시기의 실학사상의 수용 양상은 당시의 사회적인 요구에 편승하여 직접, 간접적인 수용 과정을 거쳤으며 그 결과는 모방과 창조의 양면성을 보였다.

그러나 실학사상의 수용으로 인하여 국어학을 대중화하고 규범화하려는 의식이 싹텄고, 이와 같은 의식이 다음 시기의 전통말본 이론을 정립하는 다리 노릇을 하게 되었다. 따라서 외래 이론 수용의 제1기는 본격적인 국어학 연구의 출발점이 되었으나 위축, 침체와 같은 시기를 맞아 일관된 연구가 되지 못했던 아쉬움을 남겼다.

3.3. 전통말본 이론

1894년의 갑오경장은 국어학의 연구 방향을 바꾸는 중요한 계기가 되었다. 곧 그 이전까지의 연구가 주로 중국의 운학이나 실학사상을 바탕으로 한 경향이었다면, 이 시기에 와서는 서양의 전통말본 이론을 응용한 일본 말본의 영향으로 인하여 전통말본적 경향에 의한 국어학 연구가 이루어졌다.

이와 같은 방향 전환은 그때까지 바탕을 이루었던 동양적인 사고의 기준을 서양의 새로운 기준으로 전환시키는 일이었기 때문에 국어학을 연구하는 사람들에게 새로운 방법으로 인식되어 신선한 충격을 주었다.

전통말본은 언어 생활을 바르게 하기 위한 실용적인 목적을 위하여 일정한 기준과 규칙을 설정하고 그 규칙을 지키도록 하는 규범성을 가진 말본이다. 이 이론의 수용으로 인하여 1기까지의 문자론, 음운론, 어휘론 위주의 연구에서 품사론과 통어론에 대한 분야를 확립하여 국어학의 연구 범위가 다양화되었고 연구 방법도 보다 체계화되었다.

이 이론의 수용으로 인하여 언어 생활의 편의를 도모하였고 ≪한글 맞춤법 통일안≫ 제정의 동기를 마련하게 되었으며 국어학 연구에 필요한 대부분의 중요한 술어들이 이 시기에 제정되어 본격적인 국어학 연구를 할 수 있는 기틀이 마련되었다.

⑸ 유길준(1895), 조선문전 필사본.
　최광옥(1908), 대한문전, 안악면학회.
　김희상(1911), 조선문전, 보급서관.
　김규식(1908), 대한문법, 유인.
　김규식(1912), 조선문법, 유인.
　주시경(1908), 국어문전음학, 박문서관.
　주시경(1910), 국어문법, 박문서관.

이와 같은 바탕 위에서 이 시기에 많은 말본 교과서들이 줄간되었는네 이 당시의 말본 교과서들이 취하고 있는 외래 이론 수용의 영향 관계를 실펴보면 일본 말본에 영향을 받은 것, 영어 말본에 영향을 받은 것, 창의성을 보여 주는 것의 세 갈래로 나눌 수 있다. 유길준, 최광옥은 19세기 후반 이래 수용된 일본 말본의 영향을 크게 받았고, 김희상, 김규식 등은 언더우드의 영어 말본의 영향을 크게 받았다. 그러나 주시경의 말본 이론은 어떤 사람의 말본을 모형으로 삼았다고 말하기 어려울 정도로 독창적이다.

요즈음 와서 주시경의 말본 이론은 의미론과 화용론에 바탕을 둔 통어 이론을 세웠으며, 구조·기술말본의 형태소에 상응하는 말본 단위를 세움으로써 우리말 형태론의 기초를 닦아 독창적이고 창의적인 국어학 이론의 바탕을 확립했다는 평가를 내리고 있다.

주시경 이후 그의 제자로 국어학 발전의 이론적 바탕을 확립한 분이 최현배이다. 최현배의 ≪우리 말본≫은 주시경의 ≪국어문법≫을 이어 받으면서, 현대 감각에 맞도록 그리고 현대 언어과학에 기초를 두고 완전히 새롭게 집필한 말본책이다. 이 책의 집필에는 일본의 여러 말본책을 참조하고 또 예스페르센의 ≪문법의 원리≫를 참조하여 이를 우리말에 적용한 말본책인데 내재적인 동기에 의하여 외래 이론을 직접적으로, 창의적으로 수용한 그때까지 나온 말본책 가운데 오직 하나뿐인 말본 전문서였다.

그런데 이 당시의 전통말본 이론은 서양의 이론 수용이 중심이 되었는데, 서양의 이론이 영어의 기술을 라틴어와 희랍어와 같은 굴절어에 기반을 두고 있었던 것처럼, 당시의 국어 연구가들도 이 방법에 따라 국어가 첨가어적 특성이 있음에도 불구하고 굴절어에 기반을 둔 연구를 하여 국어의 특성이 올바르게 고려되지 못한 점이나, 품사론 연구에 지나친 비중을 두어 통어론 연구가 소홀했던 점을 지적받기도 했다.

3.4. 구조·기술말본 이론

앞 시기의 전통 말본적인 연구 경향은 말본 현상의 설명에 있어서 규범성을 강조하다 보니 예외적인 현상에 대하여 직관에 의존한 설명을 함으로써 과학성을 바탕으로 한 체계성이 부족한 결함을 드러내었다. 따라서 자연언어에 나타나는 여러 가지 현상을 과학적으로 분석하고 체계화하기 위해서는 개별적인 경험을 통일된 원리에 의해서 설명할 수 있는 외래 이론의 수용이 절실했다. 이와 같은 필요성에 의하여 구조·기술말본 이론이 수용되었다. 우리말에 수용된 구조·기술말본 이론은 유럽 쪽에서 수용한 것과 미국 쪽에서 수용한 두 과정이 있다. 우리말의 외래 이론 수용은 유럽 쪽의 것이 먼저였는데 유럽 쪽의 이론은 일제 때에 간접 수용의 경로를 밟았고, 미국 쪽의 것은 해방 후에 직접 수용의 경로를 밟았다.[1]

미국 쪽의 구조·기술말본 이론서는 1950년대 중반부터 현지 유학생이나 국어학자에게 읽히기 시작하여 이론 수용의 분위기가 활성화되었다.

(6) Sapir, E.(1921), Language : An Introduction to the Study of Speech.
Bloomfield, L.(1933), Language.
Bloch, B. & Trager. G. L.(1942), Outline of Linguistic Analysis.
Nida, E.(1949), Morphology : The Descriptive Analysis of Words.
Gleason, E.(1955/1965), An Introduction to Descriptive Linguistics.

미국 쪽의 구조·기술말본은 아메리칸 인디언들의 언어를 연구하는 데서 방법론을 확립하고 미지의 언어를 연구하기 위해서는 그 언어를 우선 관찰하여 자료를 정확하게 수집하고 이를 바탕으로 하여 언어를 분석하여 언어의 모습을 밝히는 데 초점을 두었다. 따라서 구조·기술말본은 자료 중심으로 말본 현상을 기술하여 귀납적이고 객관적인 연구 방법론을 확립하게 되었다. 당시 미국 쪽의 구조·기술말본 이론을 수용하는 데 주로 읽혔던 원서는 위의 (6)과 같다.

---

1) 남기심(1989:96)은, 유럽 쪽의 이론을 먼저 수용하게 된 것은 소쉬르의 ≪일반언어학 강의≫와 사피어의 ≪언어≫가 불과 5년 간격으로 발행되었고, 프라그 학파의 업적과 블룸필드의 ≪언어≫가 30년대에 나왔지만 언어 연구의 역사가 유럽 쪽이 더 오래고 많은 업적이 쌓였으며 또 일본이 유럽 쪽과 교류가 많았으므로 자연 우리도 유럽 쪽의 언어 이론에 먼저 접하게 되었다고 했다.

미국 쪽의 이론을 국어에 적용하여 국어의 음운 분석이나 형태 분석을 정밀하게 체계 세운 업적은 아래와 같다.

> (7) 허　웅(1958), 국어음운론, 정음사.
> 　　허　웅(1963), 언어학 개론, 정음사.
> 　　허　웅(1975), 우리 옛말본, 샘문화사.
> 　　박창해(1963), '한국어 음운 및 음운 배합론 연구', 연세논총, 사회과학2.
> 　　문효근(1974), 한국어 성조의 분석적 연구, 세종출판공사.

구조·기술말본 이론이 국어학 연구에 미친 영향은 어떠했는가?

구조·기술말본은 특성상 그 이론을 충족시키기에 가장 알맞은 분야가 음운론이다. 왜냐하면 음운 자체는 전혀 실체가 아니라 형식일 뿐이며 그 형식은 단지 다른 요소와의 대립에 의해서만 전체적인 체계를 이루고 가치를 가지기 때문이다. 따라서 구조·기술말본 이론이 국어학에 수용되어서 가장 큰 기여를 한 분야는 음운론이다. 그리고 이 이론은 통어론보다 형태론에 비중을 두고 있기 때문에 형태 중심의 우리말 특성과 일치하여 우리 말본의 본질을 밝히고 우리 말본을 학문말본으로 체계화시키는 데 기여를 했다. 말본 현상의 설명에 있어서 직관을 배제하고 말본 자료를 정확하고 철저하게 분석 기술하는 방법론적인 토대를 마련했고 언어 구조를 가로 관계와 세로 관계의 체계로 나누어 정밀한 형태적 분석의 기준을 설정한 점 등은 이 이론의 합리성을 더욱 높일 수 있는 방법론이었다.

그러나 이 이론에도 취약점이 나타났다. 전체적인 체계 속에서 말본 범주 수립이 가능하다는 구조·기술말본적 방법으로 지금까지 해결을 보지 못하고 있는 부분이 우리말의 자리(격) 설정 문제이다. 자리 설정은 형태적인 잣대만으로는 체계 수립이 어렵기 때문에 때로는 의미상의 잣대로, 기능상의 잣대로, 분포상의 잣대로 해결을 시도하고 있지만 아직까지 우리말의 자리를 몇 가지로 세울 것인가에 대하여 보편적인 결론을 내리지 못하고 있다.[2]

이와 같은 현상은 어떤 언어 단위의 기능이나 가치가 다른 요소와 겹칠 수 있음을 말하는 것으로, 체계를 강조하고 그 체계 속에서 가치 결정을 중시하는 구조·기술말본적인 입장에서는 인정되기 어려운 의미의 측면이기 때문이다.

따라서 이 이론의 약점은 의미 고려를 배제한 형태론 중심의 기계적인 분석에 치중하여 말본 현상의 내면에 존재하는 언어학적인 설명이나 해석의 단계에 이르지 못한 것이다. 그리고 이 이론이 형태론에 비중을 두었는 데도 형태론 연구의 상위 단위인 낱말에 대한 명확한 기준을 제시하지 못한 것도 약점으로 지적되었다.3)

또 음운론이나 형태론에 치우친 연구로 인하여 상대적으로 통어론이 소홀하게 다루어졌고, 공시적인 연구 방법론을 강조했기 때문에 말본의 변화 현상을 대상으로 한 말본사 연구가 경시된 점도 한계점으로 지적을 받았다.

국어학에 수용된 구조·기술말본 이론은 이 이론에 초점을 맞추어 우리말의 특성을 과학적으로 설명하고 음운론이나 형태론 분야에 획기적인 발전을 가져온 것은 사실이지만 이 이론 자체가 갖고 있는 한계점을 극복하여 국어학 나름대로의 창조적 사고에 의한 색다른 이론 창출을 하지 못한 아쉬움이 있다.

---

2) 우리말의 자리(격, case)란 한 독립된 낱말로서의 토씨의 쓰임을 풀이하는 한 방편이다. 따라서 우리는 엄격한 형태 위주나 엄격한 내용 위주를 다 같이 취하지 않고, 이 두 면을 절충하는 방법을 취하는데, 그러나 역시 형태 쪽으로 기울어지지 않을 수 없다(허 웅, 1983:199).

3) Bloomfield. L.(1933:178)에 'a word is a minimum free form'이라고 정의하고 있는데, 이렇게 되면 형태론적 짜임새가 통어론적 짜임새를 갖고 있는 언어형식을 낱말로 보아야 하는 불합리한 점이 나타난다.

앞의 구조·기술말본 이론이 언어의 외적 현상을 대상으로 하여 자료를 수집하고 분석하는 작업에 치중한 반면 변형생성말본 이론에서는 정신적인 현상인 화자의 언어능력을 대상으로 하여 설명 중심의 새로운 방법론을 확립했다.

1957년 촘스키(Chomsky. N)로부터 제기된 이 이론은 1970년대 초에 와서 직접적인 접촉 형태로 우리말 연구에 수용하게 되었다.

 (8) Chomsky. N.(1957), Syntatic Structures.
    Chomsky. N.(1965), Aspects of the Theory of Syntax.
    Foder. J. A & Katz, J. J.(1964), The Structures of Language.
    Jacobs. R. A. & Rosenbaum. P. S.(l968), English Transformational Grammar.

(8)과 같은 원서를 유학생이나 관심 있는 국어학자가 직접 구입하여 읽고 이론 수용의 분위기가 활성화되었다. 외래 이론의 수용은 자생적인 동기에 의한 비판적인 수용과 자생적인 동기가 없는 무비판적인 수용으로 구분해 볼 수 있는데, 전통말본기나 구조·기술말본기에는 대체로 비판적인 수용 양상을 띠었고, 변형생성 이론의 수용 초기에는 무비판적인 수용 경향이 강했다. 그러다가 수용상 나타난 시행착오를 의식하면서 1980년대 이후에 와서는 비판적인 수용 경향을 띠면서 우리말의 특성을 고려한 합리적인 적용이 시도되었다. 1970년대 변형생성 이론을 국어학에 수용한 대표적인 논저는 다음과 같다.

 (9) 계명일(1966), '변형 문법의 원리적 고찰', 어학연구 2 - 1, 서울대 어학연구소.
    이홍배(1966), '변형 문법에 의한 국어 분석', 어학연구 2 - 2, 서울대 어학연구소.

김석득(1971), 국어 구조론, 연세대 출판부.
양인석(1972), '한국어의 접속화', 어학연구 8 - 2, 서울대 어학연구소.
김영송(1973), '국어의 변형 구조', 부산대학교 논문집 16집, 인문사회과학편.
남기심(1973), '국어 완형보문 연구', 연세대 박사학위 논문.
양동휘(1975), '변형 규칙의 종류와 그 적용 방법의 유형, 언어와 언어학 3
　　　　집, 한국외국어대 어학연구소.

1970년대의 이론 수용의 일반적인 경향은 우리 말본 현상 자체를 관찰하여 기술한다기보다는 지금까지 밝혀진 언어 현상들을 이 이론의 틀에 맞추어 설명해 보려는 모방적인 수용 경향이 강했다. 곧 변형생성말본에 관한 철학적 배경이나 원리에 대한 인식의 부족으로 논문들 가운데는 이 이론을 피상적으로 적용하거나 잘못 적용한 것도 있었다.

더구나 내적인 분명한 동기가 없이 이론 수용을 한 결과, 우리말의 말본 전체를 이해하기 위한 연구가 되지 못하고 이론을 적용하고 실험하는 경연장이 된 듯한 느낌마저 주었다.

또 구조·기술말본은 언어의 본질 파악에 있어서 겉짜임새와 속짜임새를 구분하지 않았을 뿐만 아니라 속짜임새를 파악할 아무런 방안도 마련하지 못했다. 속짜임새는 월의 뜻까지를 고려한 짜임새이며, 겉짜임새는 음운적인 현상만을 대상으로 한 짜임새이다. 구조·기술말본은 언어 연구의 범위를 말할이의 발성과 들을이의 청취 사이로 국한시키고 그들 내면의 직관에 대해서는 무관심하려고 했기 때문에 자연히 겉짜임새의 연구에 집중되었다. 그리고 어린이의 언어 습득에 있어서도 구조·기술말본학자들은 변형생성말본 이론에서 주장하는 선천적인 언어능력의 일부인 규칙 체계에 의한 습득으로 보지 않고 어떤 자극에 대한 반응 곧 후천적인 습득으로 보았다.

그러나 이 두 이론은 대립적인 관계에 있지 않고 상호 보완적인 관계에 있음을 유의해야 한다.

왜냐하면 구조·기술말본이 풍부한 사실적인 자료를 기초로 하는 정밀성과 객관성, 그리고 형식 체계로 연구될 수 있다는 견해를 제시해 줌으로써 그 바탕 위에서 변형생성말본의 원리와 방법론을 수립할 수 있었기 때문이다. 결국 변형생성말본은 전통말본과 구조·기술말본에서 각각 원리와 기술을 배워서 이룩한 결합물이다.

이와 같은 배경 아래서 제기된 변형생성말본 이론도 지금까지 취약점이 나타날 때마다 수차례의 수정과 보완 단계를 거쳐 이제까지 버리지 않은 것은 단지 언어능력에 대한 관념론 정도에 지나지 않는다고 보고 있다.

따라서 요즈음의 변형생성 이론은 규칙 체계 수립으로부터 원리 체계의 수립으로 바뀌어 대상 언어의 말할이가 가지고 있는 언어직관과 상당히 동떨어진 원리에 의해서 설명하고 있으므로 지나치게 추상화되었다.

이처럼 계속적인 수정을 하여 이론 자체가 지나치게 추상화된 원인은 구조·기술말본이 귀납적인 방법론을 택한 데 대하여 변형생성 말본은 연역적인 방법, 곧 가설 검증적인 방법을 택하고 있기 때문이다. 가설 검증적인 이론은 더 나은 가설과 검증 방법이 제시되면 얼마든지 이론 수정이 가능한 여지를 남길 수 있다.

변형생성말본 이론의 수용이 국어학 연구에 기여한 바가 무엇인가?

① 구조·기술말본은 대상 자료의 수집과 분석에 치중하여 이론적인 설명력이 약했다. 그러나 변형·생성말본의 수용 이후에는 설명 중심의 방법론이 확립되었다.

② 전통말본이나 구조·기술말본에서 소홀하게 다루어졌던 의미론이나 통어론에 대한 연구를 본격화하여 이 분야에 대한 관심을 높이고 나아가 말본 연구를 심화하여 국어학의 학문적인 기반을 튼튼히 다졌다.

③ 전통말본이나 구조·기술말본은 개별말본적인 연구 경향으로 인하여 대상 언어의 개별적인 파악에 치중한 반면, 변형생성말본에서는 보편말본적인 연구 경향으로 인하여 다른 언어와의 관계 속에서 우리말의

말본 특성을 파악하여 언어의 보편성 이해에 기여했다.

그러면 변형생성말본 이론의 수용에 있어서 나타난 문제점은 무엇인가?

① 우리말 말본 전반에 대한 체계가 고려되지 않고 변형 이론의 적용에
알맞은 특정 주제 — 하임법, 입음법, 관계화, 보문화, 주제화 — 에 대
한 연구에 국한하여 말본 전반에 대한 균형적인 연구가 이루어지지
못했다.

② 변형생성말본은 영어를 대상으로 한 이론이다. 영어는 통어적 방법에
의하여 말본 범주가 실현되지만 우리말은 형태적 방법에 의하여 실현
된다. 따라서 언어 구조상의 차이를 인식하고 이론을 국어에 적용할
수 있는가, 없는가를 가려야지 구조가 다른 언어를 우리의 의식 속에
깔아 놓고 그것을 바탕으로 우리말을 들여다 보는 연구는 본질과 다른
결론을 도출할 수 있다.

③ 말본 현상을 설명하려는 자료 제시의 경우에 있어서 자연언어를 대상
으로 하지 않고 이론을 합리화할 수 있는 인공언어를 조작하여 설명함
으로써 토착화자의 언어직관과 동떨어진 경우가 많이 나타난다.

④ 변형생성 이론은 자료의 말본성 평가를 직관에 의존한다. 따라서 이
이론은 구조·기술주의 이론보다 한층 더 특정 공시적인 이론이기 때
문에 역사적인 문헌자료에 대한 분석이 불가능하다. 왜냐하면, 역사적
인 문헌자료는 직관으로 평가가 되지 않기 때문이다. 이와 같은 한계
성 때문에 변형생성말본은 구조·기술말본보다 한층 더 말본사의 연
구에 소홀했다.

1980년대 이후는 그 전까지 우리말에 변형생성말본 이론을 적용하여 나
타난 문제점들을 해결하기 위하여 내재적인 동기를 마련하고 연구한 결과,
아래 예시 (10)과 같이 새 모습으로 단장한 이론들이 우리말의 내부적 기술

방법으로 소화 수용되어 국어학 발전에 이바지하고 있으며, 학문말본뿐만
아니라 학교말본에서도 기본적인 이론을 적용하고 있다.

(10) 강명윤(1988), 'Topics in Korean Syntax : Phrase Structure, Variable Binding and Movement', MIT 박사학위 논문.

김양순(1988), 'Licensing Principles and Phrase Structure', University of Wisconsin, 박사학위 논문.

한학성(1990), GB통사론, 한신문화사.

양동휘(1990), 지배 - 결속 이론의 기초, 신아사.

양동휘(1992), '지배 - 결속 이론의 최근 변혁과 그 전망', ≪언어학과 인지≫, 한국문화사.

3.6. 인지말본 이론

인지말본 이론은 아직 국어학계에 정착되지 못했으나 현재 이 이론을 수
용하여 우리말에 적용하려는 연구 분위기가 점차 조성되어 가고 있다. 인지
말본과 변형생성말본은 그 지향하는 연구 방법에 차이가 있다.

변형생성말본에서는 언어 연구를 간편하게 하기 위하여 기본적인 현상만
을 취하고 주변적인 현상을 제외시켰다.

인지말본에서는 이와 같은 방법은 과수 재배를 할 때 전정사가 곁가지를
모조리 잘라 버리고 나무의 정상적인 성장을 멈추도록 한 상태에서 그 본모
습을 살피는 일과 같다고 보았다. 그리고 변형생성말본에서는 이론이 조직
적이고 체계적임을 합리화하기 위하여 규칙의 수립이나 적용에 있어서 자연
언어보다 인공언어를 대상으로 삼았다. 그러나 인지말본에서는 변형생성말
본에서 수립한 규칙이나 적용이 자연언어를 대상으로 할 때에는 부족한 점
이 너무 많다고 보았다.

변형생성말본이 이와 같은 연구 방법을 택하게 된 주된 요인은 언어능력

과 인지능력은 별개의 것이며 언어는 연산장치를 마련하여 연구할 수 있는 규칙적인 현상으로 보는 데 있다. 그러나 인지말본에서는 언어능력은 인지 능력의 한 부분에 불과하므로 언어는 마땅히 인지능력을 바탕으로 하여 연 구해야 할 것으로 보았다.

인지말본이 이와 같은 연구 방법을 취하는 바탕에는 언어는 개인의 경험 에 따라 개별적이고 주관적으로 습득되는 것이므로 일반성을 지향하는 변형 생성말본의 형식주의적인 경향보다는 심리주의적인 경향에 바탕을 두고 있 기 때문이다.

> (11) Lakoff, G.(1987), women, Fire, and Dangerous Things.
> Langacker, R.(1987), Foundations of cognitive grammar, vol I .
> Langacker, R(1991), Foundations of cognitive grammar, vol II .

인지말본은 레이코프(Lakoff.G)와 랭그커(Langacker. R)에 의하여 이론적인 체계를 갖추었다. 예시 (11)은 인지말본의 대표적인 이론서인데 국내에서도 이들 이론서에 대한 번역서가 출간되었다.[4]

현재 이 이론을 소개하거나 우리말에 적용하려는 연구가 점차 확산되고 있다.

> (12) 이기동(1982), '언어와 인지', 언어. 학국언어학회.
> 김진우(1999), 인지언어학의 이해, 한국문화사.
> 김종도(2000), '[- 는 -]의 인지문법적 분석', 배달말26, 배달말학회.
> 임지룡(2000), 'Gilles Fauconnier: 정신 공간 이론',≪인지언어학≫, 한국문
> 화사.

---

4) 레이고프(Lakoff. G)가 지은 「women, Fire, and Dangerous Things」는 이기우가 ≪인 지의미론≫(1994)이란 이름으로 한국문화사에서, 랭그커(Langacker. R)가 지 은 「Foundations of cognitive grammar, vol I . II」는 김종도가 ≪인지문법의 토대≫ (1999)란 이름으로 박이정에서 번역판이 나왔다.

지금까지 인지말본 이론을 소개하거나 우리말에 적용한 대표적인 연구 업적으로는 예시 (12)와 같은 것이 있다.

인지말본과 변형생성말본과의 연구 경향상 차이점을 비교해 보면 다음과 같다.

① 변형생성말본은 말본적 현상이나 사실만을 언어 연구의 대상으로 삼았으나 인지말본에서는 언어에 관한 모든 현상이나 사실 ─심리학, 기호학, 생리학, 정보처리학, 컴퓨터 공학 등─을 연구의 대상으로 삼았다.

② 변형생성말본에서는 언어를 내재화한 규칙의 집합으로 보았으나 인지 말본에서는 관습화한 용례의 집합으로 보았다.

③ 변형생성말본에서는 인간의 언어능력과 인지능력을 별개로 보았으나 인지말본에서는 언어능력을 인지능력의 한 부분으로 보았다. 따라서 언어능력과 인지능력을 별개로 보는 변형생성말본은 언어와 정신의 이해에 도움이 되지 않는다고 했다.

④ 변형생성말본에서는 언어가 지적인 정보를 교환하는 기능만을 가진 것으로 보았으나 인지말본에서는 지적인 정보 밖에도 정서적인 정보나 의지적인 정보를 교환하는 기능도 함께 가진 것으로 보았다.

⑤ 변형생성말본에서는 언어의 공시적인 연구를 중요시했으나 인지말본에서는 언어의 변화 과정에 대한 연구, 곧 통시적인 연구도 중요시하고 있다.

⑥ 변형생성말본에서는 언어의 형태와 의미를 구분하고 의미보다는 형태에 중점을 둔 연구를 했으나 인지말본에서는 형태와 의미를 구분하지 않고 형태보다 의미에 중점을 둔 연구를 하고 있다.

인지말본 이론은 아직 우리말 연구에 정착된 이론이 아니므로 이론의 수용 경향이나 평가 ─기여도 및 취약점─는 뒷날로 미루기로 한다.

【정리문제】

1. 우리 말본의 형성 배경을 시대별로 요약해 보라.

2. 우리 말본의 형성 배경을 이론의 독창성 여부, 수용 경로, 수용 양상을 중심으로 하여 정리해 보라.

3. 우리 말본의 형성 초기인 15세기 중기부터 19세기 말기까지의 형성 배경을 정리해 보라.

4. 연산군 10년(1504)에 있었던 훈민정음 박해 사건의 원인과 결과를 정리해 보라.

5. 전통말본적인 경향에 의한 국어학 연구의 발전 배경과 그 성과를 정리해 보라.

6. 주시경과 최현배가 국어학 발전에 기여한 업적을 정리해 보라.

7. 전통말본적인 연구 경향의 취약점을 중심으로 구조·기술 말본적인 이론의 발생 배경을 정리해 보라.

8. 구조·기술말본이 우리 말본의 발전에 이바지한 면과 그 취약점을 정리해 보라.

9. 변형생성말본이 성립된 배경과 이 말본의 얼거리를 정리해 보라.

10. 구조·기술말본과 변형생성말본의 연구 경향상의 차이점을 정리해 보라.

11. 변형생성말본이 국어학 발전에 기여한 면과 그 취약점을 정리해 보라.

12. 인지말본의 성립 배경을 정리해 보라.

13. 변형생성말본과 인지말본의 연구 경향상의 차이점을 정리해 보라.

●참고문헌

김민수(1972), ≪신국어학사≫, 일조각.

김석득(1983), ≪우리말 연구사≫, 정음문화사.

김진우(1999), ≪인지언어학의 이해≫, 한국문화사.

김형주(1997), ≪우리말 연구사≫, 세종출판사.

______(1996), ≪우리말 발달사≫, 세종출판사.

권재일(1994), ≪한국어 문법의 연구≫, 서광학술자료사.

남기심(1989), ≪국어학의 구미이론 수용의 역사≫, 국어국문학과 구미이
　　　　　　론, 지식산업사.

박태권(1976), ≪국어학사 논고≫, 샘문화사.

______(2002), ≪국어학사 연구≫, 세종출판사.

이길록(1975), ≪국어문법 연구≫, 일신사.

유창균(1969), ≪신고 국어학사≫, 형설출판사.

주시경(1910), ≪국어문법≫, 박문서관.

최낙복(1991), ≪주시경문법의 연구≫, 문성출판사.

최현배(1961), ≪고친 한글갈≫, 정음사.

______(1971), ≪우리 말본≫, 정음문화사.

하치근(1994), <국어학에서 외래 이론 수용 양상>, 부산한글 13집, 한글학
　　　　　　회 부산지회.

______(2001), <국어 문법 연구의 어제와 오늘>, ≪국어학의 본질≫ 2.3
　　　　　　집, 국어학 연구학회.

허　웅(1963), ≪언어학 개론≫, 정음사.

______(1981), ≪언어학≫, 샘문화사.

______(1987), ≪이삭을 줍는 마음으로≫, 샘문화사.

Bloomfield, L.(1933), Language, New York : Holt, Rinehart & Winston.

Chomsky, N.(1965), Aspect of the Theory of Syntax, cambridge : MIT press.

Gleason, H. A.(1955), An Introduction to Descriptive Linguistics, New York. [국역 박창해(1961),≪기술언어학 개론≫, 정문사]

Jesperson, O.(1924), The philosophy of Grammar. George Allen & Unwin, Ltd. [이환묵·이석무 옮김(1987),≪문법 철학≫, 한신문화사]

Lakoff, G.(1987), Women, Fire and Dangerous Things : What Categories Reaveal about the Mind. chicago : University of Chicago press. [이기우 옮김(1994), ≪인지 의미론≫, 한국문화사]

Langaker, R.W(1987), Foundations of cognitive Grammar, Vol. Ⅰ : Theoretical prerequisities. standford University press. [김종도 역(1999), ≪인지 문법의 토대 Ⅰ≫, 박이정]

Langaker, R.W(1991), Foundations of cognitive Grammar, Vol. Ⅱ: Discriptive Application. standford : Standford   University press. [김종도 역(1999), ≪인지문법의 토대Ⅱ≫, 박이정]

제4장 북한의 말과 글

4.1. 언어관

북한에서는 사회주의 언어 이론인 유물론적인 도구관에 바탕을 둔 주체적 언어 사상을 강조하고 있다. 주체 사상은 북한의 제반 정책에서 핵심을 이루고 있는 중요한 사상인데, 이러한 주체 사상을 언어학 분야에 반영하여 주체적 언어 사상이라고 한다.

곧 주체적 언어 사상이란 언어에 있어서의 자주적 입장과 창조적 입장을 살리자는 것으로, 이것은 민족어 안에 들어와 있는 사대주의적 요소를 걸러내어 언어의 자주성을 살리며 나아가 인민 대중의 창조적 지혜를 발휘하여 민족어를 혁명 발전의 새로운 요구에 알맞게 발전시켜 나가자는, 한마디로 민족어의 주체성을 올바로 세우자는 사상이다(김민수, 1989:22).

사회주의 언어관은 마르크스 레닌주의를 바탕으로 한 유물론적 언어관이다. 이러한 언어관에서는 언어를 인간 교제의 수단으로 보는데, 북한에서는 김일성의 언어적 주체 사상을 부각시키기 위해서 언어를 '혁명과 건설의 힘 있는 무기'로 보고 있다. 따라서 민족어가 혁명과 건설의 힘 있는 무기이기 때문에 언어 생활에서 부르조아적 요소나 복고주의적 요소가 스며드는 것을 반대하고 투쟁해야 하며 노동자, 농민이 늘 쓰는 말을 대상으로 하여 발전시키며 혁명적으로 세련시켜야 한다고 보고 있다.

따라서 북한에서 지향하는 언어관은 유물론을 바탕으로 한 도구관에 김일성 특유의 주체적 언어 이론을 접맥시켜 언어에 사상성을 부여하고 있는 점이 다른 사회주의권과 차이가 나는 점이다.[1]

> 우리는 자기의 말과 글을 발전시키는 데서 세계 인민들의 언어 발전의 공통적인 방향을 고려하여야 한다. 물론 언어 발전을 세계 공통적인 방향에 접근시킨다고 하여 너무 빨리 우리 언어의 민족적 특성을 버려서도 안 된다(문화어 학습 2호, 1968, 1~7).

위의 김일성 교시 내용은 사회주의 승리 이후에 전 세계가 공산주의로 되는 날 수백 개의 민족어들로부터 분리해 나온, 가장 풍부하고 유일한 지대어가 하나의 공통적인 국제어로 합류된다는 스탈린의 국제어 합류설을 바탕으로 하고 있다.[2]

그렇다면 언젠가 국제어가 만들어진다면 김일성의 주체적 언어 사상에서 강조하고 있는 조선어의 민족적 정통성을 찾아 볼 수 없게 된다.

따라서 주체적 언어 사상이란 일정한 시기까지는 민족적 특성을 살리고, 그 이후 국제어 시대가 오면 민족적 특성을 버려도 된다는 시한부 주체 주의에 불과하다.

---

1) 볼세비키(Bolsheviki) 혁명 후에 소련에서 유물론적 방법을 언어학에 적용한 최초의 학자가 마르(1865~1934)였다. 마르는 언어에도 미술과 마찬가지로 상부구조적인 사회적 가치가 존재하며 언어에도 유물사관적인 공산주의 사상이 있다고 보았다. 그 뒤 이 이론은 언어에는 이데올로기가 없다는 스탈린의 주장에 의해서 붕괴되었다. 따라서 북한식의 언어관은 스탈린에 의해서 부정되었던 '마르 이론'으로 회귀한 셈이다(김민수, 1985:102~107).
2) 마르의 이론 가운데 독특한 학설은 야페티드 이론이다. 서구 언어학자는 초기의 언어가 단일에서 시작하여 다양한 형태의 분산으로 진행된다고 하는 데 대하여 이 이론에서는 다수에서 공통으로 향하여 그 최후에 국제어가 이루어진다고 보고 있다. 그런데 스탈린은 국제어를 민족어로 향상, 발전시킬 것을 주장하고 있다(김민수, 1985:105).

　이와 같은 인상을 강하게 드러내는 언어 정책으로 북한에서는 1948년부터 한자 폐지를 전 국가적, 전 사회적인 운동으로 활발하게 펼쳐 왔다. 그러다가 1966년의 김일성 교시에서는 남한에서 한자를 쓰고 있고 민족 고전들이 한자로 되어 있는 만큼 한자 교육이 필요하다고 했다. 그래서 현재 북한에서는 초·중등 학교에서 대학에 이르기까지 3,000자의 한자를 가르치고 있는데, 이는 남한의 상용한자보다 1,200자가 더 많다. 이런 조치를 취한 의도는 문자 생활에서의 남북 분열을 막자는 것이며 통일 후 남북의 의사 소통을 원활히 하기 위해서라고 한다.[3] 언어란 언어학적인 여러 가지 요인들에 의해서 존재하고 변화한다. 따라서 북한에서 말하는 언어의 발전이라는 개념 자체에는 문제가 있다. 문화어 성립 이후 김일성의 주체 언어 이론에 바탕을 둔 북한의 언어 정책은 이념을 빨리 효과적으로 전파하여 북한식 사회주의를 건설하기 위하여 언어를 개조하고 낡은 언어나 지난 날에 쓰던 말들을 없애거나 고쳐 버렸다.[4] 이러한 자세는 언어란 어떤 시대, 어떤 체제에서도 같은 역할을 수행해야 한다는 스탈린의 언어관[5] 자체에도 어긋나는 특수한 언어관이다(남성우·정재영, 1990:81).

---

3) 북한의 한자 교육 강화에 대하여, 일부에서는 한글 전용의 후유증으로 나타나는 학생과 주민들의 지적 능력의 저하 및 한자어의 해독 능력의 저하를 막을 수 없어 어휘 교육에서 한자의 도입이 필요해졌기 때문으로 분석하고 있다. 그러나, 북한에서 규범 문화어를 발전시켜 나가는 '언어 혁명'을 실행하고 있는 현실에서 볼 때는 한자 교육을 강화하는 것은 상반되는 일이기 때문에 민족어 발전의 장애가 되는 한자와 한문 교육을 더욱 강화하기보다는 언젠가 점차적으로 폐지해 나갈 가능성도 있다(고영근, 1990:218).

4) 밥곽(도시락), 곽밥(도시락밥), 수자리(부방), 귀양(유형), 만세교, 반룡각, 반룡산 등의 낱말은 조선왕소 시대의 봉건싱과 일제의 냄새기 풍기는 말이라고 하여 다른 말로 고치거나 없애 버렸다.

5) 스탈린의 언어관은 "언어는 이러한 변에서 상부 구조와는 근본적으로 디르디. 언어는 고대의 사회 내부에서 이런 또는 저런 토대, 낡은 또는 새로운 토대에 의해서 생겨난 것이 아니라 수세기에 걸친 사회의 역사 및 토대의 역사의 전 행정에 의하여 생겨난 것이다. 그것은 어떤 한 계급에 의해서가 아니라 사회 전체에 의하여, 사회의 모든 계급에 의하여 수백 세대의 노력에 의해서 창조되었다."는 관점이다(김민수, 1985:106).

　남한은 언어 정책 면에서 볼 때 자율적이고 언어의 자연 추세를 수용하면서 규범을 권장하는 미온적인 정책을 펴 온 결과 아직까지 한글 전용, 외래어 표기, 국어 순화 등이 논쟁의 불씨가 되고 있다. 남한에서는 지금까지 민간 학술 단체인 한글 학회가 중심이 되어 언어 정책에 반영할 규범을 세우고 그 시행을 건의해 온 형태이므로, 규범으로 수립한 안을 수용하는 정부의 자세가 여러 가지의 복잡한 요인에 따라 일관된 정책 시행을 하지 못한 실정이었다. 광복 이후 국어, 국자에 관한 파동이 있어 문제가 제기될 때마다 문제점을 해결할 수 있는 정책적인 어문 연구 기관이 없으므로 그때마다 임시방편적인 처리를 해 오기 일쑤였다. 그러다가 1984년에 학술원의 임의 기관으로 '국어 연구소'를 설치하였는데 1991년에 와서는 이 기구를 문화부 산하에 두고 '국립 국어 연구원'으로 격상하여 언어 정책에 있어 통제력을 강화할 움직임을 보이고 있다. 북한에서는 1960년 이전까지는 주시경, 김두봉과 조선어 학회의 업적과, 소련의 언어 이론6)을 바탕으로 하여 정책을 세우고 실천에 옮겼지만 그 이후에는 김일성의 항일 독립 투쟁 때의 언어 규범화 분야에서 이룩한 혁명 전통을 철저히 계승 발전시키고 사대주의, 교조주의를 극복하고 주체성을 지키며 노동자 농민을 비롯한 인민 대중이 즐겨 쓰는 말에 기초하여 언어 규범을 수립하였다(김민수, 1989:26).

　1972년에 와서 개정한 헌법 149조에 종전 그들의 수도를 '서울'이라고 명시했던 것을 '평양'으로 고쳤는데 이것은 북한의 표준어가 종래 서울 중심의 언어에서 평양 중심의 언어로 바뀌었음을 공개적으로 선언한 것이다. 또한

---

6) 1930년 이후 약 30년 간 소련의 전통언어학으로 군림하던 마르 언어학이 스탈린의 언어관에 의하여 사이비 이론으로 전락하자 언어학은 이데올로기가 없는 하나의 과학이라는 사실이 재확인 되었고, 이로부터 소련에서는 서구 언어학이 새로운 출발을 하게 되었다(김민수, 1985:110).

개정 헌법 46조에는 "국가는 우리말을 제국주의자들과 그 앞잡이들이 민족
어를 말살시키려는 정책으로부터 지켜내며 현재의 요구에 맞게 발전시킨다"
고 천명했다.

언어 문제가 북한처럼 헌법의 조문에 수록된 것은 특이한 일이다. 북한에
서는 이 조항을 통하여 국가의 언어 통제에 대한 합법성을 획득하게 되었고
이미 시행하고 있던 언어 정책에 절대적 권위를 부여하는 계기가 되었다.

연구 기관으로는 1947년에 설립된 조선 어문 연구회가 최초로 언어 연구
를 담당했고, 그 뒤 교육성에 설치된 학술 용어 사정 위원회와 과학원 어문
학 연구소를 거쳐 현재는 사회과학원 언어학 연구소가 그 기관지인 ≪문화
어 학습≫을 통하여 언어 정리와 보급에 힘쓰고 있다. 이와 같은 연구 기관
들은 북한의 권력의 핵심이며 모든 정책 기관의 실질적 중심인 조선노동당
비서국을 통해서 지도, 감독되고 있으며 실질적인 정책 시행은 내각 직속 국
어 사정 위원회에서 맡고 있다. 따라서 북한에서는 국가가 언어 정책에 최대
한으로 영향을 미치는 전체주의적 형태를 취하여 획일주의적 통제가 이루어
지고 있다.

한편, 북한의 대학 교수나 연구원이 연구 과제를 선정하려면 각자가 임의
로 하는 것이 아니라 당국의 승인을 받아야 하며 승인된 계획서에 의해서만
자료와 시간의 편의를 얻게 된다.[7] 그리고 연구의 방향은 김일성의 주체 사
상을 바탕으로 하여 북한식 어문 연구에 한정시키고 연구 형태는 집단적 연
구만이 객관성을 띤다고 보아 과학적 객관주의를 취할 것을 요구한다. 따라
서 학술 연구에 대한 기본 정책이 학문 위주보다는 실용 위주로 수립되어
있어서 언어 현상에 대한 관점상의 차이를 허용하지 않고 있는 실정이다.

---

7) 북한의 연구 과제 종류에는 ① 국가 계획 위원회에서 연구 계획이 승인되고 필
   요한 연구 자료와 비용을 제공 받는 국가 과제 ② 어느 성(省)의 위촉으로 계약
   을 맺고 필요한 자료와 연구비를 받아 추진하는 성 과제 ③ 대학이나 연구소 평
   의회에서 승인된 과제로서 연구자 자신이 자료를 구하고 연구비를 받지 않고 진
   행하는 자체 과제 세 가지가 있다(김민수, 1985:117).

이남에서는 한글 전용을 위한 운동, 외래어 정리, 쉬운 말 고운 말 보급 운동 등 진보적인 국어 운동이 주로 학생층과 민간 단체 등을 중심으로 널리 벌어 지고 있으나 당국의 확고한 시책으로 되지 못한 탓으로 자연발생성과 단속성 을 면치 못하는 실정에 있는 것으로 알고 있다(김수경, 1989:212).

남한의 언어 정책에 대한 위의 지적은 우리에게 시사하는 바가 크다. 위의 지적을 긍정적으로 수용하고 어문 정책에 일관성을 유지하려고 하는 우리의 노력들이 거국적인 차원으로 연계될 때 북한 쪽에서 보고 있는 부정적인 남한의 언어 현실에 미래지향적인 가능성을 획득할 수 있을 것이다.

북한의 주체적인 언어관에 입각한 '말다듬기 운동'은 우리말의 순수성을 확보하고 언어의 정통성을 살리려는 목적에서 본다면 남한의 국어 순화 운동에 비교할 수 있는 바람직한 운동이다. 북한의 말다듬기 운동에서는 어휘 정리를 통하여 언어의 자주적 발전을 꾀하고 그 사회적 기능을 최대한으로 높여 말이 혁명과 건설에 더 잘 이바지할 수 있도록 하는 데 기본 목적을 두고 있다(박상훈 외, 1986:49).

북한의 어휘 정리에서는 민족 의식을 손상시킬 수 있는 사소한 언어적 요소도 샅샅이 찾아 내어 완전히 없애 버림으로써 말을 민족적 자부심과 단결력을 높이는 힘있는 수단으로 가꾸려 하고 있다.

그런데 북한의 말다듬기 운동은 언어의 자연 추세를 무시하고 너무 의도적인 방향에서 시행하고 있기 때문에 남북한 언어의 이질화가 심해지고 있는 원인이 되었다.

(1) 망탕<마구>,　　무중<갑자기>,　　　지써<끈기있게>,
　　 젖기름<버터>,　소리마루<액센트>,　손기척<노크>

위와 같은 북한의 말이 남한보다 고유어 중심으로 다듬어진 것은 사실이나 언어적인 요인을 무시하고 목적의식적인 손질을 하여 우리 쪽에서 볼 때는 아주 생소하게 느껴진다.

북한의 기성 세대에 속하는 언중은 다듬어지기 전의 말을 많이 쓰고 있으나, 학생들에게는 새말만을 가르치기 때문에 이들이 기성 세대로 자라나게 될 때 남북한의 언어 이질화는 더욱 커질 것이다.

북한에서는 말다듬기를 할 때, 언어란 경우에 따라서는 인위적인 손질을 필요로 할 때도 있으나 대부분은 자연적인 추세에 따라 바뀐다는 사실을 염두에 두고 이질화를 가속화하는 말다듬기는 시정해야 한다.

4.3. 우리말 형성사

국어사는 하나의 개별 언어를 대상으로 하는 역사언어학으로서, 우리말이 형성되어 온 과거의 사실을 확인하여 기술하고 그 사실을 지배해 온 원동력 또는 제반 원리를 밝히는 분야이다. 남북한의 언어가 공시적인 측면에서 보아 이질성이 나타나는 것은 토의와 협의에 의해서 거리를 좁힐 수 있는 가능성이 있지만 우리말이 형성되어 나온 역사적 과정에서 시각 차이가 생긴다면 역사적, 정치적, 사회적, 언어적 요인과 같은 복잡한 문제가 야기되므로 시각 차이를 좁히는 데는 어려움이 있다. 현재 남한의 우리말 형성사에 있어서는 중세 국어 형성의 근간을 신라어로 보는 '신라어 정통설'이 지배적이지만, 북한에서는 '고려어 정통설'이 지배적이다.[8]

---

8) 북한에서 주장하는 '고구려어 정통설'이나 '고려어 정통설'에서 '고구려'와 '고려'의 차이는, 삼국 시대를 중심하면 '고구려어'가 중심이 되었고, 중세 국어 형성의 직접적인 뿌리가 된 것은 '고려어'로 보았기 때문이다. 고려 태조가 나라를 세울 때에 고구려의 고도 서경을 중요시하고 고구려의 전통을 이어받아 옛 땅을 찾으려는 북진 정책을 세운 사실 등은 '고구려어'가 '고려어'에 그대로 계승되었다는 관점이므로 결국 '고구려어 정통설'이나 '고려어 정통설'은 같은 주장으로 보아야 한다.

(2)

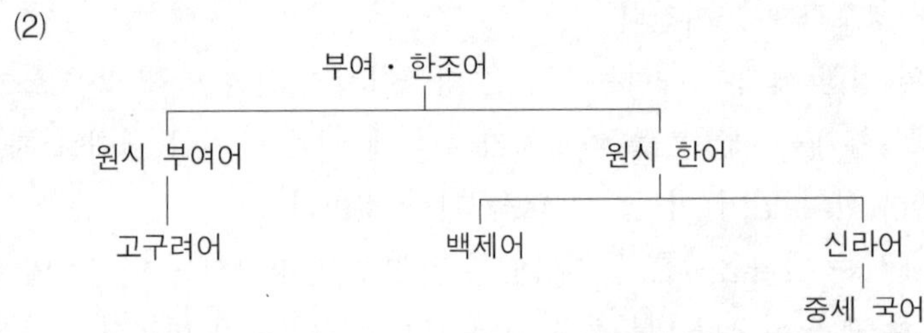

7세기 후기에 백제와 고구려가 이어서 멸망하고 신라의 판도가 이들의 고토에까지 확대되었다. 이로써 신라 중심의 한반도의 정치적, 언어적 통일이 가능하게 되었다. 이런 의미에서 통일 신라의 성립은 국가 형성의 역사상 최대의 사건으로 보고 있다(이기문, 1990:41).

따라서 오늘의 우리말은 중세 국어의 계속이요 중세 국어는 신라어를 근간으로 하여 형성된 것이니, 엄격한 의미에서 고대 국어라는 말은 신라어를 가리킨다는 신라어 정통설의 인정이 남한의 우리말 형성사의 보편적인 기술 태도이다.

다시 말하면 우리말의 발달에서 고구려어는 저층으로 남고 신라어가 그 주류를 이루었으므로 국어사 기술에서 고구려어보다도 신라어를 위주로 해야 한다는 시각이다.

이에 대하여 북한에서는 다음과 같이 반박하고 있다

> 고대 국어사는 곧 신라어사라고 정식화하려는 시도가 원리적으로 파탄을 면치 못할 것은 이로써 명백하지만 만일 그렇게 주장하는 사람들의 견해대로 고대 조선의 역사가 신라말만을 대상으로 삼아야 한다면 고구려말의 역사, 백제말의 역사는 어느 나라 말의 역사에서 다루어져 마땅하겠는가? 고구려말의 역사를 퉁구스어의 역사에 포함시켜야 하겠는가? 아니면 일본어의 역사에 포함시켜야 하겠는가(김수경, 1989:170)?

위의 '신라어 정통설'에 대한 북한의 부정적인 견해에 대하여, 삼국의 언어가 언어적인 차이를 가지고 있었는가, 아니면 방언적인 차이를 가지고 있었는가에 대하여 해결의 실마리를 찾아야 남한의 '신라어 정통설'에 대한 정당성이 입증될 수 있을 것이다.

　한 주류에서 정치 세력의 분화로 각각 삼국이 독립한 고대 국가를 형성한 역사적 사실에 근거할 때 정치적인 분화와 언어적 분화를 동일시해야 하는가? 아니면 정치적인 분화는 있었지만 언어적인 분화는 없었다고 보아야 할 것인가가 문제 해결의 실마리가 된다. 그런데 남한의 국어학자들이 기울인 고대 국어에 대한 관심은 지나칠 만큼 신라어 쪽으로만 집중되었다. 그런 반면에 고구려어나 백제어는 문헌자료의 확보 문제나 그 밖의 사정으로 인하여 국어학자들의 일관된 무관심 속에 경시되어 왔다.

　한편 북한에서는 고구려어가 조선어의 발전에서 원줄기를 이루고 주도적인 역할을 하였다고 보고 있다. 이같은 주장의 근거로 고구려의 정치, 군사적인 면에서의 강대성과 고구려의 구조적인 측면을 들고 있다. 고구려가 백제와 신라에 비해 빨리 건국을 해서 동방의 강대한 나라로 발전하여 5세기경에는 삼국의 영토 가운데 6분의 5를 차지했고, 언어 등 문화적인 면에서도 종주국의 위치를 차지했다고 보았다. 따라서 삼국시대의 조선어란 고구려어이고 백제와 신라의 말이란 기껏해야 남쪽 변두리 지역에서 쓰인 방언의 범위를 벗어나지 못했다고 보고 있다. 삼국시대의 각 언어 사이에 언어적인 차이가 아닌 방언적인 차이만이 있었다는 이론의 정당성을 인정할 수 있는 연구 업적이 나오기만 한다면 국어가 신라어를 기층으로 하여 형성되어 왔다는 우리 학계의 시각은 시정되어야 할 것이다.

　한편 고구려어가 신라어 또는 중세 국어와 동일한 언어가 아니었음을 실증하여 줄 수 있는 자료도 현재의 상태에서는 빈약하기 이를 데 없다. 삼국시내의 언어가 빙인직 차이를 가지고 있었느냐, 언어적 차이를 가지고 있었느냐가 밝혀지기 위해서는 대상 언어들의 음운 체계, 어휘 체계, 통어 체계에 있어서 대응 관계를 수립해야 하는데 이 가운데 음운 체계와 통어 체계의 대응은 어휘 체계의 대응보다 더욱 중요하다.

왜냐하면, 어휘 체계의 대응은 접촉이나 차용에 의해서 동질성을 획득할
개연성이 있기 때문이다.

(3)　ㄱ. 고대 국어의 홀소리 체계

　　　　i　　　　ü　　　　u
　　　　　　ö　　　　　ɔ
　　　　　　ä　　　　　a

(이기문, 1990:72)

　　　　ㄴ. 세 나라 시기의 홀소리 체계

		혀에서의 위치				
		앞	가운데	뒤		
혀 높이	높 은	ㅣ		ㅜ	어두운	소리 느낌
	반높은		ㅓ	ㅗ	밝은	
	낮 은		ㅏ			
입술 모양		보통	벌린	둥근	입술 모양	

(김수경, 1989:86)

(3)의 홀소리 체계 설정에 있어서 차이가 나는 점은 북한에서는 /·/와
/ㅡ/가 삼국 시대에는 독자적인 음운 단위로 자리를 잡지 못했기 때문에 홀
소리 체계 속에 넣지 않았는데, 남한에서는 각각 음운 단위로 인정을 하고
있는 점이다.

(4)　ㄱ. 고대 국어의 닿소리 체계

	순음	치조음	구개음	연구개음	후음
	(평음)(격음)	(평음)(격음)	(평음)(격음)	(평음)(격음)	
폐쇄음	ㅂ　ㅍ	ㄷ　ㅌ		ㄱ　ㅋ	
파찰음			ㅈ　ㅊ		
마찰음		ㅅ			ㅎ
비 음	ㅁ	ㄴ		ㅇ	
유 음		ㄹ			

(이기문, 1990:18)

ㄴ. 세 나라 시기의 닿소리 체계

부위 성질	입술	혀끝	혀뿌리	목구멍	부위 갈래
터 짐	ㅂ	ㄷ	ㄱ		
터스침		ㅈ			순한소리
스 침		ㅅ		ㅎ	
콧소리	ㅁ	ㄴ			
튀 김		ㄹ			울림소리

(김수경, 1989:86)

닿소리 체계에 있어서의 차이점은 남한에서는 터짐소리(붙갈이소리 포함)에는 예사소리 /ㅂ, ㄷ, ㅈ, ㄱ/과 거센소리 /ㅍ, ㅌ, ㅊ, ㅋ/의 양 계열을 인정하여 당시에 유기음이 있었다고 보고 있으나, 북한에서는 이때에는 순한소리와 울림소리의 두 갈래로 되어 있고 거센소리(격음)는 닿소리의 구성과 체계에 들어 있지 않았다고 보고 있다. 그리고 북한에서는 콧소리로는 혀끝콧소리 /ㄴ/와 입술콧소리 /ㅁ/만이 쓰이고 혀뿌리콧소리 /ㅇ/은 이때에 아직 쓰이지 않았다고 보고 있다.

한편, 통어 체계는 언어의 말본 구조를 해명하는 데 중요한 분야이지만 삼국시대의 각 나라의 기본 자료가 인명, 관직명, 지명으로 구성되어 있으므로 거기에서 말본의 특성을 찾아낸다는 것은 매우 어려운 일이다. 남북한의 통어 체계에 대하여 밝힌 사실들은 거의 차이를 보이지 않고 있다.

남한에서 고구려어가 신라어와 동일한 계통의 언어가 아니었다는 방증 자료는 93개의 어휘 자료에 의존한 결과이다. 김수경(1989:36)에 의하면 93개의 고구려어 어휘 가운데서 중세 국어와 대응되는 것은 약 54%로 보았다. 이와 같은 어휘상의 차이는 처음부터 어휘가 달랐을 수도 있겠고, 역사적 과정에서 다른 어휘로 바뀌었을 가능성도 있겠고, 또 아직 옳게 해독하지 못한 것도 있을 수 있으므로 고구려어와 신라어에 대한 현재의 관계 설정은 재고되어야 할 것이다.

(5)

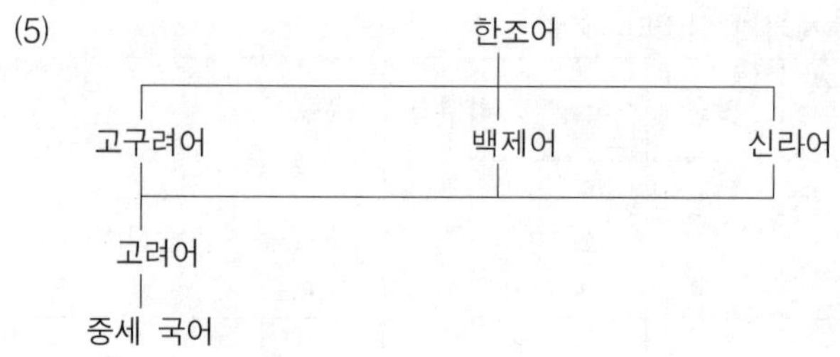

　　(5)의 계통도는 김수경(1989:11~197)의 논지에 맞추어 재구성해 본 것이다. 북한에서는 삼국시대 이전의 언어를 부여·한조어와 같이 이질적인 요소가 복합된 공통조어 설정을 부인하면서 이러한 처사가 민족 분열을 획책하여 왔다고 했다. 그리하여 '한조어'와 같이 한 뿌리의 동질적인 공통조어 설정을 주장하고 있다. 그리고 북한에서는 신라의 삼국 통일에 부여하는 역사적 의의에 대하여 매우 부정적인 태도를 가지고 있다.

　　신라의 삼국 통일은 이 땅에 사대주의를 잉태시켰고 언어적으로는 중국어를 고유어 속에 침식시키는 계기를 만들어 정치와 언어적인 정통성을 바탕으로 한 통일을 이루지 못했으므로 남한의 '신라어 정통설'을 부인한다. 그리고 우리의 국어학사에서 중요한 의의를 부여하는 이두식 기사 방법도 신라에서 시작된 것이 아니고 고구려에서 시작되어 백제와 신라에 전파되었다고 한다(김수경, 1989:74).9)

　　따라서 우리 역사에서 첫 통일 국가는 신라가 아니고 고구려이며 고구려의 통일이 단일 국가의 단일 민족어 발전의 기본적인 뿌리가 되었다고 본다. 개성어는 신라어의 한 방언이 아니고 고구려어의 한 방언으로 보아야 하며

---

9) 남한에서는 이두의 초기 형태가 신라 진흥왕(540~575) 때나 진평왕(579~631) 때의 것으로 추정하는 임신서기석으로 보고 있는데, 북한에서는 평양에 있는 평양성돌(440~449)이 고구려 때에 만들어진 것으로 보며 여기에 이두 표기 형태가 발견되므로 이두식 기사 방법은 고구려에서 비롯되었다고 보고 있다(김병제, 1984:38, 김영황, 1978:77).

우리 나라에서의 언어적 통일은 7세기 후기에 신라어를 중심으로 이루어지지 않았고 10세기 초 고려어를 중심으로 이루어졌다고 보았다(김수경, 1989:173).[10]

남북한 국어사 기술에 있어서 신라어 중심이냐, 고려어 중심이냐와 같은 문제의 발단은 역사관과 이념의 차이에서 비롯되었다. 이와 같은 시각 차이를 좁힐 수 있는 길은 객관적인 역사의 기술과 아울러 민족 정통성의 확립이라는 차원에서 재조명되어야 할 것이며 이념의 차이에서 빚어지는 극단적인 논리를 지양할 때 가능하다.

1993년 개천절 날 북한 사회과학원에서는 단군과 부인의 유골 및 금도금한 청동 왕관을 발견했다는 기사를 발표한 바가 있다. 남북한 학계의 정설로는 고조선은 신석기시대 초기인 기원전 1,000년 전에 형성되었는데, 북한이 발표한 무덤 양식이나 청동 왕관은 기원전 200~300년 전에 한반도에 나타나기 시작했으므로 약 700년의 시간 차이가 있다.

이와 같이 단순히 고구려가 북쪽에 위치하고 있었다는 지리적 위치를 빌미로 하여, 북한 정권의 정통성을 주장하려는 의도성에 의해서 편향적인 역사 해석을 하고 있다면 객관적인 우리말 형성사의 기술은 더욱 어렵게 된다. 북한에서 갖는 이러한 일련의 자세는 주체 사상과 그에 대한 이론화 작업의 본격적인 등장과 함께 강력히 내세워진 조선 민주주의 인민 공화국 그리고 평양의 민족사적 정통성 주장과 맥락을 같이하며, 이때 북한에서 활발하게 펼쳐진 고조선 및 고구려 유적 발굴과 고구려 중심적인 시대 인식과 같은 틀 안에서 이해해야 한다.

---

10) 김병제(1984:51)는 고려가 나라를 통일하면서 우리말은 단일한 민족어로 확고한 길에 들어섰으며, 지방적 방언들은 민족어의 범위 안에서 서로 가까워지는 한 길을 걸어 오게 되었다고 말했다.

(6) (북한) — '통일안' → ‖ — '철자법' → ‖ —'규범집' →
　　　1945　　　　　　　1954년　　　　　　1966년　　　　1987년
　　　(남한) ——————————— (통일안) ————————→ ‖ —맞춤법 →
　　　　　　　　　　　　　　　　　　　　　　　　　　1989년[11]

　위의 표는 남북한 언어의 이질화 과정을 나타내고 있다. 1945년부터 1954년까지의 약 10년 간은 남북한이 모두 ≪한글 맞춤법 통일안≫에 기대어 언어 정책을 시행했던 때이므로 별다른 차이가 없었다. 그러나 북한은 1954년에 ≪한글 맞춤법 통일안≫의 수정안인 ≪조선어 철자법≫을 제정, 공포하여 해방 10년만에 언어상의 남북 분기라는 서글픈 사태를 빚어 냈으나 그 수정 내용이 지엽적인데 불과했고 큰 뿌리가 유지되고 있는 것은 다행스러운 일이 아닐 수 없었다.

　전문 8장 56항으로 되어 있는 ≪조선어 철자법≫은 통일안 규정에 의해서 24개의 한글 자모를 사용해 오던 방식에서 복합자 16자(ㄲ, ㄸ, ㅃ, ㅆ, ㅉ : ㅐ, ㅒ, ㅔ, ㅖ, ㅚ, ㅟ, ㅢ, ㅘ, ㅙ, ㅝ, ㅞ)를 추가하여 40자모를 취하였다.[12] 이런 처리는 아무래도 무방할 듯하나, 사전이나 온갖 찾아보기의 자모 배열법에서 엄청난 차이를 가져오는 것이다.

---

11) 남한에서는 1945년 이후, ≪통일안≫에 부분적인 수정이 몇 차례 있었지만 1988년 1월 14일 문교부 고시 제88 - 1호로 ≪한글 맞춤법≫이 제정되고 1989년 3월 1일부터 시행되어 현재에 이르고 있다.

12) 자모의 이름에서 차이가 있는 것은 북한은 ㄱ(기윽), ㄷ(디읃), ㅅ(시읏)으로 바꾸고 다시 1987년의 개정에서는 ㅇ(이응)을 '응'으로 바꾸었고, ㄲ(된기윽), ㄸ(된디읃), ㅃ(된비읍), ㅆ(된시읏), ㅉ(된지읒)으로 부르며, 자모 배열 순서에 있어서는 'ㅇ'은 받침으로서만 그 자리이고 'ㅇ'자로 시작되는 말은 'ㅉ'의 다음에 배열했다. 자모의 전체적인 배열 순서는 [ㄱ·ㄴ·ㄷ·ㄹ·ㅁ·ㅂ·ㅅ·ㅇ·ㅈ·ㅊ·ㅋ·ㄷ·ㅍ·ㅎ·ㄲ·ㄸ·ㅃ·ㅆ·ㅉ·ㅏ·ㅑ·ㅓ·ㅕ·ㅗ·ㅛ·ㅜ·ㅠ·ㅡ·ㅣ·ㅐ·ㅔ·ㅚ·ㅟ·ㅢ·ㅘ·ㅝ·ㅙ·ㅞ]로 되어 있다.

또한 머리소리 규칙을 인정하지 않고 말 첫소리의 '르, ㄴ'소리를 인정하여 '락원, 량심, 로동'으로 표기하고 발음하도록 했으며 줄기의 홀소리가 'ㅣ, ㅐ, ㅔ, ㅚ, ㅟ, ㅢ'인 경우와 줄기 끝이 '하'인 경우는 '비였다, 개였다, 되여, 하였다'처럼 씨끝을 '여, 였'으로 표기하여 표음주의를 택한 점 등이 남한과 다르다. 이에 준하여 '구태여, 도리여, 드리여, 헤염' 등을 표준어로 정해 놓고 있다. 이와는 달리 남한에서는 '여'의 표기를 줄기가 '하'인 경우만으로 제한하고 있어서, 북한보다 더 형태를 밝혀 적고 있다. 그리고 '준ㅎ'은 중간에 놓는 것을 원칙으로 하고, 거센소리로 적는 것도 허용하였다.

(7) **원칙   허 용**
가ㅎ다   가타
다정ㅎ다   다정타
례ㅎ건대   례컨대

또한 합성어 내부에 사이표(')를 쓰고, 사이시옷을 버리도록 했다.

(8) 기'발, 들'것, 일'군, 낮'일, 대'잎,
    리'과(理科), 덧'이, 새'노랗다

이러다가 북한에서는 1966년에 와서 다시금 큰 폭의 맞춤법 개정을 단행하였다.

북한의 언어 정책에 있어서는 김일성의 교시가 절대적인 지침이 되고 있다.[13] 바로 1964년과 1966년의 두 교시가 남북한 언어의 이질화를 가속화시

---

13) 김일성의 교시가 절대적인 지침이 되고 있음은 다음의 말을 통해서 일 수 있다. "우리 인민은 수령님의 교시 집행에서 무조건성의 원칙을 간직하며 수령님의 교시를 구현한 우리당의 로선과 정책을 관철하는데 언제 어디서나 한 사람 같이 움직인다. 수령님의 교시는 곧 법이며 지상의 명령이다"(단어만들기 연구, 1974:19).

킨 원인이 되었다. 1964년의 교시에서는 북한만의 문자 개혁은 조선 인민의 공통성을 없애며 민족을 분열시키는 일이므로 하지 말아야 하며 한자어나 외래어를 정리하여 고유어화 하자는 지침이었다.

그러다가 다음 1966년 교시에 의해서 ≪조선말 규범집≫이 제정, 공포 되었고 지금까지 표준어라고 부르던 말은 문화어로 고치게 되었다.

1966년의 교시에 의해서 위상을 정립한 문화어는 사회주의, 공산주의 건설 시기에 언어 발달의 합법칙성에 맞게 발전시키고 세련시킨 우리 민족어의 최고 형태라고 자부하고 있다. 남한의 입장에서는 문화어가 북한 정치 지도자의 즉흥적인 발상에 의해서 창안되어 그의 전제적 통치 기구를 통하여 강요된 언어 규범으로 보고 있으나, 북한에서는 문화어를 북한 사회의 형성과 관련된 역사적 타당성을 지녔고 사회 발전의 필연적인 산물로 보고 있다. 이와 같이 특정한 목적의식을 가지고 다듬어진 문화어는 그 동안 정책적 손질을 비교적 덜했다고 볼 수 있는 표준어와 어쩔 수 없는 차이가 나게 되었다.

북한에서는 1966년 이후 남한의 통일안과 상당한 이질성을 갖고 있는 ≪조선말 규범집≫을 마련하게 된 동기에 대해서 일제시대의 조선어 학회가 만든 ≪한글 맞춤법 통일안≫은 과학적인 언어 규범으로 인정될 수 없으며 또 당시의 언어 규범이 서울 지방의 소자산 계급(소시민 계급)의 말을 기초로 해서 근로 대중의 언어 현실과는 거리가 멀기 때문이라고 했다.[14] 나라의 체제를 갖추고 남한과의 경쟁적 대치 상태에서 무언가 독자성을 확립하자면 서울말을 바탕으로 하는 종래의 표준어, 곧 남한의 표준어로부터 독립된 다른 공통어를 가져야 하겠다고 생각한 것이 문화어 설정의 기본 발상이다.[15]

---

14) ≪조선말 규범집≫은 ≪조선어 철자법≫을 재정비한 것으로서 맞춤법은 7장 28항으로 되어 있는데 여기서 달라진 것은 가로 쓰는 원칙을 규정한 점과 '가타(가ㅎ다), 다정타(다정ㅎ다), 례컨대(례ㅎ건대)'처럼 준ㅎ을 적지 않도록 했으며, 그믐달(그믐'달), 기발(기'발), 덧이(덧'이), 해조(해'조)와 같이 종전에 쓰던 사이표(')를 없앴고, '라팔(나팔), 라사(나사), 람색(남색), 로(노), 류리(유리)'와 같이 한자음의 ㄹ두음이 변한 것을 인정하지 않은 점 등이다(김민수, 1985:90).

북한에서는 ≪조선말 규범집≫을 바탕으로 하여 지금까지 문화어 운동을 적극적으로 펴온 결과 남북한의 언어 이질화 현상이 더욱 심해졌다.

   (9) ㄱ. <u>해방처녀</u>로 <u>말밥</u>에 올랐는데 아직도 <u>뜨게부부</u>로 살고 있으니 이게 뭡네까?
      ㄴ. 그렇게 <u>오구탕</u>을 치면 어카자는 겁네까. 무슨 <u>구멍수</u>가 나겠지요.

북한 사람 사이에서 주고받는 위의 대화는 북한에서 문화어 운동이 적극적으로 이행되면서 어휘면에서 남한과 얼마나 차이가 생겼는가를 보여 준다.16)

   (10) ㄱ. 수령, 반동분자, 밥공장, 식량보급소, 공훈배우, 사상전선
      ㄴ. 부동산투기, 선거전, 반상회, 과외공부, 예비군

북한에서 쓰고 있는 (10ㄱ)의 어휘들은 남한의 우리에게는 생소함을 느끼게 한다. 상대적으로 남한에서 쓰고 있는 (10ㄴ)의 어휘들도 북한 사람들에게 거부감을 줄 것이다.

따라서 이런 차이는 단편적인 어휘의 차이라기보다는 제도상의 차이가 어휘론이나 조어법에 영향을 미친 결과이므로 이러한 어휘들에 대한 우리 중심의 판단으로 동질성 회복을 꾀하려고 하는 시도는 삼가야 할 것이다. 따

---

15) 남성우(1990:26)는 북한에서 문화어에 부여하는 성격을 아래와 같이 요약하고 있다. ① 문화어는 사회주의적 민족어의 전형이다. ② 노동 계급의 계급적 지향과 생활 감정에 맞는 언어이다. ③ 전체 인민이 규범으로 풍부하게 발전시킨 민족어이나. ④ 근로 인민 대중이 목적의식적으로 건설한, 혁명적으로 세련되고 문화적으로 다듬어진 언어이다. ⑤ 당과 수령의 '주체적 언어 사상'을 구현한 언어이다. ⑥ 혁명의 붉은 수도 평양을 중심지로 하여 발달한 가장 아름다운 언어이다.
16) (9ㄱ)에서 '해방처녀'는 '미혼모'를, '말밥'은 '구설수'를, '뜨게부부'는 정식 결혼을 하지 않은 '사실혼 부부'를 뜻하는 말로써 이 대화는 「빨리 결혼식을 올리자」는 내용이다. 그리고 (9ㄴ)에서 '오구탕'은 '야단법석'을, '구멍수'는 '돌파구'를 뜻하는 말로써 「급히 서둘게 있느냐」고 (9ㄱ)에 답하는 내용이다.

라서 이런 경우에 어휘상의 동질성을 회복하기 위해서는 제도상의 동질성 회복이 선행될 때 가능하다.

　(11) ㄱ. 동무(북) : ① <로동계급의 혁명 위업을 이룩하기 위하여 혁명대오에
　　　　　　　　　서 함께 싸우는 사람>을 친하게 이르는 말
　　　　　　　② 같이 어울리며 사귀는 사람
　　　　(남) : ① 늘 친하게 어울려 노는 사람
　　　　　　　② 뜻을 같이. 하고 가깝게 지내는 벗, ③ ④ (생략)
　　　ㄴ. 부자(북) : ① 낡은 사회에서, <착취와 협잡으로 긁어 모은>재산을 많
　　　　　　　　　이 가지고 호화롭게 진탕치며 살아가는 자
　　　　　　　② <자기 노력으로 살림을 늘여 매우 넉넉하고 잘살게 된
　　　　　　　형편>을 비겨 이르는 말
　　　　(남) : 살림이 넉넉한 사람
　　　ㄷ. 동지, 변절자, 승리, 자질, 선동, 대포, 어버이, 독재, 일군, 풍자

　위의 예는 낱말의 형태에는 차이가 없으나 의미상 남과 북이 달리 사용하는 말이다. (11ㄱ,ㄴ)은 같은 형태의 낱말을 남북이 각각 다르게 풀이하고 있는 예이며, (11ㄷ)은 풀이가 다른 낱말의 예이다. 남한에서는 사전의 뜻풀이를 되도록 어휘 내적인 의미를 중심으로 하는 반면, 북한에서는 그 어휘의 역사적, 사회적 요인을 반영하고 있는 어휘 외적인 의미를 중요하게 다루면서 어휘 내적인 의미를 부차적으로 다루고 있다. 문화어가 생긴 이후 이와 같은 이질화 현상이 남북한 사이에 가장 심각한 문제로 나타나고 있다. 정치성이 강한 어휘의 의미에 상당한 차이가 발생하고 있는 현상은 언어적 또는 방언적 차이의 문제가 아니라 사회 제도상의 문제, 이념의 문제에 직결된다. 따라서 이질화를 극복하기 위해서는 서로 간에 그런 말도 할 수 있음을 인정하느냐, 하지 않느냐에 따라 문제 해결의 가능성을 확보할 수 있을 것이다.

(12) ㄱ. 녀성, 뇨소, 림시, 로동[17]
     ㄴ. 기발, 덧이, 해조, 그믐달
     ㄷ. 기여[기다], 개여[개다], 베여[베다], 되여[되다]

(12ㄱ)은 머리소리 규칙 적용 문제에 의해서, (12ㄴ)은 사이시옷 표기 문제에서, (12ㄷ)은 형태주의를 택할 것이냐, 표음주의를 택할 것이냐 하는 문제로 남북한의 맞춤법 규정에 차이가 생겼지만 발음상 크게 다르지 않으므로 이질성 문제에 있어서 그리 심각한 현상은 아니다.

(13) 남새(채소), 에미나이(계집아이), 상기(아직), 상통(상판),
     게나니(거지), 방치돌(다듬잇돌), 마사지다(부서지다)

위의 어휘들은 표준어 이전에 북한 지역의 방언에 해당하던 말들이 문화어에 포함됨으로써 남한의 표준어와 다른 어휘 부류를 형성하고 있다. 원래 표준어는 통용성을 전제로 한다. 남한에서도 방언이 통용성을 넓혀서 표준말의 위치에 오른 말들이 있으므로 남북한의 국어학자가 합의한다면 이질성을 줄일 수 있는 가능성은 충분하다.

(14) 뿌리가리기(분근), 갈라캐기(분리채굴), 고루깎기(평삭)
     안바다(내해), 왼쪽지기(좌익수), 골라내기(선별)

위의 어휘들은 한자어를 고유어로 바꾸어 말다듬기를 한 것들이다. 북한온 해방 이후 지금까지 말다듬기 운동에 대한 일관된 정책을 철저하게 전개해

---

17) 북한의 김동찬(1995:65)은 남쪽에서 어두에 'ㄹ'이 나타나지 않는 현상은 알타이 어계 언어에 나타나는 공통되는 현상이라는 견해에 대하여 조선 민족은 알타이 족이 아니라 바로 조선족이며 우리말의 일부 현상들이 알타이 계통의 언어들과 공통성이 있다고 하여 그로부터 우리말이 알타이 계통에 속한다는 결론은 나오지 않으며 더욱이 어두에서 'ㄹ'소리를 내지 말아야 한다는 논리는 절대로 될 수 없다고 반박했다.

나왔다. 남한에서도 국어 순화 운동을 전개하여 고유어화의 작업을 추진해 오고 있다. 남북한의 이와 같은 말의 순화 운동은 양쪽의 공동 관심사이기 때문에 여기에 초점을 맞춘다면 동질성 확립의 전기가 마련될 가능성이 있다.

그런데 북한에서는 1987년에 ≪조선말 규범집≫의 개정이 있었는데 이때의 개정 내용 중 띄어쓰기와 사이시옷 사용 규정은 남북한 맞춤법의 동질성 확립에 중요한 계기를 마련했다.

북한은 1966년 김일성 교시에 따라 단어를 최대한 붙여쓰라고 규정했으나 부작용이 나타나자 1987년의 개정시에 붙여쓰는 쪽에서 띄어쓰는 쪽으로 바뀌었다. 한편 남한은 1988년의 맞춤법 개정에서 띄어쓰는 쪽에서 붙여쓰는 쪽으로 바뀌었다. 현재의 이러한 띄어쓰기 변화 경향이 하나의 방향으로 조정되고 있다는 것과 남북이 띄어쓰기에서 공통의 문제를 안고 있다는 것은 남북 통일 이후에 제기될 언어 통일 문제 중에서 띄어쓰기만큼은 합의점을 찾을 수 있는 전망이 밝다고 볼 수 있다.

그리고 사이시옷 문제에 있어서 북한에서는 원칙적으로 그 사용을 인정하지 않았으나 1987년의 ≪조선말 규범집≫ 개정 때 고유한 말 가운데서 소리 같은 말과의 의미상 혼동을 피하기 위하여 일부 사이시옷의 사용을 허용했다.

(15) ㄱ. 샛별(금성) － 새별(새로운 별)
     ㄴ. 빗바람(비가 오면서 부는 바람) － 비바람(비와 바람)
     ㄷ. 샛서방(남편이 있는 여자가 몰래 상관하는 남자) － 새서방(갓 결혼한
        젊은 남자)

이러한 현상은 남북한 언어 차이를 줄이고 동질성을 갖도록 하는 데 중요한 계기가 되었다. 곧 이러한 예들을 통해 남북의 맞춤법 규정상 가장 심각한 문제인 사이시옷이 부활할 조짐을 보이는 것이라고 해석할 수 있기 때문이다. 북한에서도 의미상의 혼란과 같은 문제를 야기하는 경우, 사이시옷의 사용을 불가피하게 인정하고 있으므로 남북한의 맞춤법 통일을 위해 사이시옷의 사용은 합의점을 찾을 수 있는 가능성이 충분하다.

【정리문제】

1. 북한에서 언어 정책의 바탕으로 삼고 있는 '주체적 언어 사상'이란 무엇인가?

2. 다음은 북한에서 지적하고 있는 남한의 언어 실태이다. 이 지적 사항의 옳고 그름을 비판해 보라.

> 이남에서는 한글 전용을 위한 운동, 외래어 정리, 쉬운 말 고운 말 보급 운동 등 진보적인 국어 운동이 주로 학생층과 민간 단체 등을 중심으로 널리 벌어지고 있으나 당국의 확고한 시책으로 되지 못한 탓으로 자연 발생성과 단속성을 면치 못하는 실정에 있는 것으로 알고 있다(김수경, 1989:212).

3. 남한의 '신라어 정통설'과 북한의 '고구려어 정통설'의 시각차를 좁 힐 수 있는 방향과 방법을 생각해 보라.

4. 남북한에서 수립한 고대 국어의 홀소리 체계와 닿소리 체계를 비교해 보고 그 공통점과 차이점을 정리해 보라.

5. 표준어와 문화어가 이질화의 과정을 거치게 된 요인과 이질화의 실태를 정리해 보라.

6. 남북한 언어가 동질성을 확립하기 위한 방안을 제시해 보라.

7. 북한에서 '문화어'에 부여하고 있는 역할은 어떠한가?

8. 북한식 말다듬기의 실상을 살펴 보고 그 장점과 단점을 비판해 보라.

9. 북한에서 나온 ≪현대 조선말 대사전≫속의 '서울말(표준어)' 뜻풀이를
   보면 「미제국주의자들과 그 앞잡이들이 민족어 말살 정책으로 말미암아,
   우리말의 고유한 민족적 특성을 잃어 버리고 서양말, 한자말, 일본말이
   마구 들어와 섞인 잡탕말로 된 오늘 남조선에서 쓰는 말」이라고 풀이 하
   고 있다. 이 뜻풀이를 남한의 실상을 중심으로 하여 비판해 보라.

10. 남북한에서 언어 사용자가 불편을 겪고 있는 문제점들은 무엇이며, 이
    런 문제점이 나타난 원인과 그 해결 방법을 생각해 보라.

11. 아래 남쪽의 표준어를 북한에서는 어떻게 말다듬기를 하여 문화어로
    사용하고 있는가?

① 도시락   ② 도시락밥   ③ 개복술
④ 초산   ⑤ 개오동   ⑥ 해초
⑦ '미역'과 '다시마'를 묶어서 부르는 이름   ⑧ 노크
⑨ 개고기   ⑩ 수면제   ⑪ 슬리퍼
⑫ 아이스크림   ⑬ 미혼모   ⑭ 구설수

● 참고문헌 ___________________________________

고영근(1990), ≪북한의 말과 글≫, 을유문화사.
_____(1994), ≪통일시대의 어문 문제≫, 길벗.
김동찬(1995), <조선어 규범화를 위한 리론과 실천>, 국제고려학회 학술
　　　　　총서 제3호.
_____(1987), ≪조선어 리론문법 - 단어조성론≫, 고등교육도서출판사.
김민수(1985), ≪북한의 국어 연구≫, 고려대학교 출판부.
_____(1989), ≪북한의 어학 혁명≫, 도서출판 백의.
김병제(1984), ≪조선어학사≫, 과학백과사전출판사.
김수경(1989), ≪세나라 시기의 언어력사에 관한 남조선 학계의 견해에
　　　　　대한 비판적고찰≫, 평양출판사.
김일성(1968), <조선어를 발전시키기 위한 몇가지 문제>, 문화어학습 2호.
김영황(1978), ≪조선민족어 발전력사 연구≫, 과학백과사전출판사.
남성우·정재영(1990), ≪북한의 언어 생활≫, 고려원.
박상훈 외 공저(1986), ≪우리 나라에서의 어휘 정리≫, 사회과학출판사.
사회과학원 언어학 연구소(1974), ≪단어만들기 연구≫, 사회과학출판사.
이기문(1990), ≪국어사 개설≫, 탑출판사.
하치근(1993), ≪남북한 문법 비교 연구≫, 한국문화사.
_____(1998), <남북한 언어 연구, 어떻게 할 것인가>, 국학 총서2, 민족
　　　　　통일을 앞당기는 국학, 집문당.
_____(2001), <남북 맞춤법의 통일화 방안>, 국제고려학회 서울지회 논
　　　　　문집 제3호, 국제고려학회 서울지회.

제2부
형태론

제5장 형태소와 낱말
제5장 형태소와 낱말

5.1 형태소

하나의 월은 그 뜻으로 보아 여러 단위로 분석할 수 있다.

   (1) 영희가 예쁜 옷을 입었다.

위의 월은 우선 말의 임자를 나타내는 '영희가'와 그에 대해 풀이를 해 주는 풀이조각 '예쁜 옷을 입었다'로 분석할 수 있다. 또 '예쁜 옷을 입었다'는 다시 부림조각 '예쁜 옷을'과 풀이말 '입었다'로, '예쁜 옷을'은 매김말 '예쁜'과 부림말 '옷을'로 분석할 수 있다.

   (2) 영희가 // 예쁜 / 옷을 / 입었다.

그러나 여기서 분석이 끝난 것은 아니다. 곧 '영희가'는 '영희'와 '-가'로, '예쁜'은 '예쁘-'와 '-ㄴ'으로, '옷을'은 '옷'과 '-을'로, '입었다'는 '입-'과 '-었-', '-다'로 각각 분석된다.

이렇게 얻어진 단위에는 각각 일정한 뜻이 있는데, '영희, 예쁘-, 옷,

입 - ’ 등에는 어휘적인 뜻이, ‘ - 가, - ㄴ, - 을, - 었 - , - 다’ 등에는 말본적인 뜻이 있다. 그런데 ‘예쁘 - ’는 ‘예’와 ‘쁘’로 더 쪼개게 되면 ‘예쁘 - ’가 가진 어휘적인 뜻이 사라지는데, 이와 같이 더 이상 쪼개면 본래의 뜻을 잃게 되는, 뜻을 가진 가장 작은 말의 단위를 형태소라고 한다.

형태소는 세로 관계(계열 관계)의 원리에 따라 다른 말과의 대조에 의하여 분석한다. (2)의 월의 풀이말 ‘입었다’를 형태소로 분석해 보자. ‘입었다’를 ‘먹었다’와 대조하면 이 두 낱말은 ‘ - 었다’를 공통으로 갖고 있으면서 ‘입 - ’은 입는 움직임을 나타내고 ‘먹 - ’은 먹는 움직임을 나타내어 뜻의 변별력을 갖는다. 이와 같은 관계는 ‘묻었다, 풀었다, 걸었다’에서도 마찬가지다. 그러므로 ‘먹 - , 묻 - , 풀 - , 걸 - ’은 ‘입 - ’과 세로 관계에 있다. 다음은 ‘입었다’와 ‘입겠다’를 대조해 보면 두 낱말이 ‘입 - 다’를 공통으로 가지면서 ‘ - 었 - ’은 입는 움직임이 끝났음을 뜻하고 ‘ - 겠 - ’은 입는 움직임이 앞으로 일어날 것이거나 경우에 따라서는 말할이의 의도를 아울러 나타낸다. 그러므로 두 낱말은 ‘ - 었 - ’과 ‘ - 겠 - ’의 차이에 의해서 뜻이 변별된다.

이런 관계는 ‘입는다’에서도 마찬가지이므로 ‘ - 었 - ’과 ‘ - 겠 - ’과 ‘ - 는 - ’은 세로 관계에 있다. 다음에는 ‘입었다’와 ‘입었느냐’를 대조해 보자. 이 두 낱말은 ‘입었 - ’을 공통으로 가지면서 ‘ - 다’는 서술을 ‘ - 느냐’는 물음을 나타내므로 두 낱말은 ‘ - 다’와 ‘ - 느냐’의 차이에 의해서 뜻이 변별된다. 그러므로 ‘ - 다’와 ‘ - 느냐’는 세로 관계에 있다.

이와 같은 낱말과의 대조에 의해서 ‘입었다’의 ‘입 - ’은 입는 동작을 뜻하고, ‘ - 었 - ’은 이미 동작이 끝났음을 뜻하고 ‘ - 다’는 서술을 뜻하는 3개의 형태소로 나누어 진다.[1]

  (3) ㄱ. 학생, 포수
      ㄴ. 그녀, 지붕

---

1) 허 웅(1983 : 107 - 108)을 참고할 것.

한자어를 형태소로 분석하는 경우에 있어서 한자 하나하나는 따로 떨어져 다른 낱말을 만드는 감으로 사용되고 또 한 글자 한 글자는 제각기 일정한 뜻이 있으므로 한자는 각 글자마다 한 형태소로 보는 것이 좋다.

(3ㄱ)의 한자어 학생은 '학교, 선생'과 포수는 '포술(砲術), 투수'와 세로 관계를 이루므로 각각 하나의 형태소로 나누어진다.

(3ㄴ)의 '그녀'는 고유어 '그'에 한자어 '녀(女)'가 결합된 말이다. 그녀는 '그자(者)'와는 세로 관계가 이루어지지만 '*이녀, *저녀'와는 이루어지지 않는다.

그러므로 '녀'에는 형태소 자격을 줄 수 있으나 '그'에는 줄 수가 없다. 그런데 아직은 임시어 수준이지만 '서울녀, 부산녀, 예쁜녀, 깜찍녀'와 같은 말이 사용되고 있고 '그'가 가리킴매김씨임이 분명하므로 '그'에도 형태소의 자격을 줄 만하다.

그리고 '지붕'은 뿌리 '집'에 파생가지 ' - 웅'이 붙은 파생어이다. 그러나 파생가지 ' - 웅'은 유일형태소로서 음운적인 어휘화가 일어나 뿌리와 파생가지의 경계가 허물어져서 '지붕'으로 표기한다.

따라서 이런 말들은 어휘화한 홑낱말로 보고 한 형태소로 처리할 수도 있지만 말밑을 밝혀 '집'과 '웅'의 두 형태소로 나누는 것이 보편적이다.

형태소는 그 자립성이 있고 없음과 실질적인 뜻이 있고 없음에 따라 자립형태소와 의존형태소, 실질형태소와 형식형태소로 구분할 수 있다.

자립형태소와 의존형태소 : 자립형태소는 홀로 자립하여 쓰일 수 있는 형태소이고 의존형태소는 그 자체로는 정상적으로 쓰이지 못하고 항상 다른 형태소에 의존해야만 쓰일 수 있는 형태소를 말한다.

(4) 그녀가 등을 밝혔다. / 철수가 노래를 부른다.

(4)는 '그 - 녀 - 가 등 - 을 밝 - 히 - 었 - 다'와 '철수 - 가 노래 - 를 부르 - ㄴ - 다'로 분석할 수 있는데, 그 자립성을 따져보면, '그녀, 등'과 '철수, 노래'는 자립성이 있어서 홀로 쓰일 수 있으므로 자립형태소라 한다. 그러나 ' - 가, - 을, 밝 -, - 히 -, - 었 -, - 다'와 ' - 가, - 를, 부르 -, - ㄴ -, - 다'는 자립성이 없어서 언제나 다른 형태소에 덧붙어야만 쓰일 수 있으므로 의존형태소라 한다. 의존형태소는 형태소의 앞이나 뒤, 또는 앞뒤에 ' - ' 와 같은 표시를 하는데, '밝 - '의 경우 그 뒤에 다른 형태소가 와야만 온전히 쓰일 수 있고 ' - 가'의 경우 그 앞에 다른 형태소가 와야만 온전히 쓰일 수 있고, ' - 었 - '은 그 앞뒤에 다른 형태소가 와야 온전히 쓰일 수 있는 의존형태소이다. 의존형태소에는 줄기, 씨끝, 토씨 등이 있다.

실질형태소와 형식형태소 : 실질형태소는 그 자체에 어휘적 뜻이 있어 실질적 뜻을 분명히 드러내는 형태소이며, 형식형태소는 일반적으로 그 자체가 어휘적인 뜻을 지니지 않고 실질형태소에 덧붙여 쓰이거나 그것들 사이의 말본적 관계들을 나타내는 형태소이다.

(4)에서 '그, 녀, 등, 밝 - '과 '철수, 노래, 부르 - '는 실질적인 뜻이 있으므로 실질형태소이고, ' - 가, - 을, - 히 -, - 었 -, - 다'와 ' - 가, - 를, - ㄴ -, - 다'는 그 자체에 실질적인 뜻이 없고 앞의 '그녀, 등, 밝 -, 철수, 노래, 부르 - '와 같은 실질형태소에 붙어 그 말본적 관계 등을 나타내므로 형식형태소이다.

이때 실질적인 뜻이라 함은 구체적인 대상이나 동작, 상태와 같은 어휘적인 뜻을 말하는데, 실질형태소는 이러한 어휘적인 뜻을 가진다고 하여 어휘형태소라고도 하며, 형식형태소는 ' - 가, - 을, 었 , - 다' 등과 같이 말 사이의 말본적 관계, 형식적 관계를 표시하는 말본적인 뜻을 가진다고 하여 말본형태소라고도 한다.

특히 형식형태소는 그 기능에 따라 굴곡가지와 파생가지로 나뉘는데, 굴곡가지는 '나무가, 고기를, 먹다'의 '-가, -를, -다'와 같이 낱말들의 말본적 관계를 나타내며, 파생가지는 '풋사과, 꽃답다, 먹이다'의 '풋-, -답-, -이-'와 같이 뿌리에 붙어 새로운 말을 만드는 일에만 관여한다.

　유일형태소 : 형태소에는 이 밖에도 단 하나의 형태소와 결합하는 것이 있는데, 이러한 형태소를 유일형태소 또는 불구형태소라고 한다. 예를 들면, '넋보, 밤도와, 보슬비, 새삼스럽게' 등에서, '넋보'의 '-보'는 '울보, 먹보, 곰보, 늘보, 잠보, 꾀보' 등과 같이 생산적인 파생의 가지이지만 '넋-'은 '-보'와만 결합하는 특이성이 있다. '밤도와'의 '-도와'는 그 기원이 무엇인지가 불분명하고, 그 뜻 또한 파악하기 어려운데, '밤'과 결합하여 <밤이 새도록>을 뜻한다. '보슬비'의 '보슬'도 '비'와만 결합하고 '눈'이나 '바람'과는 결합하지 못하고 '새삼스럽게'의 '새삼' 역시 '-스럽게'와만 결합하는 특이성을 가지므로 이들 '넋-, -도와, 보슬-, 새삼-'은 모두 유일형태소라 할 수 있다.

　지금까지 형태소의 여러 종류를 살펴 보았는데, 이를 정리하면 아래와 같다.

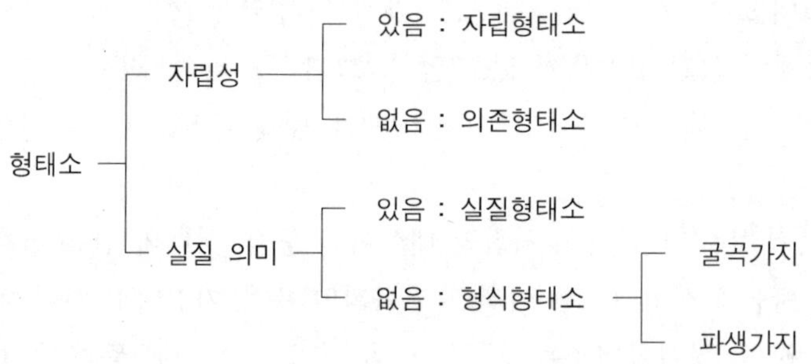

　형태소와 변이형태 : 하나의 형태소는 그 꼴이 고정되어 있지 않고 어떤 환경에 놓이는가에 따라 다른 꼴로 실현된다.

(5)   [+ 홀소리]   [+닿소리(- 콧소리)]   [+닿소리(+콧소리)]
    {맛}   '마시'   '맏도'   '만만'
    {밑}   '미치'(+'이')   '믿도'   '민만'
             '미틀'(- '이')
    {없(다)}   '업시'   업고'   '엄는'

  (5)의 '맛, 밑, 없(다)'는 각각 하나의 형태소이다. 그런데 결합하는 토씨나 씨끝에 따라 그 꼴이 달라졌다. 이와 같이 한 형태소가 그 놓이는 환경에 따라 달리 실현되는 것을 변이라고 하고, 변이된 꼴들을 각각 형태라 하며, 한 형태소의 꼴바뀜인 여러 형태들을 그 형태소의 변이형태라고 한다. '맛, 맏, 만'은 '맛'이라는 형태소의 변이형태이고, '및, 밑, 믿, 민'은 '밑'이라는 한 형태소의 변이형태이며, '없 - , 업 - , 엄 - '은 형태소 '없 - '의 변이형태인 것이다. 이렇게 볼 때 형태소는 여러 변이형태들의 묶음이라 할 수 있다.
  변이형태는 그것이 나타나는 환경이나 조건에 따라 크게 음성적 변이형태, 형태적 변이형태, 임의적 변이형태, 무형의 변이형태로 나눌 수 있다. 변이에는 일정한 환경에서 예외 없이 자동적으로 바뀌는 자동적 변이와 예외를 보이는 비자동적 변이로 나누기도 한다.

  음성적 변이형태 : 음성적 변이형태는 앞뒤 환경에 어떤 소리가 오는가에 따라 결정되는 변이형태이다. 앞에서 살펴 보았던 {맛}, {밑}, {없(다)}, {이/가}, {을/를} 등이 음성적 변이형태를 가지는 형태소들인데, 곧 앞뒤에 홀소리가 오는가 닿소리가 오는가, 또 홀소리 중에서는 '이' 소리인가 아닌가, 닿소리 중에서는 그것이 콧소리인가 아닌가 등에 따라 각각 다르게 실현된다.

  (6) {맛} +   홀소리 → '맛'
               닿소리(- 콧소리) / # → '맏'
               콧소리 → '만'

$$
\begin{aligned}
\{밑\} + \quad &홀소리(+'이') \rightarrow '및' \\
&\quad\quad\quad (-'이') \rightarrow '밑' \\
&닿소리(-콧소리) \;/\; \# \rightarrow '믿' \\
&콧소리 \rightarrow '민' \\
\{없(다)\} + \quad &홀소리 \rightarrow '없' \\
&닿소리(-콧소리) \rightarrow '업' \\
&콧소리 \rightarrow '엄' \\
\{이/가\} + \quad &닿소리 \rightarrow '이' \\
&홀소리 \rightarrow '가' \\
\{을/를\} + \quad &닿소리 \rightarrow '을' \\
&홀소리 \rightarrow '를'
\end{aligned}
$$

그런데, 이러한 음성적 변이형태는 그 변이가 자동적이어서, 만약 그런 변이가 일어나지 않는다면 우리말의 음운적 틀이 깨어지게 된다. 예를 들어, '없고'에서 'ㅅ'이 탈락하지 않고 그대로 남는다면 음소 배열이 「홀 - 닿 - 닿 - 닿 - 홀」이 되어 우리말 음절 구조에 벗어나게 된다. 그러므로 '없 - '에서 '업 - '으로의 변이는 자동적이라 할 수 있다. 그러나 ' - 이/가'나 ' - 을/를'의 경우, 이들도 음성적 변이형태이지만 닿소리 뒤에서 ' - 이'와 ' - 을'이, 홀소리 뒤에서 ' - 가'와 ' - 를'이 쓰이는 것이 자동적이지는 않다. 곧 '순이가, 사람이, 사과를, 책상을'이 되는 것은, '순이이, 사람가, 사과을, 책상를'의 결합이 불가능해서 그렇게 되는 것이 아니기 때문이다. 그러므로 이들은 비자동적 변이라고 할 수 있다.

형태적 변이형태 : 앞 형태소나 뒤 형태소의 소리에 따라 형태가 달라지는 것이 아니라 앞 형태소의 형태 그 자체에 따라 바뀌는 변이형태를 형태적 변이형태라 한다. 그 예를 보면 다음과 같다.

(7) ㄱ. { - 거라, - 너라, - 여라} :
　　　 가 - + / - 거라/, 오 - + / - 너라/, 하 - + / - 여라/ : 가거라, 오너라, 하여라
　　ㄴ. { - 었 - } : 하 + / - 였 - /+다 : 하였다
　　ㄷ. { - 어서} : 하 + / - 여서/ : 하여서

(7ㄱ)의 시킴법 씨끝 ‘ - 거라’, ‘ - 너라’, ‘ - 여라’ 등이 형태적 변이형태
의 예인데, 이런 변이형태는 각각 ‘가 - ’, ‘오 - ’, ‘하 - ’ 등의 특정한 형태소
가 올 때에만 나타난다. 현대어에서 ‘ - 거라’는 ‘가다’와 어울리고 ‘ - 너라’
는 ‘오다’와 ‘ - 여라’는 ‘하다’와만 어울린다. (7ㄴ)의 지난적(과거)의 때매김 형
태소 { - 었 - }은 ‘하 - ’ 뒤에서는 ‘ - 였 - ’으로 바뀌고, (7ㄷ)의 이음씨끝
{ - 어서}는 ‘하 - ’ 뒤에서 ‘ - 여서’로 바뀐다. 이러한 변이형태는 앞 형태
소의 음성적 조건에 따라 달라지는 것이 아니라 형태소 자체의 개별적 특
성에 따라서 달라지는 것이다.

임의적 변이형태 : 임의적 변이형태란 임의로 교체할 수 있는 형태를 일
컫는데, 동일한 환경에서 조건 없이 서로 대체할 수 있는 변이형태로 자유
변이형태라고도 한다(서정수 : 1996 : 51).

이를테면 ‘노을/놀’, ‘외우다/외다’와 같이 어느 것을 써도 무방한 형태들
이 임의적 변이형태이며, 복수 표준어에 해당되는 것도 임의적 변이형태로
볼 수 있다. 이 밖에도 임의적 변이형태에는 다음과 같은 것들이 있다.

  (8) 이음 : { - 려고/ - 고자} 보려고 / 보고자
          { - 을망정/ - 을지언정/ - 을지라도}
          할망정 / 할지언정/ 할지라도
     시킴 : { - 어라/ - 라} 주어라 / 주라
          { - 아라/ - 라} 받아라 / 받으라
          { - 여라/ - 라} 하여라 / 하라
          { - 거라/ - 라} 가거라 / 가라
     맺음 : { - 니/ - 느냐} 가니? / 가느냐?

무형의 변이형태 : ‘앉아 있다’의 ‘ - 아’와 ‘피어 있다’의 ‘ - 어’는 한 형태
소의 음성적 변이형태이다. 앞에 오는 줄기가 밝은 홀소리인가, 어두운 홀소
리인가 하는 음성적 특성에 따라 ‘ - 아’와 ‘ - 어’가 결정되는 것이다. 그런데

이 형태소는 홀소리 'ㅏ, ㅓ' 다음에서는 드러나지 않는 일이 많아서 '가(아) 있다', '서(어) 있다'로 실현되는데, 이러한 경우에 무형의 변이형태가 있다고 한다(허 웅, 1983:106).

　　대표형태 : 변이형태는 한 형태소에 속하는 각기 다른 형태들을 말하고, 형태소는 이러한 여러 변이형태들의 묶음이라 할 때, 이 가운데 어떤 형태를 기본형으로 삼을 것인가가 문제이다. 이때 기본형이 되는 변이형태를 대표형태라 한다. 곧 한 형태소가 지닌 여러 변이형태를 대표하는 것이다.

　　대표형태를 선정하는 데에는 몇 가지 기준이 있는데 첫째, 대표형태는 다른 변이형태의 실현을 보다 자연스럽고 간편하게 설명할 수 있어야 한다. 예를 들어, (6)의 '맛〜맏〜만'에서 '만'을 대표형태로 잡아 그것이 닿소리 앞에서는 '맏'으로 바뀌고, 홀소리 앞에서는 '맛'으로 바뀌었다고 하기보다는, '맛'을 대표형태로 삼아 그것이 뒤에 닿소리를 만나면 일곱 끝소리 되기에 의해 '맏'이 되고, 또 콧소리를 만나면 콧소리 되기에 의해 '만'으로 실현된다고 하는 것이 더 자연스러우므로 '맛'을 대표형태로 정한다.

　　둘째, 경우에 따라 어느 쪽으로 설명하는 것이 자연스럽고 간결한가를 정하기 힘들 때가 있는데, 그때는 분포가 큰 것을 대표형태로 삼거나 그것도 어려우면 그 가운데 어느 하나를 임의로 정하기도 한다. 가령 임자자리토씨 '-이/가'는 '-이'가 홀소리 다음에서 '-가'로 바뀌었다고 하는 것과 '-가'가 닿소리 다음에서 '-이'로 바뀌었다고 하는 것 가운데 어느 하나를 선택하기 힘들다. 그런데 '-이'와 '-가'의 경우는 역사적인 사실을 고려하여 '-이'가 먼저 생긴 형태이므로 '-이'를 대표형태로 잡는 것이 보편적이다. 그러나 어느 쪽을 대표형태로 삼아도 무방하다. 이러한 예로는 이 밖에도 '-은/는', '-을/를', '-와/과' 등이 있다.

　　구성소와 형성소 : 지금까지 우리들이 사용해 온 형태소의 개념은 대부분

구성소의 개념이었으나 형성소의 개념도 고려하여 형태소의 개념을 재정립할
필요가 있다(고영근, 1993:29 - 42).

(9)

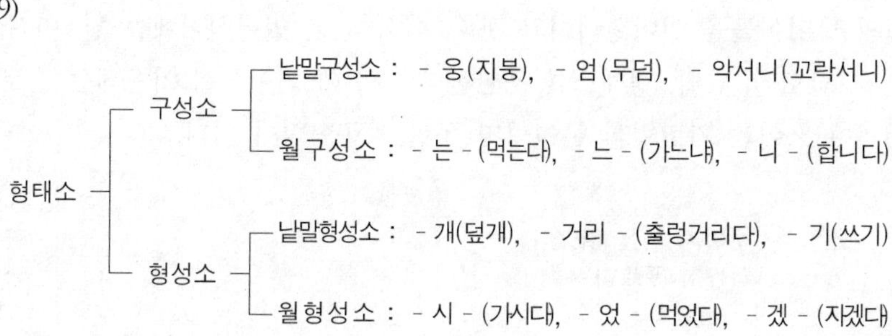

위의 (9)와 같이 형태소는 불규칙적이고 비생산적인 구성소와 규칙적이고
생산적인 형성소로 나눌 수 있다.

구성소에는 ' - 웅, - 엄, - 악서니'와 같이 어울리는 뿌리와의 결합이 불
규칙적이고 비생산적인 낱말구성소와 ' - 는, - 느 - , - 니 - '와 같이 줄기
와의 결합이 불규칙적이고 비생산적인 월구성소가 있다.

형성소에는 ' - 개, - 거리 - , - 기'와 같이 뿌리와의 결합이 규칙적이고
생산적인 낱말형성소와 ' - 시 - , - 었 - , - 겠 - '과 같이 줄기와의 결합이
규칙적이고 생산적인 월형성소가 있다.

끊임없이 변화하고 있는 언어의 모습을 공시적으로 고정하는 일은 말본
의 체계 수립을 위하여 필요한 조처이기는 하되 때로는 그 형태소의 기능이
완전히 달라져서 이미 형태소로서의 기능을 잃은 것까지 형태소로 처리하는
불합리힘을 보완히기 위해서 형태소를 형성소와 구성소로 나누는 일은 고려
해 볼 필요가 있다.

자립형식과 의존형식 : 일정한 소리에 일정한 뜻의 뒷받침을 가지고 있는 말의 낱덩이들을 언어형식이라 한다. 이와 같은 언어형식에는 월, 마디, 이은말, 말도막, 낱말, 형태소를 포함한다. 그런데 언어형식 가운데는 홀로 자립하여 쓰이는 자립형식과 그렇지 못한 의존형식이 있다.

(10) ㄱ. 순이가 책을 읽었다.
　　ㄴ. 하늘이 푸르다.

(10ㄱ, ㄴ)은 각각 하나의 자립형식으로 이루어진 월이다. 그런데 여기서 더 분석하여 얻어진 '순이가', '책을', '읽었다'와 '하늘이' '푸르다'와 같은 말도막(어절)도 각각 하나의 자립형식이다. 이 말도막을 더 분석하면 형태소로 나누어 지는데 '순이, 책, 하늘'과 같은 형태소는 자립형식이며 ' - 가, - 을, 읽 - , - 었 - , - 다'와 ' - 이, 푸르 - , - 다'와 같은 형태소는 의존형식이다. 이때, '순이가', '책을', '읽었다'와 '하늘이', '푸르다'처럼 더 이상 분석했을 때 어느 한쪽이나 양쪽 모두 의존형식이 되는 자립형식을 최소자립형식이라 한다.

형태소와 낱말 : 형태소는 자립성이 있고 없음에 따라 자립성이 있는 자립형태소와 자립성이 없는 의존형태소로 구분한다. 앞의 (10ㄱ)에서 '순이, 책'은 자립형태소이며 ' - 가, - 을, 읽 - , - 었 - , - 다'는 의존형태소이다. 그리고 (10ㄴ)에서 '하늘'은 자립형태소이고 ' - 이, 푸르 - , - 다'는 의존형태소이다. 따라서 형태소는 자립형식도 있고 의존형식도 있다 그러나 형태소와는 달리 낱말은 자립형식이어야 한다. 그러므로 (10ㄱ)의 '순이, 책'과 (10ㄴ)의 '하늘'은 자립형식으로 낱말이 되지만, (10ㄱ)의 '읽 - , - 었 - , - 다'

와 (10ㄴ)의 '푸르 -, - 다'는 의존형식이므로 낱말이 될 수 없다. 그러나 (10ㄱ)의 ' - 가'와 ' - 을', (10ㄴ)의 ' - 이'는 의존형식의 토씨인데 낱말로 처리한다.

　그러므로 낱말은 형태소보다 큰 언어형식이라 할 수 있으며, 낱말은 대부분 한 개 이상의 형태소가 모여 이루어진다. '여름'은 한 개의 형태소가, '읽/다'는 두 개의 형태소가, '사랑/스럽/다'는 세 개의 형태소가 모여 이루어진 낱말이다. [토씨를 낱말로 인정해야 하는 까닭에 대해서는 「5.2 낱말」의 '낱말 규정의 문제점'을 참고할 것.]

　낱말의 특성 : 낱말은 자립형식 가운데서 가장 작은 단위로 월의 구성 단위가 되는데, 그 특징을 살펴보면 다음과 같다.

　첫째, 낱말은 한 개 이상의 형태소로 이루어진 최소자립형식이다.

> (11) ㄱ. 나무, 돌, 바람, 책, 언덕　(한 개의 형태소)
> 　　　ㄴ. 짓밟다, 엿듣다, 깨뜨리다, 먹이다　(세 개의 형태소)
> 　　　ㄷ. 먹었다, 먹겠다　(세 개의 형태소)

　(11ㄱ)은 한 개의 자립형식으로 이루어진 낱말이며 이것은 그 자체로 홀로 쓰일 수 있다. 반면 (11ㄴ,ㄷ)은 세 개의 의존형식으로 이루어진 하나의 자립형식인데 더 분석하게 되면 '짓 -', '밟 -', ' - 다'와 '먹 -', ' - 었 -', ' - 다'로 나누어져, 분석된 하나 하나가 제각기 의존형식이 되어 버리므로 낱말이 될 수 없다. 그러므로 의존형식이 생기기 전의 최소자립형식인 '짓밟다, 먹었다' 각각을 하나의 낱말로 보아야 한다.

　둘째, 그 자체가 최소자립형식이 아니더라도 다른 최소자립형식과 대등한 분포 관계를 보이면 낱말로 인정한다.

> (12) ㄱ. 아름다운 <u>것</u>은 언제나 나를 기쁘게 한다.
> 　　　ㄴ. 아름다운 <u>사람</u>은 대체로 남들의 부러움을 산다.

(13) ㄱ. 저기 계신 <u>분이</u> 너의 아버지시니?
     ㄴ. 저기 계신 <u>어른(사람, 선생)</u>이 너의 아버님이시니?

　(12ㄱ), (13ㄱ)의 '것, 분' 등은 그 자체로 자립형식이라 하기 어려우나 이름씨 '사람', '어른', '선생' 들과 대등한 분포 관계를 보여서 (12ㄱ)의 '것'은 (12ㄴ)의 '사람'과 (13ㄱ)의 '분'은 (13ㄴ)의 '어른', '사람', '선생'과 같은 환경에서 쓰이므로 낱말로 인정해야 한다.
　셋째, 낱말은 그 내부에 쉼을 둘 수 없으며, 분리성도 없다.

(14) ㄱ. 사랑, 진달래, 책상
     ㄴ. 작은 집, 작은 아버지
        작은 나의 집 / 키가 작은 나의 아버지
     ㄷ. 작은집, 작은아버지
        *작은 하얀 집 / *키가 작은 나의 아버지

　(14ㄱ)의 '사랑, 진달래, 책상'을 말할 때 중간에 숨을 넣어 쉬었다가 말하지도 않고 그 사이에 다른 말을 끼워 넣을 수도 없다. 반면 (14ㄴ)의 '작은 집', '작은 아버지'는 '작은 예쁜 집', '작은 나의 아버지'와 같이 내적 확장이 가능하므로 한 낱말이 아니라 이은말이라는 것을 알 수 있다. 그러나 (14ㄷ)은 앞의 (14ㄴ)과 같이 내적 확장이 되지 않으므로 한 낱말임을 알 수 있다.
　넷째, 낱말은 월의 구성 단위가 된다. 구성 단위라 함은 그것을 이루는 성분이 무엇이든지 간에 전체가 하나의 최소자립형식이 된다는 것이다.

(15) 그는 <u>나팔꽃</u>을 좋아한다.

　여기서 '나팔꽃'은 '나팔'과 '꽃'으로 각각 하나의 구성 단위가 된다. 그러나 이미 '나팔꽃'이라는 하나의 낱말을 이루므로 '나팔'과 '꽃'이라는 각각의 자립성을 드러내지 않고 '나팔꽃' 전체가 하나의 구성 단위가 된다. 왜냐하면 각자의 자립성을 드러내서 '나팔'과 '꽃'으로 구분해 버리면 '나팔꽃'의 본래 뜻을 가진 낱말이 만들어질 수 없기 때문이다. 그래서 합성어의 경우, 각각 자립성이 인정되더라도 이들이 새로운 한 낱말을 이룰 때에는 전체가 한 구성 단위가 된다.

낱말의 재료 : 낱말은 하나의 형태소로 이루어지기도 하고 두 개 이상의 형태소로 이루어지기도 하는데, 낱말을 이루는 형태소는 그 기능과 결합 관계에 따라 다음과 같이 분류할 수 있다.

> 뿌리 : 낱말의 중심부를 형성하는 형태소
>
> 가지 : 낱말의 주변부를 형성하는 형태소 ┬ 앞가지
> └ 뒷가지

뿌리는 낱말의 중심부를 형성하는 형태소로, 보통 뿌리 가운데 씨끝과 직접 결합될 수 없고 가지(파생가지)와 결합하여 낱말만들기의 중심을 이루는 부분이다.[2] (16ㄱ)의 '몸, 사과, 신'과 (16ㄴ)의 '먹 -, 밝 -, 덮 -'은 뿌리이다. 가지는 반드시 뿌리와 결합해서 쓰이는 의존형태소인데, 뿌리의 앞에 놓이느냐, 뒤에 놓이느냐에 따라 앞가지와 뒷가지로 나뉜다. (16ㄱ)의 '맨 -, 풋 -, 덧 -'은 앞가지이고 (16ㄴ)의 ' - 이 -, - 히 -, - 개'는 뒷가지이다. 간혹 뿌리의 가운데에 놓이는 허릿가지도 있으나 우리말에서는 발견되지 않는다.

> (16) ㄱ. 맨몸, 풋사과, 덧신   (앞가지)
>   ㄴ. 먹이다, 밝히다, 덮개   (뒷가지)

---

2) 고영근·남기심 (1993:196)은 어근은 단어 형성시의 불변 요소, 어간은 활용시의 불변 요소, 접사는 단어 형성시 가변 요소, 어미는 활용시 가변 요소로 구분하고 있다.

낱말의 짜임 : 형태소가 결합하여 이루어진 낱말에는 홑낱말과 겹낱말이 있다. 홑낱말은 '가을, 사람, 책, 사과' 등과 같이 자립적인 한 형태소로 되거나 홑줄기에 굴곡가지가 붙어 만들어지고, 겹낱말은 뿌리와 뿌리가 겹치거나 뿌리에 파생가지가 붙어 만들어진다.

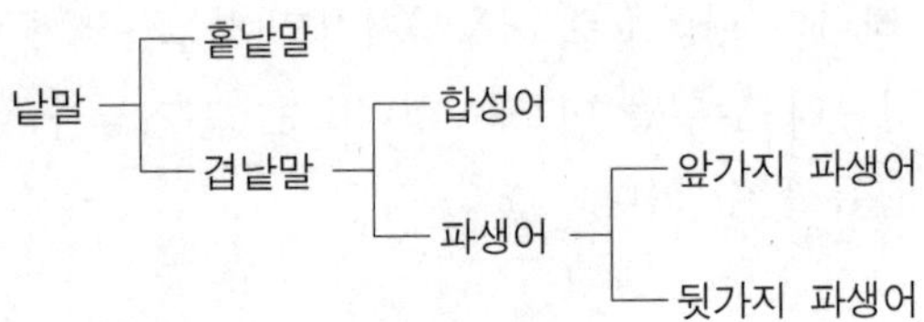

겹낱말은 뿌리와 뿌리의 결합인가 뿌리와 파생가지의 결합인가에 따라 합성어와 파생어로 나눌 수 있으며, 파생어는 다시 앞가지가 붙는가 뒷가지가 붙는가에 따라 앞가지 파생어와 뒷가지 파생어로 나눌 수 있다.

(17) ㄱ. 홑낱말 : 코, 얼굴, 사람, 춥다, 넓다, 먹다
     ㄴ. 합성어 : 눈물, 손등, 손가방, 검붉다, 남부끄럽다, 욕하다, 돌아가시다
     ㄷ. 파생어┌앞가지 파생어 : 맨손, 풋사랑, 빛나가다, 새파랗다
            └뒷가지 파생어 : 덮개, 높이, 먹이다, 사랑스럽다

낱말 규정의 문제점 : 앞에서 최소자립형식을 낱말의 기본적 정의로 삼았는데, 이를 우리말에 그대로 적용하면 '토씨'와 '이다'가 과연 낱말인가 하는 문제가 생긴다.

토씨의 문제 : 토씨는 하나의 독립된 낱말로서 자립할 수 없는 의존형식이고 어휘성이 없으며 월의 구성 단위가 될 수도 없기 때문에 한 낱말로 인정할 수 없다는 견해가 있으나, 우리말의 토씨는 그것을 한 낱말로 인정하지

않으면 여러 가지 처리하기 어려운 문제들이 생겨나기 때문에 한 낱말로 보아야 한다. 이러한 문제는 우리말 말본의 체계와도 관련되는데, 토씨는 다음과 같은 이유로 낱말로 인정해야 한다.

첫째, 씨끝과 비교했을 때 토씨는 자립성이 있다.

> (18) 바람<u>이</u> 분다.

(18)에서 '바람이'와 '분다'를 비교해 보면 '바람이'는 '바람'과 ' - 이'로 분석되지만 '바람'이 자립적이므로 이들 사이는 따로 떨어지는 힘이 강하다. 그런데 '분다'는 줄기 '불 - '과 씨끝 ' - ㄴ다'로 분석되지만 줄기와 씨끝이 모두 의존형식이므로 서로 사이에 꼭 붙드는 힘이 강하다. 따라서 임자씨 뒤에 오는 토씨와 풀이씨의 줄기 뒤에 오는 씨끝은 근본적인 차이가 있다. 또 낱말의 특성 가운데 하나의 낱말은 그 사이에 쉼을 둘 수 없으며 분리성이 없다고 했는데, 이 말은 바꾸어 두 낱말 사이에는 쉼도 둘 수 있으며, 분리성도 있다는 뜻이다. 그렇다고 보면 '바람이'의 경우 '분다'에 비해 분리성과 쉼이 있으므로 토씨는 낱말로 인정할 만하다.

둘째, 토씨는 임자씨뿐만 아니라 어찌씨, 풀이씨, 마디, 월 등에도 붙는다.

> (19) ㄱ. 너 참 빨리<u>도</u> 간다.
>   ㄴ. 인간은 먹고<u>만</u> 사는가?
>   ㄷ. 맛이 달기<u>가</u> 꿀과 같다.
>   ㄹ. 우리가 죽느냐 사느냐<u>가</u> 문제이다.

(19ㄱ)은 어찌씨에 토씨가 붙은 것이고, (19ㄴ)은 풀이씨에 토씨가 붙은 것이고, (19ㄷ)은 마디에 토씨가 붙은 것이고 (19ㄹ)은 월에 토씨가 붙은 깃이다. 그런데, 만일 위의 토씨들을 앞의 자립형식에 딸린 것으로 본다면 '빨리도', '먹고만', '맛이 달기가', '우리가 죽느냐 사느냐가' 등을 한 낱말로 보아야 하

는데, 그렇게 되면 임자씨에 토씨가 붙는 현상을 굴곡으로 처리하듯이 어찌씨나 풀이씨, 마디나 월도 굴곡하는 것으로 처리해야 하는 문제점이 나타난다.

그러므로 토씨는 비록 의존형식이긴 하나 한 낱말로 처리해야 말본 설명이 편리해 진다는 것을 알 수 있다.

'이다'의 문제 : '이다'도 토씨처럼 의존형식이며 임자씨에 붙어 월의 '풀이말'을 만드는 역할을 하는데, 이러한 '이다'도 토씨처럼 다음과 같은 이유에서 하나의 낱말로 보아야 한다.

첫째, '이다'는 움직씨, 그림씨와 같이 끝바꿈을 하는데 그 끝바꿈의 모습은 그림씨와 비슷한 점이 많고, '이다'의 지움말(부정어)인 '아니다' 역시 '이다'와 비슷한 끝바꿈을 한다.

움직씨		그림씨		잡음씨	
먹	는다 느냐 는구나 고 은 기 어라 자	맑	다 으냐 구나 고 은 기 *아라 *자	(책상)이	다 냐 로구나 고 ㄴ 기 *어라 *자

이들은 끝바꿈에 있어서 약간의 차이가 있기는 하지만 '이다'가 끝바꿈을 한다는 점에서는 하나의 낱말로 볼 수 있다.

둘째, '이다'는 끝바꿈을 하므로 움직씨나 그림씨처럼 안맺음씨끝을 취한다.

움직씨			그림씨			잡음씨		
먹	었 겠 으시 으시었	다	맑	았 겠 으시 으시었	다	시인이	었 었겠 시 시었	다

셋째, '이다' 뒤에는 도움토씨가 올 수 있는데 움직씨, 그림씨 뒤에도 도움토씨가 올 수 있다.

    (20) ㄱ. 그녀는 그가 사과를 <u>따는지도</u> 몰랐다.
         영희는 숙제가 <u>많은지도</u> 몰랐다.
         나는 그것이 <u>무엇인지도</u> 몰랐다.
      ㄴ. 나는 그가 있는지 <u>없는지조차도</u> 몰랐다.
         나는 목이 아픈지 안 <u>아픈지조차도</u> 몰랐다.
         그녀는 그가 <u>대학생인지조차도</u> 몰랐다.

넷째, '이다'는 움직씨, 그림씨, 어찌씨 다음에도 쓰여 이들을 다시 풀이말이 되게 한다.

    (21) ㄱ. 영수가 힘들어 하는 것은 너무 <u>울어서이다</u>.
      ㄴ. 영희가 감격하는 것은 경치가 너무 <u>아름다워서이다</u>.
      ㄷ. 넌 얼마만큼 그를 좋아하니? <u>아주이다</u>.

이렇게 볼 때, '이다'는 움직씨나 그림씨와 같은 성격을 가졌으며, 이와 같은 특성으로 한 낱말로 볼 수 있다.

관점상의 차이 : 낱말은 최소의 자립형식으로서 그 속에 쉼을 둘 수 없으며 분리성도 없다. 그런데 우리말의 낱말 설정에 있어서는 '토씨'와 '씨끝'을 어떻게 보느냐에 따라 관점상의 차이가 있다.

    (22) ㄱ. 붉은 꽃이 피오.
      ㄴ. 뜰을 정하게 씰어라.
      ㄷ. 한 사람이 노래하면서 가오.

주시경은 '토씨'와 '씨끝'에 각각 낱말의 자격을 주었다. '씨끝'에 낱말의 자격이 주어지므로 '줄기'도 낱말의 자격을 갖게 된다. 이에 따라 주시경의 ≪국어 문법≫(1910)에서는 (22ㄱ,ㄴ)월은 5개, (22ㄷ)월은 7개의 낱말로 이루어진 월로 보았다. 그 뒤 주시경의 ≪말의 소리≫(1914)에서는 그 분류 기준을 약간 고쳐서 (22ㄱ)의 '붉은'을 한 낱말에서 '붉[엇] + 은[겻]'으로 된 두 낱말로 (22ㄴ)의 '정하게'도 한 낱말에서 '정하[엇] + 게[겻]'로 된 두 낱말로 보았다.

따라서 ≪말의 소리≫에서 규정한 분류 기준에 의하면 (22ㄱ,ㄴ) 월은 6개 낱말로 (22ㄷ) 월은 그대로 7개 낱말로 된 월이다.[3]

최현배의 ≪우리 말본≫(1937)에서는 주시경의 관점과 약간 달리한다. 곧 '토씨'는 낱말의 자격을 주면서 '씨끝'은 낱말의 일부로 간주하여 낱말의 자격을 주지 않았다. 따라서 최현배의 관점에 서면 (22ㄱ,ㄴ) 월은 각각 4개의 낱말로 (22ㄷ) 월은 5개의 낱말로 구성되어 있다.

정렬모의 ≪신편 고등 국어 문법≫(1946)에서는 앞의 두 관점과는 달리 '토씨'와 '씨끝'을 모두 낱말의 일부분으로 간주하고 낱말의 자격을 주지 않았다. 따라서 이 관점에 의하면 (22ㄱ,ㄴ) 월은 각각 3개의 낱말로 (22ㄷ)월은 4개의 낱말로 구성되어 있다.[4]

이와 같은 관점상의 차이를 분석적 관점, 절충적 관점, 종합적 관점이라고 하는데 지금까지 최현배의 절충적 관점이 우리말의 특성을 고려한 합리적이고 타당성이 있는 낱말 설정 기준으로 지지를 받고 있다.

---

3) 주시경의 ≪국어문법≫(1910)에서는 '씨'(품사)를 '기'라 하여 임(임자씨), 엇(그림씨), 움(움직씨), 겻(토씨), 잇(이음토씨와 풀이씨 이음법 씨끝), 언(매김씨), 억(어찌씨), 놀(느낌씨), 끝(풀이씨 마침법 씨끝)의 아홉 가지로 나누었다. 그 뒤 ≪말의 소리≫(1914)에서는 '기'를 '씨'로 바꾸고 씨의 종류도 임(임자씨), 엇(그림씨), 움(움직씨), 겻(토씨), 잇(이음토씨와 이음법 씨끝), 끗(풀이씨의 마침법 씨끝)의 여섯 가지로 수정했다. ≪국어문법≫에서는 '붉은'은 '엇본 언'(그림씨에서 만들어진 매김씨), '정하게'는 '엇본 억'(그림씨에서 만들어진 어찌씨)으로 처리했으나 ≪말의 소리≫에서는 '-은'과 '-게'를 따로 떼어서 '겻'으로 보고 있다(허 웅,2000:110~112).
4) 정렬모의 ≪신편 고등 국어 문법≫(1946)에서는 씨를 명사, 동사, 관형사, 부사, 감동사의 다섯 종류로 갈라 '조사'를 설정하지 않았다.

【정리문제】

1. 형태소 분석의 원리를 설명하라.

2. 아래 월을 형태소로 가르고 형태소의 종류별 – 자립형태소, 의존형태소, 실질형태소, 형식형태소 – 로 묶어 보라.

   사람들의 취미는 다양하다. 취미는 감흥을 불러 일으키는 인간적인 여백이요 탄력이다. 그러기에 아무개의 취미는 그 사람의 인간성을 밑받침한다고도 볼 수 있다. 여행을 싫어하는 사람이 있을까? 물론 개인의 신체적인 장애나 특수 사정으로 문밖에 나서기를 꺼리는 사람도 없지 않겠지만, 대개의 경우 여행이란 우리들을 설레게 할 만큼 충분한 매력을 지니고 있는 것 같다.

   (법정, ‘나그네길’ 중에서)

3. 형태소와 변이형태의 관계를 설명하라.

4. 변이형태의 종류를 정리해 보라.

5. 유일형태소를 예를 들어 설명하고 어휘화와 관련시켜 그 처리 방안을 생각해 보라.

6. 대표형태를 정하는 기준을 설명하라.

7. 형태소를 구성소와 형성소로 나눌 때의 기준을 설명하고 이렇게 나누는데 대한 필요성을 생각해 보라.

8. 다음 말을 음성표기하고 적용되는 규칙들을 차례대로 기술하라.

　　맛, 밑, 없다, 부엌안, 백리, 닫혀(닫히다), 물약, 집일, 나뭇잎

9. 낱말 설정의 기준에는 분석적인 관점과 절충적인 관점, 종합적인 관점
　에 따라 차이가 있다. 그 차이점을 설명하고 각각의 관점에 대한 장점
　과 단점을 생각해 보라.

10. 토씨와 '이다'에 낱말의 자격을 주어야 할 까닭을 설명하라.

●참고문헌

고영근(1978), <형태소의 분석 한계>, 언어학3.

______(1992), < 형태소란 도대체 무엇인가?>, 남사 이근수 박사 환력기
　　　　　념논총.

______(1993), ≪우리말의 총체적서술과 문법체계≫, 일지사.

김기혁(1995), ≪국어문법 연구≫, 박이정.

김계곤(1996), ≪현대국어의 조어법 연구≫, 박이정.

김동찬(1987), ≪조선어 리론문법 - 단어조성론≫, 고등교육도서출판사.

김미영(1998), ≪국어 용언의 접어화≫, 한국문화사.

김봉주(1984), ≪형태론≫, 한신문화사.

김석득(1992), ≪우리말 형태론≫, 탑출판사.

김철남(1997), ≪우리말 어휘소되기 연구≫, 한국문화사.

남기심·고영근(1993), ≪표준 국어문법론≫, 탑출판사.

남기심(1996), <국어의 공시적 기술과 형태소 분석>, 국어문법의 탐구Ⅰ,
　　　　　태학사.

박지홍(1992), ≪우리 현대말본≫, 과학사.

서정수(1994), ≪국어 문법≫, 뿌리깊은나무.

정렬모(1946), ≪신편 고등국어문법≫, 한글문화사.

최현배(1971), ≪우리 말본≫, 정음문화사.

하치근(1993), ≪국어 파생형태론≫, 남명문화사.

______(1998), <형식형태소 목록의 간결화를 위한 공형태소 설정의 의의>,
　　　　　한글240·241, 한글학회.

______(2000), <말본형태소의 공형태소되기 연구>, 한글250, 한글학회.

허　웅(1981), ≪언어학≫, 샘문화사.

______(1985), ≪국어음운학≫, 샘문화사.

______(2000), ≪20세기 우리말의 형태론(고친판)≫, 샘문화사.

Aronoff, M.(1976), Word Formation in Generative Grammar, Linguistic Inquiry Monograph 1, MIT press.

Bauer, Laurie.(1983), English Word－Formation, Cambridge University press.

Block & Trager(1942), Outline of Linguistic Analysis. Baltimore.

Bloomfield(1933), Language, George Allen & Unwin.

Bybee, J. M.(1985), Morphology : A study of the Relation between Meaning and Form. Amsterdam : Benjamins. [이성하·구현정 옮김(2000), ≪형태론≫, 한국문화사]

Langacker, R.(1967), Language and Its Structure. New York :　Harcourt Brace Javanovich, Inc.

Nida, E. A.(1949), Morphology : The Descriptive Analysis of word. 2nd ed. Univ. of Michigan press.

Scalise, S.(1984), Generative Morphology. Dordrecht : Foris publication. [전상범 역 (1992),≪생성형태론≫, 한신문화사].

제6장 낱말만들기

제6장 낱말만들기

6.1 낱말의 짜임새

낱말의 갈래 : 낱말은 하나의 실질형태소로 된 것이 있는가 하면, 여러 형태소가 어우러져 만들어진 것도 있다.

(1) ㄱ. 하늘, 바람, 나무 ; 앉다, 서다, 밝다
    ㄴ. 지붕, 먹이, 덮개 ; 짓밟다, 새하얗다
    ㄷ. 집안, 돌다리 ; 검붉다, 여닫다

(1 ㄱ~ㄷ)은 낱말의 짜임새가 단일한가 복합적인가에 따라 나누어진 것이다. 곧 (1ㄱ)은 단일한 낱말의 짜임새를 이루고 있고 (1ㄴ)과 (1ㄷ)은 복합적 짜임새를 이루고 있다. (1ㄱ)의 '하늘, 바람, 나무' 등은 하나의 형태소로 된 단일한 짜임새이다. 그에 비해 '앉다, 서다, 밝다' 등은 '앉+다, 서+다, 밝+다'와 같이 두 형태소가 결합된 것이지만, 씨끝 '-다'는 낱말만들기에 직접 관계하지 않는 씨끝이므로 단일한 짜임새로 볼 수 있다. 이처럼 그 짜임새가 단일한 낱말을 홑낱말(단일어)이라 한다.

(1ㄴ)은 '집+웅, 먹+이, 덮+개, 짓+밟(다), 새+하얗(다)'로 분석된다. 이들은 (1ㄱ)과는 달리 뿌리 '집, 먹 - , 덮 - , 밟 - , 하얗 - '에 파생가지 ' - 웅, - 이, - 개 ; 짓 - , 새 - '가 결합하여 복합적 짜임새를 이루었다. 또 (1ㄷ)은 '집+안, 돌+다리, 검+붉(다), 열+닫(다)'으로 분석되는데 이들은 뿌리와 뿌리의 결합으로 이루어진 낱말이다. 이때 (1ㄴ,ㄷ)과 같이 짜임새가 복합적인 낱말을 (1ㄱ)의 홑낱말(단일어)과 구별해서 겹낱말(복합어)이라 한다.

그런데 (1ㄴ,ㄷ)은 모두 겹낱말이지만 그 짜임새가 같지 않다. 곧 (1ㄴ)은 뿌리와 파생가지로 이루어진 것이고 (1ㄷ)은 하나의 뿌리에 또 다른 뿌리가 붙어서 만들어진 겹낱말이다. 이때 (1ㄴ)과 같은 겹낱말을 '파생어'라 하고 (1ㄷ)과 같은 겹낱말을 '합성어'라 한다. 파생어와 합성어는 새로 만들어진 낱말인데, 이러한 낱말을 만드는 방법을 각각 파생법, 합성법이라 한다.

뿌리와 가지 : 낱말은 하나의 형태소로 이루어지기도 하고 둘 이상의 형태소로 이루어지기도 하는데, 겹낱말의 경우는 이들을 이루고 있는 형태소가 새로운 낱말을 만든다는 점에서 좀더 정확한 기술이 요구된다.

⑵ 이 꽃은 매우 곱다.

(2)를 형태소로 분석하면 '이 / 꽃 / 은 / 매우 / 곱 / 다'가 된다. 여기에서 '이'와 '매우'는 그것 자체로 어휘적인 뜻과 자립성이 있으므로 낱말의 자격을 가진다. 이것을 뿌리(어근)라 한다. 그리고 '꽃은'과 '곱다'에서 '꽃'과 '곱 - '도 어휘적인 뜻을 가지고 있는데, 말본적인 뜻이 있는 ' - 은'이나 ' - 다'보다 한 낱말에서 차지하는 뜻의 비중이 크다. 이때에 '꽃'이나 '곱 - '과 같이 어휘적인 뜻을 가지고 있는 형태소도 '뿌리(어근)'라고 한다.

이에 비해, 뿌리에 붙은 토씨 ' - 은'과 씨끝 ' - 다'와 같은 형태소는 그 자체에 실질적인 뜻이 없으면서 단지 말본적 기능만 가지고 있는데, 이와 같이 뿌리에 말본적 기능을 더해 주는 형태소를 '가지(접사)'라 한다.

　가지는 뿌리에 붙어 낱말 낱낱의 관계를 보여 주는 기능을 하는 굴곡가지
와 뿌리의 앞이나 뒤에 붙어 새로운 낱말을 만드는 파생가지 두 갈래로 나
눌 수 있다.

　　(3) ㄱ. 올 - 벼, 드 - 높다, 뚱 - 보, 아름 - 답 - 다
　　　　ㄴ. 가 - 다, 많 - 은

　(3ㄱ)에서 '올 - , 드 - , - 보, - 답 - '은 뿌리의 앞과 뒤에 붙어서 새로운
낱말을 만드는데, 이러한 가지를 파생가지라 한다. 이와 비교해 (3ㄴ)
의 ' - 다, - 은'은 뿌리에 붙어 하나의 월 안에서 말할이의 의향을 나타내
거나 낱말과 낱말의 말본적 관계를 보여 주는 구실만 할 뿐, 새로운 낱말을
만든다든지 뜻을 덧보탠다든지 하는 구실을 하지 못한다. 이러한 가지를 굴
곡가지라 한다.[1]

　이 가운데 낱말만들기에 관여하는 것은 굴곡가지가 아닌 파생가지이다.
합성어는 뿌리와 뿌리가 어울려 새로운 낱말을 만들기 때문에 파생가지가
결합되지 않지만 파생어는 뿌리에 파생가지가 결합되어 만들어 진다. 또한
파생가지는 반드시 뿌리와 결합해서 새로운 낱말을 만드는 의존형태소로서,
제 홀로 낱말을 이루지 못하고 반드시 뿌리에 첨가되어 쓰인다. 이와 같은
파생가지는 그 뿌리의 앞에 놓이느냐 뒤에 놓이느냐에 따라 앞가지와 뒷가
지로 나뉜다.

　　(4) ㄱ. 맨몸, 풋사과, 덧신, 짓밟다, 드높다
　　　　ㄴ. 말괄량이, 잠꾸러기, 욕감태기 ; 덮개, 지게, 사나이답다
　　　　ㄷ. 밤도와, 지붕(←집+웅), 꼬락서니(←꼴+악서니), 읊조리다

---

1) 파생가지와 굴곡가지의 차이점에 대해서는 하치근(1993:96 - 110)을 보라.

(4ㄱ)의 '맨 - , 풋 - , 덧 - , 짓 - , 드 - ' 등은 앞가지이고, 이 앞가지가 뿌리에 붙어 앞가지 파생어를 만들게 된다. 또 (4ㄴ)의 ' - 팔량이, - 꾸러기, - 감태기, - 개, - 게, - 답 - '은 뒷가지인데, 이 뒷가지가 뿌리에 붙어 뒷가지 파생어가 만들어졌다.

그런데 앞가지와 뒷가지는 기능상 차이를 보인다. 곧 앞가지는 (4ㄱ)과 같이 특정한 뿌리의 앞에 덧붙어서 그 뜻을 한정(수식)하는 구실을 하고 씨 범주를 바꾸지 못하는 '한정적 가지(어휘적 접사)'이다. 이에 비해 뒷가지는 (4ㄴ)의 앞묶음의 파생어와 같이 뿌리의 뒤에 붙어 그 뜻을 한정하는 '한정적 가지'와 뒷묶음의 파생어와 같이 씨 범주를 바꾸는 구실을 하는 '지배적 가지(통어적 접사)'가 있다. 파생법에서, 한정적 가지에 의한 파생법을 어휘적 파생법이라 하고 지배적 가지에 의한 파생법을 통어적 파생법이라 한다. 그런데 파생가지 가운데는 (4ㄷ)의 ' - 도와, - 웅, - 악서니, - 조리 - '와 같이 취할 수 있는 뿌리가 '밤, 집, 꼴, 읊 - '에만 제한되어 있는 것이 있다. 그러므로 이들 파생가지는 (4ㄱ, ㄴ)의 파생가지와는 다른 유일형태소이다. 그리고 이들 파생가지는 '지붕, 꼬락서니'에서처럼 홀소리로 시작되면 원형을 밝히지 않기로 현행 맞춤법에서 규정하고 있다. 그러므로 (4ㄱ,ㄴ)의 파생가지는 말 만드는 힘이 있는 낱말형성소이며 (4ㄷ)의 파생가지는 말만드는 힘이 없는 낱말구성소이다. [형성소와 구성소에 대해서는 「5.1 형태소」를 참고하라.]

파생가지와 굴곡가지 : 파생가지는 새로운 낱말을 만드는 가지이고 굴곡가지는 그 말도막과 다른 말도막과의 관계나 월 전체의 말본적인 뜻과 관계하는 가지이다. 파생가지와 굴곡가지의 차이점을 살펴 보면 다음 몇 가지로 정리해 볼 수가 있다.

첫째, 굴곡가지는 뜻과 기능에 비교적 일관성이 있고 규칙적인 반면, 파생가지는 특이성이 있고 불규칙적이다.

(5) ㄱ. 작<u>게</u>(←작다), 좁<u>게</u>(←좁다), 맑<u>게</u>(←맑다)
  *ㄴ. 작<u>이</u>(←작다), 좁<u>이</u>(←좁다), 맑<u>이</u>(←맑다)

(5ㄱ)의 '‐게' 굴곡가지는 그림씨 뿌리에 규칙적으로 붙을 수 있지만 (5ㄴ)의 파생가지 '‐이'는 '길이, 높이, 깊이'에는 결합이 가능하지만 '*작이, *좁이, *맑이'에는 결합이 되지 않는 특이성을 보인다.

둘째, 굴곡가지는 연결되는 뿌리에 원칙적으로 제한을 받지 않으나 파생가지는 연결되는 뿌리가 극히 제한되어 있다.

(6)

가지 뿌리	굴곡가지			파생가지		
	‐었‐,	‐겠‐,	‐더‐	‐다랗‐,	‐음,	‐이
길다	○	○	○	○	—	○
높다	○	○	○	○	—	○
희다	○	○	○	—	—	—
맑다	○	○	○	—	—	—
걷다	○	○	○	—	○	—
묻다	○	○	○	—	○	—

※ ○표는 결합이 가능함을, —표는 결합이 불가능함을 나타냄.

위의 어형변화표에서 굴곡가지는 모든 뿌리와 개방적으로 결합되는데 파생가지는 그 결합이 제약되어 있다.

셋째, 굴곡가지는 뿌리에 말본적인 뜻을 더해 주지만 파생가지는 어휘적인 뜻을 더해 준다.

(7) ㄱ. 꽃<u>이</u>, 가<u>시</u>다, 아름답<u>나</u>
  ㄴ. 꾀<u>보</u>, 선생<u>질</u>, 덮<u>개</u>

(7ㄱ)의 굴곡가지에서 '꽃이'의 '‐이'는 '임자'의 뜻을, '가시다'의 '‐시‐'는 임자에 대한 '높임'의 뜻을, '아름답다'의 '‐다'는 말할이가 들을이에게

자기의 뜻을 '서술'하고 있음을 나타낸다.

여기서 '임자'나 '높임', '서술'은 모두 말본적인 뜻이다. 그런데 (7ㄴ)의 파생어 '꾀보'는 <꾀가 많은 사람>을, '선생질'은 <선생 노릇>을, '덮개'는 <덮는 물건>을 뜻한다. 그러므로 파생가지 '-보'는 <사람>의, '-질'은 <-노릇>의, '-개'는 <물건>의 어휘적인 뜻을 가진다.

넷째, 파생가지는 굴곡가지보다 뿌리에 더 가까운 자리를 차지한다.

(8) 깨<u>뜨리</u>었다, 먹<u>히</u>었다, 사랑<u>스럽</u>게

'깨/뜨리/었/다'는 네 개의 형태소로 이루어져 있는데 여기서 파생가지 '-뜨리-'는 굴곡가지 '-었-'이나 '-다'보다 뿌리에 가까운 자리에 있다. 그리고 '먹/히/었/다'는 파생가지 '-히-'가 굴곡가지 '-었-'이나 '-다'보다, '사랑/스럽/게'에서는 파생가지 '-스럽-'이 굴곡가지 '-게'보다 뿌리에 가까운 자리에 있다.[2]

줄기와 씨끝(굴곡가지) : 낱말의 재료인 뿌리, 가지와 구분해서 줄기, 씨끝을 살펴 볼 필요가 있다. 뿌리와 줄기는 둘 다 실질형태소라는 점이, 그리고 가지와 씨끝은 둘 다 형식형태소라는 점이 공통적이다.

(9) ㄱ. 밟다, 검다, 높다, 푸르다
    ㄴ. 새파랗다, 짓누르다, 휘두르다

(9ㄱ)과 같이 낱말의 짜임새가 단일한 홑낱말의 경우는 뿌리와 줄기, 가지와 씨끝이 같다. 그러나 (9ㄴ)과 같이 짜임새가 복합적인 경우는 뿌리와 줄기가 다르다. (9ㄴ)을 형태소 분석을 하면 (9)'와 같다.

---

2) 파생가지와 굴곡가지의 기능상 차이점에 대해서는 허 웅(1983, 129-131)과 하치근(1993, 96-110)을 참고할 것.

(9)′ 새파랗다 → 새 / 파랗 / 다
    짓누르다 → 짓 / 누르 / 다
    휘두르다 → 휘 / 두르 / 다

  이때, '새 - , 짓 - , 휘 - '는 앞가지이고 '파랗 - , 누르 - , 두르 - '는 뿌리,
'새파랗 - , 짓누르 - , 휘두르 - '는 줄기, ' - 다'는 씨끝이다.
  이와 같이 뿌리와 가지는 낱말만들기에 참여하고 줄기와 씨끝은 풀이씨
의 끝바꿈과 관계한다. 낱말만들기에서 뿌리는 변하지 않고 고정되어 있는
부분이고, 가지는 변하는 부분이다. 이에 비해 줄기는 풀이씨가 끝바꿈할 때
바뀌지 않는 부분이고 씨끝은 끝바꿈할 때 바뀌는 부분이다.

6.2 파생법

  낱말 만드는 방법 가운데 파생법은 뿌리에 말 만드는 가지인 파생가지가
붙어서 이루어지는 낱말만들기의 방법인데, 파생가지의 위치에 따라 앞가지
파생법과 뒷가지 파생법으로 나눌 수 있다.

  (10) ㄱ. 덧 - 신, 개 - 나리, 새 - 하얗다, 짓 - 누르다
      ㄴ. 잠 - 보, 덮 - 개, 먹 - 이 - 다, 사랑 - 스럽 - 다

  (10ㄱ)의 '덧 - , 개 - , 새 - , 짓 - '은 앞가지이고, (10ㄴ)의 ' - 보, - 개,
- 이 - , - 스럽 - '은 뒷가지이다. 그리고 앞가지와 뒷가지는 뿌리와 결합
되는 위치의 차이만이 아니라 그 구실에서도 차이가 난다. 가지가 뿌리에 붙
어 뜻을 더하는가 아니면 씨 범주가 바뀌는가에 따른 차이인데, 뜻을 더하는
가지를 '한정적 가지(어휘적 접사)'라 하고, 씨 범주를 바꾸는 가지를 '지배
적 가지(통어적 접사)'라 한다. 앞가지는 모두 한정적 가지이며 뒷가지에는

한정적 가지와 지배적 가지가 있다.

    (11) ㄱ. <u>군</u> - 소리, <u>애</u> - 벌레 ; <u>덧</u> - 신다, <u>엇</u> - 나다
        ㄴ. 덮 - <u>개</u>, 사랑 - <u>하</u> - 다, 앉 - <u>히</u> - 다
        ㄷ. <u>헛</u> - 손 - <u>질</u>, <u>막</u> - 벌 - <u>이</u>

    (11ㄱ)은 한정적인 앞가지이고, (11ㄴ)은 지배적인 뒷가지이다. (11ㄱ)에서 이름씨 뿌리 '소리, 벌레'에 앞가지 '군 - , 애 - '가 붙어 각각 <가외, 어린>이라는 뜻을 더하지만 뿌리의 씨를 그대로 유지하여 이름씨를 만들고, 움직씨 뿌리 '신다, 나다'에 앞가지 '덧 - , 엇 - '이 붙어 각각 <거듭, 어긋남>이라는 뜻을 더하지만 씨는 움직씨 그대로이다.

    (11ㄴ)의 '덮개'는 '덮 - '이라는 움직씨 뿌리에 뒷가지 ' - 개'가 붙어서 <물건>이라는 뜻과 함께, 움직씨를 이름씨로 바꾼다. 그리고 '사랑하다'는 '사랑'이라는 이름씨 뿌리에 뒷가지 ' - 하 - '가 붙어 움직씨를 만든다. 또 '앉히다'는 '앉다'라는 제움직씨에 하임의 뒷가지 ' - 히 - '가 붙어 남움직씨가 된다. 그리고 (11ㄷ)은 이름씨 뿌리 '손'과 움직씨 뿌리 '벌 - '에 각각 앞가지와 뒷가지 '헛 - , - 질'과 '막 - , - 이'가 붙어 새로운 낱말이 파생된 것이다.

    앞가지 파생법 : 앞가지 파생법은 앞가지가 뿌리에 붙어 파생어를 만드는 방법으로, 뜻을 더하는 구실만 하고 뿌리가 가지고 있는 원래 씨 범주는 바꾸지 못한다.

    앞가지에는 임자씨에 붙어 임자씨를 만드는 것과, 풀이씨에 붙어 풀이씨를 만드는 것, 그리고 임자씨와 풀이씨에 두루 붙는 것이 있다.

    (12) ㄱ. 앞가지 + 임자씨 → 임자씨
        ㄴ. 앞가지 + 풀이씨 → 풀이씨

① 임자씨에 붙는 앞가지 파생법

앞가지	임자씨
핫 - <솜 둔, 짝 있는>	핫것, 핫두루마기, 핫어머니, 핫이불, 핫아비
홀 - <짝 없는>	홀과수, 홀어미, 홀씨, 홀성
군 - <가외, 군더더기, 쓸데없는>	군소리, 군말, 군불, 군식구, 군더더기
갓 - <겨우, 바로>	갓서른, 갓마흔, 갓장가, 갓결혼
개 - <함부로 되어 변변치 못한, 야생의>	개살구, 개머루
날 - <아직 익지 않은>	날김치, 날계란, 날밤, 날고구마
돌 - <야생의, 품질이 낮은>	돌감, 돌미나리, 돌능금, 돌벼
메 - <메진>	멥쌀, 메기장, 메벼, 메밥, 메수수
애 - <어린, 처음의>	애벌레, 애나무, 애갈이
올 - <일찍, 이른>	오조(올조), 올감자, 올밤, 올콩
잔 - <자잘함, 가늚, 사소함>	잔털, 잔머리, 잔가지, 잔소리, 잔심부름
한 - <한창인, 가득찬>	한겨울, 한더위, 한밤, 한추위

그런데 임자씨 앞에 놓이는 앞가지는 매김씨와 비슷한 성질을 가져서 이들을 '매김씨스런 앞가지(관형사성 접두사)'라 부르기도 한다. 그러나 매김씨와 매김씨스런 앞가지는 몇 가지 점에서 구별된다.

첫째, 매김씨는 거의 모든 임자씨에 붙을 수 있지만 매김씨스런 앞가지(관형사성 접두사)는 붙을 수 있는 뿌리가 제한되어 있다.

(13) ㄱ. 헌 문, 헌 저고리, 헌 옷, 헌 책, 헌 정신, 헌 수건
<매김씨>
ㄴ. 덧문, 덧저고리, 덧옷, *덧책, *덧정신, *덧수건
<매김씨스런 앞가지>

(13ㄱ)은 임자씨 앞에서 임자씨를 꾸며 주는 매김씨의 예로, 결합하는 임자씨가 비교적 자유롭다. 그러나 (13ㄴ)의 경우는 그렇지 않다. 곧 *덧책,

*덧정신, *덧수건' 등과 같이 임자씨와의 결합이 매김씨에 비해 제한적이다.

둘째, 매김씨는 뒤에 오는 임자씨와의 사이에 다른 낱말을 개입시킬 수 있지만 매김씨스런 앞가지는 그렇지 못하다.

   (14) ㄱ. 헌 색동 치마, 헌 네모 문　　<매김씨>
       ㄴ. *덧색동치마, *덧네모문　　<매김씨스런 앞가지>

(14ㄱ)과 같이 매김씨와 임자씨 사이에는 다른 낱말이 들어갈 수 있지만, (14ㄴ)의 매김씨스런 앞가지는 뒤따르는 임자씨 사이에 다른 낱말을 끼워 넣을 수 없다.

셋째, 매김씨는 어울릴 수 있는 씨 범주가 임자씨에 한정되지만 매김씨스런 앞가지는 다른 씨 범주에도 붙을 수 있다.

   (15) ㄱ. 새 모자, 새 옷, 새 수건
       cf. *새 태어나다, *새 만들다　　　　　<매김씨>
      ㄴ. 갓스물, 갓서른, 갓장가 ; 갓나다, 갓태어나다, 갓만들다
                         <매김씨스런 앞가지>

(15ㄱ)의 매김씨 '새'는 임자씨에만 붙을 수 있고 다른 씨와는 어울릴 수 없다. 그러나 (15ㄴ)의 경우와 같이 매김씨스런 앞가지는 임자씨에도 붙을 수 있고 풀이씨와의 결합도 가능하다.

넷째, 매김씨는 그것 자체로 홀로 설 수 있는 자립형태소이지만, 매김씨스런 앞가지는 뒤에 뿌리가 와야만 자립할 수 있는 의존형태소이다.

② 풀이씨에 붙는 앞가지 파생법

앞가지	풀이씨
짓 - <함부로, 흠씬>	짓궂기다, 짓널다, 짓누르다
시/싯 - <정도가 높게 : 색채어>	시꺼멓다, 싯누렇다
새/샛 - <'싯 -'의 작은 말>	새파랗다, 샛노랗다
엿 - <몰래>	엿보다, 엿듣다

이 가운데서 그림씨를 만드는 앞가지 가운데 '새/샛 - '이나 '시/싯 - '은
주로 색깔을 나타내는 색채어에 붙고 '새 - '와 '시 - '는 뜻으로 보아 정도의
차이를 보인다.

③ 임자씨와 풀이씨에 붙는 앞가지 파생법

풀이씨에 붙는 앞가지는 뒤에 어울리는 풀이씨 뿌리를 한정하는 구실을
하기 때문에 어찌씨와 비슷한 성격을 지닌다고 보아 '어찌씨스런 앞가지'(부
사성 접두사)라 부르기도 한다. 그러나 이들도 역시 앞의 매김씨스런 앞가지
와 매김씨처럼 어찌씨와 구별되어야 한다.

앞가지	임자씨	풀이씨
덧 - <거듭, 덧붙음>	덧신, 덧이불, 덧수건	덧포개다, 덧깔다
숫 - <순진성을 지님>	숫처녀, 숫총각, 숫국	숫되다
헛 - <참되지 못함, 잘못, 비었음, 보람 없음>	헛짓, 헛수고, 헛걸음	헛되다, 헛보다, 헛듣다
엇 - <비뚜로, 어긋남, 다 자라지 못함>	엇망아지, 엇각	엇가다, 엇갈리다
빗 - <비스듬함>	빗금, 빗변	빗나가다, 빗보다
들 - <몹시, 함부로>	들기름, 들깨	들끓다, 들쑤시다, 들부수다

이상의 앞가지는 그것이 가지는 뜻이 이어지는 뿌리의 뜻에 보태어져 원
래 뿌리가 가진 뜻보다 더 제한되고 한정적이다. 또한 이런 앞가지가 붙는
뿌리는 그리 많은 수가 아니며 앞가지 파생법은 다음에 살펴 볼 뒷가지 파
생법에 비해 낱말 만드는 힘이 떨어진다. 우리말에는 뒷가지 파생법에 의한
파생어가 월등히 많다.

뒷가지 파생법 : 우리말의 뒷가지 파생법은 그 수가 많아 앞가지에 비하
면 낱말 만드는 힘이 매우 왕성하며, 앞가지처럼 뿌리에 뜻을 더하기도 하고
뿌리의 씨 범주를 바꾸는 구실도 아울러 한다.

뒷가지 파생법에 의한 파생어는 여러 씨 갈래에 걸쳐 만들어진다. 곧 뒷가지가 붙어 임자씨, 움직씨, 그림씨, 매김씨, 어찌씨, 토씨 등을 만들게 된다.

① 임자씨 만들기

뒷가지 파생법에 의한 임자씨 만들기에는 여러 가지 방법이 있다. 임자씨에 뒷가지가 붙어 다시 임자씨를 만드는 것이 있는데, 이때는 뒷가지가 뿌리에 뜻만 더해 주게 된다. 이러한 파생법을 '어휘적 파생법'이라 한다. 그리고 움직씨에 뒷가지가 붙어 이름씨가 되는 경우, 그림씨에 뒷가지가 붙어 이름씨가 되는 경우 등이 있다. 이때는 뿌리에 뒷가지가 붙어 임자씨라는 다른 씨 범주를 가진 낱말을 파생하는데 이렇게 뒷가지가 붙음으로써 씨를 바꾸는 파생법을 '통어적 파생법'이라 한다.

(16)

임자씨 만들기			
어휘적 파생법	(ㄱ)임자씨 +뒷가지 →임자씨	- 웅 <위>	지붕, 이붕
		- 꾼 <사람>	장사꾼, 농사꾼, 사냥꾼
		- 질 <직책, 상습>	바느질, 손질, 비질, 선생질, 욕질
		- 쟁이/장이<사람, 직업>	고집쟁이, 허풍쟁이, 미장이, 땜장이
		- 치 <태도>	눈치, 코치
		- 사귀	잎사귀
		- 장	끝장
		- 깔	빛깔, 색깔
통어적 파생법	(ㄴ)움직씨 +뒷가지 →임자씨	- 이	놀이, 다듬이, 맞이, 풀이
		- 음	물음, 잠, 웃음, 갈음
		- 기	쓰기, 말하기, 듣기, 짓기, 웃기
		- 개/게	덮개, 가리개, 싸개, 지우개, 지게
		- 엄	무덤, 주검
		- 시	낚시
	(ㄷ)그림씨 +뒷가지 →임자씨	- 이	높이, 넓이, 납작이, 불뚝이
		- 음	슬픔, 아픔, 기쁨
		- 기	기울기

　(16ㄱ)은 임자씨에 뒷가지가 붙어 다시 임자씨를 만들었으므로 어휘적 파생법이다. 그에 비해 (16ㄴ,ㄷ)은 움직씨나 그림씨에 임자씨를 만들어 주는 뒷가지가 붙어 새로운 임자씨를 만들어 그 뿌리와는 다른 씨 범주를 가진 낱말을 파생했으므로 통어적 파생법이다.

　그런데 '-음' 뒷가지가 붙어 이루어진 파생어는 이름법 씨끝 '-음'과 E 꼴이 같아서 그 꼴만으로는 구별이 어렵다.

　　(17) ㄱ. 그가 (빠른) 걸음으로 걸어간다.
　　　　ㄴ. 그가 (빨리) 걸음은 지각을 않기 위해서다.

　　(18) ㄱ. (강한) 믿음의 소유자는 의지력도 강하다.
　　　　ㄴ. 그가 당신을 (굳게) 믿음은 당연하다.

　(17ㄱ), (18ㄱ)은 움직씨와 그림씨에 뒷가지 '-음'이 붙어서 완전히 임자씨로 바뀐 것이다. 그러나 (17ㄴ), (18ㄴ)은 그대로 풀이씨의 기능을 갖고 있다. 곧 (17ㄴ)은 '빨리 걷다'와 같이 (18ㄴ)은 '굳게 믿다'와 같이 풀이된다. 이러한 이름법 씨끝 '-음'은 '-은 것'으로 바꾸어 표현하기도 한다. (17ㄴ)은 '빨리 걷는 것'으로, (18ㄴ)은 '굳게 믿는 것'으로 바꿀 수 있다. 또 이름씨 파생가지와 이름법 씨끝과의 구별 방법 가운데 하나는 이들 앞에서 꾸미는 말과의 관계를 고려해 보면 된다. 곧 (17ㄱ)의 '빠른'과 (18ㄱ)의 '강한'처럼 매김말의 꾸밈을 받으면 이름씨 파생가지이고 (17ㄴ)의 '빨리'와 (18ㄴ)의 '굳게'와 같은 어찌씨의 꾸밈을 받으면 이름꼴 씨끝이 된다. 이러한 특성은 임자씨가 매김씨의 꾸밈을, 풀이씨가 어찌씨의 꾸밈을 받는다는 통어적 특성과 관계된다.

　파생가지와 굴곡가지를 구분하기 위해서 '어휘 고도 제약'과 '자질 스며들기'의 방법을 적용하기도 한다.

　'어휘 고도 제약'이란 파생가지는 독자적으로 통어적인 구성에 참여할 수 없다는 제약으로서 (17ㄱ)의 '걸음'이나 (18ㄱ)의 '믿음'은 이름씨로 바뀌었으므로 임자말과의 관계가 끊어져 버렸다. 그러나 (17ㄴ)의 '걸음'과 (18ㄴ)

의 '믿음'은 움직씨로서 풀이말의 구실을 하므로 임자말 '그가'와의 통어적 관계를 그대로 유지하고 있다. 그리고 파생가지 ' - 음'이 가진 뜻바탕은 '이름씨'인데 ' - 음'이 파생가지이면 (17ㄱ)의 '걸음'과 (18ㄱ)의 '믿음'은 ' - 음'의 '이름씨 바탕'이 뿌리에 스며들어 이름씨를 파생하지만, ' - 음'이 씨끝(굴곡 가지)이면 '움직씨 바탕'이 그대로 남아 있어서 그 자질이 뿌리에 스며들지 못하고 움직씨의 성격을 그대로 지니게 된다.

그러나 우리말의 파생법 전반을 고려할 때, '어휘 고도 제약'이나 '자질 스며들기'의 방법은 일관되게 적용할 수 있는 보편타당성 있는 방법은 아니다.

② 움직씨 만들기

뒷가지 파생법에 의한 움직씨 만들기에는 하나의 움직씨에 뒷가지가 붙어 새로운 움직씨를 파생하는 경우가 있는데 이때는 씨 범주를 바꾸지 않고 단지 뜻만 더하기 때문에 어휘적 파생법에 의한 움직씨 만들기이다. 그러나 임자씨에 뒷가지가 붙어 새로운 움직씨를 파생하는 경우, 그림씨에 뒷가지 가 붙어 움직씨를 파생하는 경우, 어찌씨에 뒷가지가 붙어 움직씨를 파생하 는 경우는 뿌리의 씨 범주를 바꾸기 때문에 이들은 통어적 파생법에 의한 움직씨 만들기이다.

(19)

			움직씨 만들기
어휘적 파생법	(ㄱ)	움직씨+뒷가지 → 움직씨	- 치 -	밀치다, 넘치다, 감치다, 놓치다, 덮치다
통어적 파생법	(ㄴ)	임자씨+뒷가지 → 움직씨	- 하 -	공부하다, 밥하다, 연구하다
	(ㄷ)	그림씨+뒷가지 → 움직씨	- 이/히 -	밝히다, 높이다, 좁히다,
			- 추 -	맞추다
	(ㄹ)	어찌씨+뒷가지 → 움직씨	- 거리 -	갸웃거리다, 출렁거리다, 바둥거리다
			- 하 -	갸웃갸웃하다, 출렁출렁하다, 바둥바둥하다
			- 이 -	출렁이다, 펄럭이다
			- 대 -	넘실대다, 출렁대다

(19ㄱ)은 움직씨에 뒷가지 '-치-'가 붙어 새로운 움직씨가 파생되었으므로 어휘적 파생법에 의한 움직씨라 할 수 있다. 곧 씨 범주는 바꾸지 않고 원래 가지고 있던 뜻에 변화를 주어 새로운 낱말을 만들어낸 것이다. 그러나 (19ㄴ~ㄹ)은 임자씨, 그림씨, 어찌씨에 뒷가지가 붙어 새로운 움직씨를 파생하였으므로 이들은 통어적 파생법에 의한 움직씨 파생어라 할 수 있다. 특히 (19ㄴ)의 뒷가지 '-하-'는 임자씨 뿌리에 붙어 상당히 많은 파생어를 형성할 뿐 아니라 어찌씨 등에 붙어 움직씨를 파생하는 데도 많이 사용된다. (19ㄷ)은 그림씨에 뒷가지가 붙어 움직씨를 만드는 경우로, 그림씨가 움직씨로 될 때 사용되는 뒷가지는 '높이다, 넓히다, 낮추다' 등의 '-이-, -히-, -추-'와 같이 주로 하임의 가지가 많다. (19ㄹ)은 어찌씨에 뒷가지가 붙어 움직씨를 파생한 것으로 주로 소리흉내말이나 모양흉내말에 '-거리-, -하-, -이-, -대-' 뒷가지가 붙는다.

③ 그림씨 만들기

뒷가지 파생법에 의한 그림씨 만들기에는 먼저 그림씨에 뒷가지가 붙어 새로운 그림씨를 만드는 어휘적 파생법과 임자씨나 움직씨, 어찌씨에 뒷가지가 붙어 그림씨를 만드는 통어적 파생법이 있다.

(20)

그림씨 만들기			
어휘적 파생법	(ㄱ)그림씨+뒷가지→그림씨	-다랗-	길다랗다, 높다랗다, 굵다랗다
		-앟/엏-	말갛다, 거멓다, 하얗다
통어적 파생법	(ㄴ)임자씨+뒷가지→그림씨	-스럽-	자랑스럽다, 사랑스럽다, 걱정스럽다
		-롭-	향기롭다, 이롭다, 해롭다, 보배롭다
		-답-	징답다, 꽃답디, 시내답다
		-하-	깨끗하다, 조용하다, 반듯하다
		-지-	값지나
	(ㄷ)움직씨+뒷가지→그림씨	-압/업-	미덥다, 놀랍다, 어지럽다, 간지럽다
		-브-	미쁘다, 아프다, 고프다
	(ㄹ)어찌씨+뒷가지→그림씨	-하-	울긋불긋하다, 알록달록하다

(20ㄱ)은 그림씨 뿌리 '길 - , 높 - , 굵 - , 맑 - , 검 - ' 등에 뒷가지 ' - 앟/엏 - , - 다랗 - '이 붙어 다시 그림씨가 된 것으로 어휘적 파생법에 의한 그림씨 만들기이다. 특히 뒷가지 ' - 앟/엏 - '은 주로 색깔 표현의 말과 결합하고 ' - 다랗 - '은 길이나 넓이를 표현하는 말에 붙는다. 이에 비해 (20ㄴ ~ ㄹ)은 뿌리에 뒷가지가 붙어 새로운 그림씨를 만든 것으로 원래 뿌리의 씨 범주를 바꾸고 있어 통어적 파생법에 의한 그림씨 만들기이다.

(20ㄴ)은 임자씨에 뒷가지가 붙어 그림씨를 만든 것인데, ' - 답 - ' 뒷가지 는 어떤 자격을 인정하는 경우의 임자씨에 널리 붙여 쓰인다. ' - 스럽 - ' 뒷 가지는 임자씨에서 그림씨를 파생하는 뒷가지 중에서 가장 생산적인 것으로 '바보스럽다'와 같이 그러한 성격에 근접하여 있음을 나타낸다.

(20ㄷ)은 움직씨에 뒷가지가 붙어 그림씨를 만든 것이고, (20ㄹ)은 주로 모양흉내말에 뒷가지 ' - 하 - '가 붙은 것으로 새로이 만들어진 흉내말은 거듭되는 성질을 유지하고 있음을 뜻한다.

④ 어찌씨 만들기

어찌씨를 만드는 뒷가지 파생법에는 어휘적 파생법에 의한 것은 없고 통어적 파생법에 의한 것만 보인다.

(21)

어찌씨 만들기			
통어적 파생법	(ㄱ) 임자씨+뒷가지→어찌씨	- 히	자연히, 다행히, 공손히
		- 로	진실로, 정말로
	(ㄴ) 움직씨+뒷가지→어찌씨	- 오/우	비로소, 마주, 너무
	(ㄷ) 그림씨+뒷가지→어찌씨	- 오/우	고루, 바투, 자주
		- 이/리	많이, 빨리, 멀리, 없이, 같이, 달리

(21ㄱ)은 임자씨에 뒷가지가 붙어 어찌씨를 파생한 것이다. (21ㄴ)은 움직

씨에 뒷가지가 붙어 어찌씨를 파생한 것이고 (21ㄷ)은 그림씨에 뒷가지가 붙어 어찌씨를 파생한 것인데, 뒷가지 ' - 이/리'는 그림씨를 어찌씨로 만드는 대표적인 뒷가지이다. 특히 ' - 이'는 그림씨뿐 아니라 첩어성을 띤 이름씨나 어찌씨 등에 쓰이는 생산성이 꽤 높은 파생가지이다. 곧 '곳곳이, 집집이' 등은 첩어성을 띤 이름씨에 ' - 이'가 붙은 것이고 '살며시'는 모양흉내어찌씨 '살몃살몃'이 첩어성을 잃음으로써 만들어진 것이다.

⑤ 토씨 만들기

(22)

토씨 만들기			
통어적 파생법	(ㄱ) 임자씨+뒷가지→토씨	- 에	밖에
	(ㄴ) 움직씨+뒷가지→토씨	- 아/어	조차, 마저, 부터

뒷가지 파생법 가운데 토씨 만들기는 위의 (22)와 같다. (22ㄱ)은 임자씨 '밖'에 자리토씨 ' - 에'가 붙어 도움토씨로 바뀐 경우이다. 한편 (22ㄴ)은 움직씨 '좇다, 맞다, 붙다' 등에 이음씨끝 ' - 아/어'가 붙어 이것이 현재 토씨로 굳어진 것이다.

6.3 합성법

합성어 : 합성법은 둘 또는 그 이상의 뿌리가 결합되어 낱말을 만드는 방법이다. 합성어는 어울린 뿌리의 짜임이 통어적인가, 비통어적인가에 따라 통어적 합성어와 비통어적 합성어로 구분한다.

(23) ㄱ. 논밭, 밤낮, 들것, 기어가다
     ㄴ. 늦더위, 검붉다, 높푸르다

(23ㄱ)은 우리말의 낱말 배열법에 일치하는 통어적 합성어다. 곧 '논밭, 밤낮'의 경우 '논'과 '밭' 그리고 '밤'과 '낮'의 사이에 쉼을 두거나 쉼표를 넣으면 단순한 낱말의 배열이 된다. 또 '들것'은 움직씨 '들다'의 매김꼴 '들'과 매인이름씨 '것'이 결합한 것으로 이름씨 앞에 매김꼴이 놓이는 짜임새는 우리말의 정상적인 낱말 배열법이다. '기어가다'는 움직씨 줄기 '기 - '에 이음씨끝 ' - 어'가 붙고 다시 움직씨 '가다'가 합쳐진 합성어인데, 이런 낱말의 배열법 또한 우리말의 짜임새에서 발견할 수 있다. 이처럼 (23ㄱ)과 같이 합성어 가운데 구성 부분의 배열 방식이 우리말의 낱말 배열법과 일치하는 합성어를 통어적 합성어라 한다.

이에 비해 (23ㄴ)은 그 통어적 짜임새가 우리말의 낱말 배열법과 일치하지 않는 낱말들이다. '늦더위'는 (23ㄱ)의 '들것'과 비교하면 '늦은 더위'가 되어야 하는데 '늦더위'에는 매김법 씨끝 ' - 은'이 없이 바로 이름씨 앞에 놓여 있다. 이것은 우리말의 낱말 배열법에 어긋나는 짜임새다. 또 '검붉다, 높푸르다'의 경우 정상적인 낱말 배열법으로는 '검고 붉다, 높고 푸르다'가 되어야 하나 그림씨의 줄기가 씨끝의 연결 없이 뒤에 오는 줄기와 직접 결합되어 있다. 이와 같이 구성 성분의 배열 방식이 우리말의 낱말 배열에 어긋나는 합성어를 비통어적 합성어라 한다.

그런데 통어적 합성어는 같은 낱말로 연결된 이은말과의 구별이 어려운 경우가 있다. 가장 간단한 구별법으로 합성어는 월에서 붙여 쓰고 이은말은 띄어 쓰거나 발음할 때 쉼을 둔다.

(24) ㄱ. 큰집, 논밭, 기어가다, 밤낮 <합성어>
     ㄴ. 큰#집, 논#밭, 기어#가다, 밤#낮 <이은말>

그러나 이것만으로는 구별이 어렵다. (24ㄱ)의 합성어 '큰집'은 (24ㄴ)의
'큰#집'과 같이 이은말로도 나타낼 수 있는 것이다. 그러므로 이들의 구별을
뚜렷이 하려면 두 뿌리 사이에 다른 낱말이 끼어들 수 있는가를 살펴 끼워
넣기가 가능하면 이은말로, 그렇지 않으면 합성어로 본다.

   (25) ㄱ. 나는 무엇보다 대문이 <u>큰 집</u>이 좋다. <이은말>
      ㄴ. 저기 보이는 빨간 대문집이 우리 <u>큰집</u>이다. <합성어>

(25ㄱ)의 '큰 집' 사이에 '철수네, 영이네, 아름다운, 새' 등의 낱말이 끼어
들 수 있다. 그러나 (25ㄴ)의 '큰집'의 경우는 그 사이에 어떠한 낱말도 끼어
들 수가 없다. 이들의 관계를 좀더 자세히 살펴보면 다음과 같다.

(25′ㄱ)의 경우는 '대문이'와 '큰'의 관계가 먼저 이루어지고 그 다음에
'집'과 관계를 맺는데 (25′ㄴ)의 경우는 '큰'과 '집'이 곧바로 관계를 맺는다.
합성어와 이은말은 이같은 차이 밖에도 뜻의 특수화가 나타나느냐, 나타
나지 않느냐 하는 점에서도 차이를 보인다. 곧 (21ㄱ)의 '큰 집'은 '(무엇이)
큰 집'을 가리키는 데 비해 (21ㄴ)의 '큰집'은 '(무엇이) 크다'는 뜻보다는
<큰아버님이 사는 집>을 뜻한다.
끝으로 합성어와 이은말은 말본적 기능에서 차이를 보인다. 곧 합성어의
한 구성 요소가 된 뿌리나 낱말은 그것이 이은말의 구성 요소로 쓰였을 때와
비교해 보면 그 기능을 달리하는데, 다음의 예를 통해 살펴 볼 수 있다.

   (26) ㄱ. 그걸 오늘 다 때 버리면 내일 <u>땔 나무</u>가 없을 텐데.
      ㄴ. 영수야, 오늘밤 <u>땔나무</u>가 없구나.

(27) ㄱ. 영이가 물통을 들 필요가 있니? 네가 어서 도와 줘라.
     ㄴ. 그 선수가 넘어졌다. 너는 어서 <u>들것</u>을 가져와야 한다.

(26ㄱ)의 「땔 나무」에서 '땔'은 속짜임새 「나무를 때다」에서 '때다'가 매김꼴로 바뀐 말이므로 남움직씨이다. 그러나 (26ㄴ) '땔나무'의 경우는 '땔'의 부림말이 없으므로 남움직씨의 성질이 있다고 보기 힘들다. 또 (27ㄱ)의 '들'은 '물통을 들다'와 같이 남움직씨의 기능이 강하나 (27ㄴ) '들것'의 '들'은 남움직씨의 성질을 잃어 버렸다. 그러므로 (26ㄱ)과 (27ㄱ)은 이은말이고 (26ㄴ), (27ㄴ)은 합성어이다.

합성어 '땔나무'의 뿌리 '땔'과 '들것'의 뿌리 '들'은 남움직씨인데 합성어의 구성 요소로 참가하게 되어 남움직씨의 바탕을 잃어 버렸다. 따라서 월의 구성에서 부림말을 필요로 하지 않으므로 외적 분포 관계가 달라졌다.

(28) 합성어와 이은말의 구분

구 분 방 식	합 성 어	이 은 말
쉼의 여부	×	○
내적 확장의 유무	×	○
뜻의 특수화	○	×
외적 분포 관계의 다름	○	×

이와 같이 쉼의 여부, 내적 확장의 유무, 외적 분포 관계의 다름, 뜻의 특수화 등으로 이은말과 합성어를 구분할 수도 있지만 이것만으로는 충분하지 않아 여전히 연구할 문제점이 남아 있다.

통어적 합성어 : 우리말의 낱말 배열법에 일치하는 합성어는 통어적 합성어이다. 통어적 합성어의 갈래는 아래와 같다.

① 이름씨 만들기

(29) ㄱ. 논밭, 밤낮, 속옷, 소나무, 냇가, 손등, 등불, 집일   <이름씨+이름씨>
     ㄴ. 몇날, 첫딸, 첫아들   <매김씨+이름씨>
     ㄷ. 큰집, 쥘손, 들것, 갈림길, 디딤돌, 비빔밥   <풀이씨+이름씨>

(29)의 예들은 합성어인데, (29ㄱ)은 이름씨끼리 결합되어 이루어진 합성
어이고, (29ㄴ)은 매김씨와 이름씨의 결합으로 이루어진 합성어이다. (29ㄷ)
은 풀이씨의 줄기에 매김법 씨끝 '－은, －을'이 붙고 그 뒤에 이름씨가 결
합되거나 풀이씨의 줄기에 이름꼴 씨끝 '－음'이 붙고 그 뒤에 이름씨가 결
합되어 만들어진 합성어이다.

이들은 모두 정상적인 낱말 배열법에 일치하는 합성어이므로 통어적 합
성어이다.

② 움직씨 만들기

(30) ㄱ. 힘들다, 겁나다, 멍들다 ; 욕먹다, 자리잡다　　　　　　　　<이름씨+움직씨>
　　 ㄴ. 늘어놓다, 접어들다, 들고나다, 흩어지다, 파고들다　　<움직씨+움직씨>
　　 ㄷ. 곧추뜨다, 그만두다, 곤두세우다　　　　　　　　　　　　<어찌씨+움직씨>
　　 ㄹ. 거덜나다, 용쓰다, 비끄러매다, 그러모으다　　　　　<불규칙 뿌리+움직씨>

(30)은 우리말의 정상적인 낱말 배열에 의한 통어적 움직씨의 예다. (30ㄱ)의
'힘들다, 겁나다, 멍들다'는 「힘이 들다, 겁이 나다, 멍이 들다」와 같이 「임자말+풀
이말」의 짜임새로 이루어졌고, '욕먹다, 자리잡다'는 「욕을 먹다, 자리를 잡다」
와 같이 「부림말+풀이말」의 짜임새로 이루어진 합성어로 이들은 근본적으
로 「이름씨+움직씨」의 배열에 의해 통어적인 합성 움직씨를 만든 예이다. (30
ㄴ)은 두 개의 움직씨 뿌리가 이음씨끝 '－아/어, －고' 등에 의해 합성 움직씨
를 만든 것으로 역시 통어적 합성어이다. (30ㄷ)은 「곧추 뜨다, 그만 두다, 곤두
세우다」와 같이 「어찌씨+움직씨」의 짜임새로 된 합성 움직씨이다. (30ㄹ)에서
'거덜, 용' 등은 이름씨스런 성질을 가진 뿌리이고 '비끄러매다'의 '비끌－'과
'그러모으다'의 '글－'은 움직씨스런 성질을 가진 뿌리인데 이들은 모두 불구뿌
리이다. 이들 역시 뿌리와 뿌리 사이에 이음씨끝 '－아/어'에 의해 움직씨가 만들
어졌으므로 「불구뿌리+움직씨」의 짜임새로 된 통어적 합성어라 할 수 있다.

③ 그림씨 만들기

(31) ㄱ. 값싸다, 값지다, 맛나다, 손쉽다, 넋없다   <이름씨+그림씨>
     ㄴ. 남다르다, 꿈같다, 분결같다   <이름씨+그림씨>

   통어적 합성어 가운데 그림씨는 대부분 「이름씨+그림씨」의 짜임새로 된
것이 많은데, (31ㄱ)의 「값이 싸다, 값이 지다, 맛이 나다, 손이 쉽다, 넋이 없
다」 등과 같이 「임자말 + 풀이말」의 짜임새로 된 것과 (31ㄴ)의 「남과 다르
다, 꿈과 같다, 분결과 같다」와 같이 「견줌말 + 풀이말」의 짜임새로 된 것이
있다. 이들은 모두 우리말의 낱말 배열법과 일치하므로 통어적 합성어라 할
수 있다.

④ 어찌씨 만들기

(32) ㄱ. 밤낮, 여기저기   <이름씨+이름씨>
     ㄴ. 온종일, 한참, 어느새   <매김씨+이름씨>
     ㄷ. 이른바, 내친김에, 얼떨결에   <풀이씨의 매김꼴+이름씨>
     ㄹ. 때마침, 뒤미처   <이름씨+어찌씨>
     ㅁ. 곧바로, 더욱더, 또다시, 똑바로   <어찌씨+어찌씨>

   (32ㄱ)은 이름씨와 이름씨의 결합에 의해 만들어진 어찌씨이고, (32ㄴ)은
매김씨와 이름씨의 결합에 의해 만들어진 어찌씨인데, 우리말에서 매김씨는
이름씨를 꾸밀 수 있으며 이름씨와 이름씨가 함께 이어질 수 있으므로 이들
은 통어적 배열 방식에 의한 합성어다. (32ㄷ)은 풀이씨의 매김꼴과 이름씨
가 결합한 것으로 우리말에서 매김말이 이름씨를 꾸밀 수 있으므로 이들
역시 통어적 구성 방식을 가진다고 할 수 있다. (32ㄹ)은 이름씨에 어찌
씨가 결합한 예이고, (32ㅁ)은 어찌씨와 어찌씨가 결합해서 합성 어찌씨를
만든 예인데, 우리말에서 어찌씨는 어찌씨를 꾸밀 수 있으므로 이들 역시 통

어적 합성어이다.

비통어적 합성어 : 합성어 구성 성분의 배열 방식이 우리말의 낱말 배열
법에 어긋나는 합성어를 비통어적 합성어라 한다. 비통어적 합성어의 갈래
는 아래와 같다.

① 이름씨 만들기

(33) 꺾쇠, 늦가을, 울상, 옥니, 붙박이   <풀이씨 줄기+이름씨>

(33)의 예들은 풀이씨 줄기와 이름씨가 결합된 합성어인데, 우리말에서 풀
이씨의 줄기와 이름씨가 직접 연결되는 경우는 없기 때문에 우리말의 낱말
배열법에 어긋난다. 이와 같은 합성어를 비통어적 합성어라고 한다.

② 움직씨 만들기

(34) 여닫다, 미닫다, 오가다, 오르내리다, 굶주리다, 뛰놀다
                                          <움직씨 줄기+움직씨>

(34)는 움직씨 줄기에 움직씨가 결합한 합성어인데, 이들은 「열고 닫다, 밀
고 닫다, 오고 가다, 오르고 내리다, 굶어서 주리다, 뛰면서 놀다」 등으로 해
석될 수 있으나 우리말에서 움직씨 줄기에 움직씨가 이음씨끝의 연결 없이
이어지는 짜임새는 정상적인 낱말 배열 방식이 아니므로 비통어적 합성어이
다. 이와 같은 합성어는 앞의 줄기와 뒤의 낱말을 이어주는 이음씨끝이 없는
짜임새로 만들어진 낱말이다.

③ 그림씨 만들기

(35) 높푸르다, 검붉다, 넓둥글다, 굳세다, 짙푸르다
                                          <그림씨 줄기+그림씨>

　(35)는 그림씨 줄기에 그림씨가 결합해서 그림씨를 만든 합성어인데, 이들은 각각 「높고 푸르다, 검고 붉다, 넓고 둥글다, 굳고 세다, 짙고 푸르다」 등으로 해석된다. 그러나 우리말에서 그림씨 줄기에 그림씨가 이음씨끝의 연결 없이 결합하는 경우는 정상적인 낱말 배열 방식에서 벗어나므로 이들은 비통어적 합성어로 보아야 한다.

　합성어의 갈래 : 합성어를 이루는 뿌리는 일정한 통어적 관계를 맺으면서 결합되어 있는데, 그 결합 관계에 따라 녹은 관계 합성어, 가진 관계 합성어, 맞섬 관계 합성어로 구분한다.

① 녹은 관계 합성어

　둘 이상의 씨가 긴밀하게 녹아붙어 뿌리 본래의 뜻을 잃어 버리고 새로운 뜻을 가지게 되는 합성어를 '녹은 관계 합성어'라 한다. 예를 들면, '춘추'는 <봄과 가을>을 뜻하는 것이 아니라 <나이>를 뜻하므로 녹은 관계 합성어이다. 이들을 각 씨별로 살펴보면 다음과 같다.

(36)　ㄱ. 갈고랑쇠, 구리귀신, 골병, 까치눈, 두꺼비집, 오리발, 노루종아리, 뜬구름　　　　　　　　　　　　　　　　　　　　　　　　　　　　　<이름씨>
　　　ㄴ. 물내리다, 부레끓다, 뒤구르다, 거울삼다　　　　<풀이씨>
　　　ㄷ. 불티같이, 물색없이, 개떡같이, 불현듯이　　　　<어찌씨>

　(36ㄱ)은 녹은 관계 이름씨 합성어의 예로, 우선 '갈고랑쇠'는 <끝이 뾰족하고 꼬부라진 모양으로 생긴 쇠>로 뾰족하고 꼬부라진 형태의 특징이 사람의 성격으로 녹아 <성질이 바르지 못하고 꺼부장한 사람>을 뜻해서 본래 뿌리의 뜻과 멀어진 것으로 볼 수 있다. '구리귀신'은 <구리로 된 귀신>으로 전기나 열에 잘 견디는 구리의 속성이 사람의 성격으로 녹아 <몹시 구두쇠이고 인내성이 강한 사람>을 뜻한다. '골병'은 <골 속에 든 병>으로 몸

속에 깊이 든 골의 위치가 손해의 정도를 나타내어 <심한 타격을 받은 손해>를 뜻한다. '까치눈'은 까치의 눈의 형태적인 특징이 상처의 부위로 녹아 <발가락 밑바닥의 접힌 금에 살이 터져서 쓰라린 자리>를 뜻하고 '두꺼비집'은 <전기 전원 개폐기>로 원뿌리 '두꺼비'와 '집'의 뜻이 없어지고 새로운 뜻이 자리 잡았다.

(36ㄴ)은 녹은 관계 풀이씨 합성어의 예로, '물내리다'는 물이 내리는 동작의 특징이 사람의 기운으로 뜻이 녹아 <기운이 빠지거나 뜻을 잃어서 사람의 풀기가 없어지다>를 뜻한다. 또 '부레끓다'는 부레가 끓는 동작이 감정의 정도로 뜻이 녹아 <몹시 성나다>를 뜻하며, '뒤구르다'는 뒤로 구르는 동작이 일의 마무리로 녹아 <일의 뒤끝을 말썽이 없도록 단단히 하다>를 뜻하고 '거울삼다'는 거울로 삼아 자기의 모습을 비추어 보는 동작의 특징이 행동의 본보기로 뜻이 녹아 <지나간 일이나 남의 잘못에 비추어 스스로 모범 삼거나 경계하다>를 뜻한다.

(36ㄷ)은 녹은 관계 어찌씨 합성어의 예로, 그 중 '개떡같이'를 살펴보면, 우리말에 '개'와 관련된 낱말은 낮추어 내리는 뜻이 있는데, 이것이 '떡'과 결합하여 좋은 떡이기보다는 배고픔을 달래는 정도의 <맛이 없는 떡>을 뜻하는 '개떡'과 '같이'가 이어져 <좋지 않은, 나쁜, 불행한>과 같은 뜻을 갖게 된다. 이 밖에도 녹은 관계 어찌씨 합성어는 '번개같이, 찰떡같이, 빗발치듯, 콩튀듯' 등이 있다.

② 가진 관계 합성어

가진 관계 합성어란 두 뿌리 사이에 딸림 관계가 성립하는 합성어이다.

(37) ㄱ. 들새, 산토끼, 갈비뼈, 매부리코, 무색옷, 쌈닭   <이름씨>
     ㄴ. 값나가다, 값치르다, 귀따갑다, 멋들다   <풀이씨>
     ㄷ. 같은값에, 댓바람에, 내친김에, 뜻밖에   <어찌씨>

(37ㄱ)은 가진 관계 이름씨 합성어로, '들새, 산토끼, 갈비뼈' 등은 <들에 사는 새, 산에 사는 토끼, 갈비에 있는 뼈>를 뜻하고, '매부리코'는 <매부리 모양의 코>를, '무색옷'은 <무색 빛깔의 옷>을 뜻하며 '쌈닭'은 <쌈(싸움)을 위한 닭>을 뜻한다.

(37ㄴ)은 뜻으로 보아 앞의 뿌리가 뒤의 뿌리를 한정하는 딸림 관계에 있는 움직씨 합성어이다. 곧 이들은 「값이 나가다, 값을 치르다, 귀가 따갑다, 멋이 들다」 등으로 풀이할 수 있다.

(37ㄷ)은 딸림 관계에 있는 어찌씨 합성어의 예이다.

③ 맞섬 관계 합성어

맞섬 관계 합성어는 두 뿌리가 대등한 관계로 결합되에 있는 합성어이다.

(38) ㄱ. 갓두루마기, 아래위, 아침저녁, 마소, 안팎, 앞뒤		<이름씨>
ㄴ. 검붉다, 뛰놀다, 얼녹다, 하야말갛다, 감싸고돌다		<풀이씨>
ㄷ. 가랑가랑, 거뭇거뭇, 간듯건듯, 거들럭거들럭		<어찌씨>

(38ㄱ)은 맞섬 관계에 있는 이름씨 합성어인데, '갓두루마기'는 <갓과 두루마기>를, '아래위'는 <아래와 위>를, '아침저녁'은 <아침과 저녁>을 뜻한다. 이와 같이 '무엇과 무엇'의 뜻으로 이루어져 있기 때문에 이들은 대등한 관계에 있는 맞섬 관계 합성어이다.

(38ㄴ)은 맞섬 관계에 있는 풀이씨 합성어이다. 이 합성어는 두 뿌리 사이에 '어떠하고 어떠하다' 혹은 '어찌하고 어찌한다' 등의 관계가 성립한다.

(38ㄷ)은 맞섬 관계 어찌씨 합성어의 예인데, 대부분 모양흉내 어찌말이 많다.

합성어의 파생 : 합성어가 파생법에 의해 다시 파생되는 경우가 있는데,

이를 합성어의 파생이라 한다.

(39)

통어적 짜임새	(ㄱ) 앞앞이, 몫몫이, 나날이, 다달이	(임자씨+임자씨) + 파생가지
	(ㄴ) 해돋이, 길갈림, 코납작이,　배불뚝이	(임자말+풀이말) + 파생가지
	(ㄷ) 땀받이, 벼훑이, 밥벌이, 글짓기, 오줌싸개	(부림말+풀이말) + 파생가지
	(ㄹ) 아래닿기, 같이가기, 감옥살이, 앞차기	(어찌말+풀이말) + 파생가지
비통어적 짜임새	(ㅁ) 꺾꽂이, 미닫이, 붙박이, 여닫이, 나들이	(풀이씨+풀이씨) + 파생가지

(39ㄱ)은 임자씨와 임자씨가 결합된 '앞앞, 몫몫, 다달, 나날'에 파생가지 '‑이'가 붙어 파생된 낱말로 임자씨를 파생하는 경우이다.

(39ㄴ)은 「해가 돋다, 길이 갈리다, 코가 납작하다, 배가 불뚝하다」라는 「임자말+풀이말」의 짜임새에서 임자자리토씨 '‑이/가'가 빠지고 합성된 낱말 '해돋‑, 길갈리‑, 코납작‑, 배불뚝‑'에 파생가지 '‑이, ‑음'이 붙어 파생된 낱말이다.

(39ㄷ)은 「땀을 받다, 벼를 훑다, 밥을 벌다, 글을 짓다, 오줌을 싸다」와 같은 「부림말+풀이말」의 합성에서 파생가지 '‑이, ‑기, ‑개'가 붙은 파생어인데, 이들의 짜임새는 각각 '땀(을)+받+이, 벼(를)+훑+이, 밥(을)+벌+이, 글(을)+짓+기, 오줌(을)+싸+개'가 된다.

(39ㄹ)은 「어찌말 + 풀이말」의 합성어에 파생가지 '‑이, ‑기' 등이 결합하여 파생어를 만든 것이다. 곧 어찌말 '아래(에), 같이, 감옥(에)'에 '닿‑, 가‑, 살‑'이라는 제움직씨 줄기가 붙고 다시 '‑기, ‑이'의 파생가지가 붙어 이루어진 합성어다.

(39ㄱ～ㄹ)은 통어적 짜임새에 의한 합성어 파생이고, (39ㅁ)은 비통어적 짜임새의 합성어 파생이다. 곧 '꺾(어)‑꽂‑이, 밀(고)‑닫‑이, 붙(어)‑박‑이,

열(어) - 닫 - 이, 나(아) - 들 - 이'로 분석할 수 있는데, 이들은 두 개의 풀이
씨의 줄기가 합성된 그 짜임이 우리말의 낱말 배열 방식에 어긋난다는 점에
서 비통어적 합성어로 볼 수 있고 여기에 파생가지 ' - 이'가 붙어 파생어를
만든 것이다.

【정리문제】

1. 낱말은 그 짜임새에 따라 홑낱말(단일어)과 겹낱말(복합어)로, 겹낱말은 다시 파생어와 합성어로 나누는 데 대한 구분의 기준을 설명하라.

2. '밟는다', 밟힌다‘, 짓밟힌다'를 뿌리와 줄기, 가지와 씨끝으로 구분하고 풀이씨의 씨끝바꿈과 낱말만들기의 특성을 비교해 보라.

3. 낱말구성소와 낱말형성소의 차이점을 설명하고 구분의 필요성을 생각해 보라.

4. 파생가지는 그 구실에 따라 '한정적 가지'와 '지배적 가지'로 구분 할 수 있다. 이들 가지의 특성을 설명하라.

5. '매김씨'와 '매김씨스런 앞가지'의 차이점을 비교하여 설명하라.

6. '어찌씨'와 '어찌씨스런 앞가지'의 차이점을 비교하여 설명하라.

7. 파생가지 ' - 음', ' - 기'와 이름법 씨끝 ' - 음', ' - 기'를 구별해 낼 수 있는 방법을 설명하라.

8. 움직씨와 그림씨 만들기에 있어서 ㉠ 어휘적 파생법과 ㉡ 통어적 파생법을 설명하라.

9. 합성어와 이은말을 구분하는 방법을 설명하라.

10. 합성어는 낱말 배열법을 기준으로 하여 통어적 합성어와 비통어적 합
성어로 구분하고 뿌리 사이의 관계에 따라 녹은 관계 합성어, 가진 관
계 합성어, 맞섬 관계 합성어로 구분한다. 각 합성어 특성을 구체적인
예를 제시하고 설명하라.

11. 파생가지와 굴곡가지의 차이점을 설명해 보라.

●참고문헌

고영근(1979), ≪국어 접미사 연구≫, 광문사.

김계곤(1996), ≪현대국어의 조어법 연구≫, 박이정.

김동찬(1987), ≪조선어 리론문법 - 단어조성론≫, 고등교육도서출판사.

김창섭(1996), ≪국어의 단어형성과 단어구조≫, 태학사.

서정수(1981), <합성어에 관한 문제>, 한글173 · 174, 한글학회.

시정곤(1994), <국어 단어형성의 원리>, 고려대 박사학위 논문.

송상조(1990), <제주도 방언의 접미파생어 연구>, 동아대 박사학위 논문.

송철의(1989), <국어 파생어 형성 연구>, 서울대 박사학위 논문.

이익섭(1965), <국어 복합명사의 I · C분석>, 국어국문학30.

조일규(1993), <국어 이름씨 뒷가지의 변천 연구>, 동아대 박사학위 논문.

주시경(1910), ≪국어문법≫, 박문서관.

정동환(1993), ≪국어 복합어의 의미 연구≫, 서광학술자료사.

최현배(1971), ≪우리 말본≫, 정음문화사.

하치근(1993), ≪국어 파생형태론≫, 남명문화사.

______(1995), <국어 조어론 연구의 어제와 오늘>, 한힌샘 주시경 연구
    7 · 8, 한글학회.

______(1996), <국어 통사적접사의 수용 범위 설정에 관한 연구>, 한글
    231, 한글학회.

허 웅(1966), <서기 15세기 국어를 대상으로 한 조어법의 서술 방법과 몇
    가지 문제점>, 동아문화6.

______(1967), <서기 15세기 국어의 통사적 합성어>, 동방학지8.

______(1981), ≪언어학≫, 샘문화사.

______(1983), ≪국어학≫, 샘문화사.

Aronoff, M.(1976), Word Formation in Generative Grammar, Linguistic Inquiry Monograph 1, MIT press.

Bauer, Laurie.(1983), English Word – Formation, Cambridge University press.

Scalise, S.(1984), Generative Morphology. Dordrecht : Foris publication. [전상범 역 (1992),≪생성형태론≫, 한신문화사]

제7장 씨의 범주

말본이라 함은 사람이 원만한 의사소통을 위해 말과 글을 대상으로 규칙을 정해 사용자에게 지키도록 하는 규범이다. 곧 말의 조직 체계를 세워서 보다 원만한 의사소통을 하기 위한 학문이 말본이다.

말의 조직 체계를 세우기 위해서는 각 낱말의 특징을 먼저 밝혀야 한다. 왜냐하면 말본 연구의 가장 기본적인 대상이 '낱말'이기 때문이다. 사람은 의사소통을 할 때 낱말 몇 개만으로도 자신이 표현하고자 하는 뜻을 어느 정도 전달할 수 있다. 따라서 낱말을 일정한 기준에 기대어 체계를 세우기 위한 '씨가름'은 중요한 과제이지만 아직도 '씨가름'에 대한 의견은 분분하다.

씨는 영어로 'part of speech'라고 하는데, 이것은 '말의 부분, 곧 말본을 구성하고 있는 요소'라는 뜻이다. 우리말에서 '씨'란 말을 처음 사용한 문법가는 주시경이다. 주시경은 ≪국어 문법≫(1910)에서 '기'란 용어를 사용하다가 ≪말의 소리≫(1914)에서는 '씨'로 고치고 씨는 '몬(사물)이나 일을 이르는 낫말(낱말)을 이르는 이름'이라고 정의하고 있다. 그 뒤 최현배도 ≪우

리 말본≫에서 씨라는 용어를 사용하고 있는데, 품사란 용어는 일본인 학자
에 의해 만들어진 말이다.

월을 이루는 낱말은 일정한 범주로 갈라서 다루는 것이 일반적이다. 이때
범주란 형태소나 낱말 따위를 일정한 기준에 따라 갈라 놓은 무리를 말한다.
전통적으로 낱말은 이름씨, 움직씨, 그림씨 등으로 나누는데 이들은 각각 일
정한 범위의 낱말들을 가리키는 범주가 된다. 곧 이름씨는 사물의 이름을 가
리키는 낱말 무리를 말하는 것이고, 움직씨는 대체로 사물의 움직임을 나타
내는 낱말들의 무리를 포괄하는 범주이다. 이와 같이 말본 기술에서는 여러
낱말들을 낱낱이 다루지 않고 비슷한 성격을 가진 것들끼리 한데 묶어 가르
고 또 필요에 따라 더 크거나 작은 범주로 분류하여 다룬다.

이렇게 낱말을 그 말본적 성질의 공통성에 따라 몇 갈래로 묶어 놓은 것
을 씨라고 한다.

> (1) 씨는 말의 단위이니, 따로따로 어떠한 생각을 가지고 말함과 글월을 이루
> 는 직접의 재료가 되는 것이니라(최현배, 1971:143~149).

(1)의 개념 정의를 통해 씨는, 소리 - 뜻을 가진 말의 낱덩이이며, 따로 설
수 있고, 말함과 글월의 직접적인 재료가 됨을 알 수 있다.

그렇다면 우리말에서 낱말은 몇 개의 씨로 나눌 수 있을까? 씨가름의 목
적은 말의 조직 체계를 밝히기 위한 것인데, 분류 기준의 차이와 그 적용 순
서에 따라 여러 가지 견해로 나누어진다.[1] 지금까지 우리말의 씨는 적게는
다섯 개에서 많게는 열세 개에 이르기까지 견해 차이가 다양하다. 이처럼 견
해 차이가 다양한 까닭은 「제5장 형태소와 낱말」에서 살펴 본 바와 같이 낱
말을 보는 관점과 씨가름의 기준이 다르기 때문이다.

일반적으로 씨가름 기준으로 꼴, 기능, 뜻을 들 수 있는데, 씨를 분류할 때

---

1) 씨가름의 관점상 차이에 대해서는 김민수(1960), 고영근(1983), 이광정(1987)을 참
　고할 것.

에는 이들을 종합적으로 고려해야지 어느 한 가지 기준만을 적용해서는 안
된다. 만약 뜻에 기준을 두고 분류했을 경우 그것은 말의 조직 체계를 밝히
기 위한 것이 되지 못하고 오직 낱말들을 어휘적으로 가르는 것에 불과하기
때문이다. 그런데 씨가름의 기준 설정은 남북한 사이에 차이가 있다. 북한에
서는 씨란 모든 낱말을 어휘·말본적 표식(표지)의 공통성에 의하여 나눈 낱
말의 말본적 갈래로 보고 그 분류 기준으로 낱말의 일반화된 뜻, 말본적인
특성, 낱말 만들기의 특성을 들고 있다. 이 분류 기준 가운데 있는 북한의
'낱말의 일반화된 뜻'은 남한의 '뜻'과, 북한의 '말본적 특성'은 남한의 '꼴'
과 '기능'에 상응하므로, 차이가 나는 것은 북한에서는 '낱말 만들기'의 특성
을 씨가름에 고려하고 있는 점이다. 이 기준은 국어가 첨가어로서 파생가지에
의한 낱말 만들기가 활발하므로 이와 같은 특성을 씨가름에 반영하려는 의도에
서 설정한 기준으로 볼 수 있다(조선 문화어 문법규범, 1977:141 - 144).

씨가름의 기준은 모든 낱말에 일률적으로 적용할 수 있는 보편성이 있어
야 한다. 그러나 조어법은 보편성보다는 특이성이 강하므로 합리적인 기준
으로 볼 수 없다.

씨를 가를 때 분류 기준의 적용 순서는 먼저 낱말의 형태적 특성, 곧 씨끝
의 변화가 있는가 없는가가 고려되어야 하고 다음으로 기능과 뜻이 고려되
어야 한다.

꼴 : 꼴은 낱말의 형태적 특성을 말한다. 낱말의 형태적 특성은 월에서 씨
끝에 의한 굴곡의 모습이 어떻게 이루어지는가 하는 것이다. 곧 낱말이 굴곡
을 하는가 하지 않는가가 먼저 고려되고, 다시 굴곡을 한다면 이떤 방식으로
하는가기 고려되어야 한다.

  (2) ㄱ. 어휴, 너 떡을 많이 먹었구나.
      ㄴ. 오늘은 달빛이 참 밝다.
      ㄷ. 철수는 착한 학생이다.

(2)에서 (2ㄱ)의 '어휴, 너, 떡, 많이' 등과 (2ㄴ)의 '오늘, 달빛, 참' 등과 (2ㄷ)의 '철수, 학생' 등은 꼴이 바뀌지 않으나 '먹었구나, 밝다, 학생이다'는 (3ㄱ~ㄷ)과 같이 꼴이 바뀐다. 곧 '먹-, 밝-, (학생)이-'는 줄기가 되고 여기에 여러 씨끝이 붙어 끝바꿈을 한다.

<pre>
(3)   ㄱ. 먹 었다   ㄴ. 밝 았다   ㄷ. (학생)이 었다
        는다   다   다
        는구나   구나   로구나
        어라   *어라   *어라
</pre>

(3)에서 알 수 있듯이 꼴이 바뀌는 낱말이라도 말본적인 특성의 차이에 따라서 모습을 달리 한다. 그 꼴이 달라지는 특성을 고려하여 (3ㄱ)은 움직씨, (3ㄴ)은 그림씨, (3ㄷ)은 잡음씨로 구분한다. 이렇게 구분하는 것은 세 낱말의 바뀌는 모습이 조금씩 다르기 때문이다. (3ㄴ,ㄷ)은 '-는다' 대신 '-다'가 오고 '-어라'는 붙지 못한다. 또 (3ㄱ)의 '-는구나'가 (3ㄴ)에는 '-구나', (3ㄷ)에는 '-로구나'로 되어 그 모습이 조금씩 다르다.

이렇게 굴곡의 유무와 그 방식에 따라 씨가름을 하면 다음과 같다.

<pre>
                          ┌ 굴곡어 ─────┬─ 임자씨(토씨 변화계) …… 이름씨,대이름씨, 셈씨
                          │ (형태변화사) └─ 풀이씨(씨끝 변화계) ……… 움직씨, 그림씨, 잡음씨
꼴에 따른 씨가름 ─┤
                          └ 비굴곡어 ……… 꾸밈씨 ……………………… 매김씨, 어찌씨, 느낌씨
                            (형태불변화사)
</pre>

위와 같은 씨가름은 토씨를 독립된 낱말로 보지 않는 관점에 맞춘 분류 체계이다. 그러나 우리말의 특성을 고려하여 토씨를 독립된 낱말로 인정하면 굴곡어 속에 있는 토씨 변화계의 임자씨는 임자씨와 토씨로 나누고 이들을 비굴곡어에 포함시켜 분류 체계를 재조정해야 한다.

기 능 : 기능이란 월에서 한 낱말이 다른 낱말과 맺는 관계로, 곧 임자말, 풀이말, 부림말, 어찌말, 매김말, 위치말 등의 역할을 말한다.

(4)　ㄱ. <u>무게</u>가 얼마냐?　　　ㄴ. 책가방이 <u>무겁다</u>.
　　　 <u>높이</u>가 얼마냐?　　　　　산이 <u>높다</u>.

(4ㄱ)에서 '무게'와 '높이'는 다같이 월의 임자말로 쓰이고 있다. (4ㄴ)에서 '무겁다, 높다'는 월의 풀이말로 쓰이고 있다. 이렇게 월에서의 공통된 기능 때문에 각각 같은 씨로 묶여질 수 있다.

굴곡을 하는 말에 있어서는 꼴과 기능이 함께 작용하여 씨를 가름하지만 굴곡 없는 말에서는 기능만이 범주를 정하는 기반이 된다. 굴곡어는 꼴에 따라서 토씨 변화계와 씨끝 변화계로 구분하고 기능에 따라 임자씨와 풀이씨로 구분한다. 비굴곡어는 형태상의 분류가 되지 않으므로 기능에 의해 하위 분류한다.

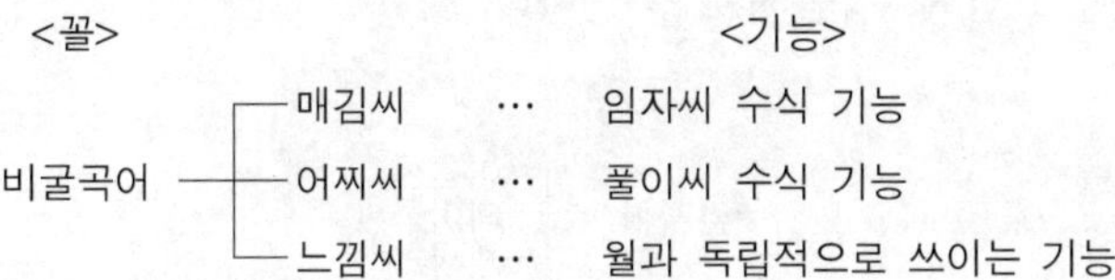

뜻 : 여기서의 뜻은 개별적인 낱말의 어휘적 뜻이 아니라 어떤 낱말이 사물의 이름을 나타내는가 또는 움직임이나 성질, 상태를 나타내는가 하는 속성 개념을 가리킨다.

(5)　ㄱ. 사람, 나무, 돌 <실체성>
　　　ㄴ. 가다, 오다, 쓰다 <동작성>
　　　ㄷ. 아름답다, 예쁘다, 곱다 <상태성>

(5ㄱ)의 이름씨는 '실체성'의 뜻을 공통적으로 갖고 있고 (5ㄴ)의 움직씨는 '동작성'을, (5ㄷ)의 그림씨는 '상태성'을 갖고 있다. 뜻은 꼴이나 기능과 병행하는 일이 많으나 때로는 '운동'이라는 이름씨가 '동작성'의 뜻도 갖고 있고 '높이'라는 이름씨가 '상태성'의 뜻도 갖고 있어 매우 걷잡기 어려운 경우가 많으므로 참고 정도로 하는 것이 좋다.

7.2 씨가름의 실제

전통적인 씨가름은 꼴, 기능, 뜻 가운데서 기능을 중심으로 이루어져 왔다. 그러나 우리말은 첨가어적인 특성이 강하므로 꼴이 가장 먼저 고려되어야 하며, 그 다음에 기능과 뜻이 뒤따라야 한다. 꼴에 따라서 꼴 바뀌지 않는 말과 꼴 바뀌는 말로, 기능에 따라서 임자씨, 풀이씨, 꾸밈씨, 걸림씨, 홀로씨로 나누고 여기에 뜻을 고려하여 이름씨, 대이름씨, 셈씨, 매김씨, 어찌씨, 느낌씨, 토씨, 움직씨, 그림씨, 잡음씨로 구분한다.[2]

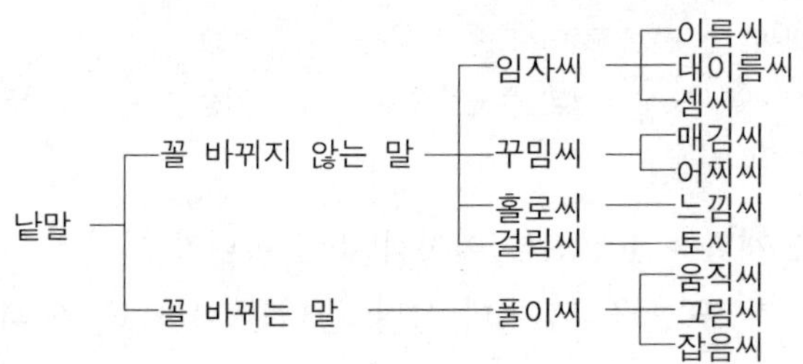

---

2) 남기심·고영근의 ≪표준 국어 문법론≫(1993)에서는 '명사', '대명사', '수사', '조사', '동사', '형용사', '관형사', '부사', '감탄사'의 아홉 씨로 나누었고, 북한의 ≪조선 문화어 문법규범≫(1976)에서는 '명사', '대명사', '수사', '동사', '형용사', '관형사', '부사' '감동사'의 여덟 씨로 나누었다.

(5) ㄱ. 이름씨 : 사람, 나무, 사랑, 운동
    ㄴ. 대이름씨 : 나, 너, 그대, 그분, 이것, 저것
    ㄷ. 셈씨 : 하나, 둘, 스물, 서른
    ㄹ. 움직씨 : 가다, 오다, 먹다, 자다
    ㅁ. 그림씨 : 좋다, 예쁘다, 춥다, 빠르다
    ㅂ. 잡음씨 : 이다, 아니다
    ㅅ. 매김씨 : 이, 그, 저, 새, 옛
    ㅇ. 어찌씨 : 매우, 잘, 빨리
    ㅈ. 느낌씨 : 아, 아이고, 어이쿠, 참
    ㅊ. 토씨 : 이, 가, 를, 도, 에, 만

꼴 바뀌지 않는 말 : 낱말이 월 안에서 말본적인 구실을 달리할 때 임자씨, 꾸밈씨, 홀로씨, 걸림씨는 그 꼴이 바뀌지 않는다.

1 **임자씨(이름씨, 대이름씨, 셈씨)**

(6) ㄱ. <u>영수</u>가 <u>밥</u>을 먹는다.
    ㄴ. 그는 <u>그것</u>을 좋아한다.
    ㄷ. 나무에서 감 <u>하나</u>가 떨어졌다.

(6ㄱ)의 '영수, 밥'은 각각 사물의 이름을 표시하므로 이들을 이름씨라 한다. (6ㄴ)의 '그것'은 사물의 이름을 대신하므로 대이름씨라 하고, (6ㄷ)의 '하나'는 사물의 셈숱을 가리키므로 셈씨라 한다. (6ㄱ~ㄷ)의 이름씨, 대이름씨, 셈씨는 월에서 임자가 되는 자리에서 나타나는 일이 많으므로 이들을 함께 묶어 임자씨라고 하는데 이것은 기능에 따른 이름이다.

2 **꾸밈씨(매김씨, 어찌씨)**

(7) ㄱ. 이곳에는 <u>헌</u> 책이 쌓여 있다.
    ㄴ. <u>새</u> 옷을 입으면 기분이 좋아 진다.

(8) ㄱ. <u>빨리</u> 뛰어라.
    ㄴ. 그녀는 <u>매우</u> 아름답다.

(7)의 '헌, 새'는 이름씨 앞에서 그 뜻을 '어떠한' 방식으로 이름씨를 좀 더 분명하게 제한해 주므로 매김씨라고 하고, (8)의 '빨리, 매우'는 움직씨 '뛰어라'와 그림씨 '아름답다' 앞에서 그 뜻을 '어떻게'라는 방식으로 좀더 분명하게 꾸며 주므로 어찌씨라고 한다. 이들은 크게 보아 다른 말을 꾸며 주는 기능상의 공통점을 가진다. 그러므로 이들을 하나로 묶어 꾸밈씨라고 하는데 꾸밈씨는 끝바꿈하지 않는다.

③ 홀로씨(느낌씨)

(9) ㄱ. <u>아</u>! 서늘한 가을이 왔구나.
    ㄴ. <u>어머</u>! 이 일을 어쩌나.
    ㄷ. <u>그래</u>, 어서 가 보자.

(9)의 '아, 어머, 그래'는 말하는 이의 느낌과 응답을 표시하므로 이들을 느낌씨라고 부른다. 이들은 기능상으로 보아 따라오는 월과 관련을 짓지 않고 독립해서 쓰일 수 있으므로 홀로씨라고 한다. 홀로씨는 끝바꿈하지 않으며 씨 가운데 가장 독립성이 강하다.[3]

④ 걸림씨(토씨)

(10) ㄱ. 순이<u>가</u> 아기<u>를</u> 업고 있다.
     ㄴ. 그<u>도</u> 그것을 좋아한다.
     ㄷ. 그것<u>이</u> 아름다운 이유<u>는</u> 무엇일까?

(10)의 ' - 가, - 를, - 도, - 을, - 이, - 는' 등은 임자씨에 붙어 있다.

---

3) 최현배(1971:204)에서는 씨의 독립성의 정도를 '느낌씨＞임자씨＞풀이씨＞잡음씨＞토씨'로 순서매김을 하고 있다.

이와 같이 토씨는 자립성이 있는 말에 붙어 그 말과 다른 말과의 말본적 관계를 표시하므로 걸림씨라 한다.

꼴 바뀌는 말 : 임자씨는 토씨에 기대어 월 안에서 말본적 구실을 달리하지만 풀이씨는 씨끝바꿈에 의하여 말본적 구실을 달리한다.

풀이씨(움직씨, 그림씨, 잡음씨)

(11) ㄱ. 장미꽃이 활짝 <u>피었다</u>.
　　ㄴ. 아기가 우유를 <u>마신다</u>.

(12) ㄱ. 영희는 <u>아름답다</u>.
　　ㄴ. 하늘이 <u>맑다</u>.

(13) 　　영수는 착실한 <u>학생이다</u>.

(11ㄱ, ㄴ)의 '피었다, 마신다'는 움직임을 나타내는 움직씨이며, (12)의 '아름답다, 맑다'는 성질이나 상태를 나타내는 그림씨이다. 움직씨와 그림씨는 모두 임자씨를 풀이하는 기능을 가진 풀이씨이다. 또한 움직씨와 그림씨는 (13)의 잡음씨 '이다'와 공통성을 띠는데, 곧 이들은 모두 끝바꿈하는 씨이다. 문법가에 따라 '이다'를 토씨에 넣기도 하나 '이다'는 풀이씨에 포함시켜야 한다. 왜냐하면 '이다'는 '이고, 이며, 이니' 등으로 굴곡을 하지만 다른 토씨들은 이러한 굴곡을 하지 않기 때문이다. '이다'의 이러한 형태적 특성은 풀이씨가 갖는 형태적 특성과 같고 풀이씨와 그 기능이 같은 점이 많으므로 풀이씨에 포함한다.

[붙임] '있다, 계시다, 없다'의 씨가름
'있다, 계시다, 없다'는 그 씨끝바꿈이 일정하지 않아서 그 씨를 가르기가 어렵다. 이들의 씨끝바꿈을 보면 때로는 그림씨와 같이, 때로는 움직씨와 같

이 씨끝바꿈을 하기 때문에 씨가름에 어려움이 생기는 것이다.

풀이씨＼씨끝	- 는다/ㄴ다 (서술)	- 는 (매김)	- 자 (꾀임)	- 아라/어라 (시킴)
먹 - (움직씨)	먹는다(○)	먹는(○)	먹자(○)	먹어라(○)
있 -	있는다(△)	있는(○)	있자(○)	있어라(○)
계시 -	계신다(○)	계시는(○)	*계시자 (계십시다)	*계셔라 (계십시오)
예쁘 - (그림씨)	*예쁜다(×)	예쁘는(×)	*예쁘자(×)	*예뻐라(×)
없 -	*없는다(×)	없는(○)	*없자(×)	*없어라(×)

위의 표에서 움직씨 '먹다'와 '있다'를 견주어 보면, 그 씨끝바꿈의 모습이 같으므로 '있다'를 움직씨로 처리하는 것이 가장 합리적이다.

'있다'를 움직씨로 보게 되면 '계시다'는 '있다'의 높임말이고 '없다'는 '있다'의 지움말이므로 '계시다'와 '없다'도 '있다'와 같이 움직씨로 볼 수 있다. 이와 같은 처리는 뜻에 기댄 방법이다. 그러나 우리말의 씨가름은 뜻보다 꼴 위주가 되어야 한다. 꼴을 고려할 때 '있다'와 '계시다'는 같은 줄기가 아니므로 씨끝바꿈하는 모습이 다르다. 그런데 우리말의 높임법은 굴곡의 방법 밖에도 「자다→주무시다」와 같이 어휘적인 방법으로 실현되기도 하므로 '계시다'를 '있다'의 어휘적인 높임말로 보고 움직씨로 처리하는 것이 합리적인 방법이다.

한편 '없다'는 그림씨 '예쁘다'와 같은 줄기가 아니지만 매김법 씨끝 ' - 는'과의 결합상의 차이 밖에는 그 씨끝바꿈의 모습이 같다. 그러므로 '없다'는 꼴에 기대어 그림씨로 처리하는 것이 합리적이다.

지금까지 '있다, 계시다, 없다'의 씨가름에 대한 문법가의 의견을 견주어 보면 다음과 같다.

	{있다}	{계시다}	{없다}
최현배	그림씨	그림씨	그림씨
이희승	존재사	존재사	존재사
정인승		형태상 변칙 활용으로 처리	
허 웅	움직씨	그림씨	그림씨
박지홍	움직씨	움직씨	그림씨
고영근 · 남기심	형용사	형용사	형용사
여기서는	움직씨	움직씨	그림씨

【정리문제】

1. 씨가름의 필요성을 생각해 보라.

2. 씨가름의 분류 기준을 들고 우리말의 특성을 고려하여 그 적용 기준의 우선 순위를 설명해 보라.

3. 씨가름이 문법가에 따라서 적게는 다섯 개에서 많게는 열세 개까지 그 갈래가 다양한 까닭을 정리해 보라.

4. 씨가름에서 '이다'를 '서술격 조사'로 보는 것보다 풀이씨의 한 갈래인 잡음씨로 보아야 할 근거를 생각해 보라.

5. 우리말을 씨가름의 분류 기준인 '꼴'에 따라 분류 체계를 설정해 보라.

6. 우리말을 씨가름의 분류 기준인 꼴, 구실, 뜻에 따라 구분한 분류 체계를 설정하되, '잡음씨'를 인정하는 관점과 서술격 조사로 인정하는 관점의 차이에 따라 분류 체계상의 차이점을 설명하라.

7. 우리말의 씨를 독립성의 정도에 따라 순서를 매겨 보라.

8. 씨의 살래별로 말본상 특성을 정리해 보라.

9.

 (가) 높은 산이 우뚝 솟았소.
 (나) 웃는 말이 빨리 뛰오.

위의 (가), (나) 월을 씨가름의 분류 기준인 꼴, 구실, 뜻에 따라 씨가름을
하라.

10. 아래 월을 씨가름 하라.

「얼어붙은 산골에도 봄기운이 조금씩 번지고 있다. 응달과 골짜기는 아직도
얼어붙어 있지만, 한낮으로 비치는 햇살과 바람결은 한결 부드러워졌다. 두어
자 높이로 지붕에 쌓여 있던 눈이 녹아 내리는 낙숫물 소리에 문득 봄의 입김
을 느낄 수 있다.」

(법정, '오두막 편지' 중에서)

●참고문헌

고신숙(1987), ≪조선어 리론문법 - 품사론 - ≫, 과학백과사전출판사.

김민수(1971), ≪국어 문법론≫, 일조각.

김승곤(1996), ≪현대 나라말본≫, 박이정.

김형규(1962), ≪국어학 개론≫, 일조각.

남기심·고영근(1993), ≪표준 국어 문법론≫, 탑출판사.

박지홍(1961), <국문법의 품사 분류론>, 한글28, 한글학회.

______(1992), ≪우리 현대말본≫, 과학사.

이길록(1975), ≪국어문법 연구≫, 일신사.

이광정(1987), ≪국어 품사 분류의 역사적 발전에 관한 연구≫, 한신문화사.

정인승(1975), <우리말의 씨가름에 대하여>, 한글128, 한글학회.

정열모(1946), ≪신편 고등국어문법≫, 한글문화사.

김일성 종합대학 출판사(1976), ≪조선 문화어 문법 규범≫(도쿄의 학우서
방에서 1977년 번각 발행).

주시경(1910), ≪국어 문법≫, 박문서관.

최현배(1971), ≪우리 말본≫, 정음문화사.

허 웅(1983), ≪국어학≫, 샘문화사.

제8장 준굴곡법(임자씨와 토씨의 결합)

　　우리말은 말본형태소가 어휘형태소의 뒤에 붙는 배열상의 특성을 가진 첨가어이다. 우리말에 굴곡가지와 파생가지가 발달한 것, 토씨가 발달한 것, 그리고 굴곡의 가지에 의해 풀이씨가 여러 가지 말본적 구실을 하게 되고 파생의 가지에 의해 하나의 뿌리가 새로운 낱말을 형성하게 되는 것 등이 이와 같은 특성을 뒷받침 해 주는 현상이다.

　　줄기에 여러 가지 굴곡가지가 결합하는 방법을 굴곡법이라 하는데, 이들도 그 결합하는 뿌리의 특성에 따라 차이가 있다. 곧 '높 - 아서, 밝 - 으니, 바라 - 고'와 같이 줄기에 씨끝이 붙어 말본적인 구실을 달리할 경우 이를 굴곡법이라 하고, '나무 - 가, 고기 - 를, 산 - 에'와 같이 임자씨에 토씨가 붙어 말본적인 구실을 달리할 경우 이를 준굴곡법이라 하여 이 둘을 구별한다. 이렇게 우리말은 '나무 - 가', '고기 - 를', '산 - 에'와 같이, 임자씨는 토씨에 의해 월에서 여러 가지 말본적 구실을 달리 하는데, 임자씨가 토씨와 더불어 여러 월성분으로 바뀌는 현상이 풀이씨의 굴곡 현상과 비슷하므로 준굴곡법이라 한다.

(1) ㄱ. 피 고　　　　　ㄴ. 산　이<임자말>
　　　　 니　　　　　　　　　을<부림말>
　　　　 어서　　　　　　　　의<매김말>

(1ㄱ)의 '피 - '에 붙은 ' - 고, - 니, - 어서'와 같이, 의존형식의 줄기에 붙는 가지를 굴곡법의 가지 또는 씨끝이라 하고, (1ㄴ)의 '산'에 붙은 ' - 이, - 을, - 의' 와 같이 자립형식의 뿌리에 붙는 가지를 준굴곡법의 가지 또는 토씨라 한다.

```
          ┌ 굴곡법      …  줄기[의존형식] + 씨끝
굴곡법 ─┤
          └ 준굴곡법    …  임자씨[자립형식] + 토씨
```

8.1 임자씨

임자씨는 그 뜻에 의해 이름씨, 대이름씨, 셈씨로 나누어진다. 임자씨는 혼자서 또는 토씨나 잡음씨에 의해 월에서 임자말, 부림말, 매김말, 위치말, 방편말, 견줌말, 홀로말, 풀이말 따위의 구실을 한다.

8.1.1 이름씨

이름씨는 사물의 이름을 가리키는 씨 범주이다. 이름씨를 검증하는 기준으로 사용할 수 있는 틀은, 「무엇이 어찌한다」, 「무엇이 무엇을 어찌한다」, 「무엇이 어떠하다」, 「무엇이 무엇이다」에서 '무엇'의 자리를 메울 수 있는 것이 바로 이름씨가 된다.

(2) ㄱ. 해가 떴다.
    ㄴ. 상어가 작은 물고기를 잡아 먹는다.
    ㄷ. 꽃이 아름답다.
    ㄹ. 저 방이 제일 큰 방이다.

(2)의 예문에서 밑줄 그은 부분이 검증 틀에서 '무엇'의 자리를 메우고 있

으므로 이름씨가 된다. 그런데 '입학, 공평' 등은 움직임이나 상태를 나타내지만 위와 같은 검증 틀에서 '무엇'의 자리를 메울 수 있으므로 이름씨로 볼 수 있다. 이와 같은 이름씨는 잡음씨 '이다'와는 잘 어울리지 못하고 대부분 '하다'와 어울려 움직씨나 그림씨가 된다.

이름씨는 사람의 감각으로 느낄 수 있는 구체적인 대상이냐, 아니면 추상적인 대상이냐에 따라 구상이름씨와 추상이름씨로 나뉜다. 그리고 자립성이 있느냐, 없느냐에 따라 옹근이름씨(완전명사)와 매인이름씨(불완전명사)로 나뉘며, 옹근이름씨는 다시 지시 대상의 적용 범위에 따라 두루이름씨(보통명사)와 홀이름씨(고유명사)로 나뉜다.

① 구상이름씨와 추상이름씨

(3) ㄱ. 민호, 코끼리, 여우 ; 나무, 꽃, 돌
    ㄴ. 노을, 사랑, 자본주의

(3ㄱ)은 구체적인 대상이 있어서 우리가 손으로나 눈으로 느낄 수 있는 구상이름씨이고, (3ㄴ)은 구체적인 대상이 아니라 현상에 대한 이름이나 추상적인 개념을 나타내므로 추상이름씨이다.

구상이름씨는 다시 '유정성(animate)'의 자질이 있느냐 없느냐에 따라 '유정이름씨'와 '무정이름씨'로 나눌 수 있다. 곧 (3ㄱ)의 앞묶음은 감정이 있고, 뒷묶음은 감정이 없는 이름씨이다. 감정이 있는 앞묶음은 유정이름씨라 하고, 감정이 없는 뒷묶음은 무정이름씨라고 한다.

② 옹근이름씨와 매인이름씨

옹근이름씨는 완전히 독립성을 가지는 이름씨로 대부분의 이름씨가 이에 속한다. 곧 '개, 사람, 소, 나무, 경주, 최현배, 세종대왕' 등은 따로 떼어 놓아도 하나의 완전한 낱말이 된다.

매인이름씨는 완전한 독립성을 가지지 못하고 반드시 그 앞의 매김말에
기대어 쓰이는 이름씨이다.

    (4) ㄱ. <u>사람</u>이 있다.
        <u>어른</u>을 잘 모셔라.
        <u>물건</u>을 어서 들어라.
        <u>장소</u>가 마땅치가 않구나.
      ㄴ. *<u>이</u>가 있다. → 다른 <u>이</u>가 있다.
        *<u>분</u>을 잘 모셔라. → 그 분을 잘 모셔라.
        *<u>것</u>을 어서 들어라. → 예쁜 <u>것</u>을 어서 들어라.
        *<u>데</u>가 마땅치가 않구나. → 앉을 <u>데</u>가 마땅치가 않구나.

(4ㄱ)과 같이 매김말이 없어도 월을 자유롭게 이루는 이름씨를 옹근이름
씨라 하고, (4ㄴ)과 같이 매김말을 필수적으로 갖는 이름씨를 매인이름씨라
한다.

매인이름씨는 월에서 쓰이는 기능에 따라 다음의 몇 가지로 나눌 수 있다.

보편성 매인이름씨 : 매인이름씨 가운데 월에서의 기능이 임자씨와 같이
여러 월성분의 구실을 하는 것을 보편성 매인이름씨(보편성 의존명사)라 한
다. 이들은 '사람, 물건, 일, 장소'를 대용하기 때문에 의존적 성격을 가진 것
밖에는 옹근이름씨와 큰 차이가 없고 매김말과 토씨의 통합에 있어서도 큰
제약을 받지 않는다. 이러한 매인이름씨에는 다음과 같은 것이 있다.

    (5) 것 : 나는 아무 <u>것</u>도 가진 <u>것</u>이 없다. (물건)
      바 : 그녀가 화를 내자, 그는 어찌 할 <u>바</u>를 모르고 있었다. (일)
      이 : 일을 하는 <u>이</u>만이 먹을 자격이 있다. (사람)
      줄 : 넌 그것도 할 <u>줄</u> 아는구나. (일)
      데 : 앉을 <u>데</u>가 모자라 어떻게 하니? (장소)

(5)에서 '것'을 예로 들어 옹근이름씨와의 관계를 살펴 보자. '것'은 독립해 쓰이면 혼자 어떤 속성도 나타내지 못하고 반드시 앞 말과 더불어 어떤 속성을 나타내게 되는데, 다음과 같은 몇 가지 이유로 이름씨의 한 갈래로 삼는다.

첫째, '것' 등도 앞 말에 의지함만 다를 뿐 옹근이름씨처럼 토씨나 잡음씨 '이다'에 의해 여러 월성분이 된다.

    (6) 그런 <u>것은</u> 언제든지 할 수 있다. (임자말)
       그녀의 그림은 매우 훌륭한 <u>것이다.</u> (풀이말)

둘째, '것' 등도 앞의 말에 기대는 것만 다를 뿐 옹근이름씨처럼 토씨가 없어도 여러 월성분이 된다.

    (7) 나는 큰 <u>것</u> 좋아해. (부림말)
       아휴, 넌 어째 또 이런 <u>것</u> 사 왔니? (부림말)

셋째, '것' 등도 비록 실질적인 뜻을 지니고 있진 않으나 어떤 물건의 이름임에는 틀림없다.

    (8) 여보게, 더 좋은 <u>것을</u> 가져 가게.

임자씨스런 매인이름씨 : 월에서 임자자리토씨와 결합하여 임자말로만 쓰이는 매인이름씨를 말하는데, 임자씨스런 매인이름씨(주어성 의존명사)에는 다음과 같은 것이 있다.

    (9) 지 : 그가 내 곁을 떠난 <u>지</u>가 벌써 5년이 다 되었군요.
       수 : 나도 그건 어떻게 할 <u>수</u>가 없단다.
       리 : 세상에, 그럴 <u>리</u>가!
       나위 : 그게 거짓말인 건 두말 할 <u>나위</u>가 없잖아.

풀이씨스런 매인이름씨 : 매인이름씨 가운데 '따름, 뿐' 등은 늘 잡음씨 '이다'와 결합한다. 이렇게 풀이말로만 쓰이는 매인이름씨를 풀이씨스런 매인이름씨(서술성 의존명사)라 한다.

    (10) 따름 : 난 다만 침묵을 지킬 <u>따름</u>이다.
         뿐 : 그는 그냥 온종일 아이와 놀았을 <u>뿐</u>인데 …

어찌씨스런 매인이름씨 : 매인이름씨 가운데 월에서 어찌말의 기능을 하는 매인이름씨를 어찌씨스런 매인이름씨(부사성 의존명사)라 한다. 어찌씨스런 매인이름씨에는 다음과 같은 것이 있다.

    (11)   대로 : 넌 네가 본 <u>대로</u> 말하면 돼.
         채(로) : 물이 흐르는 <u>채(로)</u> 들고 오면 안 된다.
     양, 척(체) : 나는 내가 잘난 사람인 <u>양</u>, 똑똑한 <u>척(체)</u> 하였지.
         듯 : 철수는 그렇게 할 <u>듯도</u> 했지만 …
         김 : 말이 나온 <u>김</u>에 다 해 버리자.

단위성 매인이름씨 : 매인이름씨 가운데 앞선 이름씨의 셈숱을 단위의 이름으로 가리키는 것을 단위성 매인이름씨(단위성 의존명사)라 한다. 단위성 매인이름씨의 매김말은 '한, 두, 세, 열, 여러, 몇'과 같은 셈숱매김씨에 한정된다. 또 단위성 매인이름씨에는 고유어 밖에 한자어도 많은데 '척, 대, 장, 문, 병' 등이 있다. 단위성 매인이름씨에는 다음과 같은 것이 있다.

    (12) 개 한 <u>마리</u>, 포도 다섯 <u>송이</u>, 신 두 <u>켤레</u>, 옷 한 벌,
        종이 네 <u>장</u>, 집 한 <u>재</u>, 자동차 넉 대, 맥주 세 <u>병</u>,
        벼 두 <u>섬</u>, 술 한 <u>상</u>, 소나무 한 <u>그루</u>

(12)와 같이 단위성 매인이름씨는 앞선 이름씨의 셈숱을 나타낸다. 이들은 옹근이름씨와 같이 토씨가 붙을 수 있고 매김말이 앞설 수 있으므로 이름씨

의 범주에 속하지만 자립성이 없으므로 매인이름씨로 본다.

③ 두루이름씨와 홀이름씨

옹근이름씨는 다시 그 지시 대상의 적용 범위에 따라 두루이름씨(보통명사)와 홀이름씨(고유명사)로 나뉘는데, 두루이름씨는 그 지시 대상의 적용 범위가 비교적 넓어서 두루 일컫는 이름씨를 이르고, 홀이름씨는 그 적용 범위가 제한되어 특정한 지시 대상을 일컫는 이름씨로, 어느 특정한 것을 다른 것과 특별히 구분할 필요가 있을 때 쓰이는 이름씨다.

두루이름씨와 홀이름씨는 몇 가지의 차이점이 있다.

첫째로 두루이름씨는 내포성을 가지고 홀이름씨는 외연성을 가진다. 내포성은 하나의 이름 안에 여러 가지 내포하는 이름들이 있다는 것이고, 외연성은 이름이 지시하는 대상만 드러내는 것이다.

(13) ㄱ. 꽃 : 장미, 백합, 해바라기, 코스모스
     ㄴ. 백합

(13ㄱ)의 '꽃'이라는 이름씨 안에는 '장미, 백합, 해바라기' 등등의 이름들이 내포되어 있다. 하지만 (13ㄴ)의 백합은 그 자체로 다른 꽃들과 특별히 구별되는 것으로, 그 안에 다른 이름들을 내포하지 않고 그 자체만을 드러내는 것이다. 따라서 (13ㄱ)의 '꽃'은 두루이름씨가 되고 (13ㄴ)의 '백합'은 홀이름씨가 된다.

둘째로, 두루이름씨는 매김말이나 셈숱과 관련된 말이 붙을 수 있으나, 홀이름씨는 그렇지 못하다.

(14) ㄱ. <u>그 사람</u>은 매우 키가 크다.
     ㄴ.*<u>그 민호</u>는 매우 키가 크다.

(15) ㄱ. <u>두 나라</u>가 동맹을 맺었다.
     ㄴ.*<u>두 조선</u>이 동맹을 맺었다.

위의 (14ㄱ)과 (15ㄱ)은 두루이름씨에 매김말이나 셈숱이 관련된 말이 붙어서 된 경우로 바른 월이 되지만 (14ㄴ)과 (15ㄴ)은 홀이름씨에 매김말이나 셈숱과 관련된 말이 붙어서 바르지 못한 월이 되었다. 곧 홀이름씨에는 매김말이나 셈숱이 관련된 말이 붙을 수 없다.

그런데 두루이름씨와 홀이름씨의 구분이 어려운 경우도 있다.

'해, 달'은 세상에 유일하게 존재하는 것이기 때문에 홀이름씨로 보기 쉬우나 이것은 두루이름씨가 된다. 해와 달의 실물은 각각 하나밖에 없지마는 그를 부르는 말은 일반적으로 되었기 때문에 그와 같은 것이 또 생겨날 것 같으면, 다 같이 한 이름으로 부를 것이므로 두루이름씨가 된다(최현배, 1971:213).

그러면 '강민수'라는 이름은 어떤가? 언뜻 생각해 보면, 이 이름은 전화번호부에 수십 명이 올라가 있어서 두루이름씨가 아닌가 하고 생각할 수 있다. 그러나 '강민수'라는 이름은 수십일지라도 그 이름을 가진 사람들은 제각기 다른 개성을 가지고 인격을 가진 세상의 유일무이한 존재이므로 홀이름씨가 된다.

   (16) ㄱ. 사람, 나라, 도시
        ㄴ. 해, 달
        ㄷ. 철수, 신라, 경주

따라서 두루이름씨는 지시 대상의 적용 범위가 넓어 같은 성질을 가진 대상에 두루 붙일 수 있으므로 (16ㄱ)은 두루이름씨이다. 홀이름씨는 지시 대상의 적용 범위가 좁아 같은 성질의 대상 가운데서 어느 하나를 다른 것과 특별히 구별할 필요가 있을 때 시용하는 이름씨다. 이와 같은 특성으로 보면 (16ㄴ)은 홀이름씨로 볼 수 있으나 이들을 부르는 소리가 나라마다 다르므로 두루이름씨이다. 그런데 (16ㄷ)은 같은 성질의 대상 가운데 어느 하나를 다른 것과 특별히 구별하면서 나라마다 부르는 소리가 같으므로 홀이름씨이다.

(17) ㄱ. 그 과학자는 한국의 <u>에디슨</u>이다.
　　　ㄴ. <u>물레</u>는 우리나라의 전통적인 길쌈 도구이다.

(17ㄱ)월에서 '에디슨'은 '한국의'라는 매김말이 있으므로 홀이름씨로 볼 수 없다. 그리고 (17ㄴ)월의 <솜이나 털 따위의 올실을 자아 실을 만드는 틀>인 두루이름씨 '물레'는 이 도구를 만든 사람의 이름인 홀이름씨 '문래'에서 유래한 말이다. 그러므로 '에디슨'이나 '물레'는 홀이름씨가 두루이름씨로 바뀐 것이다.

한편 두루이름씨인 '노을, 시내' 등이 사람의 이름으로 쓰여지면 이것은 두루이름씨가 아니라 홀이름씨가 된다.

8.1.2 대이름씨

사람이나 물건, 장소 및 방향을 이름으로 나타내지 않고 그에 대응되는 말로 나타내는 낱말을 대이름씨라 한다. 따라서 대이름씨는 임자씨 가운데 꼴임자씨의 한 가지로서, 어떤 일몬을 형식적, 일반적으로 나타내는 씨이다.

(18) ㄱ. <u>그</u>는 <u>거기</u>서 <u>그것</u>을 보고 있었다.
　　　ㄴ. 우리는 경주에 도착했다. <u>거기</u>서부터 불국사까지는 차로 30분 정도 거리다.

(18ㄱ)의 '그'는 '민호, 호진' 등 사람 이름에 대신해서 쓰인 말이고, '거기'는 구체적 장소를 대신하고, '그것'은 어떤 대상을 가리키고 있다. 그리고 (18ㄴ)의 '거기'는 앞 월의 '경주'를 가리키는데, 이러한 임자씨를 대이름씨라 한다.

대이름씨는 이름씨와 몇 가지 점에서 다르다.

첫째, 대이름씨는 사물에 이름을 붙이지 않고 바로 가리키므로 일몬에 대한 관계가 직접적이다. 그러나 이름씨는 사물에 대해 사람이 지은 이름을 나타내므로 간접적인 성격을 띤다.

둘째, 대이름씨는 주관적인 형식이므로 가리키는 대상이 일정하지 않고 사람의 주관에 따라 여러 가지 일몬을 가리킬 수 있고, 또한 한 가지 일몬을 여러 가지 말로 가리킬 수가 있다. 예를 들어, '이것'으로 '의자, 책상' 등을 가리킬 수 있고, '책상'을 '이것, 그것, 저것'으로 가리킬 수 있다. 그러나 이름씨에서는 이런 일이 불가능하다. 그래서 대이름씨를 주관적인 꼴임자씨라 한다.

셋째, 대이름씨 '너, 나'는 임자자리토씨와 결합하면 '*너가, *나가' 대신 '네가, 내가'로 바뀌지만 이름씨에서는 그런 바뀜이 없다.

대이름씨는 그 가리키는 대상에 따라 사람대이름씨와 가리킴대이름씨로 나뉜다. 사람대이름씨는 사람을 가리키는 대이름씨로, '나, 너, 우리, 이이, 그이, 저이, 누구, 아무' 등을 들 수 있고, 가리킴대이름씨는 사람이 아닌 사물과 장소, 방향 등을 가리키는 대이름씨인데, '이것, 그것, 저것 ; 여기, 저기, 거기 ; 이리, 그리, 저리' 등이 해당한다.

① 사람대이름씨

사람대이름씨는 사람을 가리키는 대이름씨로서 그 가리킴에 따라 첫째가리킴(말할이가 스스로를 가리키는 말), 둘째가리킴(들을이를 가리키는 말), 셋째가리킴(말 속에 나오는 모든 사람을 가리키는 말), 돌이켜가리킴(말 가운데 이미 한 번 드러난 것을 돌이켜 가리키는 말)의 네 가지로 나뉜다. 이 중 셋째가리킴은 다시 대상에 따라 말할이에게 가까움을 나타내는 것, 들을이에게 가까움을 나타내는 것, 둘에게서 다 떨어짐을 나타내는 것, 정해지지 않음을 나타내는 것, 모름을 나타내는 것의 다섯 갈래로 나누어진다.

			고유어	한자어
첫째가리킴			나(우리), 저(저희)	짐(朕), 과인(寡人), 본인(本人), 소생(小生)
둘째가리킴			너(너희), 자네(자네들), 당신(당신들), 어른, 그대(그대들), 여러분	댁(宅), 노형(老兄), 귀형(貴兄), 귀하(貴下)
셋째 가리 킴	잡힘	가까움	당신, 이애(들), 이이(들), 이사람 (이들), 이분(들), 이어른	
		떨어짐	당신, 그애(들), 그이(들), 그사람 (그들), 그분(들), 그어른	
		멂	당신, 저애(들), 저이(들), 저사람 (저들), 저분(들), 저어른	
	안잡힘 (부정칭)		아무, 아무분, 아무어른	
	모름 (미정칭)		누구, 어느분, 어느어른	
돌이켜가리킴			자기, 저(저희), 당신	

※고유어 계통에서 ( ) 안의 것은 겹셈이 가능한 경우를 나타낸 것이다.

첫째가리킴에는 '나, 우리, 저, 저희' 등이 있다. 여기서 '나, 우리'는 예삿말이고, '저, 저희'는 자기를 낮추어서 하는 낮춤말이다. '우리, 저희' 등은 모임(집합)의 뜻을 가진 홑셈(단수)이다. '우리 아버지'라고 할 때, '우리'의 수효는 정해져 있다. 그때 '우리'는 그 아버지의 자녀만을 일컫게 된다. 자녀가 하나뿐일 경우도 있으니 이런 데서 유추되어 '우리 부인'이란 말이 성립된다.

(19) <u>나</u>는 성실한 학생이다.
<u>우리</u>는 함께 지내는 가족이다.
<u>저</u>는 당신의 뜻에 따르지 않으렵니다.
<u>저희</u>가 하는 일에 불만이 있으십니까?

둘째가리킴에는 '너, 너희, 자네, 당신' 등이 있다. '너, 너희' 등은 아주낮춤에, '자네'는 예사낮춤에 쓰인다. 그리고 '당신, 당신네'는 예사높임에 쓰이

는데, 아주높임에는 '선생'을 쓰기도 한다.

　(20) <u>너</u>는 열심히 공부해야 한다.
　　　 <u>너희</u>는 지금 무엇을 하니?
　　　 <u>자네</u>가 그 일을 맡아서 하게.
　　　 <u>당신</u>과 내가 함께 걸을 생각을 합니다.
　　　 <u>선생</u>은 어디서 지내고 계십니까?

　사람대이름씨의 셋째가리킴은 그 대상에 따라 말할이에게 가까움을 나타내는 것, 들을이에 가까움을 나타내는 것, 둘에게서 다 멀어짐을 나타내는 것, 안잡힘(정해지지 않음)을 나타내는 것, 모름을 나타내는 것의 다섯 갈래로 나누어진다. 그 가운데서 '안잡힘'을 나타내는 것과 '모름'을 나타내는 것을 살펴보면 다음과 같다.

　(21) ㄱ. 어제 <u>아무도</u> 안 왔어요.
　　　 ㄴ. 오늘 오후 <u>누구</u>를 만납니까?

　(21)과 같이 '아무'와 '누구'는 그 구실이 다르다. (21ㄴ)의 '누구'는 원칙적으로 물음월에만 쓰이지만 (21ㄱ)의 '아무'는 지움의 서술월에만 쓰인다. 또 '누구'는 홑셈(단수)이 되고, '아무'는 어림수가 되는데, 곧 '누구'는 여럿 가운데서 하나를 집어 말할 때 쓰이는 것이고, '아무'는 여럿 가운데서 낱낱을 나타낼 때 쓰이는 것이다.
　사람대이름씨는 셋째가리킴에서 다른 임자씨로 가리켜진 사람을 다시 돌이켜 도로 가리키는 것이 있는데, 이런 대이름씨를 돌이킴내이름씨(새귀대명사)라 한다.

　(22) ㄱ. <u>나</u>도 <u>제</u> 허물은 압니다.　　　　　 (첫째가리킴)
　　　 ㄴ. <u>너</u>는 <u>제</u> 것만 아끼느냐?　　　　　 (둘째가리킴)
　　　 ㄷ. <u>그 사람</u>은 <u>제</u> 한 일을 전혀 모르고 있다.　 (셋째가리킴)

(22ㄱ)월의 '제'는 '나'를 돌이켜 가리키고 있고, (22ㄴ, ㄷ)월의 '제'는 각각 '너'와 '그 사람'을 돌이켜서 가리킨다.

(23) ㄱ. <u>당신</u>도 <u>자기</u>의 허물을 알아야 합니다.   (둘째가리킴)
     ㄴ. <u>그분</u>은 <u>자기</u>의 행동을 조심해야 할 것입니다. (셋째가리킴)
     ㄷ. <u>누구</u>든지 <u>자기</u>를 알도록 노력해야 합니다.   (셋째가리킴)

한편, 돌이킴대이름씨 '자기'는 (23ㄱ)의 둘째가리킴 '당신'과 (23ㄴ)의 셋째가리킴 '그 분'과 (23ㄷ)의 모름의 셋째가리킴 '누구'를 돌이켜서 가리킨다.

(24) ㄱ. <u>철수</u>는 <u>자기</u> 동생을 매우 귀여워 한다. (셋째가리킴)
     ㄴ. *<u>나</u>는 <u>자기</u> 가족을 사랑한다.   (첫째가리킴)
     ㄷ. *<u>너</u>는 <u>자기</u>를 자랑하지 말아라.   (둘째가리킴)

그런데, (24ㄱ)월의 '자기'는 셋째가리킴의 '철수'를 돌이켜 가리키는 것이 자연스러우나 (24ㄴ,ㄷ)월의 첫째가리킴의 '나', 둘째가리킴의 '너'는 돌이켜 가리키는 것이 부자연스럽다. 따라서 돌이킴대이름씨되기는 인칭상의 제약을 받으므로 규칙화할 수 없고 문맥에 따라 그 제약 관계가 수의적이다.

② 가리킴대이름씨

가리킴대이름씨는 사물을 가리키는 대이름씨를 일컫는데, 그 가리키는 대상에 따라 사물을 가리키는 것, 곳을 가리키는 것, 방향을 가리키는 것의 세 가지로 나뉜다.

가리킴대이름씨도 사람대이름씨의 셋째가리킴의 경우처럼, 말할이에게 가까움을 나타내는 것, 들을이에게 가까움을 나타내는 것, 둘에게서 다 떨어짐을 나타내는 것, 안잡힘의 넷으로 나눌 수 있다.

사물 가리킴대이름씨 : '이것, 이, 그것, 그, 저것, 저, 무엇, 어느것, 어떤것, 아무것' 등이 있다.

(25) <u>이것</u>은 의자다. (말할이에 가까움)

　　 <u>그것</u>은 책상이다. (들을이에 가까움)

　　 <u>저것</u>은 거울이다. (둘에게서 다 떨어짐)

　　 <u>무엇</u>을 가져야 할까? (안잡힘)

　　 <u>어느것</u>이 마음에 드니? (안잡힘)

　　 <u>아무것</u>도 원치 않아요. (안잡힘)

곳 가리킴대이름씨 : '여기, 거기, 저기, 어디, 어떤데, 아무데' 등이 있다.

(26) <u>여기</u>에 앉아 있으세요. (말할이에게 가까움)

　　 <u>거기</u>에 내 책이 있을 겁니다. (들을이에게 가까움)

　　 <u>저기</u>에는 그의 의자가 있죠. (둘에게서 다 떨어짐)

　　 <u>어디</u>에 아기가 있습니까? (안잡힘)

　　 그것은 <u>아무데</u>도 없습니다. (안잡힘)

방향 가리킴대이름씨 : '이리, 그리, 저리, 이쪽, 그쪽, 저쪽, 어느쪽, 어떤쪽, 아무쪽' 등이 있다.

(27) <u>이리</u>로 가면 내 고향이 보인단다. (말할이에 가까움)

　　 <u>그리</u>로 가면 위험한 절벽이 나옵니다. (들을이에 가까움)

　　 <u>저리</u>로 가시면 사거리가 나올 거예요. (둘에게서 다 떨어짐)

가리킴대이름씨의 갈래를 정리하면 아래와 같다.

	갈 래	사 물	곳	방 향
	말할이에 가까움	이것, 이	여기	이리, 이쪽
잡 힘	들을이에 가까움	그것, 그	거기	그리, 그쪽
	말할이·들을이에서 모두 떨어짐	저것, 저	저기	저리, 저쪽
안 잡 힘		무엇 어느것 아무것 어떤것	어디 아무데 어떤데	어느쪽 어떤쪽 아무쪽

8.1.3 셈 씨

셈씨는 사물의 셈숱이나 차례를 가리키는 씨이다.

   (28) ㄱ. 그가 귤 <u>하나</u>를 들고 왔다.
       ㄴ. 출전자 중 <u>첫째</u>가 민오고, <u>둘째</u>가 순철이다.

(28ㄱ)의 '하나'는 이에 앞서는 '귤'의 셈을 가리키고 (28ㄴ)의 '첫째, 둘째'는 이에 앞서는 '출전자'의 차례를 가리킨다. 이렇게 대상을 가리킨다는 점에서 셈씨는 대이름씨와 비슷하다. 그러나 대이름씨는 같은 대상이라도 상황에 따라 달리 표현되지만 셈씨는 그렇지 않다. '귤'이란 대상을 이름 대신 '이것'으로 지시할 때 상황에 따라 '그것, 저것'으로도 지시할 수 있으나 '귤 하나'의 '하나'는 상황의 변화에 관계 없이 그 셈숱이 일정하다. 또한 셈씨는 한 월의 다른 성분과 관련시킬 수 있으나 대이름씨는 그렇지 않다.

   (28)′ 그가 귤 <u>하나</u>를 들고 왔다.

(28)′ 와 같이 '하나'는 월 속에서의 '귤'을 지시하는 데 비해 대이름씨 '그'의 지시 대상은 이 월 안에서는 확인할 수 없으며 문맥이나 발화 상황을 고려해야 알 수 있다.

또 이름씨와 대이름씨는 토씨가 붙지 않아도 그 성격에 변화가 없으나 셈씨는 토씨가 붙지 않으면 어찌씨의 성격을 띠게 된다.

   (28)″ 나는 감을 <u>하나</u> 사 왔다.

(28)″에서 '하나'는 어찌씨다운 성격이 강하다.

그런데 셈씨에는 사람의 수효를 가리키는 것도 있다.

　(29) 우리는 <u>둘이</u>서 그 일을 결정했다.

　여기서 '둘이'는 앞서는 '우리'의 셈을 가리키는 말로써, 임자자리토씨 '－서'를 취한다. 이 토씨는 셈씨에만 붙을 수 있고 이름씨나 대이름씨에는 붙지 않는다.
　이러한 차이에도 불구하고 셈씨는 이름씨나 대이름씨와 마찬가지로 혼자서 굴곡할 수는 없고, 토씨에 기대어 월의 임자말, 부림말, 매김말 따위의 구실을 할 수 있다는 공통점을 가지므로 이들을 묶어 임자씨로 분류한다.
　셈씨는 크게 사물의 기본셈을 나타내는 으뜸셈씨와 그 차례셈을 나타내는 차례셈씨로 나누어진다.

　① 으뜸셈씨
　으뜸셈씨는 사물의 셈숱을 가리키는 셈씨인데, 여기에는 '하나, 둘, 셋, 넷' 등과 같은 고유어로 된 것과 '일, 이, 삼, 사' 등과 같이 한자어로 된 것이 있다. 이러한 으뜸셈씨는 정확한 셈숱을 나타내느냐, 나타내지 않느냐에 따라 잡힌셈씨와 안잡힌셈씨로 나뉜다.

		고 유 어	한 자 어
으뜸	잡힌셈씨	하나, 둘, 셋, 넷, 스물	일, 이, 삼, 사, 이십
셈씨	안잡힌셈씨	한둘, 두셋, 서넛	일이, 이삼, 삼사

　② 차례셈씨
　차례셈씨는 대상의 순서를 가리키는 셈씨인데, 여기에도 '첫째, 둘째, 셋째, 넷째, 다섯째' 등과 같은 고유어와 '제일, 제이, 제삼, 제사' 등과 같은 한자어가 있다. 고유어로 된 차례셈씨는 셈매김씨와 차례를 나타내는 단위성 매인이름씨 '째'와 결합된 점이 으뜸셈씨와 다르다. 그리고 한자어로 된 차례셈씨는 한자어 으뜸셈씨에 앞가지 '제'가 결합되었다. 차례셈씨 역시 정확한 차례를 나타내는 잡힌셈씨와 개략적인 차례를 나타내는 안잡힌셈씨로 구분한다.

		고 유 어	한 자 어
차례	잡힌셈씨	첫째, 둘째, 셋째, 넷째	제일, 제이, 제삼
셈씨	안잡힌셈씨	한두째, 두어째, 두세째, 서너째	제일이, 제이삼

8.2 토씨

혼자 독립하여 쓰이지 못하고 임자씨에 붙어서 그 임자씨와 함께 굴곡을 하면서 앞뒤 말이 걸리는 말본적 관계를 보이거나 어떤 어휘적인 뜻을 나타내기도 하고, 경우에 따라서는 어찌씨와 풀이씨에 붙어서 어휘적인 뜻을 나타내는 씨를 토씨라 한다.

(30) ㄱ. 어머니가 음식을 드신다.
    ㄴ. 나는 그만 사랑한다.
    ㄷ. 여름이 되면, 바다와 산이 나를 부른다.
    ㄹ. 비가 옵니다 - 마는 떠나야지요.

(30ㄱ)의 '- 가, - 을'은 임자씨에 붙어 어떤 자리를 나타내고 있고, (30ㄴ)의 '- 는, - 만'는 임자씨에 붙어 어떤 뜻을 더하고 있다.

임자씨는 홀로 월의 성분이 될 수 있지만 대개는 토씨가 붙어야 일정한 월성분이 될 수 있다. 임자씨에 붙어 일정한 월성분으로 구실하게 하는 토씨를 '자리토씨'라 한다. '자리(격)'란 임자씨가 그 월 안에서 차지하는 자리,

곧 임자씨가 한 짜임새 안의 다른 월성분과 맺는 관계를 말한다.

토씨란 모두 자리를 나타내는 것만이 아니다. 토씨 가운데는 (30ㄴ)의 ' - 는', ' - 만'과 같이 여러 가지 월성분에 붙어서 뜻을 정밀하게 나타내어 주는 '도움토씨'가 있다.

그 밖에 (30ㄷ)과 같이 임자씨와 임자씨를 이어 한 월성분으로 묶어주는 '이음토씨'와 (30ㄹ)과 같이 월에만 붙는 '특수토씨'가 있다.

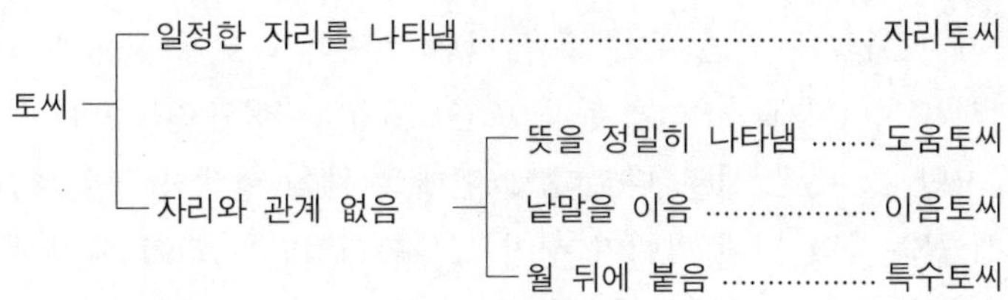

자리토씨 : 자리토씨는 원칙적으로 임자씨에 붙어 그 말의 다른 말에 대한 관계를 나타낸다. 곧 임자씨로 하여금 일정한 자격을 갖도록 한다.

자리토씨를 세우기 위해서는 우리말의 월성분을 살펴야 한다. 우리말 월성분인 임자말, 부림말, 매김말, 위치말, 방편말, 견줌말, 어찌말, 홀로말 등은 월에서 풀이말과 직접, 간접으로 관계를 맺어서 하나의 월을 이루게 된다. 이 경우 이들 월성분은 대개 「임자씨＋토씨」로 이루어진다.

월성분이 「임자씨＋자리토씨」로 된 경우의 통합 관계를 살펴 보면, 임자말, 부림말, 위치말, 방편말, 견줌말, 어찌말은 풀이말과 직접 통합한다.

매김말은 임자씨나 임자씨의 구실을 하는 낱말로 된 월성분을 통해서 풀이말과 간접석으로 통합한다. 그리고 홀로말은 다른 말과 한 짜임새 안에 들지 않고 홀로 서는 성질이 강하다.

우리말의 자리토씨는 '임자자리토씨, 부림자리토씨, 위치자리토씨, 방편자리토씨, 견줌자리토씨, 매김자리토씨, 부름자리토씨'가 있다.

그런데 자리토씨의 분류는 그리 간단하지 않다. 곧 뜻에 의하여 분류하느냐 아니면 꼴 위주로 분류하느냐 하는 문제가 있는데, 만일 토씨를 꼴에 따라 나눈다면 같은 범주에 속해야 될 토씨도 그 갈래를 달리 해야 한다.

(31) ㄱ. 이것은 저것과 다르다.
    ㄴ. 이것은 저것보다 좋다.
    ㄷ. 이것과 저것은 그의 것이다.

(31ㄱ)의 '‐과'와 (31ㄴ)의 '‐보다'는 꼴 위주로 나눈다면 다른 범주의 토씨가 될 듯하나 이렇게 되면 같은 뜻을 지닌 토씨가 다르게 묶이게 되어 자리토씨의 갈래가 지나치게 복잡하게 된다. 또 (31ㄱ)의 '‐과'와 (31ㄷ)의 '‐과'는 형태상 같지만 그 뜻은 서로 다르다. 그런데 이들을 형태적 동일성만을 고려하여 함께 묶는다면 뜻에 차이가 생기므로 합리적인 처리가 되지 못한다. 따라서 토씨의 분류는 꼴과 뜻을 절충해야 하는데, 뜻보다는 꼴에 비중을 두어야 한다. 왜냐하면 말본은 꼴 위주의 학문이기 때문이다. 그러므로 꼴 위주의 분류를 택하되 하나의 꼴이 여러 뜻을 가졌을 때에는 그 여러 가지 뜻에 공통된 뜻을 추상화해서 하나로 묶어야 한다. 그러나 (31ㄱ)의 '‐과'와 (31ㄷ)의 '‐과'는 아무리 보아도 한 내용으로 묶어지지 않는데, 이런 경우에는 다른 자리토씨로 처리할 수밖에 없다.

① 임자자리토씨

임자자리토씨에는 '‐이, ‐가, ‐께서, ‐에서, ‐서' 등이 있는데, 이들은 월에서 임자씨에 붙어서 그 임자씨로 하여금 어떤 행위나 상태의 임자(주체)가 되게 하므로 임자자리토씨라 한다.

(32) ㄱ. 나무가 거기에 서 있다.
    ㄴ. 사람이 걷고 있다.
    ㄷ. 할아버지께서 지금 도착하셨다.
    ㄹ. 우리 학교에서 이겼다.
    ㅁ. 둘이서 걸어간다.

② 부림자리토씨

부림자리토씨는 주로 부림의 대상을 나타내는데, 여기에는 ' - 을/를'이 있다.

(33) ㄱ. 나는 산을 좋아한다.
     ㄴ. 민수가 나무를 심는다.

(33)은 부림자리토씨 ' - 을/를'이 임자씨에 결합하여 부림말을 만든다.

③ 위치자리토씨

위치자리토씨는 주로 시간과 공간의 위치를 나타내는데 여기에는 ' - 에, - 에
서, - 에게, - 한테, - 께, - 더러' 등이 있다.

(34) ㄱ. 아버지는 방에 계시다. (공간)
     ㄴ. 나는 산에서 곰을 만났다. (공간)
     ㄷ. 이것은 그에게 보내야 한다. (공간)
     ㄹ. 나는 그 물건을 철수한테 주었다. (공간)
     ㅁ. 우리는 선생님께 세배를 드리러 갔다. (공간)
     ㅂ. 누가 너더러 그런 일을 시키더냐? (공간)
     ㅅ. 우리는 작년에 만나기로 했었지. (시간)
     ㅇ. 그들은 10시에 만나기로 약속했다. (시간)

④ 방편자리토씨

방편자리토씨에는 ' - 으로(서, 써)'가 있으며 주로 '도구, 자격, 원인, 방향,
바뀜' 등의 뜻을 나타낸다.

(35) ㄱ. 칼로 무를 썰었다. (도구)
     ㄴ. 그는 감기로 결근했다. (원인)
     ㄷ. 그는 회장으로서 그의 임무에 충실했다. (자격)
     ㄹ. 낫으로(써) 풀을 벤다. (도구)
     ㅁ. 나는 경주로 갈 것이다. (방향)
     ㅂ. 얼음이 물로 바뀌었다. (바뀜)

5 견줌자리토씨

견줌자리토씨는 '비교, 함께 함'을 나타내는 견줌말을 만들며, 여기에는
'- 과/와, - 보다, - 처럼, - 만큼, - 하고' 등이 있다.

> (36) ㄱ. 앵두와 같이 빨간 입술이다.
>   이것은 그것과 다르다.
>   민호와 같이 가자.
>   ㄴ. 개보다 못하다
>   ㄷ. 그 사람만큼 나쁜 사람도 드물지.
>   그의 몸무게는 아마 너만 할거야.
>   ㄹ. 우리는 순식이하고 산에서 놀았다.

(36ㄱ)은 '비교, 함께 함'을 나타내는 견줌자리토씨 '- 과/와'이고, (36ㄴ)
은 '비교'를 나타내는 견줌자리토씨 '- 보다'의 예이다. (36ㄷ)은 '비교'를 나
타내는 견줌자리토씨 '- 만큼'이고 (36ㄹ)은 '함께 함'을 나타내는 견줌자리
토씨 '- 하고'의 예이다.

6 매김자리토씨

매김자리토씨는 주변적 구실로써 임자씨로 된 임자말에 붙어 받침말에
뜻을 보태어 주는 일을 하는데, 여기에는 '- 의'가 있다[1].

> (37) 그의 고향은 조치원이라 했다.

7 부름자리토씨

부름자리토씨는 임자씨를 홀로말로 만들어주는 토씨로, 여기에는 '- 아/
야, - 이여, - 이시여'가 있다.

---

1) 허 웅(1983:211)에서는 매김자리토씨 '의'를 이음토씨의 하나로 보고 있다. 그것
   은 '의'가 다른 자리토씨와는 달리 풀이말과 직접 통합되지 못하기 때문이다.
   우리들의 생각이 잘못이었다.
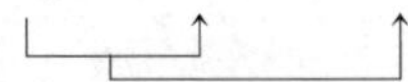

(38) 복동<u>아</u>, 영호<u>야</u>, 꽃<u>이여</u>, 하느님<u>이시여</u>

도움토씨 : 임자씨의 자리를 정해 주지 않고 특별한 뜻을 더해주기만 하는 토씨를 도움토씨라 한다. 임자씨에 도움토씨가 붙었을 경우에 자리를 나타내려면 (39ㄱ)과 같이 도움토씨 ' - 부터' 뒤에 자리토씨 ' - 가'를 덧붙이든지 또는 (39ㄴ)과 같이 자리토씨 없이 임자씨와 풀이씨의 뜻바탕으로 자리를 결정하는데, 이것은 임자씨가 자리토씨의 도움을 전혀 받지 않고 자리를 나타내는 것과 같은 현상이다.

(39) ㄱ. 그것<u>부터</u>가 문제였어.
　　 ㄴ. 우유<u>는</u> 마셔서는 안 돼.

도움토씨에는 여러 가지가 있다.

(40) ㄱ. 영수<u>는</u> 바른 생활을 한다.
　　 ㄴ. 그가 영이<u>는</u> 미워하는 편이지.
　　 ㄷ. 할아버지께서 동생<u>은</u> 책을 주셨다.

(41) ㄱ. 영수<u>도</u> 바른 생활을 한다.
　　 ㄴ. 그가 영이<u>도</u> 미워하는 편이지.
　　 ㄷ. 할아버지께서 동생<u>도</u> 예뻐하셨다.

(42) ㄱ. 영수<u>만</u> 바른 생활을 한다.
　　 ㄴ. 그가 영이<u>만</u> 미워하는 편이지.
　　 ㄷ. 할아버지께서 동생<u>만</u> 예뻐하셨다.

(40~42)는 ' - 는, - 도, - 만'과 같은 도씨가 긱긱의 공통된 뜻을 가지고 여러 자리에 두루 쓰임을 보인 것인데, (40ㄱ)은 임자말 자리에, (40ㄴ)는 부림말 자리에, (40ㄷ)은 위치말 자리에 각각 놓여 있다. 여기에서 (40)의 ' - 는'의 뜻은 <대조>로, (41)의 ' - 도'의 뜻은 <역시>로, (42)의 ' - 만'의 뜻은 <단

독>을 나타낸다. 이와 같이 임자씨의 자리를 표시하는 자리토씨와는 달리 뜻을 더해주는 토씨를 도움토씨라 한다. 도움토씨는 이 밖에도 '- 부터, - 까지, - 조차, - 마저, - 이든지, - 이라도, - 이나마' 등이 있다. 여기서는 그 가운데 몇 가지만 살펴보기로 한다.

어떤 사물에 다시 어떤 사물이 첨가됨에 따라 뜻이 더 보태짐을 나타내는 도움토씨에는 '- 조차, - 마저' 등이 있다.

(43) ㄱ. 너마저 나를 배신하다니.
ㄴ. 너조차 나를 배신하다니.

사물의 시간과 공간에 있어서의 비롯함을 나타내는 도움토씨에는 '- 부터, - 으로부터' 등이 있다.

(44) ㄱ. 물부터 마시고 밥을 먹지 그러니?
ㄴ. 지금으로부터 100년 전에 이 절이 세워졌다.

사물의 시간과 공간에 있어서의 마지막인 마침을 나타내는 도움토씨에는 '- 까지'가 있다. 이것은 원칙적으로 '- 에서'나 '- 부터'와 호응해서 쓰인다.

(45) ㄱ. 나는 경주에서 마산까지 걸어왔다.
ㄴ. 작년부터 지금까지의 일들이 꿈만 같다.

사물의 셈을 나타낼 때 그 셈이 한결같음을 나타내는 것으로 '- 마다'가 있다.

(46) ㄱ. 집집마다 IMF로 경제난을 겪고 있다.
ㄴ. 나는 매년 10월 25일마다 어머니께 감사한다.

말할이가 무엇이든지 가리지 않음을 나타내는 도움토씨에는 '- 인들, - 이라도' 등이 있다.

(47) ㄱ. 꼭 밥을 먹어야 하니? 빵인들 어때?
     ㄴ. 아무리 어려운 일이라도 우리 손으로 해야 한다.

  도움토씨는 이름씨뿐만 아니라 자리토씨 아래에도 붙을 수 있고 어찌씨
와 이음씨끝 아래에도 붙을 수 있다.

(48) ㄱ. 철수는 집에서만 공부를 한다.
     ㄴ. 영희가 공부를 잘은 한다.
     ㄷ. 이 글을 읽어는 보아라.

  이음토씨 : 이음토씨는 임자씨와 임자씨를 이어서 한 월성분이 되게 하는
토씨로, 한 임자씨 단독으로는 풀이말에 바로 이끌리지 않는다. 이음토씨는
둘 이상의 말을 한 월성분으로 이어주지만 자리는 정해 주지 않는다. 예를
들면, 이음의 ' - 과'는 둘 이상의 임자씨를 엮어서 하나의 임자말이나 부림
말이나 풀이말이 되게 한다.
  이음토씨의 쓰임을 살펴 보면 다음과 같다.

(49) ㄱ. 책과 공책을 들고 와라.
     ㄴ. 차의 향긋함과 음악의 감미로움이 잘 어울린다.

' - 과/와'는 둘 이상의 말이 이어져서 하나의 월성분이 됨을 나타낸다.
'～에～에'는 여러 가지가 갖추어져 있음을 나타낸다.

(50) ㄱ. 밥에 떡에 먹을 만큼 먹었다.
     ㄴ. 집에 자에 있을 건 나 있네.

'～하고～하고'도 여러 가지가 갖추어져 있음을 나타낸다.

(51) 술하고 떡하고 없는 게 없다.

‘~이나~이나’는 ‘가리지 않고’의 뜻을 나타낸다.

　(52) 사상서적<u>이나</u> 철학서적<u>이나</u> 아무거나 주시오.

특수토씨 : 토씨는 임자씨에 붙는 것이 원칙이지만 월에 붙는 경우도 있다. 이런 토씨를 특수토씨라고 한다[2]. 이와 같은 특수토씨에는 ‘－마는’(그 일에 구애되지 않고), ‘－시피’(바와 같이), ‘－(라)고’(따옴을 나타냄), ‘－그려’(느낌, 힘줌), ‘－요’(들을이 높음)가 있다.

　(53) 비가 옵니다－<u>마는</u> 떠나야지요.

　(54) 너도 알다<u>시피</u> 그는 거짓말할 사람이 아니야.

　(55) “나는 모른다”－<u>라고</u> 그는 말했다.
　　　그 분이 가라－<u>고</u> 해서 왔습니다.

　(56) 갑시다<u>그려</u>.

　(57) 가을이 왔구먼<u>그려</u>.

　(58) 그의 삼촌이 어딨어－<u>요</u>?

　위의 특수토씨 가운데 ‘－그려’, ‘－요’는 월의 끝에 붙어 있고 ‘－마는’은 뒤의 말에 이어지나 모두 풀이말과 직접적인 관계가 맺어지지 않으므로 자리토씨와 구별된다. 그런데 ‘－시피’는 이것이 이끄는 전체 짜임새를 견줌말 같이 기능하게 하고, ‘－(라)고’는 그것을 따옴말로 기능하게 하므로 자리토씨처럼 보인다. 그러나 자리는 임자씨와 맺는 관계에 따라 결정되므로, 임자말에 바로 붙지 않는 이런 토씨는 자리를 정해 주지 못한다(허웅, 1983:213).

---

2) 고영근·남기심(1993:99~105)은 조사를 ‘격조사, 보조사, 접속조사로 나누고, 보조사는 다시 ‘일반보조사, 통용보조사, 종결보조사’로 세분하고 있다. 여기서 말하는 ‘특수토씨’는 ‘종결보조사’를 가리킨다.

【정리문제】

1. 굴곡법과 준굴곡법의 말본 특성을 정리해 보라.

2. 매인이름씨의 말본적인 특성을 설명하고 아래 월에서 매인이름씨를 찾
   아 내어 갈래별로 구분해 보라.

   (가) 그는 할 바를 몰라 주저하고 있다.
   (나) 뿌리가 달린 채(로) 가져 오너라.
   (다) 그것은 내가 내 할 일만을 한 때문이다.
   (라) 포도 다섯 송이가 탐스럽게 열려 있다.
   (마) 그 사람이 가진 것이라고는 양심밖에 없다.

3. 아래 글에서 이름씨를 골라 내어 구상이름씨와 추상이름씨, 매인이름
   씨, 두루이름씨와 홀이름씨로 구분해 보라.

   「우리 민족은 지금까지 말을 다듬는 노력에 있어서 다른 나라에 뒤지고 있다.
   신라, 고려 시대에 있어서는 그러한 노력을 한 흔적이 거의 보이지 않는다. 조
   선조 초기에 훈민정음을 만들 때에 있어서는 말의 연구가 꽤 고도로 발달되었
   으나, 그것도 한글(훈민정음)을 만드는 데에 힘을 기울였을 뿐, 낱말을 풍부하
   게 하고, 표현을 논리적으로 하는 의식적인 노력의 자취는 별로 엿볼 수 없다.
   (허 웅, '우리말과 글의 내일을 위하여' 중에서)

4. 「사람, 나라, 도시 ; 해, 달 ; 철수, 신라, 경주」를 대상으로 하여 두루이
   름씨와 홀이름씨 구분의 기준을 설정해 보고 두루이름씨가 홀이름씨로
   된 경우와 홀이름씨가 두루이름씨가 된 경우를 조사해 보라.

5. 우리말 '돌이킴 대이름씨 되기' 현상을 영어와 비교하여 설명하라.

6. 이름씨, 대이름씨, 셈씨의 말본상 특성을 정리해 보라.

7. 아래 월에서 토씨를 골라 자리토씨, 도움토씨, 이음토씨, 특수토씨로 구
   분하라.
   (가) 아이가 글을 읽는다.
   (나) 네가 알다시피 이것이 보물이다.
   (다) 여기부터 저기까지 네가 가져라.
   (라) 철수는 책과 연필을 샀다.

8. 우리말 자리토씨를 정리해 보라.

9. 우리말 도움토씨를 정리해 보라.

10. 우리말 이음토씨를 정리해 보라.

11. 우리말 특수토씨를 정리해 보라.

●참고문헌

고영근(1968), <주격조사의 한 종류에 대하여>, 이숭녕 박사 송수기념논총.

김승곤(1996), ≪현대 나라말본≫, 박이정.

______(1978), ≪한국어 조사의 통시적 연구≫, 대제각.

______(1989), ≪우리말 토씨 연구≫, 건국대 출판부.

남기심·고영근(1993), ≪표준 국어문법론≫, 탑출판사.

박지홍(1992), ≪우리 현대말본≫, 과학사.

성광수(1979), ≪국어 조사의 연구≫, 형설출판사.

이익섭·임홍빈(1983), ≪국어문법론≫, 학연사.

최현배(1971), ≪우리 말본≫, 정음문화사.

허　웅(1975), ≪우리 옛말본≫, 샘문화사.

______(1983), ≪국어학≫, 샘문화사.

______(2000), ≪20세기 우리말의 형태론(고친판)≫, 샘문화사.

9.1 풀이씨의 특성

통어적 특성 : 풀이씨는 월의 풀이말 구실을 하는 씨 범주이다. 풀이말은
월의 임자를 풀이하는 월성분으로, 반드시 임자말을 가지고 하나의 통일된
짜임새인 월을 이룬다. 또한 풀이말은 그 자리에 놓인 풀이씨의 종류와 쓰인
상황에 따라 부림말이나 위치말, 방편말, 견줌말, 어찌말 따위와 관계를 맺
을 수도 있다.

(1) 지호는 학교에서 민수를 자주 만났다.
   (임자) (위치)   (부림) (어찌) (풀이)

이러한 임자말, 부림말, 위치말, 어찌말 등은 바로 풀이말과 직접적인 관
계를 맺고 있다. 곧 풀이말과 다른 월성분이 관계를 맺음으로써 하나의 마디
나 월을 이루게 되는 것이다.

월에서 풀이말의 지위는 매우 확고하다. 임자말이나 다른 월성분은 생략
되는 일이 흔하지만 풀이말이 생략되는 경우는 거의 없다.

(2) ㄱ. (너) (여기에) <u>있어라</u>.
　　ㄴ. *너는 나를 어떻게 <u>(생각하니?)</u>

풀이씨는 씨끝바꿈으로 여러 가지 월성분이 될 수 있으나, 이때에도 풀이
말의 구실을 한다.

(3) ㄱ. 내가 어제 그를 <u>만난</u> 것은 우연이었다.
　　ㄴ. 나는 매일 이 길로 <u>걸어가기</u>를 즐긴다.

(3)에서 풀이씨 '만나다'와 '걸어가다'는 씨끝바꿈으로 각각 매김말과 부
림말의 구실을 하고 있다. 그러나 (3ㄱ)의 '만난'은 월 전체로 보면 '것'이라
는 매인이름씨를 꾸미는 매김말이 되지만, 그 앞의 임자말, 어찌말, 부림말
을 이끌어 다른 월의 짜임인 「내가 어제 그를 만나다」에서는 풀이말의 구실
을 한다. 그리고 (3ㄴ)의 '걸어가기'는 월 전체로 보면 ' - 를'이라는 부림자
리토씨에 기대어 '즐긴다'라는 풀이말의 부림말이 되지만, 이 역시 임자말,
어찌말, 방편말을 이끌어 또 다른 월의 짜임인 「나는 매일 이 길로 간다」에
서는 풀이말의 구실을 한다.

형태적 특성 : 말본상의 기능을 수행하기 위해서는 임자씨가 토씨의 도움
을 받아야 하듯이 풀이씨도 씨끝을 여러 가지 모양으로 바꿈으로써 말본상
의 기능을 달리 한다.

(4) ㄱ. 학생들이 운동장에서 <u>뛴</u>다.
　　ㄴ. 학생들이 운동장에서 <u>뛰느냐</u>?
　　ㄷ. 학생들이 운동장에서 <u>뛰고</u> 있다.
　　ㄹ. <u>뛰는</u> 학생들이 운동장에 많다.
　　ㅁ. <u>뛰기</u> 싫어하는 학생들도 있다.

(4ㄱ~ㅁ)은 움직씨 '뛰다'의 씨끝바꿈의 모습이다. 곧 움직씨 '뛰다'는 '뛴다, 뛰느냐, 뛰고, 뛰는, 뛰기' 등으로 그 모습을 바꾸는데, 이때 앞부분 '뛰 -'는 바뀌지 않으나 뒷부분은 '-ㄴ다, -느냐, -고, -는, -기' 등과 같이 여러 형태로 바뀜을 알 수 있다. 이와 같이 실질적인 뜻을 가지고서 바뀌지 않는 부분을 '줄기'라 하고, 말본상의 뜻을 달리 나타내기 위해 '-ㄴ다, -느냐, -고, -기' 등과 같이 바뀌는 부분을 '씨끝'이라 한다. 그리고 풀이씨의 줄기에 여러 가지 씨끝이 붙어서 월의 성격을 바꾸는 것을 '씨끝바꿈(활용)'이라 한다.

그런데 씨끝도 한 형태소로 된 것('(가) - 다, (오) - 니')과, 둘 이상의 형태소로 된 것('(가) - 시 - 다, (오) - 겠 - 으니')도 있다. 이 씨끝 형태소들 가운데 '- 다, - 으니, - 으며, - 고, - 지, - 으려' 따위는 월이나 마디를 끝맺을 수 있으므로 '맺음씨끝'이라 하고, '- 으시 -, - 았 -, - 겠 -, - 더 -' 따위는 그렇지 못하므로 '안맺음씨끝'이라고 한다.

이와 같은 씨끝 형태소들이 가지는 말본상의 뜻을 '굴곡의 범주'라고 한다.

9.2 풀이씨의 갈래

끝바꿈과 뜻에 따른 갈래 : 풀이씨는 끝바꿈과 뜻에 따라 세 갈래로 나눌 수 있다. 우선 끝바꿈에 의한 쓰임의 차이를 살펴 보면 다음과 같다.

풀이씨＼씨끝	- 는다/ㄴ다 (서술)	- 는 (꾸밈)	- 자 (꾀임)	- 어라 (시킴)	- 로다 (느낌)	- 라도 (양보)
먹 - 다	○	○	○	○	×	×
보 - 다	○	○	○	○	×	×
높 - 다	×	×	×	×	×	×
푸르 - 다	×	×	×	×	×	×
아니 - 다	×	×	×	×	○	○
이 - 다	×	×	×	×	○	○

※ ○표는 활용꼴이 있고 ×표는 없음을 나타냄.

위의 표를 보면 '먹다, 보다'(움직씨)와 '높다, 푸르다'(그림씨)와 '아니다, 이다'(잡음씨)는 그 끝바꿈의 방법이 다름을 알 수 있다. 그리고 뜻으로 보아도 '먹다, 보다'는 움직임을, '높다, 푸르다'는 모양(형용)을, '이다, 아니다'는 잡아 말함(지정)을 나타내고 있어, 각각 다른 특색을 지니고 있다. 따라서 움직씨, 그림씨, 잡음씨의 세 가지 씨의 범주는 끝바꿈의 방법과 뜻에 따라 나누어진 것이다.

자립성 유무에 따른 갈래 : 풀이씨는 대체로 자립성을 가지고 홀로 풀이말이 되는 것이 보통이지만, 경우에 따라서는 홀로 풀이말이 되지 못하고 앞말과 더불어 하나의 월성분이 되는 것이 있다.

(5)   ㄱ. 오늘 네 얼굴이 참 좋아 <u>보인다</u>.
       ㄴ. 이틀에 한 개씩 먹어야 <u>한다</u>.
       ㄷ. 요즘은 바다로 여행을 가고 <u>싶다</u>.

(5ㄱ)의 '보이다'와 (5ㄴ)의 '하다'는 움직씨이고 (5ㄷ)의 '싶다'는 그림씨이다. 그러나 이들은 보통의 움직씨, 그림씨와는 그 성격이 다르다. 보통의 움직씨와 그림씨 '보다, 먹다, 입다 ; 예쁘다, 밝다, 맑다' 등은 어휘적인 뜻도 뚜렷하고 홀로 쓰일 수도 있지만, (5)의 '보이다, 하다, 싶다'는 어휘적 뜻은 물론 그 자립성도 약하다. 이것은 아래 (6)과 같이 그 앞의 '좋다, 먹다, 가다'를 빼어 버리면 월이 성립되지 않는다는 점에서 확인할 수 있다.

(6) ㄱ. *오늘 네 얼굴이 참 <u>보인다</u>.
      ㄴ. *이틀에 한 개씩 <u>한다</u>.
      ㄷ. *요즘은 바다로 여행을 <u>싶다</u>.

그러나 (7)과 같이 '보이다, 하다, 싶다'를 빼어 버린 월은 성립됨을 알 수 있는데, 이는 '보이다, 하다, 싶다'가 말본상의 뜻을 어느 정도 지니고 있음을 보여 주는 것이다.

⑺ ㄱ. 오늘 네 얼굴이 참 <u>좋다</u>.
　　ㄴ. 이틀에 한 개씩 <u>먹는다</u>.
　　ㄷ. 요즘은 바다로 여행을 <u>간다</u>.

곧 (5ㄱ)의 월에는 말할이의 '짐작'이 드러나 있고 (5ㄴ)에는 반드시 무엇을 해야 한다는 '당위'의 뜻이 보이고, (5ㄷ)에는 '희망'의 뜻이 표시되어 있으나, (7ㄱ~ㄷ)의 월에서는 이와 같은 뜻이 나타나지 않는다.

　이처럼 풀이씨는 자립성의 유무에 따라 두 갈래로 나뉜다. 곧 다른 풀이씨에 기대지 않고서도 제 뜻을 충분히 나타낼 수 있는 풀이씨를 '으뜸풀이씨'라 하고, 다른 풀이씨에 기대어 쓰이면서 기댄 말에 말본상의 뜻만 더해주는 풀이씨를 '매인풀이씨'라 한다.

⑻ ㄱ. 나는 동생에게 앨범을 <u>보고</u> 주었다.
　　ㄴ. 철수가 밥을 먹어 <u>보았다</u>.

　위의 (8ㄱ) 월의 '보고'는 으뜸풀이씨이고 (8ㄴ) 월의 '보았다'는 매인풀이씨이다. 으뜸풀이씨가 어휘적인 뜻의 확대가 필요한 경우에는 (8ㄱ) 월의 '보고 주었다'와 같이 줄기에 이음씨끝 '-고'를 붙이고 으뜸풀이씨 '주었다'를 더한다. 그러나 (8ㄴ) 월의 매인풀이씨 '보았다'는 으뜸풀이씨의 줄기 '먹-'에 매인이음씨끝(보조적 연결어미) '-어-'가 붙은 '먹어' 뒤에 놓여서 '해보기(시행)'의 말본적인 뜻을 드러낸다. 그러므로 매인풀이씨는 으뜸풀이씨에 어휘적인 뜻을 더하지 못하고 말본적인 뜻만을 더한다. 역사적으로 보면 매인풀이씨는 으뜸풀이씨에서 변화한 것인데 그 변화한 정도를 요약해 보면,

　첫째, 으뜸풀이씨는 어휘적인 뜻을 갖고 있는데 매인풀이씨는 말본적인 뜻을 갖는다.

　둘째, 으뜸풀이씨는 자립성이 있는데 매인풀이씨는 반드시 으뜸풀이씨와 어울려야 하므로 의존성이 있다.

셋째, '먹어 보다'의 짜임새에서 말본적인 뜻을 더하기 위하여 안맺음씨끝 ' - 았 - '을 첨가시키려면 으뜸풀이씨 줄기에 붙이면 '*먹었어 보다'처럼 말 본스런 짜임새에 어긋나는데 매인풀이씨 줄기에 붙여 '먹어 보았다'가 되면 바른 짜임새가 된다. 따라서 으뜸풀이씨는 어휘적인 뜻의 중심을 이루는데 매인풀이씨는 말본적인 뜻의 중심을 이룬다.

넷째, (8ㄱ) 월과 같이 으뜸풀이씨와 으뜸풀이씨 사이에는 움직임의 차례 매김이 가능하지만 (8ㄴ) 월과 같은 으뜸풀이씨와 매인풀이씨 사이에는 매 인풀이씨가 말본적인 뜻을 갖기 때문에 차례 매김이 불가능하다.

매인풀이씨도 으뜸풀이씨와 마찬가지로 그 씨가름에 따라 매인움직씨, 매 인그림씨로 나뉜다.

9.2.1 움직씨

움직씨의 특성 : 움직씨는 사물의 움직임을 나타내는 낱말이다. 여기서 움 직임의 임자(주체)는 유정물일 수도 있고 무정물일 수도 있다.

  ⑼ ㄱ. 지호가 책을 <u>읽었다</u>.
     ㄴ. 호랑이가 어린 아이를 <u>잡아 먹었다</u>.
     ㄷ. 물이 펄펄 <u>끓는다</u>.

(9ㄱ)은 사람의 움직임을, (9ㄴ)은 동물의 움직임을, (9ㄷ)은 자연의 움직 임을 나타내고 있다. 그런데 움직씨가 풀이하는 임자(주체)의 움직임은 단순 한 움직임이 아니라, 시간이 흐름에 따라 과정적으로 달라지는 움직임이다. (10ㄱ)과 같이 움직씨의 줄기에는 과정적으로 달라지는 움직임을 나타내는 ' - 는/ㄴ다' 씨끝이 붙는데, (10ㄴ,ㄷ)의 그림씨나 잡음씨의 줄기에는 ' - 는/ ㄴ다'의 씨끝이 붙을 수 없고 ' - 다' 씨끝이 붙는다. 이것이 움직씨가 다른 풀이씨와 구별되는 점이다.

(10) ㄱ. 지호가 빵을 <u>굽는다</u>. <움직씨>
     ㄴ. *가을 단풍은 <u>아름답는다</u>. <그림씨>
     ㄷ. *민수는 <u>학생인다</u>. <잡음씨>

  그리고 움직씨의 특수성은 「무엇이 어찌한다」와 「무엇이 무엇을 어찌한다」에서 '어찌한다'에 해당된다는 점에서도 찾아 볼 수 있다. 가령 (9ㄱ,ㄴ)은 「무엇이 무엇을 어찌한다」의 '어찌한다'에 해당되고, (9ㄷ)은 「무엇이 어찌한다」의 '어찌한다'에 해당되므로 (9ㄱ~ㄷ)의 '읽었다, 잡아 먹었다, 굽는다'는 움직씨라 할 수 있다.

  움직씨의 갈래 : 움직씨는 뜻과 자립성의 정도에 따라 으뜸움직씨와 매인움직씨로 구분한다.

  ① 으뜸움직씨
  으뜸움직씨는 제 홀로 말거리의 풀이가 되는 움직씨이지만 매인움직씨는 제 홀로 풀이의 구실을 다하지 못하고 반드시 앞의 으뜸움직씨에 기대어 으뜸움직씨를 도와 주는 역할을 한다.

  (11) ㄱ. 나는 그 아이의 얼굴을 <u>본다</u>.
     ㄴ. 내가 아기에게 젖을 먹여 <u>보겠다</u>.

  (11ㄱ)의 '보다'는 으뜸움직씨로서 완전한 뜻을 가지고 자립하여 풀이말이 되는데 비해, 매인움직씨인 (11ㄴ)의 '보다'는 홀로 자립하지 못하고 으뜸움직씨 '먹여'에 기대어 함께 풀이말로 쓰이고 있다.
  으뜸움직씨는 몇 가지 기준에 의해 여러 갈래로 나뉠 수 있다.
  움직씨는 자립성의 유무에 따라 '으뜸움직씨'와 '매인움직씨'로 나누어진다. 으뜸움직씨는 다시 부림말이 있느냐 없느냐에 따라 '제움직씨'와 '남움직씨', 제 힘으로 하느냐 하지 않느냐에 따라 '제힘움직씨'와 '입음움직씨',

스스로 하느냐 하지 않느냐에 따라 '스스로움직씨'와 '하임움직씨'로 나누어
진다.

  그리고 움직씨 가운데는 제한적으로 씨끝을 가지는 것들도 있는데 이러
한 움직씨를 '모자란 움직씨'라고 한다.

  움직씨는 그 움직임이 임자말에만 미치는가, 임자말과 부림말 모두에 미
치는가에 따라 '제움직씨'와 '남움직씨'로 나눌 수 있다.

  (12) ㄱ. 나는 <u>간다</u>.
       ㄴ. 나는 하늘을 <u>본다</u>.

  (12ㄱ)의 '간다'는 그 움직임이 미치는 범위가 '나'라는 임자말에 국한된
'제움직씨'이지만, (12ㄴ)의 '본다'는 그 움직임이 임자말 '나'와 부림말 '하
늘'에 모두 미치는 '남움직씨'이다.

  움직씨에는 월에서 임자(주체)가 제 힘으로 움직이는 움직씨와 임자가 제
힘 스스로 그 움직임을 할 수 없는 움직씨가 있다.

  (13) ㄱ. 고양이가 쥐를 <u>잡았다</u>.
       → 쥐가 (고양이에게) <u>잡혔다</u>.
       ㄴ. 순경이 도둑을 <u>잡았다</u>.
       → 도둑이 (순경에게) <u>잡혔다</u>.

  (13ㄱ,ㄴ)의 풀이말 '잡았다'는 각각의 월의 임자 '고양이'와 '순경'이 제
힘으로 움직인 것이고, 풀이말 '잡혔다'는 각각의 월의 임자 '쥐'와 '도둑'이
제 힘으로 움직인 것이 아니라 남의 힘 곧 '고양이'와 '순경'의 힘을 입어서
그 움직임을 한 것이다. 이때 '잡았다'와 같은 움직씨를 '제힘움직씨(능동사)'
라 하고 '잡혔다'와 같은 움직씨는 '입음움직씨(피동사)'라 한다.

  입음움직씨 되기의 통사적 특성으로는 자리(격)의 바뀜이 일어난다. 곧
(13ㄱ)의 임자말 '고양이가'와 (13ㄴ)의 임자말 '순경이'는 각각 위치말로 바

뀌어 '고양이에게'와 '순경에게'로 되어 그 자리가 원래의 위치에서 아래로
내려오는 '자리바꿈'이 일어났다. 그리고 제힘월(능동문)에서 임자말이었던
'고양이가'와 '순경이'가 그 독립성이 약화되어 위치말로 바뀌었다. 우리의
언어 습관으로는 위치말을 임의적인 월성분으로 인식하여 대화에서 생략하
는 현상이 일반적이므로 제임월(능동문)과 입음월(피동문)의 자리수 비교에
서 볼 때, 자리수 줄임으로 볼 수도 있다. 한편 제힘월의 부림말 '쥐를'과 '도
둑을'이 입음월에서는 임자말 자리로 올라가는 '자리바꿈'도 있었다.

움직씨는 다시 월의 임자(주체)가 직접 실질적인 움직임을 하는 움직씨와
그렇지 않고 남에게 그 움직임을 하게 하는 형식적인 움직임을 나타내는 움
직씨로 나눌 수 있다.

    (14) ㄱ. 아이가 젖을 <u>먹는다</u>.
       → 어머니께서 아이에게 젖을 <u>먹이신다</u>.
      ㄴ. 학생이 책을 <u>읽는다</u>.
       → 선생님이 학생에게 책을 <u>읽힌다</u>.

스스로월(주동문) (14ㄱ)의 풀이말 '먹는다'는 월의 임자인 '아이'가 직접
실질적인 움직임을 하는 움직씨인 데 비해, 하임월(사동문)의 풀이말 '먹이
신다'는 월의 임자인 '어머니'가 직접 실질적인 움직임을 하는 것이 아니라
'아이에게' 움직임을 하게 하는 움직씨이다. 그리고 스스로월 (14ㄴ)의 풀이
말 '읽는다'는 월의 임자인 '학생'이 직접 실질적인 움직임을 하는 움직씨인
데 비해, 하임월의 풀이말 '읽힌다'는 월의 임자인 '선생님'이 직접 실질적인
움직임을 하는 것이 아니라 '학생에게' 움직임을 하게 하는 움직씨이다. 곧
(14ㄱ,ㄴ)월은 실질적인 움직임의 임자가, '젖을 먹는다'에서는 '아이'이고,
'책을 읽는다'에서는 '학생'이며, '어머니'의 움직임인 '먹이신다'는 실질적
인 움직임을 아이에게 시키며 '선생님'의 움직임인 '읽힌다'는 실질적인 움
직임을 학생에게 시키는 형식적인 뜻만 가질 뿐이다. 이때 (14ㄱ,ㄴ)의 움직

씨 '먹는다', '읽는다'를 '스스로움직씨(주동사)'라 하고 '먹이신다', '읽힌다'를 '하임움직씨(사동사)'라 한다.

하임움직씨 되기의 통사적 특성도 입음움직씨 되기와 마찬가지로 자리(격)의 바뀜이 일어난다. 곧 (14ㄱ)의 임자말 '아이가'와 (14ㄴ)의 '학생이'가 자리내림에 의하여 위치말로 자리가 바뀌어 '아이에게'와 '학생에게'가 되었으며 새로운 행위자를 끌어들여 (14ㄱ)에서는 '어머니께서'가 (14ㄴ)에서는 '선생님이'가 임자말이 되었다. 그러므로 스스로월(주동문)이 하임월(사동문)로 바뀜에 있어서는 자리바꿈과 자리수 늘임 현상이 나타난다.

대부분의 움직씨는 모든 씨끝을 다 취하는데 일부 움직씨 중에는 끝바꿈에 있어서 극히 국한된 몇 가지 씨끝만 취하는 것이 있는데, 이러한 움직씨를 '모자란 움직씨(불구동사)'라 한다. 이들의 예를 살펴보면 다음과 같다.

   (15) 가. 달다(與) : 다오, 달라 <시킴법>
          ㄱ. 책을 어서 내게 <u>다오</u>.
          ㄴ. 어서 나가 <u>달라</u>.

      나. 닥다(接近) : 닥아라(닥으오), 닥으시오(닥으십시오) <시킴법>
        닥아(서) <이음법>
          ㄱ. 이리 좀 <u>닥아라</u>(닥으오).
          ㄴ. 이리 좀 <u>닥으시오</u>(닥으십시오).
          ㄷ. 얘들아, 이리 <u>닥아(서)</u> 앉아라.

      다. 더불다(與) : 더불고, 어불어(서) <이음법>
          ㄱ. 나는 순영이를 <u>더불고</u>, 이 일을 했다.
          ㄴ. 그와 <u>더불어</u> 즐거웠다.

      라. 가로다(曰) : 가로되 <이음법>
        아버님 <u>가로되</u>, 부자유친이라 하더라.

② 매인움직씨

매인움직씨는 제 홀로 자립하여 쓰이지 못하고 앞의 움직씨에 기대어 쓰

이는 움직씨이다. 그런데 매인움직씨 가운데는 그 형태가 으뜸움직씨와 같
아서 구별이 어려운 경우도 있다.

(16) ㄱ. 나는 늘 느낌을 책에 <u>적어 둔다</u>.
　　 → 나는 늘 느낌을 책에 <u>적는다</u>.
　　 → *나는 늘 느낌을 책에 <u>둔다</u>.
　　 ㄴ. 호진이는 병을 <u>이겨 내었다</u>.
　　 → 호진이는 병을 <u>이겼다</u>.
　　 → *호진이는 병을 <u>내었다</u>.
　　 ㄷ. 근심을 말끔히 <u>씻어 버렸다</u>.
　　 → 근심을 말끔히 <u>씻었다</u>.
　　 → *근심을 말끔히 <u>버렸다</u>.

(16)에서 보듯이 으뜸움직씨를 풀이말로 하는 월은 모두 성립하고 있으나
매인움직씨를 풀이말로 하는 월은 모두 성립하지 않는다.

그런데 같은 매인움직씨라도 상황에 따라 매인움직씨만으로 월이 성립되
는 것 같은 경우도 있다.

(17) 연필은 연필꽂이에 <u>꽂아 두었다</u>.
　 → ㄱ. 연필은 연필꽂이에 <u>꽂았다</u>.
　　 ㄴ. ?연필은 연필꽂이에 <u>두었다</u>.

(17)의 뜻은 '연필'을 책상 위 아무 곳에 놓거나 둔 것이 아니라 '연필꽂이'
라고 하는 특정한 장소에 꽂았다는 것이다. 이런 뜻으로는 (17ㄱ)이 적절하
고 (17ㄴ)은 부적절하다. 왜냐하면 (17ㄴ)은 '연필꽂이'에 어떤 식으로든 두
기만 하면 된다는 뜻이 있기 때문이다. 그러므로 (17)의 '두었다'는 으뜸움직
씨가 아니라 '지님'의 뜻을 가진 매인움직씨이다.

우리말의 매인움직씨는 그것이 기대고 있는 씨끝과 뜻에 따라 다음과 같
이 나눌 수 있다.

(18) 가. 지움(부정) : (- 지)아니하다, (- 지)못하다, (- 지)말다
　　　ㄱ. 민수는 학교에 가지 <u>아니하다</u>.
　　　ㄴ. 민수는 학교에 가지 <u>못한다</u>.
　　　ㄷ. 민수는 학교에 가지 <u>말아라</u>.

　　나. 하임(사동) : (- 게)하다, (- 게)만들다
　　　ㄱ. 철수를 앉게 <u>했다</u>.
　　　ㄴ. 철수를 앉게 <u>만들었다</u>.

　　다. 입음(피동) : (- 어)지다, (- 게)되다
　　　ㄱ. 오늘은 고기가 잘 잡아 <u>진다</u>.
　　　ㄴ. 나는 이제 밥을 먹게 <u>되었다</u>.

　　라. 나아감(진행) : (- 어, - 고)있다, (- 어)가다,
　　　　　　　　　　　　 (- 어)오다, (- 어, - 고)계시다
　　　ㄱ. 아까부터 계속 그 자리에 앉아 <u>있다</u>. <끝난 상태>
　　　　 그는 지금 원고를 쓰고 <u>있다</u>. <나아감>
　　　ㄴ. 일이 잘 되어 <u>간다</u>.
　　　ㄷ. 너는 지금까지 노력해 <u>왔다</u>.
　　　ㄹ. 아버지께서 하루 종일 이 곳에 앉아 <u>계시다</u>. <끝난 상태>
　　　　 아버지께서 편지를 쓰고 <u>계시다</u>. <나아감>

　　마. 끝남(완료) : (- 고)나다, (- 어)내다, (- 어)버리다, (- 어)말다
　　　ㄱ. 빵을 먹고 <u>나서</u> 무슨 소리니?
　　　ㄴ. 민오는 온갖 모욕을 참아 <u>냈다</u>.
　　　ㄷ. 민오는 끝내 뛰쳐나가 <u>버렸다</u>.
　　　ㄹ. 기어이 이루어 내고야 <u>말겠다</u>.

　　바. 섬김(봉사) : (- 어)주다, (- 어)드리다, (- 어)바치다
　　　ㄱ. 한 번 성노는 만들어 <u>줄</u> 수도 있다.
　　　ㄴ. 그는 늘 어머니를 도와 <u>드렸다</u>.
　　　ㄷ. 어서 할머니께 올려 <u>바져라</u>.

　　사. 해보기(시도) : (- 어)보다
　　　이 옷을 한 번 입어 <u>보아라</u>.

아. 힘줌(강조) : (- 어)대다
   많이도 먹어 <u>댄다</u>.

자. 마땅함(당위) : (- 어야)한다
   너는 숙제를 해야 <u>한다</u>.

차. 그리 여김(시인) : (- 기는)하다
   나도 그렇게 생각하기는 <u>했다</u>.

카. 지님(보유) : (- 어)놓다, (- 어)두다, (- 어)가지다
   ㄱ. 책을 책상 위에 얹어 <u>놓았다</u>.
   ㄴ. 어서 책을 맡아 <u>두어라</u>.
   ㄷ. 그렇게 일해 <u>가지고</u> 뭐 할래?

타. 짐작(추측) : (- 어) 보이다
   그 꽃은 좋아 <u>보인다</u>.

일반적으로 매인움직씨는 '말본형태소 되기(문법화)'의 중간 과정에 있는 것으로써 으뜸움직씨와 뜻의 관련성이 어느 정도 맺어진다.

(19) ㄱ. 나도 그것을 벌써 <u>보았다</u>.
    ㄴ. 나도 한 번 입어 <u>보았다</u>.

(20) ㄱ. 해가 <u>진다</u>.
    ㄴ. 눈부신 업적이 이루어 <u>졌다</u>.

곧 (19ㄱ), (20ㄱ)의 '보았다'와 '진다'는 으뜸움직씨인데 (19ㄴ), (20ㄴ)의 '보았다' '졌다'는 매인움직씨이다. 통시적으로 보면 우리말의 대부분의 매인움직씨는 으뜸움직씨가 어휘적인 뜻이 약화되고 말본적인 뜻을 갖게 된 결과 생겨난 것이다. 그러나 (18가ㄱ)의 지움의 '아니하다', (18마ㄹ)의 끝남의 '말다', (18아)의 힘줌의 '대다'는 으뜸움직씨와 관련이 맺어지지 않는다 (남기심 · 고영근 공저, 1985:125).
   으뜸움직씨와 매인움직씨를 잇는 씨끝으로는 으뜸움직씨의 줄기 뒤에

‘-아/어, -고, -게, -지’가 붙는 것이 일반적이다. 그러나 (18자)와 같이 씨끝 ‘-어야’ 뒤에, (18차)와 같이 이름꼴 씨끝 ‘-기’에 도움토씨 ‘-는’ 이 결합된 ‘-기는’ 뒤에 매인움직씨가 붙기도 한다.

〔붙임〕 매인풀이씨 ‘있다’, ‘계시다’의 처리 문제

지금까지 매인풀이씨 ‘있다’의 씨의 범주는 구별 기준이 명확하지 않아서 갈래 설정에 있어서 문제가 되어 왔다. 이와 같은 문제점이 나타나는 원인은 크게 두 가지로 요약해 볼 수 있다.

첫째는, 으뜸풀이씨 ‘있다’를 움직씨로 볼 것인가, 그림씨로 볼 것인가에 대한 문제인데 여기서는 앞의 「제7장 씨의 범주」〔붙임〕에서 움직씨로 보기로 했다.

둘째는, 매인풀이씨 ‘있다’를 씨의 범주로 가름할 때에 ‘뜻’을 중심으로 할 것인가, ‘꼴’을 중심으로 할 것인가가 문제였다. 대체로 ‘뜻’을 중심으로 하는 견해는 으뜸풀이씨 ‘있다’를 그림씨로 보면서 ① 씨끝 ‘-고’에 어울리는 ‘있다’는 매인움직씨로 ‘-아/어’에 어울리는 ‘있다’는 매인그림씨로 보는 관점인데 최현배(1965 : 390, 515)와 고영근(1993 : 123-127)이 대표적이다. 이런 처리의 문제점으로 지적할 수 있는 것은 아래 (ⅰㄷ)의 ‘있다’가 ‘끝난 상태’와 ‘나아감’의 뜻을 함께 가지고 있는데 이를 매인움직씨로 처리하는 점이다. ② 매인풀이씨 ‘있다’를 모두 매인그림씨로 보는 관점인데 최현배(1971 : 536-7)가 대표석이나.

다른 하나는 ‘꼴’ 중심의 처리인데 이 ‘꼴’ 중심의 처리에서 공통적인 점은 ‘있다’를 움직씨로 보는 점이다.

(i) ㄱ. 아까부터 계속 그 자리에 앉아 <u>있다</u>.
　　ㄴ. 그는 지금 원고를 쓰고 <u>있다</u>.
　　ㄷ. 그는 새 옷을 입고 <u>있다</u>.

　(i ㄱ)의 씨끝 '‐아/어'와 어울린 '있다'는 '끝난 상태'를 (i ㄴ)의 씨끝 '‐고'와 어울린 '있다'는 '나아감'을 (i ㄷ)의 '있다'는 '끝난 상태'와 '나아감'의 뜻을 함께 갖고 있다.

　허 웅(1983:214)은 이들을 모두 '꼴'을 중심으로 삼아 '매인움직씨'로 보고 그 '뜻'은 딸린 요소로 보아 씨 범주 설정에 고려하지 않았다.

　한편, 박지홍(1972:115)도 이들을 모두 '매인움직씨'로 보면서 '‐아/어' 씨끝에 붙은 '있다'는 상태를 나타내고 '‐고' 씨끝에 붙은 '있다'는 움직임이 지금 진행 중이거나 계속 중임을 나타낸다고 했다. 매인움직씨 '있다'가 씨끝 '‐아/어'나 '‐고'와 어울릴 때 '뜻'의 차이를 드러내는 것은, 씨끝 '‐아/어'는 '상태성'이나 '결과성'을 가진 풀이씨 줄기와 어울리고 씨끝 '‐고'는 '과정성' 줄기와 어울리기 때문이다. 따라서 매인움직씨 '있다'가 '나아감'이나 '끝난 상태'와 같은 전혀 다른 성질의 뜻을 갖는 것은, '‐아/어'나 '‐고' 씨끝의 줄기의 뜻바탕에 의한 것이므로 '꼴'을 중심으로 하여 다 같이 매인움직씨로 처리하는 것이 더 나은 방법이다.

　곧 꼴 중심으로 본 견해는 으뜸풀이씨 '있다'를 움직씨로 보고 '‐아/어'나 '‐고' 씨끝과 어울릴 때 나타나는 '뜻'의 차이를 씨의 범주 설정에 고려하지 않았는데 이와 같은 방법이 '뜻' 중심의 처리보다는 간결하고 타당성이 있는 관점이다.

　다음은 매인풀이씨 '계시다'의 처리 문제이다.

(ii) ㄱ. 아버지께서는 하루 종일 이곳에 앉아 <u>계시다</u>.
　　ㄴ. 아버지께서는 편지를 쓰고 <u>계시다</u>.
　　ㄷ. 아버지께서는 새 옷을 입고 <u>계시다</u>.

지금까지 매인풀이씨의 갈래에 (ii ㄱ~ㄷ)의 '계시다'를 설정한 것은, 고영근(1993:123 - 124)이 처음이다. 이 책에서 (ii ㄱ)의 '계시다'는 '끝난 상태'를 뜻하므로 '매인그림씨'로 (ii ㄴ)의 '계시다'는 '나아감'을 뜻하므로 '매인움직씨'로 보았다. '계시다'를 '있다'와 같은 분류 기준으로 매인풀이씨로 처리하는 것은 타당하다. 그러나 '계시다'도 '있다'와 같은 처리 기준에 따라 함께 '매인움직씨'로 보는 것이 보다 나은 방법이다.

왜냐하면 이러한 처리 방법이 으뜸풀이씨 '계시다'를 '있다'와 같이 움직씨로 보면서 꼴에 따른 분류 기준을 적용하였기 때문이다.

따라서 (ii ㄱ~ㄷ)의 '계시다'는 매인움직씨이면서 (ii ㄱ)은 '끝난 상태'를 (ii ㄴ)은 '나아감'을 (ii ㄷ)은 '끝난 상태'와 '나아감'의 뜻을 함께 가지고 있다.

9.2.2 그림씨

그림씨의 특성 : 그림씨는 사물이나 일의 성질과 상태를 그려 내는 씨를 말한다. 아울러 그림씨는 말할이의 주관적 판단이나 정서를 나타내기도 한다.

    (21) ㄱ. 고무줄은 아주 <u>질기다</u>.
        ㄴ. 오늘은 어쩐지 하늘이 <u>검붉다</u>.
        ㄷ. 그가 말한 것이 <u>옳다</u>.
        ㄹ. 나는 그녀가 너무 <u>그립다</u>.

(21 ㄱ~ㄹ)의 '질기다, 검붉다, 옳다, 그립다'는 모두 그림씨이다. (21ㄱ)의 '질기다'는 '고무줄'의 성질을 나타내고, (21ㄴ)의 '검붉다'는 하늘의 상태를 나타내며, (21ㄷ)의 '옳다'는 말할이의 주관적 판단을 나타내고, (21ㄹ)의 '그립다'는 말할이의 정서를 나타내고 있다.

기능상으로 그림씨는 「무엇이 어떠하다」에서 '어떠하다'에 해당한다. 곧 (21)의 '질기다, 검붉다, 옳다, 그립다'는 모두 '어떠하다'의 자리를 채워 주므로 그림씨이다.

그림씨의 갈래 : 그림씨는 뜻과 자립성의 정도에 따라 으뜸그림씨와 매인그림씨로 구분한다.

① 으뜸그림씨

그림씨는 자립성의 있고 없음에 따라 자립성이 있는 으뜸그림씨와 자립성이 없는 매인그림씨로 나눈다. 또 그림씨는 임자말이 어떠함을 실질적으로 뜻하는 '바탕그림씨'와 다만 형식적인 풀이를 하는 데에 그치는 '꼴그림씨'로 나눈다. 바탕그림씨는 다시 홀로 대상의 어떠함을 그려 내느냐, 아니냐에 따라 '속겉그림씨'와 '견줌그림씨'로 나뉜다. '속겉그림씨'는 말거리의 성질이나 상태, 사람이 가지고 있는 정의적 특성 등을 그리어 풀이하는 그림씨이며, '견줌그림씨'는 말거리 서로의 관계가 어떠함을 그리어 풀이하는 그림씨이다. 꼴그림씨도 다시 두 갈래로 나뉘는데 객관적이냐 주관적이냐에 따라, 객관적인 '셈숱그림씨'와 주관적인 '가리킴그림씨'로 나눈다.

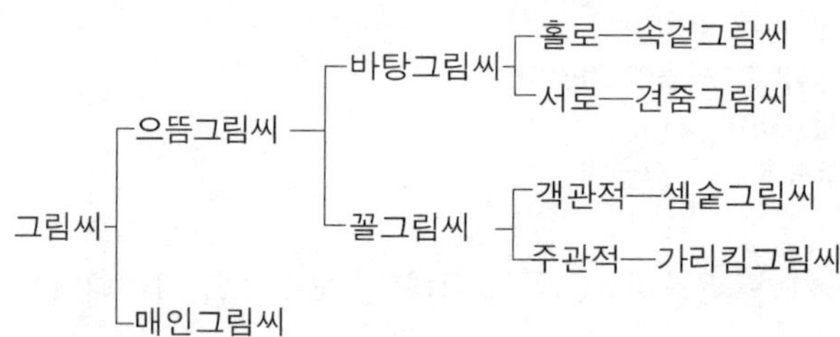

속겉그림씨는 대상의 성질과 꼴이 어떠함을 그리어 풀이하는 그림씨다.

(22) ㄱ. 금방 지나간 개의 털색은 <u>검었다</u>.
　　 ㄴ. 어제 본 그 영화는 너무 <u>슬펐다</u>.
　　 ㄷ. 거북이는 <u>느리고</u>, 토끼는 <u>빠르다</u>.
　　 ㄹ. 저 건물은 지은 지가 오래되어 <u>낡았다</u>.

(22ㄱ)은 개의 털이 '검다'는 감각(시각)을 그린 것이고, (22ㄴ)은 영화의 내용이 '슬프다'는 인간의 정서적인 마음 상태를 그린 것이다. (22ㄷ)은 거북이는 '느리다', 토끼는 '빠르다'라는 행동의 상태를 그리고 있고, (22ㄹ)은 건물이 '낡다'라는 물리적인 변화를 그린 것이다. 이처럼 속겉그림씨에는 '감각적인 것'과 '정서적인 것', '행동적인 것', '변화적인 것' 들이 있다.

견줌그림씨는 대상이 홀로가 아니라 비교 대상끼리 서로 견주어 보고 그 사이에 있는 관계가 어떠함을 풀이하는 그림씨이다.

(23) ㄱ. 이것과 저것은 <u>같다</u>.
　　 ㄴ. 지호의 성적이 지수의 성적보다 훨씬 <u>우수하다</u>.
　　 ㄷ. 그 일은 어제 한 일보다 훨씬 <u>수월하다</u>.
　　 ㄹ. 아우보다는 형이 <u>낫다</u>.

그런데 이러한 견줌그림씨는 하나의 임자씨로는 완전하지 못하고 반드시 두 개 이상의 임자씨가 주어져야만 완전한 풀이의 구실을 한다. 왜냐하면 견준다는 것은 하나로 이루어질 수 없고 비교의 짝이 필요하기 때문이다.

셈숱그림씨는 대상의 셈(수)과 숱(양)이 어떠함을 나타내는 그림씨이다. 때로는 '넓이'의 뜻을 나타내는 경우도 있다.

(24) ㄱ. 그가 가진 땅은 수없이 <u>많다</u>. (셈)
　　 ㄴ. 그 물건의 부피는 매우 <u>크다</u>. (숱)
　　 ㄷ. 만주 벌판은 매우 <u>광활하다</u>. (넓이)

가리킴그림씨는 대상의 상태가 어떠함을 가리키는 그림씨이다.

(25) ㄱ. 그가 하는 일은 언제나 <u>이렇다</u>.
      ㄴ. 사람 사는 일이 다 <u>그렇다</u>.
      ㄷ. 웨딩드레스 색은 <u>저렇다</u>.
      ㄹ. 그는 그의 병세가 <u>아무렇지도</u> 않다고 했다.
      ㅁ. 그의 삶은 <u>어떠하냐</u>?

(25ㄱ~ㄷ)에서 사용된 가리킴그림씨는 각각 '가까움, 떨어짐, 넓'을, (25
ㄹ)은 '안잡힘'을, (25ㅁ)은 '모름'을 나타낸다.

② 매인그림씨

매인그림씨는 으뜸그림씨에 기대어서만 완전하게 대상을 그려 풀이할 수
있는 그림씨다. 매인그림씨는 매인움직씨만큼 그 수가 많지 않다.

(26) 가. 바람(희망) : (- 고)싶다
        네가 무척 보고 <u>싶다</u>.

     나. 값어치(가치) : (- 음직)하다
        당신이 한 일은 바람직<u>하지</u> 않다.

     다. 그리 여김(시인) : (- 기는, - 기도, - 기야)하다
        지수가 똑똑하기는 <u>하다</u>.
        홍삼은 맛이 좋기도 <u>하고</u>, 건강에 좋기도 <u>하다</u>.
        사이다 맛은 물 맛보다 좋기는 <u>하나</u> 몸에는 좋지 못하다.

     라. 짐작(추측) : (- ㄴ가, - 는가, - 나) 보다
        ㄱ. 저것이 물인가 <u>보다</u>.
        ㄴ. 이제 그가 밥을 먹는가 <u>보다</u>.
        ㄷ. 그가 집으로 가나 <u>보다</u>.

     마. 지움(부정) : (- 지)아니하다, (- 지)못하다
        ㄱ. 그 집은 튼튼하지 <u>아니하다</u>.
        ㄴ. 그녀는 정숙하지 <u>못하다</u>.

매인그림씨도 역사적으로 보면 으뜸그림씨가 어휘적인 뜻이 약화되고 말
본적인 뜻을 갖게 된 결과 생겨난 것이다. (26나)의 씨끝 ' - 음직'에 이어지

는 매인그림씨 '하다'는 '할만한 가치가 있음'을 나타낸다. 그런데 현재는 값어치 매인그림씨 '하다'가 앞의 씨끝 '-음직'에 긴밀하게 결합하여 파생가지의 구실을 하므로 '먹음직하다'에서처럼 '-(으)ㅁ직하(다)'는 움직씨에서 그림씨를 파생하는 지배적인 가지로 볼 수도 있다(남기심·고영근 공저, 1985:127).

매인그림씨의 한 갈래로, '듯하다, 듯싶다, 법하다' 등을 '미룸 매인그림씨'라 하고, '만하다'를 '값어치 매인그림씨'에 포함시키기도 하지만, 이것은 매인움직씨와 마찬가지로 매인이름씨 '만'에 '하다'가 합성된 형태론적 짜임새이므로 매인그림씨로 보기 어렵다. 그리고 (26마)의 지움의 매인그림씨로는 '아니하다, 못하다'만 있고 '말다'가 없는 것은 그림씨에는 시킴법과 꾀임법이 없기 때문이다.

지움의 '아니하다'와 '못하다'는 앞에 오는 으뜸풀이씨의 씨 범주에 따라 그 씨 범주가 정해진다. 곧 같은 꼴을 가지지만 매인풀이씨 앞에 어떤 으뜸풀이씨가 오느냐에 따라 으뜸움직씨가 오면 매인움직씨가, 으뜸그림씨가 오면 매인그림씨가 된다.

   (27) ㄱ. 그는 <u>가지</u> <u>아니한다</u>(않는다).
        (움) (매인움)
     ㄴ. 저 산은 그리 <u>높지</u> <u>아니하다</u>.
         (그) (매인그)

   (28) ㄱ. 나는 밥을 <u>먹지</u> <u>못한다</u>.
        (움) (매인움)
     ㄴ. 그의 걸음걸이는 그리 <u>빠르지</u> <u>못하다</u>.
         (그) (매인그)

9.2.3 잡음씨

잡음씨는 대상을 잡거나 바꾸는 풀이씨이다. 잡음씨를 설정하는 데는 여러 가지 견해가 있으나, 잡음씨를 풀이씨에 포함시키는 이유는 풀이씨와 같은 씨끝바꿈을 하기 때문이다.[1]

잡음씨에는 '이다'와 '아니다'가 있는데, 특히 '이다'는 제 홀로 대상을 완전히 풀이하는 구실을 할 수 없고, 반드시 그 앞에 임자씨가 놓여 있어야 한다.

(29) ㄱ. 저것이 도대체 <u>집이냐</u>?
ㄴ. 저 밝은 것이 <u>달이로다</u>.
ㄷ. 나는 바보가 <u>아니다</u>.
ㄹ. 그는 왕이 <u>아니로다</u>.

(29ㄴ)과 (29ㄹ)은 잡음씨만이 가진 특이한 씨끝바꿈이다. 그리고 기능상으로 잡음씨는 「무엇이 무엇이다」에서 '무엇이다'에 해당하는 풀이씨라 할 수 있다.

[붙임] '이다'의 '이 - '는 무엇인가?

'이다'의 '이 - '는 사전적인 뜻을 가진 뿌리에 비해 말본형태소에 더 가깝다. 또 '이 - '는 보통 줄기가 줄어질 수 없는 것이 일반적인 데 비해, 홀소리 밑에서 줄어지는 일이 흔하므로 단순히 소리를 고루는 고룸소리로 보는 경우도 있다.

하지만 다음과 같은 이유로 '이다'를 풀이씨의 하나로 보고, '이 - '를 풀이씨의 줄기로 본다.

첫째, '이 - '가 뿌리에 비해 사전적 뜻이 없고 임자씨에 기대야 한다는 점에서 말본형태소에 가까운 것이라고 보는 것은 또 다른 어려움을 낳게 된다. 토씨는 말본형태소에 넣는 것이 당연하지만, ' - 만, - 도' 등의 도움토씨는 토씨 가운데서도 구체적인 실질적 뜻이 들어 있다. 그리고 반대로 '휴지를 버리다'에서 '버리 - '는 실질적인 뜻을 갖고 있지만 '나는 과일을 다 먹어 버렸다'에서 '버리 - '는 매인움직씨로 실질적인 뜻이 남아 있지 않으므로

---

1) 남기심·고영근(1993:100)에서는 비자립성을 고려하여 잡음씨 '이다'를 서술격조사로 보았다. 학교말본은 이 견해와 같다.

말본형태소에 더 가깝다고 할 수 있다. 이처럼 말본형태소와 실질적인 뜻을 가진 뿌리와 분명한 경계를 긋기 어렵다.

둘째, '이다'의 용법은 토씨와 비슷한 데가 있으나, 이 말은 임자씨에 붙어서 그것을 풀이말이 되게 하는 구실을 하지만, 임자말 말고 다른 말에도 얼마든지 붙어서 그 전체를 풀이말이 되게 하는 일이 있다.

    (i) ㄱ. 내가 간 것은 너를 위해서 - <u>였다</u>.
       ㄴ. 역시 그를 위해서 - <u>인가요</u>?
       ㄷ. 천호동이 광나루 지나서 - <u>입니까</u>?
       ㄹ. 들여다 본 것은, 다람쥐를 처음 보자니 기이해서 - 가 아니라, 어떻게 놀
          고 있는가 궁금해서 - <u>다</u>.

(i ㄱ~ㄹ)에 쓰인 '이다'는 단순한 낱말의 경지를 넘어서 한 마디의 노릇을 할 수 있는 것으로 볼 수 있다. 그러므로 '이다'는 단순한 의존형식이 아니라 한 마디의 뜻을 짊어지고 있는 잡음씨의 줄기이다.

셋째, '이 - '가 줄어드는 일은 따옴월에서 줄기 '하 - '가 줄어드는 것과 비슷하다.

    (ii) ㄱ. <u>먹지 말라는</u> 소리를 못 들었다.
       ㄴ. <u>먹지 말라</u> <u>하는</u> <u>소리</u>를 못 들었다.

(ii ㄱ)에서 '먹지 말라는'은 '먹지 말라 (하)는'과 같은데, 곧 이 말은 (ii ㄴ)의 월에서 따옴의 '하 - '가 줄어진 것으로 볼 수 있다.

그리고 '해야 하겠다'에서도 매인움직씨 '하다'의 줄기 '하 - '가 줄어져 '해야겠다'로 되는 경우가 흔하다.

넷째, '이 '는 고룸소리와 그 성격이 다르다. ' - 으니, - 으며'에서 ' - 으 - '는 홀소리 아래서 반드시 없어지지만, '이 - '는 그렇지 않다.

    (iii) 저기 가는 누런 것이 <u>소이다</u>.(소다)

(iv)   어제 본 것은 <u>삽살개였</u>(이었)다.

　(iii)에서는 '이 - '가 없어질 수도 있음을 보여 준다. 그러나 (iv)에서는 '이 - '가 없어질 수 없음을 보여 준다. 이것은 ' - 으 - '가 홀소리 아래서 반 드시 없어지는 것과는 다른 것이다.

9.3 벗어난 끝바꿈

　풀이씨는 꼴바꿈이 없이 실질적인 뜻을 가진 줄기와 꼴을 바꾸어 말본상 의 뜻을 더해 주는 씨끝 부분으로 되어 있다. 그런데 풀이씨가 씨끝바꿈을 할 때에는 그 모습이 규칙적인 것도 있고 벗어난(불규칙한) 것도 있다.

　　(30) ㄱ. 먹어→머거, 좋으니→조츠니, 읽어라→일거라
　　　　 ㄴ. 넋도→넉또, 값과→갑꽈, 앉다→안따
　　　　 ㄷ. 웃고→욷꼬, 찾고→찯꼬, 깎다→깍따

　(30ㄱ)은 형태소 경계와 음절 경계가 일치하지 않을 때에는 앞의 풀이씨 줄기의 끝닿소리가 뒤의 씨끝의 첫소리가 되어 음절의 짜임새에 맞도록 조 정된 '소리 이음' 현상이 실현된 말이다. (30ㄴ)은 풀이씨의 줄기의 끝소리가 겹받침으로 되어 있는데 뒤에 닿소리로 시작되는 씨끝이 이어지면 줄기의 끝소리인 두 닿소리 가운데 하나가 없어지는 '겹받침 줄이기' 현상이 실현된 말이다. 이 경우에는 겹받침의 둘째 닿소리가 없어지는 것이 원칙이지만 '밟 다, 읊다, 늙다'에서는 첫째 닿소리가 없어지기도 한다. (30ㄷ)은 줄기의 끝 소리 자리에서 나는 같은 장애음은 같은 자리의 약한 터짐소리로 중화되어 'ㅅ, ㅈ'은 'ㄷ'으로, 'ㄲ'은 'ㄱ'으로 바뀌는 '일곱 끝소리 되기' 현상이 실현 된 말이다. 이와 같이 (30ㄱ ~ ㄷ)의 풀이씨의 씨끝바꿈에 나타나는 소리의

바뀜은 같은 음성적 환경이 주어지면 어떠한 경우라도 예외 없이 자동적으로 실현되므로 규칙적이다.

(31) ㄱ. 먹는다→멍는다, 익네→잉네, 겪는다→경는다
 ㄴ. 받는다→반는다, 벗는다→번는다, 믿네→민네
 ㄷ. 잡느냐→잠느냐, 덮는→덤는, 읊느냐→음느냐

풀이씨의 씨끝바꿈에 있어서 줄기의 끝소리 'ㄱ, ㄷ, ㅂ'의 뒤에 씨끝의 첫소리로 코소리가 이어나면 그와 같은 계열의 콧소리 'ㅇ, ㄴ, ㅁ'으로 바뀌는데 이와 같은 변동 현상을 '콧소리 되기'라 한다.

(31ㄱ)은 줄기의 끝소리 'ㄱ'이 'ㅇ'으로 바뀌었는데 '겪 - '의 경우는 '일곱 끝소리 되기'의 적용으로 '격 - '이 되었다가 그 다음에 '콧소리 되기'의 적용으로 '경 - '이 된다. (31ㄴ)은 줄기의 끝소리 'ㄷ'이 'ㄴ'으로 바뀌었는데 '벗는다'의 줄기 '벗 - '은 '일곱 끝소리 되기'의 적용으로 '번 - '이 되고 그 다음에 '콧소리 되기'의 적용으로 '번 - '이 된다. (31ㄷ)은 줄기의 끝소리 'ㅂ'이 'ㅁ'으로 바뀌었는데 '덮는'의 줄기 '덮 - '은 '일곱 끝소리 되기'의 적용으로 '덥 - '이 되었다가 그 다음에 '콧소리 되기'의 적용으로 '덤 - '이 된다. 그리고 '읊느냐'의 줄기 '읊 - '은 '겹받침 줄이기'에 의해서 '읖 - '으로 되며 여기에 '일곱 끝소리 되기'가 적용되어 '읍 - '으로 바뀌고 여기에 다시 '콧소리 되기'가 적용되어 '음 - '으로 바뀌었다. 위의 (31ㄱ~ㄷ)과 같은 씨끝바꿈도 같은 음성적 환경이 주어지면 어떠한 경우에도 자동적으로 실현 되므로 규칙적이다.

(32) ㄱ. 끄어→꺼, 뜨어야→떠야, 따르었다→따랐다
 ㄴ. 기쁘어→기뻐, 바쁘어서→바빠시, 고달프었다→고딜펐다

위의 움직씨나 그림씨와 같이 줄기의 끝홀소리가 'ㅡ'로 끝나는 것은 씨끝 ' - 어'나 ' - 어야' 및 ' - 었 - '과 어우를 때는 홀소리의 충돌을 피하기

위하여 '一'가 줄어지는데 (32ㄱ)은 움직씨에서, (32ㄴ)은 그림씨에서 이와
같은 씨끝바꿈이 실현된 모습이다. 그런데 (32ㄱ)의 '따르었다'는 '一' 줄임
으로 '따렀다'로 바뀌었다가 '홀소리 어울림'에 의해서 '따랐다'가 되었다.

그리고 (32ㄴ)의 '바쁘어서'와 '고달프었다'는 '一' 줄임으로 '바뻐서', '고
달펐다'로 바뀌고 여기에 '홀소리 어울림'이 적용되어 '바빠서', 고달팠다'로
실현되었다.

(32ㄱ,ㄴ)에 나타나는 '一' 줄임은 이와 같은 음성적인 환경이 주어지면
보편적으로 실현되므로 규칙적인 현상으로 보기도 하지만 '이르+어'가 '이
르러'로, '푸르+었다'가 '푸르렀다'로 실현되는 예외적인 현상이 나타나기도
한다.

여기서는 전반적인 실현 양상을 고려할 때 '一'가 줄어지는 씨끝바꿈이
위와 같은 극소수의 예외적인 현상을 제외하고는 보편적으로 실현 되므로
규칙적인 현상으로 본다.[2]

　　(33)　ㄱ. 놀으니→노니, 놀읍니다→놉니다, 놀으시다→노시다,
　　　　　　　놀으오→노오
　　　　　ㄴ. 길으니→기니, 길읍니다→깁니다, 길으시니→기시니,
　　　　　　　길으오→기오

위의 (33ㄱ)의 움직씨나 (33ㄴ)의 그림씨와 같이 줄기의 끝소리가 'ㄹ'로
된 것은 씨끝 'ㄴ, ㅂ, ㅅ, ㅗ' 앞에서 줄기의 받침 'ㄹ'이 줄어 진다. 이와 같
은 'ㄹ없애기'도 같은 음성적인 환경이 주어지면 보편적으로 실현 되므로
규칙적인 현상으로 본다.[3]

---

2) 최현배(1971:336 - 337)와 박지홍(1991:145 - 146), 김승곤(1996:525)에서는 '으' 벗
　　어난 끝바꿈으로, 허 웅(1985:281)에서는 '으' 줄임을 한정, 필연적인 현상으로 보
　　았다. 그러나 이희승(1949:76)과 남기심·고영근(1993:131)에서는 바른 씨끝바꿈
　　으로 보았다.
3) 최현배(1971:331), 박지홍(:145), 김승곤(1996:523)에서는 'ㄹ' 벗어난 끝바꿈으로

　지금까지 살펴 본 '—' 줄임과 '르' 줄임은 그 변동의 규칙만 알고 있으면 소리 바뀜을 예측할 수 있으므로 바른 씨끝바꿈으로 볼만하다.

　풀이씨는 꼴바꿈 없이 실질적인 뜻을 가진 줄기와 꼴을 바꾸어 말본상의 뜻을 더해주는 씨끝 부분으로 이루어져 있다. 그런데 풀이씨 가운데에는 씨끝바꿈을 할 때 줄기의 끝소리가 벗어나기도 하고, 씨끝이 벗어나기도 하며, 줄기와 씨끝 모두가 벗어나는 것도 있다. 이와 같이 풀이씨가 씨끝바꿈을 할 때 그 꼴이 벗어나는 것을 '벗어난 끝바꿈(불규칙활용)'이라 한다.

줄기의 벗어남		씨끝의 벗어남	줄기와 씨끝의 벗어남
줄기의 끝소리가 줄어지는 것	줄기의 끝소리가 다른 소리로 바뀌는 것		
'ㅅ' 벗어난 끝바꿈 '우' 벗어난 끝바꿈 '르' 벗어난 끝바꿈	'ㄷ' 벗어난 끝바꿈 'ㅂ' 벗어난 끝바꿈	'여' 벗어난 끝바꿈 '러' 벗어난 끝바꿈 '거라' 벗어난 끝바꿈 '너라' 벗어난 끝바꿈	'ㅎ' 벗어난 끝바꿈

9.3.1 줄기의 벗어남

　줄어짐 : 줄기의 끝소리가 줄어지는 것에는 'ㅅ' 벗어난 끝바꿈, '우' 벗어난 끝바꿈, '르' 벗어난 끝바꿈이 있다.

　　(34) ㄱ. 잇고, 잇지, 잇더니 → 이어, 이어서, 이으니
　　　　 ㄴ. 벗고, 벗지, 벗더니 → 벗어, 벗어서, 벗으니

　'ㅅ' 받침을 가진 풀이씨 가운데는 홀소리 앞에서 'ㅅ'이 없어지는 경우가

　보았고 남기심·고영근(1991:137)과 김차균(1971:113)에서는 바른 씨끝바꿈으로 보았다.

있다. (34ㄱ) '잇다'의 '잇 - '은 닿소리와 결합했을 때는 꼴의 변화가 없으나 홀소리와 결합했을 경우 '*잇어'가 되어야 하는데, '이어'로 실현된다. 이것은 (34ㄴ)의 '벗다'와 같이 규칙적으로 끝바꿈하는 경우와 비교하면 그 끝바꿈의 모습이 다르므로 이러한 끝바꿈을 'ㅅ' 벗어난 끝바꿈이라 한다.

    ㉟ ㄱ. 푸다, 푸고, 푸지, 푸더라 → 퍼, 퍼서, 펐다(퍼었다)
        ㄴ. 주다, 주고, 주지, 주더라 → 주어, 주어서, 주었다

    (35ㄱ)의 '푸다'의 '푸 - '는 닿소리와 결합했을 경우는 본래의 꼴을 유지하지만, 홀소리 앞에서는 '우'가 떨어진다. 이러한 끝바꿈을 '우' 벗어난 끝바꿈이라 한다. 이와 같은 끝바꿈은 같은 꼴을 가진 (35ㄴ)의 '주다'와 비교해 보면 더욱 분명해진다.

    ㊱ ㄱ. 기르다, 기르고, 기르니 → 길러, 길렀다
        ㄴ. 치르다, 치르고, 치르니 → 치러, 치렀다

    줄기가 '르'로 끝나는 풀이씨는 일반적으로 홀소리와 만나면 '으'가 탈락되고 'ㄹ'이 덧난다. (36ㄱ)의 '기르다'를 보면 닿소리 앞에서는 '르'의 꼴이 변화가 없지만 홀소리를 만나면 '르'의 '으'가 탈락되고 'ㄹ'이 덧나 '길러'로 된다. 그러나 같은 꼴인 (36ㄴ)의 '치르다'는 '기르다'와 같은 꼴을 지녔음에도 불구하고 '으'만 떨어지는데, '기르 - '가 '길ㄹ - '이 되는 것은 특이한 현상임을 알 수 있다. 이렇게 '르'가 홀소리 씨끝 앞에서 그 꼴을 바꾸는 것을 '르' 벗어난 끝바꿈이라 한다.

    '르' 벗어난 끝바꿈은 줄기와 씨끝이 함께 벗어난 끝바꿈을 하는 것으로 보기도 한다.[4]

---

4) 최현배(1971:346)는 '르' 벗어난 움직씨는 '으' 벗어난 움직씨와 '러' 벗어난 움직씨와의 끝바꿈법을 합한 것이라 할만하다고 했으며, 김승곤(1996:530)은 '르' 벗

‘흐르 + 어’가 ‘흘 + 어’로 바뀔 때는 줄기의 ‘으’가 줄어진 ‘으’ 벗어난 끝바꿈으로, ‘흘 + 어’가 ‘흘러’로 바뀔 때는 씨끝 ‘ - 어’가 ‘ - 러’로 바뀌는 ‘러’ 벗어난 끝바꿈으로 보았기 때문이다.

바뀜 : 줄기의 끝소리가 다른 소리로 바뀌는 것에는 ‘ㄷ’ 벗어난 끝바꿈과 ‘ㅂ’ 벗어난 끝바꿈이 있다.

  (37) ㄱ. 묻다(問), 묻고, 묻지, 묻는 → 물어서, 물으니
      ㄴ. 닫다, 닫고, 닫지, 닫는 → 닫아서, 닫으니

‘ㄷ’ 받침을 가진 풀이씨 가운데는 홀소리 앞에서 그 ‘ㄷ’이 ‘ㄹ’로 바뀌는 것이 있다. (37ㄱ)의 ‘묻다’는 닿소리와 어울릴 때는 그 꼴에 아무런 변화가 없지만, 홀소리 씨끝을 만나게 되면 ‘묻 - ’이 ‘물 - ’로 바뀐다. 그런데 이러한 바뀜은 (37ㄴ)의 ‘닫다’와 끝바꿈이 다름을 알 수 있다. 이렇게 ‘ㄷ’이 홀소리 씨끝 앞에서 ‘ㄹ’로 바뀌는 현상을 ‘ㄷ’ 벗어난 끝바꿈이라 한다.

  (38) ㄱ. 눕다, 눕고, 눕더라 → 누워, 누우니, 누우면
      ㄴ. 뽑다, 뽑고, 뽑더라 → 뽑아, 뽑으니, 뽑으면

‘ㅂ’을 받침으로 하는 풀이씨 가운데는 홀소리 씨끝 앞에서 그 ‘ㅂ’이 반홀소리 ‘오/우’로 바뀌는 것이 있다. (38ㄱ)의 ‘눕다’는 닿소리 씨끝과 어울릴 때는 그 꼴이 바뀌지 않으나, 홀소리 씨끝과 어울릴 때는 ‘누우 - ’로 바뀐다. 이러한 현상은 (38ㄴ)과 비교하면 그 다름을 알 수 있다. 이러한 경우 ‘눕다’와 같이 줄기 ‘눕 - ’이 홀소리 씨끝과 어울리 때 ‘ㅂ’이 반홀소리 ‘오/우’로 바뀌는 것을 ‘ㅂ’ 벗어난 끝바꿈이라 한다.

어난 끝바꿈을 줄기와 씨끝이 함께 바뀌는 것으로 보았다.

	갈 래		벗어난 풀이씨	씨 범주별
줄기의 벗어남	줄기의 끝소리가 줄어지는 것	'人' 벗어난 끝바꿈	잇다, 짓다, 젓다, 붓다, 줏다, 낫다	움직씨 그림씨
		'우' 벗어난 끝바꿈	푸다	움직씨
		'르' 벗어난 끝바꿈	가르다, 거르다, 그르다, 끄르다, 기르다, 나르다, 누르다, 내지르다, 두르다, 마르다, 머무르다, 모르다, 문지르다, 자르다, 부르다, 서투르다, 이르다(謂, 早)	움직씨 그림씨
	줄기의 끝소리가 다른 소리로 바뀌는 것	'ㄷ' 벗어난 끝바꿈	걷다, 겯다, 듣다, 묻다(問), 붇다, 싣다	움직씨
		'ㅂ' 벗어난 끝바꿈	굽다, 덥다, 밉다, 춥다, 눕다, 돕다, 가볍다, 놀랍다, 어둡다, 까다롭다, 즐겁다	움직씨 그림씨

9.3.2 씨끝의 벗어남

씨끝바꿈에서 씨끝이 원래의 꼴에서 벗어나는 경우에는 '여' 벗어난 끝바꿈, '러' 벗어난 끝바꿈, '거라' 벗어난 끝바꿈, '너라' 벗어난 끝바꿈이 있다.

(39) ㄱ. 하다, 하고, 하면, 하지 → 하여, 하여라, 하여서, 하였다.
    ㄴ. 싸다, 싸고, 싸면, 싸지 → 싸아(싸), 싸아라(싸라), 싸아서(싸서), 싸았다 (쌌다)

풀이씨 가운데서 ' - 하다'로 끝나는 것은 닿소리 씨끝이 붙으면 씨끝이 바뀌지 않으나 홀소리 씨끝이 붙으면 씨끝이 불규칙하게 바뀐다. 이것은 (39 ㄴ)의 '싸다'와 비교하면 분명해진다. 곧 '싸다'의 경우는 씨끝 ' - 아'를 취하지만, '하다'는 씨끝 ' - 여'를 취한다. 이러한 풀이씨를 '여' 벗어난 끝바꿈 풀이씨라 하고 이런 현상을 '여' 벗어난 끝바꿈이라 한다. '여' 벗어난 끝 바꿈을 하는 것은 '- 하다'로 끝난 모든 움직씨와 그림씨가 해당된다.

(40) ㄱ. 이르다(至), 이르고, 이르지, 이르니 → 이르러, 이르러서, 이르렀다.
　　　ㄴ. 이르다(謂), 이르고, 이르지, 이르니 → 일러, 일러서, 일렀다.

줄기가 '르'로 끝난 풀이씨 가운데 (40ㄱ)의 '이르다(至)'와 같이 닿소리 씨끝이 붙으면 바뀌지 않지만, 홀소리 씨끝이 붙으면 씨끝 '- 어'가 '- 러' 로 바뀌는 것이 있다. 그러나 (40ㄴ)의 '이르다(謂)'는 줄기의 '으'가 탈락하 고 'ㄹ'이 덧나는 '르' 벗어난 끝바꿈을 하는 말이다. (40ㄱ)과 같이 씨끝 '- 어' 를 '- 러'로 바꾸는 풀이씨를 '러' 벗어난 끝바꿈 풀이씨라 하고 이런 현상 을 '러' 벗어난 끝바꿈이라 한다.

(41) ㄱ. 가다, 가고, 가니, 가서 → 가거라
　　　ㄴ. 사다, 사고, 사니, 사서 → 사아라(사라)

(41ㄱ)에서 움직씨 '가다'의 시킴꼴은 '가라'가 아닌 '가거라'이다. 그러나 비슷한 꼴을 지닌 '사다'는 '가다'와 같이 'ㅏ'로 끝났으나 규칙적으로 '- 아 라'가 붙는다. 이처럼 시킴꼴로 '- 아라/어라'가 아닌 '- 거라'를 취하는 풀 이씨를 '거라' 벗어난 풀이씨라 하고 이러한 현상을 '거라' 벗어난 끝바꿈이 라 한다.

(42) ㄱ. 오다, 오고, 오니, 오면 → 오너라
　　　ㄴ. 쏘나, 쏘고, 쏘니, 쏘면 → 쏘아라(쏴라)

(42ㄴ)의 움직씨 '쏘다'의 시킴꼴은 '쏴라'이다. 그러나 (42ㄱ)의 '오다'는 '쏘다'와 같이 '오'로 끝났으나, 시킴꼴이 '와라'가 아닌 '오너라'이다. 이처 럼 시킴꼴 '- 너라'를 취하는 풀이씨를 '너라' 벗어난 풀이씨라 하고 이러한

현상을 '너라' 벗어난 끝바꿈이라 한다.

갈 래		벗어난 풀이씨	씨 범주별
씨끝의 벗어남	'여' 벗어난 끝바꿈	하다	움직씨,그림씨
	'러' 벗어난 끝바꿈	이르다(至), 푸르다, 누르다	움직씨,그림씨
	'거라' 벗어난 끝바꿈	가다, 나다, 자다	움직씨
	'너라' 벗어난 끝바꿈	오다	움직씨

9.3.3 줄기와 씨끝의 벗어남

벗어난 풀이씨 가운데에는 줄기와 씨끝의 꼴이 모두 불규칙하게 바뀌는 것이 있다.

(43) ㄱ. 까맣다, 까맣고, 까맣지 → 까만, 까마면, 까매지다
     ㄴ. 좋다, 좋고, 좋지 → 좋은, 좋으면, 좋아지다

'ㅎ' 받침을 가진 그림씨가 닿소리 씨끝과 결합하면 줄기가 바뀌지 않으나, '으'가 삽입되는 씨끝이나 홀소리가 오면 바뀐다. (43ㄱ)의 '까맣다'가 '까만, 까마면'으로 실현되는 것을 (43ㄴ)과 비교해 보면 '*까맣은, *까맣으면'이 되어야 하나 'ㅎ'이 탈락되어 '까만, 까마면'이 되었다. 이것은 줄기의 벗어난 끝바꿈이라 할 수 있다. 그런데 '까맣 - '이 홀소리 씨끝 ' - 아'와 어울리면 줄기와 씨끝이 동시에 바뀌어 '까맣 - '의 'ㅎ'이 탈락하고 줄기의 홀소리 'ㅏ'와 씨끝 '아'가 'ㅐ'로 바뀐다. 이처럼 줄기의 'ㅎ'이 탈락하고 씨끝도 바뀌는 풀이씨를 'ㅎ' 벗어난 풀이씨라 하고 이러한 현상을 'ㅎ' 벗어난 끝바꿈이라 한다.

'ㅎ' 벗어난 끝바꿈은 '까맣다, 노랗다, 빨갛다, 파랗다, 누렇다' 등과 같이 색깔을 나타내는 그림씨에만 적용된다.

풀이말은 줄기의 씨끝이 바뀌면서 여러 가지 말본적인 구실을 달리하는 씨끝바꿈을 한다.

풀이씨가 씨끝바꿈을 할 때에 바뀌지 않는 부분을 줄기라 하고 바뀌는 부분을 씨끝이라 한다. 그런데 씨끝은 한 형태소로 된 단순한 것도 있고 둘 이상의 형태소로 된 복잡한 것도 있다.

(44) ㄱ. (가) - 다, (오) - 니, (먹) - 으며, (보) - 고
     ㄴ. (가) - 시 - 다, (오) - 겠 - 으니, (먹) - 었 - 으며, (보) - 았 - 고
     ㄷ. (가) - 시 - 겠 - 으니, (먹) - 었 - 겠 - 고, (보) - 시 - 겠 - 더 - 니

위의 (44ㄱ)은 한 형태소로 된 씨끝으로, (44ㄴ)은 두 형태소로 된 씨끝으로, (44ㄷ)은 세 형태소 내지 네 형태소로 된 씨끝으로 이루어져 있다.

이 씨끝 형태소들 가운데, ' - 다, - 으니, - 으며, - 고' 따위는 월이나 마디를 끝맺으므로 맺음씨끝(어말어미)이라 하고 ' - 겠 - , - 었 - , - 시 - , - 더 - ' 따위는 끝맺지 못하므로 안맺음씨끝(선어말어미)이라고 하며 이러한 씨끝 형태소가 가지는 말본상의 뜻을 '굴곡의 범주'라 한다.[5]

맺음씨끝 : 맺음씨끝은 그 자격에 따라 한자격법 씨끝과 두자격법 씨끝으로 나누어진다.

---

5) 최현배(1971:349 - 363)에서는 '안맺음씨끝'을 도움줄기(보조어간)라 불러 줄기의 한 부분으로 보았다. 그런데 도움줄기 가운데서 피동, 사동, 강세의 도움줄기는 줄기에 붙어 새로운 줄기를 형성하는 파생가지의 구실을 하므로 줄기의 한 부분이 되지만 나머지 도움줄기는 안맺음씨끝이므로 줄기의 한 부분이 될 수 없고 씨끝의 한 부분이 된다.

(45) <u>맛이</u> <u>달기가</u> <u>꿀과</u> <u>같다</u>.
    (임자말) (풀이말) (견줌말) (풀이말)

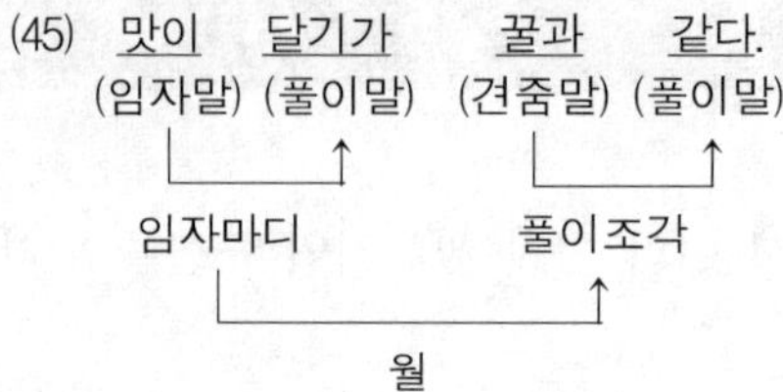

　'달기'는 한 편으로는 토씨 ' - 가'와 결합하여 풀이조각 '꿀과 같다'에 대
한 임자말의 구실을 하고 임자씨처럼 쓰였다. 한 편으로는 '맛이'라는 임자
말에 대하여 풀이말의 구실을 하고 있다.

　그러므로 '달기'의 ' - 기' 씨끝은 앞의 임자말 '맛이'에 대해서는 '풀이말'
의 구실을 하고 뒤의 풀이조각 '꿀과 같다'에 대해서는 임자말의 구실을 하는
두자격법의 이름법 씨끝이다. 그런데 풀이말 '같다'의 씨끝 ' - 다'는 서술어를
이루는 한자격의 구실밖에 하지 못하므로 한자격법의 서술법 씨끝이다.

　이처럼 맺음씨끝은 월성분을 이루는 자격에 따라서 한자격을 갖는 한자
격법 씨끝과 두자격을 갖는 두자격법 씨끝으로 구분한다.

① 한자격법 씨끝

한자격법 씨끝은 말할이의 들을이에 대한 의향(태도)를 나타내는 마침법
씨끝과 순수한 통어상의 순서와 관계하는 이음법 씨끝으로 나누어진다.

　　(46) ㄱ. 학생이 책을 읽<u>는다</u>. (←읽/는/<u>다</u>)
　　　　ㄴ. 너는 이 책을 읽었<u>느냐</u>.(←읽/었/<u>느냐</u>)
　　　　ㄷ. 책을 빨리 읽<u>어라</u>.(←읽/<u>어라</u>)
　　　　ㄹ. 비가 올라, 빨리 가<u>자</u>.(←가/<u>자</u>)

　위의 (46ㄱ～ㄹ)의 풀이말을 형태소로 분석할 때, 밑줄 친 ' - 다, - 느냐, - 어
라, - 자'가 마침법 씨끝이다. 마침법 씨끝에는 (46ㄱ)의 ' - 다'와 같이 들을
이에게 특별히 요구하는 일이 없이 월을 끝맺어 서술월을 만드는 서술법 씨

끝이 있다. 서술법 씨끝은 뜻에 따라 (47)과 같이 구별한다. 들을이에게 단순히 자기 말을 해 버리는 '먹는다'의 ' - 다', '피었네'의 ' - 네'와 같은 평서법 씨끝과, '예쁘구나'의 ' - 구나', '오는군'의 ' - 군' 등과 같은 느낌법 씨끝과, '가마'의 ' - 마', '읽을게'의 ' - 게' 등과 같은 약속법 씨끝으로 구분할 수도 있다.

(47)

<pre>
                   ┌ 평서법씨끝 : 먹는다, 피었네
        서술법씨끝 ─┤ 느낌법씨끝 : 예쁘구나, 오는군
                   │   하시었구려, 좋아라
                   └ 약속법씨끝 : 가마, 읽을게
                                  다니어옴세
</pre>

(46ㄴ)의 '읽었느냐'의 마침법 씨끝 ' - 느냐'는 말할이가 들을이에게 대답을 요구하는 물음월을 만드는 물음법 씨끝이다. 물음법 씨끝 ' - 느냐'는 줄기의 씨 범주에 따라 움직씨 줄기 아래에서는 ' - 느냐'가 그림씨 줄기 아래에서는 ' - 으냐'(좋으냐)가 잡음씨 줄기 아래에서는 ' - 냐'(꽃이냐)가 붙는 선택의 제약이 있다.

(46ㄷ)의 '읽어라'의 마침법 씨끝 ' - 어라'는 말할이가 들을이에게 행동을 요구하는 시킴월을 만드는 시킴법 씨끝이다. 그런데 시킴법 씨끝 ' - 어라'가 그림씨 줄기에 붙으면 '아이, 기분 좋아라'에서와 같이 '느낌'을 나타내는 서술법 씨끝이 된다.

(46ㄹ)의 '가자'의 마침법 씨끝 ' - 자'는 말할이가 들을이에게 어떤 일을 함께 하기를 요구하는 꾀임월을 만드는 꾀임법 씨끝이다.

마침법 씨끝은 말할이의 들을이에 대한 태도가 나타나고 들을이높임법이 실현된다. 마침법 씨끝에 나타나는 들을이높임법에 대해서는 「9.5 맺음씨끝의 끝바꿈」에서 다시 설명하기로 하겠다.

마침법 씨끝이 말이 쓰이는 환경과 관련된 씨끝이라면 이음법 씨끝은 순수한 통어상의 문제와 관련된 씨끝이다.

곧, 마침법 씨끝이 말할이의 들을이에 대한 태도나 들을이높임을 나타내면 이음법 씨끝은 월의 연결과 관련된 문제를 다루는 씨끝이다.

이음법 씨끝은 통어상의 관계에 따라서 벌임 이음씨끝(대등적 연결어미), 딸림 이음씨끝(종속적 연결어미), 매인 이음씨끝(보조적 연결어미)으로 구분한다. 그런데 벌임 이음(대등적 연결)과 딸림 이음(종속적 연결)의 경계는 어디에서 구분지어야 할 지 판단하기 어려운 경우가 있다.

   (48)　ㄱ. 걸으면서 책을 읽는다.
　　　　　ㄴ. 까마귀 날자 배 떨어진다.
　　　　　ㄷ. 가다가 봤다.
　　　　　ㄹ. 봄이 오니 꽃이 핀다.

(48ㄱ)의 씨끝 '‒으면서'는 두 움직임이 함께 일어남을 나타내므로 벌임 이음씨끝이다. 그리고 (48ㄴ) 의 씨끝 '‒자'는 한 일이 끝나자 마자 동시에 다음 일이 일어남을 나타내고 (48ㄷ)의 씨끝 '‒다가'는 다른 일로 옮아감을 나타낸다. 그리고 (48ㄹ)의 씨끝 '‒니'는 이유, 조건, 원인 따위를 나타낸다. 따라서 이 네 씨끝 가운데서 (48ㄱ)의 씨끝 '‒으면서'는 벌임(대등)의 뜻이 강하고 (48ㄹ)의 씨끝 '‒니'는 딸림(종속)의 뜻이 강하다. 그러나 (48ㄴ)과 (48ㄷ)의 씨끝은 '벌임'과 '딸림'의 경계를 구분하기가 어렵다.

   (49)　ㄱ. 영희는 식사를 하고 학교에 갔다.
　　　　　ㄴ. 그는 길을 가면서 책을 읽는다.
　　　　　ㄷ. 그는 놀며 먹는다.
　　　　　ㄹ. 죽이든지 살리든지 마음대로 하시오.

(49ㄱ～ㄹ)의 씨끝은 '벌임 이음씨끝'이다. (49ㄱ)의 '‒고'는 움직씨 줄기에 붙으면 차례 벌임(계기적 연결)의 뜻을 나타내는데 이때에는 앞뒤 마디의 차례를 바꿀 수가 없다. 그러나 그림씨 줄기에 '‒고'가 붙으면 앞뒤 마디의 차례를 바꾸어도 뜻이 바뀌지 않는다.

(49ㄴ)의 ' - 면서'는 이적 나아감(현재 진행)이나 한때 벌임(동시적 연결)을 나타내고 (49ㄷ)의 ' - 며'는 동시에 두 가지 이상의 행위를 갖추고 있음을 나타내기도 하고 벌임의 뜻을 나타내기도 한다. 그리고 (49ㄹ)의 ' - 든지 ~ - 든지'는 서로 상반되는 두 낱말을 이어 주는 데 쓰인다.

> (50) ㄱ. 그가 찾아 왔으니, 어찌 하랴?
> ㄴ. 물이 흐리므로 발을 씻지 않겠다.
> ㄷ. 네가 이것을 해 내어야, 네 체면이 선다.
> ㄹ. 네가 하도 귀여워서 나는 어쩔 줄을 모르겠다.

(50ㄱ~ㄹ)의 씨끝은 '딸림 이음씨끝'이다. (50ㄱ)의 ' - 으니'는 조건이나 원인을 나타내며 (50ㄴ)의 ' - 므로'는 까닭을, (50ㄷ)의 ' - 어야'는 마땅히 하여야 함을 나타낸다. 그리고 (50ㄹ)의 ' - 어서'는 씨끝 ' - 아/어'에 ' - 서'가 어울려 된 것으로 완성 곧 <다 이루어 짐>의 뜻을 나타내는데 때로는 까닭이나 조건의 뜻을 나타내기도 한다.

> (51) ㄱ. 철수가 의자에 앉아 있다.
> ㄴ. 이 책을 읽어 보아라.
> ㄷ. 그 일에는 그가 가게 되었다.
> ㄹ. 그는 책을 읽고 있다.

(51ㄱ~ㄹ)의 씨끝은 으뜸풀이씨와 매인풀이씨를 이어 주는 매인 이음씨끝이다.

(51ㄱ)의 ' - 아'는 매인움직씨 '있다'와 어울려 '끝난 상태'의 뜻을, (51ㄴ)의 ' - 어'는 매인움지씨 '보아라'와 어울려 '해보기(시행)'의 뜻을, (51ㄷ)의 ' - 게'는 매인움직씨 '되었다'와 어울려 '입음'의 뜻을, (51ㄹ)의 ' - 고'는 매인움직씨 '있다'와 어울려 '나아감'의 뜻을 나타낸다.

' - 아/어, - 게, - 지, - 고'에 의한 씨끝바꿈꼴을 감목법(자격법)의 어찌꼴로 보기도 하지만 으뜸풀이씨와 매인풀이씨의 짜임새에 있어서는 앞의 풀

이말이 으뜸이고 뒤의 말은 앞의 풀이말에 매어 있으므로 앞의 말이 뒤의
말을 꾸미고 있다고 할 수 없다. 따라서 이런 씨끝바꿈은 어찌법이 아니고
이음법의 한 가지로 보는 것이 합리적인 처리 방법이다.6)

② 두자격법 씨끝

두자격법 씨끝은 속짜임새의 풀이말을 겉짜임새에서는 다른 자격을 갖게
하는 씨끝이고 한자격법 씨끝은 속짜임새의 풀이말이 겉짜임새에서도 그 자
격을 바꾸지 않는 씨끝이다. 우리말의 두자격법 씨끝에는 이름법 씨끝과 매
김법 씨끝, 그리고 어찌법 씨끝이 있다.

   (52) ㄱ. 그 사람은 속이 깊기가 바다와 같다.
      ㄴ. 꽃이 붉음이 꼭 불꽃과 같구료.

임자씨의 구실을 하는 씨끝바꿈법(활용법)을 이름법이라고 하는데 '-기'
와 '-음' 두 가지의 씨끝이 이것을 맡는다.

위의 (52ㄱ)의 '깊기'는 속짜임새에서는 풀이말이었는데, 겉짜임새에서 이
름법 씨끝 '-기'가 붙어 그 구실을 바꾸어 이름꼴이 되고 거기에 임자자리
토씨 '-가'가 붙어 임자말의 구실을 한다. 그리고 (52ㄴ)의 '붉음'은 앞마디
에서는 '풀이말'의 구실을 하지만 이름법 씨끝 '-(으)ㅁ'뒤에 임자자리토씨
'-이'가 붙은 '붉음이'는 뒷마디에서는 임자말의 구실을 한다.

   (53) ㄱ. 가는 사람을 잡지 마시오.
      ㄴ. 이미 밥을 먹은 사람이 많더라.
      ㄷ. 맑은 날은 기분이 좋다.
      ㄹ. 나의 친구인 철수군.
      ㅁ. 서울에 가실 분은 손을 드십시오.

---

6) 최현배(1971:281-285)에서는 감목법 중의 어찌꼴로 보았으나, 허 웅(1983:239)에
  서는 이음법으로 보았다.

매김말의 구실을 하는 풀이씨의 씨끝바꿈법을 매김법이라 하는데 매김법 씨끝에는 매김말의 구실과 함께 때매김이 나타나는 것이 이름법 씨끝이나 어찌법 씨끝과 차이가 나는 점이다.

(53ㄱ)의 '가는'은 속짜임새에서는 '사람이'의 풀이말 구실을 하는데 겉짜임새에서는 '사람을'의 매김말 구실을 한다. 이때에 '가는'의 씨끝 '-는'은 움직씨에만 붙는 씨끝으로서 이적(현재)의 때매김을 나타낸다. 그리고 (53ㄴ)에서 '먹은'의 씨끝 '-은'은 움직씨 줄기 아래에서는 지난적(과거)의 때매김을 나타낸다. (53ㄷ)의 '맑은'의 씨끝 '-은'은 그림씨 줄기 아래에서는 이적을 나타내는데 '예쁜'에서 '-은'과 음성적인 이형태 관계에 있는 '-ㄴ'도 이적을 나타낸다. 그리고 (53ㄹ)에서 '친구인'의 씨끝 '-ㄴ'은 잡음씨 줄기에 붙은 씨끝으로 이때에도 이적의 때매김이 나타나며, (53ㅁ)에서 '가실'의 씨끝 '-ㄹ'은 움직씨 줄기에 붙어 올적(미래)의 때매김을 나타낸다.

   (54) ㄱ. 혀가 <u>닳도록</u> 타일렀다.
       ㄴ. 꽃이 <u>아름답게</u> 피었다.
       ㄷ. 눈물이 비 <u>오듯이</u> 쏟아졌다.

(54ㄱ)의 '-도록'은 <어떠한 상태에 이를 때까지>의 뜻을 나타내고, (54ㄴ)의 '-게'는 <어떤 상태에 미치도록>의 뜻을, (54ㄷ)의 '-듯이'는 <흡사함>의 뜻을 나타내는 씨끝이다. 그런데 이들 씨끝은 이음법 씨끝으로서의 구실과 어찌법 씨끝으로서의 구실을 함께 갖고 있기 때문에 그 처리가 간단하지 않다. 그 처리 방법으로 ① '-도록'과 '-듯이'는 이음법 씨끝으로 '-게'는 어찌법 씨끝으로, ② 위의 씨끝바꿈법들은 어씨씨나운 성격이 강하므로 모두 어씨법 씨끝으로 ③ '-게'의 성격이 단일하지 않다고 하여 같은 형태에 다른 이름을 주기보다는 모두 이음법 씨끝으로 보는 세 가지가 있다.[7]

---

7) 최현배(1971 : 291 - 326)에서는 '-도록'과 '-듯이'를 이음법 씨끝으로 '-게'를 어찌법 씨끝으로 보았으며, 허 웅(1983 :158 - 159)에서는 모두 어찌법 씨끝으로,

지금까지 설명한 맺음씨끝을 정리하면 다음과 같다.

(55)

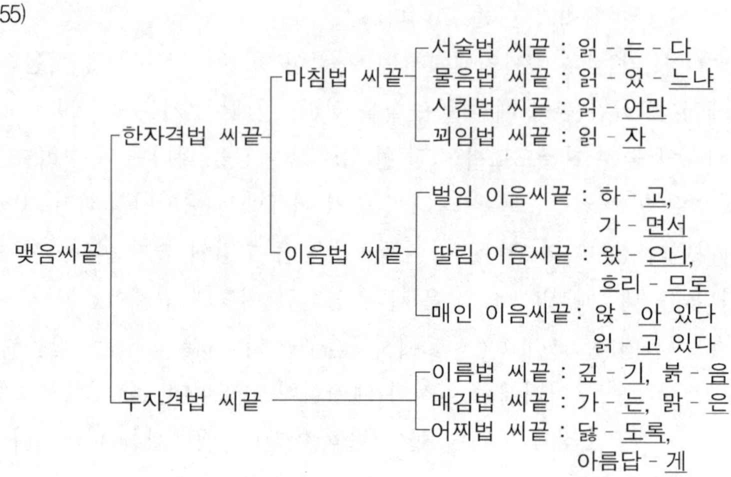

안맺음씨끝 : 우리말의 안맺음씨끝은 '높임'의 뜻을 가진 것과 '때매김'의
뜻을 가진 것, '다짐'의 뜻을 가진 것으로 나누어진다.

(56) ㄱ. - 시 -
ㄴ. - 읍 - , - 습 -
ㄷ. - 으옵 - , - 자옵 - , - 으오 -

위의 (56ㄱ ~ ㄷ)은 '높임'의 뜻을 가진 안맺음씨끝이다. (56ㄱ)의 ' - 시 - '
안맺음씨끝은 말할이가 월의 임자말로 지시되는 주체를 높일 때에 쓰이는
데, 이 안맺음씨끝은 모든 풀이씨의 씨끝과 자유로이 결합할 수 있다.

(56ㄴ)의 안맺음씨끝 ' - 읍 - '과 ' - 습 - '은 말을 듣는 상대를 아주 높
이는 표지이다. ' - 습 - '은 '받습니다, 있습니다, 찾습니다'에서와 같이 받
침이 있는 줄기 뒤에 붙고 ' - 읍 - '은 '갑니다, 믿읍니다, 잡읍니다'에서와

───────────────

남기심 · 고영근(1991:158 - 159)에서는 모두 이음법 씨끝으로 보았다.

같이 받침 있는 줄기나 받침 없는 줄기에 모두 붙을 수 있다.[8] 그런데 이들 안맺음씨끝은 맺음씨끝 '-니다'와만 어울리므로 결합에 제약이 있다. (56ㄷ)의 안맺음씨끝은 중세 국어에서는 객체높임의 범주를 나타내던 표지였으나 지금 말에서는 들을이높임의 안맺음씨끝으로 그 구실이 바뀌었다. 이 씨끝이 결합된 '가옵나이다, 받으옵나이다, 먹사옵니다, 받자옵나이다'는 글말에서 특히 상대를 아주 높여야 할 때 쓰이고 입말에서는 별로 쓰이지 않는 예스런 말씨이다. 이들 안맺음씨끝도 맺음씨끝 '-나이다'나 '-니다'와만 어울리는 제약이 있다.

(57) ㄱ. -는-, -었-, -겠-, -리-, -더-
　　 ㄴ. -것-

(57ㄱ)은 '때매김'의 뜻을 가진 안맺음씨끝이고 (57ㄴ)은 '다짐'(확인)의 뜻을 가진 안맺음씨끝이다. '-는-'은 이적(현재)의 뜻을 가진 안맺음씨끝이다. '-는-'은 '-ㄴ-'과 음성적인 이형태 관계에 있다. '먹는다'의 '먹-' 줄기처럼 받침이 있으면 '-는-'이 붙고 '간다'의 '가-' 줄기처럼 받침이 없으면 '-ㄴ-'이 붙는다. 그런데 '먹는다, 간다'의 '-는-'과 '-ㄴ-'에 때매김의 뜻이 있음을 인정하지 않고 무형의 형태소가 이적의 뜻을 나타내는 것으로 보아 '-는/ㄴ다'를 하나의 씨끝으로 처리하기도 한다.[9] 그 까닭은 '먹었는데'와 '먹는데'의 대조에서 '-는-'이 '이적'의 뜻을 갖지 않고 '-었-'이나 '-겠-'에 비하여 다른 씨끝과의 결합에 제약이 심하기 때문이다.

그러나 '먹는다, 먹었다, 먹겠다'와의 대조에서는 '-는-'이 이적의 뜻을 가진 때매김 형태소의 구실을 하므로 '-는-'을 이적의 때매김 형태소로 보기도 한다.[10] '-었-'은 '지난적'(과거)의 뜻을 가진 안맺음씨끝인데 어두

---

8) 문교부 고시 제88-2호(1988.1.19)에 따른 ≪표준어 규정≫에서는 '-습니다'를 취하고 '-읍니다'를 버리도록 규정했다.
9) 허 웅(1983 : 226, 243)을 참고할 것.
10) 박지홍(1991 : 256), 김승곤(1996 :547-548), 남기심·고영근(1991 : 152)를 참고할 것.

운 홀소리로 된 줄기 아래 쓰이며 밝은 홀소리 아래에서는 '-았-'이 쓰인다. 그러므로 '-았-'과 '-었-'은 음성적인 이형태이다. '-겠-'은 올적(미래)의 뜻을 가진 안맺음씨끝이다. 그런데 '-겠-'은 '오겠다'에서처럼 줄기와 맺음씨끝 사이에 단독으로 쓰이면 '올적'의 뜻을 가지지만, '먹었겠다'에서처럼 지난적의 안맺음씨끝 '-었-'과 맺음씨끝 '-다' 사이에 쓰이면 '추측'의 뜻만을 가진다. '-겠-'과 같은 뜻을 가진 안맺음씨끝에 '-리-'가 있다. 그러나 '-리-'는 그 쓰임이 '-겠-'과는 달리 상당히 제한되어 있으며 '-겠-'이 입말에 쓰이는 반면 '-리-'는 옛말투의 글말에 쓰이는 차이가 있다. '-더-'는 돌이킴(회상)의 뜻을 가진 안맺음씨끝이다. 말할이가 지난적의 어느 때에 경험한 사실을 지금에 돌이켜서 알리거나 묻거나 할 때에 쓰이는데 임자말과의 가리킴(인칭)의 제약이나 맺음씨끝과의 결합상의 제약이 심하다.

(57ㄴ)의 '-것-' 안맺음씨끝은 어떤 움직임을 다져서 보이는 강조법의 일종이다. 이 씨끝도 서술법과 물음법의 맺음씨끝과만 결합하는 제약이 있다.

9.5 풀이씨의 씨끝바꿈

풀이씨의 씨끝바꿈에는 풀이씨가 월에서 풀이말 하나로만 구실하는 한자격법과 풀이말 밖에 또 다른 구실을 하는 두자격법으로 나뉜다.

(58) ㄱ. 민수는 학교에 <u>간다</u>.
    ㄴ. 하늘은 <u>맑고</u> 바람은 선선하다.

(59) ㄱ. 쌀을 <u>구하기</u>가 쉽지 않다.
    ㄴ. 우리가 <u>할</u> 일을 말해라.
    ㄷ. 이 곳을 <u>깊게</u> 파라.

(58)의 '간다'와 '맑고'는 한자격법의 풀이말로서, (58ㄱ)은 월을 끝맺는 마

침법이고, (58ㄴ)은 월을 이어주는 이음법이다. 또 (59)의 '구하기가', '할', '깊게'는 풀이말의 구실을 하면서 (59ㄱ)은 임자말, (59ㄴ)은 매김말, (59ㄷ)은 어찌말의 두 가지 구실을 하는 두 자격법이다. 이 두자격법은 각각의 구실에 따라 이름법, 매김법, 어찌법으로 구분한다.

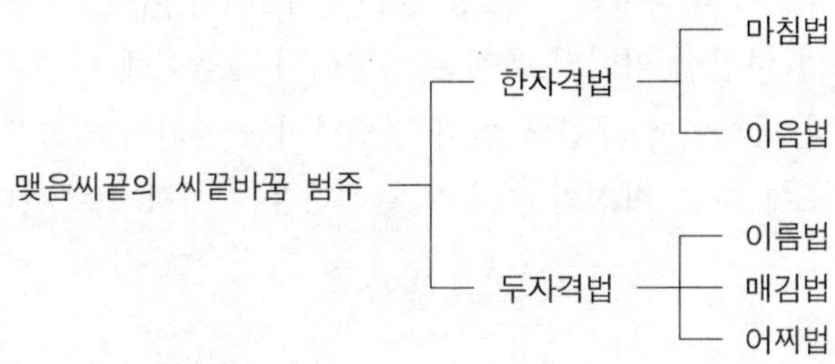

9.5.1 한자격법

마침법 : 풀이말의 자격만 가지고 월을 끝맺는 법을 마침법이라 한다. 마침법은 월을 끝맺는 맺음씨끝으로 실현되는데, 이는 말할이의 들을이에 대한 태도를 나타내므로 의향법이라고도 한다.

마침법은 들을이에 대한 말할이의 태도에 따라 크게 두 가지로 나뉜다. 하나는 들을이에게 어떤 요구를 하지 않고 자신의 의견이나 느낌을 나타내거나, 또는 약속을 하면서 월을 끝맺는 방법인데 이것을 서술법이라 한다. 다른 하나는 말할이가 들을이에게 무엇을 요구하면서 월을 끝맺는 법인데 이는 다시 대답을 요구하는가, 행동을 요구하는가에 따라 두 가지로 나뉜다. 대답을 요구하는 법을 물음법이라 한다. 행동을 요구하는 법은 들을이의 행동을 요구하는가, 말하는 이 자신과 어떤 행동을 들을이가 함께 하기를 요구하는가에 따라 다시 두 가지로 나뉘는데, 앞의 방법을 시킴법이라 하고 뒤의 방법을 꾀임법이라 한다.

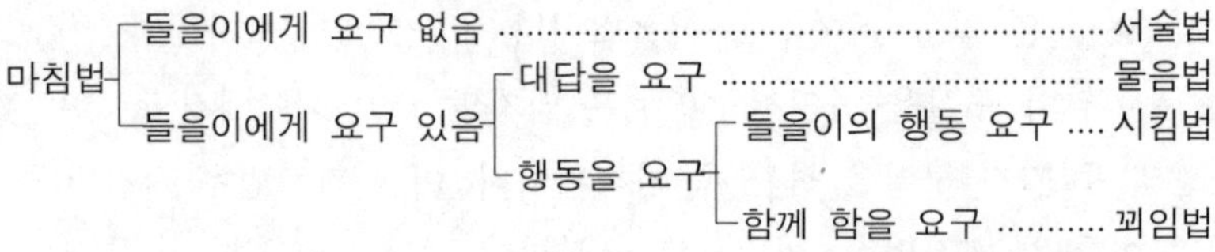

마침법의 실현 방법에 대해서는 「제2장 말본 범주」에서 다루었으므로 설명을 줄인다. 우리말 마침법 씨끝의 특징은 말할이의 들을이에 대한 의향을 나타낼 뿐만 아니라 들을이에 대한 높임의 정도까지 반영되어 있으므로 여기서는 높임의 정도에 따른 마침법 씨끝의 갈래만을 제시하기로 한다.

① 서술법

서술법은 들을이에게 어떤 요구를 하지 않고 자신의 의견이나 느낌을 나타내거나 또는 약속을 하면서 월을 끝맺는 마침법을 말한다.[11]

높임의 정도	서술법 씨끝
아주낮춤	- 다/라, - ㄴ다/는다, - 다나, - 다고, - 다니까, - 단다, - 어라/아라, - 단다, - 구먼, - 거든, - (는)구나/로구나, - 도다/로다, - 으마, - 을게, - 는걸, - 은걸, - 을걸, - 을래
예사낮춤	- 다네, - 네, - 으이, - ㄹ세, - 음세
예사높임	- 으오, - 소
아주높임	- 읍(습)니다, - 느이다, - 나이다

② 물음법

말할이가 들을이에게 무엇을 요구하면서 월을 끝맺는 법 가운데 대답을 요구하는 법을 물음법이라 한다.

---

11) '느낌'의 뜻을 드러내는 월을 서술법에서 독립시켜 감탄법을 세우기도 한다. 서술법에 포함시켜야 한다는 논의는 최현배(1971:860)를 참고하고 서술법에서 독립시켜야 한다는 논의는 남기심 · 고영근(1993:347)을 참고할 것.

높임의 정도	물음법 씨끝
아주낮춤	- 나, - 냐, - 느냐/으냐, - 니, - 랴, - 을쏘냐, - 을까, - 을래
예사낮춤	- (는/은)가, - (을)가, - (던)가, - (는)고, - (을)고 - (은)고, - (던)고, - ㄹ손가
예사높임	- 오/소
아주높임	- 읍(습)니까, - 나이까, - 오이까, - 오니까, - 더이까

③ **시킴법**

말할이가 들을이에게 무엇을 요구하면서 월을 끝맺는 법 가운데 행동을 요구하는 법이 있는데, 특히 들을이의 행동을 요구하는 방법을 시킴법이라 한다.

높임의 정도	시킴법 씨끝
아주낮춤	- 으라, - 아라/어라(- 너라/거라), - 려무나(- 렴)
예사낮춤	- 게, - 세
예사높임	- 으오/소, - 구려
아주높임	- 으시오, - 십시오

④ **꾀임법**

말할이가 들을이에게 무엇을 요구하면서 월을 끝맺는 방법 가운데 말할이 자신과 어떤 행동을 들을이와 함께 하기를 요구하는 방법을 꾀임법이라 한다.

높임의 정도	꾀임법 씨끝
아주낮춤	- 자
예사낮춤	- 세
예사높임	- 으오
아주높임	- 읍시다/ - 으십시다

이음법 : 이음법은 이음씨끝에 의하여 앞뒤 마디의 관계를 나타내는 통어상의 범주이다. 그런데 이음씨끝은 중심뜻에서 번져 나간 뜻이 많고 문맥적 상황에 따라서 뜻의 변질이 심하기 때문에 이들을 몇 가지 한정된 범주로 단순화하기가 어렵다. 여기서는 그 씨끝의 중심뜻에 따라서 갈래별로 나누고 그 특성을 밝혀 보았다.

1 제약법

앞마디의 내용이 뒷마디 내용을 제약하는 뜻을 나타내는 이음법으로, 이는 다시 씨끝의 중심뜻에 따라 가정, 까닭(이유), 곧 바로, 꼭 필요함 등으로 나눌 수 있다.

	중심뜻	씨 끝	특 성	예
제약법	가정	- 으면	앞으로 일어날 일이나 상태를 가정. '-시-, -겠-, -았-' 과 결합 가능.	열매가 <u>열리면</u>, 꽃은 떨어질까. 너를 <u>미워한다면</u> 그녀는 나쁜 사람이야.
		- 는다면	전혀 불가능한 일을 가정. '-았/었-'과 결합하여 과거의 불가능했던 가정을 표시.	내가 <u>어른이었다면</u> 힘이 있었을 텐데. 그대를 <u>만났다면</u> 지금 이렇지는 않을 텐데.
		- 을 것 같으면	앞으로의 일이나 일반적인 일에 대해 가정. '-았/었-'과 결합하여 지난 일을 가정.	이왕 <u>할 것 같으면</u> 열심히나 하지. 그녀가 <u>도착할 것 같으면</u>, 그가 얼마나 기뻐했을까.
		- 거든	선택적인 일이나 현실적 확실성이 있는 일을 가정. '-시-, -겠-, -았-' 과 결합 가능.	네가 <u>졌거든</u>, 앞으로 열심히 해라. 그가 <u>멋있거든</u>, 남편으로 삼아라.

제약법	가정		- 을진대	모든 풀이씨에 쓰임. '-시-, -겠-, -았-'과 결합 가능.	네가 그리 <u>할진대</u>, 누가 좋아하리. 그것이 <u>클진대</u>, 저건 말할 것도 없다.
			- ㄴ들	지난적에 했으면 좋았을 것을 하지 않아 후회함. 모든 풀이씨에 쓰임.	너도 <u>갔던들</u> 분위기가 좋았을 텐데. 만약 <u>너였던들</u>, 참았을까?
	까닭 (이유)		- 므로	까닭, 이유. '-시-, -겠-, -았-'과 결합 가능.	눈이 <u>내리므로</u> 길이 미끄럽다. 그녀가 <u>가난하므로</u> 부모님이 싫어하신다. 할머니께서 <u>편찮으시므로</u> 집안이 어수선하다.
			- 아서/어서	까닭, 이유. '-시-'와 결합 가능.	길이 <u>밀려서</u> 약속에 늦었다. 아버지께서 <u>오셔서</u> 놀지 못했다.
			- 기에/길래	까닭, 이유. '-시-, -겠-, -았-'과 결합 가능.	그녀는 <u>아프기에</u> 힘이 없다. 누가 <u>살길래</u> 이리 시끄러운가.
			- 니/니까	까닭, 이유.	내가 <u>좋으니까</u> 어려움은 이길 수 있다. 철수가 <u>아프니까</u> 영수도 힘이 없다.
	곧 바로		- 은즉	한문 이음씨 '則'에서 유래. - 하니 곧(바로)	내가 해 <u>본즉</u>, 아주 위험하던데. 일이 그리 <u>돌아간즉</u>, 어찌 할 수가 없구나.
	꼭 필요함		- 아야/어야	마땅히 해야 함	내가 <u>해야</u> 일이 되지. 그가 <u>부자여야</u> 대접해 준다.
			- 어야지/ 아야지	마땅함을 더 확실히 함	내가 <u>해야지</u> 일이 되지. 그가 <u>부자여야지</u> 대접 받지.

② 불구법

이 씨끝은 앞마디의 내용을 긍정하긴 하지만, 뒤에 부정적인 사실을 함축하는 등의 뜻을 가지고 있거나, 그 다음에 오는 마디의 내용이나 사건이 드러남에 아무 상관이 없음의 뜻을 나타낸다. 이들은 가상, 양보, 사실, 추정 등의 중심뜻으로 나눌 수 있다.

중심뜻		씨끝	특 성	예
불구법	가상	- 더라도	그렇게 되더라도 아무 소용이 없었음. '-시-, -았-, -겠-' 등이 결합 가능.	네가 아무리 예쁘더라도, 그 일을 용서받을 순 없다. 바다가 푸르더라도 맑지 않을 수도 있다.
		- 을지라도	이적이나 올적의 일을 가상.	그녀가 아무리 아름다울지라도 장미만은 못하다. 네가 아무리 열심히 일할지라도 성공하진 못하리라.
		- 은들	안맺음씨끝은 '-시-' 만 결합 가능.	내가 온들 일이 해결되겠니. 아무리 힘이든들 이것만 하랴.
	양보	- 을망정	'-을+망정'으로 된 씨끝. 어떤 어려움이 있더라도 개의치 않음.	나는 망할망정, 그 일을 하리라. 그가 사장이 되었을망정, 나는 여전히 그의 친구다.
		- 을지언정	'-을+지언정'으로 된 씨끝 - 하는 한이 있어도	내가 빌어 먹을지언정, 넌 공부시키겠다. 우리가 졌을지언정, 자존심만은 버리지 말아야 한다.
	사실	- 지마는	할 수 없이 함을 뜻함. '-시-, -었-, -겠-' 과 결합 가능.	지금은 내가 가진 것이 없지마는 언젠가 부자가 될 것이다. 이제 오셨지마는 또 언제 가실 지 몰라요.

		- 건마는	어떤 부러움이나 반대의 일을 표시.	영수는 돈을 벌러 <u>떠났건마는</u> 빈털털이가 되어 돌아왔다. 하늘은 <u>맑건마는</u> 마음이 울적하다.
불구법	사실	- 거니와	~하였지마는, ~한데도 불구하고, 거듭의 의미	그는 <u>착하거니와</u> 정직하기도 하다. 나는 밥을 <u>먹었거니와</u> 그는 어떤지 모르겠군.
		- 으나마	불만이나 반대, 아쉬움의 뜻.	오기는 <u>오나마</u> 어찌 다시 갈까. <u>개똥이나마</u> 있으면 했더니 어찌된 게 보이질 않는구나.
		- 는데도	현실적으로 어떤 행동을 하거나 어떤 상태이지만 뜻대로 되지 않고 사실과 다름을 뜻함.	빵을 <u>먹었는데도</u> 허기가 진다. 순이는 <u>착한데도</u> 사랑받지 못한다.
		- 는다마는	어떤 동작이나 상태에도 불구하고 실망이나 반대의 뜻을 보임	오늘은 <u>긴다마는</u> 내일은 일어서리라. 여기가 유명한 <u>곳이다마는</u> 예전엔 시골 장터에 불과했다.
	추정	- 으려니와	올적에 있을 일을 추측하여 서술하거나 현실적인 일을 서술함. '-시-, -었-'과 결합 가능함	꽃이 <u>예쁘려니와</u> 열매도 달다. 그건 <u>보석이려니와</u> 이건 뭐지.
		- 으련마는	'-시-, -었-'과 결합 가능함.	부산에 살면 그녀를 <u>만나련마는</u> 상황이 여의치 않구나. 너는 내 <u>친구이련마는</u> 그렇다는 생각이 안 든다.
		- 을지라도	추량 불구	내가 서울에서 산다 <u>할지라도</u> 지역이 그렇게 중요하진 않다. 아무리 힘 <u>낼지라도</u> 할 수 없는 일이 있는 것이다.
		- 자	~한다고 한들	네가 해 <u>본댔자</u>, 될 건 없다. 제 아무리 <u>고왔자</u>, 장미만 하랴.

3 벌임법

벌임법은 앞뒤 마디의 생각의 벌임을 나타내는 이음법이다. 그런데 이는 다시 시간과 관계가 있는 때 벌임법과 공간과 관계가 있는 얼안 벌임법으로 나뉜다. 때 벌임법은 시간으로 벌이는 꼴로, 한 임자 또는 두 임자가 두 가지의 움직임을 동시에 하는 것을 나타내는 꼴인 한때 벌임법과 한 임자 또는 두 임자가 두 가지 이상의 움직임을 순서대로 해 나감을 나타내는 꼴인 차례 벌임법으로 나뉜다.

<table>
<tr><td colspan="2">중심뜻</td><td>씨끝</td><td colspan="2">예</td></tr>
<tr><td rowspan="18">벌임법</td><td rowspan="10">때벌임법</td><td rowspan="3">한때벌임</td><td rowspan="3">- 으면서</td><td colspan="2">비둘기가 <u>울면서</u> 날아간다.</td></tr>
<tr><td colspan="2">눈이 <u>오면서</u>, 바람도 분다.</td></tr>
<tr><td colspan="2">너는 밥을 <u>먹으면서</u> 공을 찰 수 있니?</td></tr>
<tr><td rowspan="2">- 으며</td><td colspan="2">영희는 음악을 <u>들으며</u> 전화를 한다.</td></tr>
<tr><td colspan="2">어머니는 무를 <u>썰으며</u> 라디오를 들으신다.</td></tr>
<tr><td rowspan="7">차례벌임</td><td rowspan="3">- 고</td><td rowspan="3">끝남</td><td>그는 떡을 <u>먹고</u> 왔다.</td></tr>
<tr><td>눈이 <u>그치고</u>, 해가 났다.</td></tr>
<tr><td>책을 덮고 연필을 <u>던지고</u> 고함을 질렀다.</td></tr>
<tr><td rowspan="3">방법</td><td>버스를 <u>타고</u> 간다.</td></tr>
<tr><td>몸이 쉬지 <u>않고</u> 흔들린다.</td></tr>
<tr><td>하늘에 <u>두고</u> 맹세한다.</td></tr>
<tr><td rowspan="4">- 애(서)/ - 어(서)</td><td rowspan="2">가짐</td><td>영수가 닭을 <u>잡아</u> 가던데.</td></tr>
<tr><td>글을 <u>읽어</u> 시험에 합격하더구나.</td></tr>
<tr><td rowspan="2">방법</td><td>아기가 <u>기어서</u> 부엌으로 갔다.</td></tr>
<tr><td>영수는 <u>걸어서</u> 부산에 도착했다.</td></tr>
<tr><td rowspan="8">얼안벌임</td><td rowspan="2">- 며</td><td colspan="2">영수는 노래를 <u>부르며</u>, 순이는 공놀이를 한다.</td></tr>
<tr><td colspan="2">그는 술도 <u>마시며</u> 담배도 피운다.</td></tr>
<tr><td rowspan="2">- 고</td><td colspan="2">누구는 술을 <u>마시고</u>, 누구는 떡만 먹냐?</td></tr>
<tr><td colspan="2">어떤이는 <u>가고</u>, 어떤이는 남았다.</td></tr>
<tr><td rowspan="3">- 거니</td><td colspan="2">그들은 <u>주거니</u> 받거니 한다.</td></tr>
<tr><td colspan="2">앞서거니 <u>뒷서거니</u> 하며 높은 곳으로 뛴다.</td></tr>
<tr><td colspan="2">그들은 가거니 <u>오거니</u> 하며 왕래했다.</td></tr>
</table>

④ 풀이법

풀이법은 앞마디에서 임자말을 풀이하고 뒷마디에서 또 그 상황을 계속 설명함을 나타내는 이음법이다. 이러한 풀이법은 두 가지의 용법으로 구분되는데, 앞뒤 마디의 일이 바르게 되어 감을 풀이하는 바른 풀이와 앞마디의 일이 뒷마디의 일과 반대로 되어 감을 풀이하는 거스른 풀이가 있다. 그런데 ' - 나니, - 노니' 등은 거스른 풀이는 없고 바른 풀이만 있다.

<table>
<tr><td rowspan="6">풀
이
법</td><td> - 는데</td><td>우리가 한창 토론을 <u>하는데</u>, 그가 들어왔다. (바른 풀이)
눈이 <u>내리는데</u>, 어딜 간단 말이니? (거스른 풀이)</td></tr>
<tr><td> - 는바</td><td>몇 사람만 <u>참석하였던바</u>, 성공리에 마쳤다. (바른 풀이)
아름다움이란 한낱 환상에 <u>불과한바</u>, 현실을 판단할 필요가 있는 것이다. (거스른 풀이)</td></tr>
<tr><td> - 되</td><td>눈이 <u>내리되</u>, 많이 내리는구나. (바른 풀이)
눈은 <u>감되</u>, 자지는 말아라. (거스른 풀이)</td></tr>
<tr><td> - 으니</td><td>그가 여행을 <u>다녀오더니</u>, 정리가 된 모양이야. (바른 풀이)
어제는 눈이 <u>내리더니</u>, 오늘은 비가 온다. (거스른 풀이)</td></tr>
<tr><td> - 나니</td><td>하나님께 <u>말씀드리나니</u>, 저의 죄를 용서하옵소서. (바른 풀이)</td></tr>
<tr><td> - 노니</td><td>내가 너희에게 <u>이르노니</u>, 황금을 보기를 돌 같이 하라. (바른 풀이)</td></tr>
</table>

⑤ 가림법

가림법은 여러 가지 가운데서 아무 것이나 상관 없이 가림을 나타내는 이음법이다.

씨 끝	특 성	예
- 거나	말할이 사신이 선택함.	그림, <u>가거나</u> <u>오거나</u> 정합시다. 푸르거나 붉은 종이를 가져다 주세요. 그녀가 <u>영부인이거나</u> 사장님 <u>사모님이거나</u> 나완 아무 상관이 없다.
- 든지	들을이의 뜻에 따라 선택됨.	<u>먹든지</u> <u>말든지</u> 네가 알아서 해라. 이것을 <u>가져가든지</u> 안고 <u>있든지</u> 난 모른다. <u>굶든지</u> <u>먹든지</u> 내 알 바 아니다.

6 **의도법**

의도법은 희망이나 의도, 목적 등을 드러내는 이음법이다.

씨 끝	특 성	예
- 려고	희망, 의도	그는 직장을 <u>구하려고</u> 서울로 갔다. 영수는 <u>착해지려고</u> 무던히 애쓴다. 그는 교사가 <u>되려고</u> 매우 열심히 공부한다.
- 고자	의도	그는 영이를 <u>만나고자</u> 부산에 왔다. 어머니는 동생을 <u>구하고자</u> 물에 뛰어드셨다. 딸을 <u>낳고자</u> 애쓰는 부부도 있다.
- 으러	목적	우리 나비 <u>구경하러</u> 가자. 영수야, 잔디밭에 <u>물주러</u> 가자. 너는 호랑이를 <u>잡으러</u> 내려왔니?

7 **힘줌법**

힘줌을 나타내는 이음법으로 '- 디, - 으나'가 있다.

씨 끝	특 성	예
- 디	힘줌	<u>깊디</u> 깊은 어머니의 마음은 늘 가슴저린다.
- 으나	힘줌	<u>크나</u> 큰 은혜를 어이 다 갚으리.

8 **전환법**

전환법은 한 움직임이나 상태에서 다른 움직임이나 상태로 바뀌는 것을
나타내는 이음법으로 이에 해당하는 씨끝은 '- 다가', '- 으락' 등이 있다.

씨 끝	특 성	예
- 다가	전환	그는 <u>공부하다가</u> 갑자기 노래를 불렀다.
- 으락	전환	아이들이 <u>들락 날락</u> 한다.

⑨ 견줌법

견줌법은 앞과 뒤를 서로 견주는 뜻을 나타내는 이음법이다. 이에 해당하는 씨끝으로는 '-거든'이 있다.

씨 끝	특 성	예
-거든	견줌	그도 믿지 <u>못하거든</u> 영수를 어찌 믿으리.

⑩ 동시법

동시법은 한 움직임이 일어남과 동시에 다른 움직임이 일어남을 보이는 이음법으로 씨끝 '-자'가 있다.

씨 끝	특 성	예
-자	동시	선생님께서 <u>가시자</u> 그가 찾아 왔다.

⑪ 더보탬법

더보탬법은 앞마디의 상태나 움직임으로 끝나지 않고 여기에 다른 상태나 움직임이 더 보태어짐을 나타낸다.

씨 끝	특 성	예
-을뿐더러	더보탬	그는 마음도 <u>넓을뿐더러</u> 얼굴까지 잘 생겼다.
-는데다가	더보탬	그는 고생을 <u>하는데다</u> 화재마저 당하게 되었다.

⑫ 비례법

비례법은 앞일이 되어 가는 정도에 비례해서 뒷일도 되어 가는 뜻을 나타내는 이음법이다. 여기에는 '-을수록' 씨끝이 있다.

씨 끝	특 성	예
-을수록	비례	상처가 <u>깊을수록</u> 사람들은 성숙하게 된다.

지금까지 마디와 마디를 잇는 이음씨끝의 갈래와 특성을 살펴 보았다. 이음씨끝 가운데 으뜸풀이씨와 매인풀이씨를 잇는 매인 이음씨끝(보조적 연결어미) '- 아, - 게, - 지, - 고'의 말본적 특성에 대해서는 앞의 「9.4 씨끝」 부분을 참고하라.

9.5.2 두자격법

풀이씨가 월에서 그 끝바꿈에 따라 풀이말의 구실을 하면서 또 다른 씨갈래나 월성분의 구실을 겸해서 가지는 굴곡 범주를 두자격법이라 한다.

(60) 일을   하기도   힘든   사람이   있다.
    부림   풀이 - 임자 풀이 - 매김   임자   풀이

(60)의 '하기'는 토씨 '- 도'와 어울려 '힘든'에 대한 임자말 노릇을 하면서 또한 '일을'이라는 부림말을 이끄는 풀이말의 자격을 가진다. 그리고 '힘든' 역시 '사람'을 한정하는 매김말의 자격을 지니면서 또한 '일을 하기'라는 임자말을 이끌어 풀이말의 자격을 가진다.

(61) ㄱ. 우물을 깊게 파라.
     ㄴ. 날이 새도록 일했다.

(61ㄱ)의 '깊게'와 (61ㄴ)의 '새도록'은 각각 풀이말 '파라'와 '일했다'의 어찌말로 쓰이지만, 한편으로는 '(우물이) 깊다', '(날이) 새다'와 같이 풀이말의 자격도 함께 가지고 있다.

이와 같은 구실을 하는 두자격법은 이름법, 매김법, 어찌법으로 나누어진다.

이름법 : 풀이씨가 그 앞의 임자말에 대해서 풀이말 구실을 하면서 그 뒤

에 오는 말에 대하여는 이름씨 구실을 하는 씨끝바꿈법을 이름법이라 한다. 이름법에 사용되는 씨끝에는 ' - 음'과 ' - 기'가 있다.

' - 음/ㅁ'은 움직임을 추상적으로 나타내는 이름법 씨끝으로 ' - ㅁ'은 홀소리 뒤에, ' - 음'은 닿소리 뒤에 쓰이는 음성적 변이형태이다.

    (62) ㄱ. 앉아 <u>먹음</u>은 좋지만 누워 <u>먹음</u>은 나쁘다.
        ㄴ. 그는 <u>성실함</u>이 누구 못지 않다.
        ㄷ. 내가 공부하지 <u>않음</u>은 다 이유가 있다.

(62ㄱ)의 '먹음'은 '먹는 일(먹는 것)'을 말하고 (62ㄴ)의 '성실함'은 '성실하다는 것(그 자체)'를 뜻하며 (62ㄷ)의 '(공부하지) 않음'은 '(공부하지) 않는 행동(그 자체)'를 말한다. 이렇게 이름법 씨끝 ' - 음'은 ' - 하는 것'으로 갈음할 수 있는데, 이는 이름법 씨끝 ' - 음'이 일반적인 움직임이 아닌 단지 그 움직임의 사실만을 나타내되 지난적의 마침이나 확실한 사실을 나타내기 때문이다.

    (63) ㄱ. 이 꽃은 <u>싱그러움</u>을 자랑하는구나.
        ㄴ. 민오가 도둑이 <u>아님</u>이 밝혀졌다.

그러나 (63)과 같은 그림씨나 잡음씨의 쓰임에서는 어떤 사실 자체를 나타낸다. 그러므로 이름법 씨끝 ' - 음'은 움직씨보다는 이름씨다운 특성을 지녔다고 할 수 있다.

이름법 씨끝 ' - 기'는 움직임의 나아감, 곧 어떤 움직임이 일정 시간 동안 지속됨을 나타낸다.

    (64) ㄱ. 난 더 이상 그의 얼굴을 <u>보기</u>가 싫어졌다.
        ㄴ. 우리는 미래가 <u>밝기</u>를 바란다.
        ㄷ. 그는 방학기간 내내 <u>일하기</u>만 좋아했다.
        ㄹ. 오늘은 <u>놀기</u> 좋은 날이다.

(64ㄱ)의 '보기'는 '보는 행위나 동작'을, (64ㄴ)의 '밝기'는 '밝은 상태'를, (64ㄷ)의 '일하기'는 '일하는 행위나 동작'을 (64ㄹ)의 '놀기'는 '놀기에 있어서 조건이나 형편, 환경'의 뜻이 있다. 이렇게 볼 때 이름법 씨끝 '‐기'는 움직임의 속성인 나아감이나 지속성이 강하여 이름씨보다는 움직씨다운 성질을 가지고 있음을 알 수 있다.

이름법은 안긴마디의 풀이말 뜻바탕과 안은마디의 풀이말 뜻바탕의 관계에 따라 그 사용이 제한된다.

    (65) ㄱ. 나는 영수가 <u>갔음</u>을 <u>알았다</u>.
          ㄴ. 민이는 그 일을 쉽게 <u>함</u>을 <u>기뻐했다</u>.
          ㄷ. 나는 그가 <u>떠남</u>을 <u>이해한다</u>.
          ㄹ. 철수가 <u>착함</u>은 우리 모두가 <u>안다</u>.
          ㅁ. 그가 <u>뛰어남</u>을 선생님께 <u>알리자</u>.
          ㅂ. 그가 <u>강함</u>이 <u>자랑스럽다</u>.

(65)에서 알 수 있듯이 안은마디의 풀이씨가 주로 감정, 감각, 인지 등을 나타내면 이름법 씨끝 '‐음'만을 취하고, (65)'와 같이 '‐한 것'으로 갈음할 수 있다.

    (65)' ㄱ. 나는 영수가 <u>간 것</u>을 알았다.
          ㄴ. 민이는 그 일을 쉽게 <u>한 것</u>을 기뻐했다.
          ㄷ. 나는 그가 <u>떠난 것</u>을 이해한다.
          ㄹ. 철수가 <u>착한 것</u>은 우리 모두가 안다.
          ㅁ. 그가 <u>뛰어난 것</u>을 선생님께 알리자.
          ㅂ. 그가 <u>강한 것</u>이 자랑스럽다.

(66)은 안긴마디의 풀이씨가 이름법 씨끝 '‐기'와만 결합한다.

    (66) ㄱ. 나는 우리 나라가 <u>부강하기</u>를 <u>바란다</u>.
          ㄴ. 나는 철수가 <u>사랑받기</u>를 <u>원한다</u>.
          ㄷ. 나는 <u>놀기</u>가 <u>싫다</u>.

이름법 씨끝 '-기'와 결합하는 안은마디의 풀이씨는 바람이나 평가의 뜻바탕을 갖고 있다.

    (67) ㄱ. 그가 성실한 <u>사람이기</u>를 바란다.
       *그가 성실한 <u>사람임</u>을 바란다.
     ㄴ. 그것이 <u>보물임</u>이 분명하다.
       *그것이 <u>보물이기</u>가 분명하다.

(67ㄱ)의 '바란다'의 경우는 이름법 씨끝 '-기'만을 취하고 '-음'은 취하지 못함을 알 수 있는데, 이는 이름법 씨끝 '-기'가 '바란다'의 과정성 뜻바탕과 어울리기 때문이다. 또 (67ㄴ)의 '분명하다'는 이름법 씨끝 '-기'는 취하지 못하고 '-음'만 취하는데 이것은 이름법 씨끝 '-음'이 '분명하다'의 상태성 뜻바탕과 어울리기 때문이다.[12)]

매김법 : 풀이씨가 풀이말 구실을 하면서 매김말 구실을 하는 것을 매김법이라 한다.

매김법 씨끝	때매김	움직씨	그림씨	잡음씨
	이적(현재)	-는	-은	-ㄴ
	지난적(과거)	-은/ㄴ, 던	-던	-던
	올적(미래)	-을/ㄹ	-을/ㄹ	-을/ㄹ

① 이적(현재)

이적(현재)의 때매김을 나타내는 매김법 씨끝 '-는'은 움직씨에만 있는 꼴이고 움직임의 현실적인 사실을 나다내며 그림씨는 '-은'으로, 잡음씨는 '-ㄴ'으로 나타낸다.

---

12) 이름법 씨끝 '-음'과 '-기'의 특성상 차이에 대해서는 김승곤(1996:507-509)을 참고할 것.

(68) ㄱ. 오늘은 비 <u>오는</u> 날이네.
　　 ㄴ. <u>맑은</u> 날은 기분이 좋다.
　　 ㄷ. 우리의 영토인 이 곳이 아름답다.

2　 지난적(과거)

　　지난적(과거)의 때매김을 나타내는 매김법 씨끝에는 움직씨는 ‘-은/ㄴ’
과 ‘-던’으로, 그림씨와 잡음씨는 ‘-던’으로 나타낸다. 그림씨와 잡음씨에
서 지난적때매김 씨끝으로 쓰이는 ‘-던’은 「-더 + -ㄴ」으로 된 씨끝인
데 이 씨끝은 지난적에 경험했던 일을 이적에 와서 돌이켜 말할 때 쓰인다.
그림씨와 잡음씨에는 지난적을 나타내는 때매김 씨끝이 따로 없기 때문에
이 씨끝을 가지고 지난적을 나타낸다.

　　(69) ㄱ. 그가 <u>도착한</u> 곳은 매우 낙후된 지역이었다.
　　　　 ㄴ. 어제는 <u>맑던</u> 날씨가 오늘은 흐리구나.
　　　　 ㄷ. 우리의 <u>마스코트였던</u> 상우가 어느덧 장성했다.

　　‘-던’이 첫째가리킴 임자말과 어울리면 (70ㄱ,ㄴ)과 같이 돌이킴의 뜻이
나타나지 않고 지난적에 있었던 어떤 행동의 계속을 나타낸다.

　　(70) ㄱ. 내가 <u>살던</u> 고향은 꽃피는 산골
　　　　 ㄴ. 그것은 내가 <u>쓰던</u> 연필이다.

　　그런데 ‘살던’과 ‘쓰던’이 행동의 끝남을 나타내려면 아래 (70′ㄱ,ㄴ)과 같
이 ‘-았/었-’과 어울려야 한다.

　　(70)′ ㄱ. 내가 <u>살았던</u> 고향은 꽃피는 산골.
　　　　 ㄴ. 그것은 내가 <u>썼던</u>(쓰+었+던) 연필이다.

　　‘-던’이 돌이킴의 뜻을 지니고 있으면 「-더+ㄴ」으로 형태소 분석을 하

지만, 돌이킴의 뜻이 없이 지난적에 있었던 어떤 행동의 계속을 나타낼 때에
는 화석화한 홑형태소로 보기도 한다.

③ 올적(미래)

올적의 때매김을 나타내는 매김법 씨끝에는 움직씨, 그림씨, 잡음씨 모두
'-을/ㄹ'을 취한다.

    (71) ㄱ. <u>마실</u> 물이 없으니 걱정이다.
        ㄴ. 우리 가문의 <u>영광일</u> 영호가 아프다.
        ㄷ. 오늘은 흐리지만 <u>맑을</u> 내일을 기약한다.

어찌법 : 어찌법은 풀이씨가 풀이말 구실을 하면서 어찌말 구실을 하는
씨끝바꿈을 말한다. 대체로 어찌법에 사용되는 씨끝으로는 '-도록, -게,
-듯이' 등이 있다. 이들의 뜻과 쓰임의 성격을 살펴보면 다음과 같다.

	씨끝	특성	예
어 찌 법	-도록	어떤 상태에 이를 때까지 잡음씨에는 사용할 수 없음. '어떤 상태에 이르기를 바라는 뜻'의 씨끝.	종이가 <u>닳도록</u> 읽고 또 읽었다. 배가 <u>터지도록</u> 물을 마셨다. 그가 꿈을 이룰 수 <u>있도록</u> 내가 돕고 싶다.
	-게	미치도록 '어떤 상황에 이르러 도저히 되돌릴 수 없음'을 나타내는 씨끝. 집음씨의 결합온 부지연스러움.	그는 이제 <u>현명하게</u> 되었다. 할아버지께서 잘 <u>가시게</u> 도와 드려라. 영호가 여기서 <u>자게</u> 두어라.
	-듯이	흡사함	영수가 <u>나쁘듯이</u> 너 역시 그렇다. 구름에 달 <u>가듯이</u> 가는 나그네. 우정이 <u>아름답듯이</u> 의리도 그런 거야.

【정리문제】

1. 풀이씨의 씨끝바꿈을 설명하라.

2. 풀이씨의 통어적 특성과 형태적 특성을 정리해 보라.

3. 풀이씨를 끝바꿈과 뜻에 따라 세 갈래로 나누어 보라.

4. 으뜸풀이씨와 매인풀이씨의 차이를 설명하라.

5. 그림씨의 갈래를 설명하라.

6. 아래 월에서 매인풀이씨를 골라 매인움직씨인가, 매인그림씨인가를 구
   분하고 뜻의 갈래를 밝혀라.
   (가) 그는 지금 원고를 쓰고 있다.
   (나) 그 사람도 거기에 가게 하여라.
   (다) 이젠 시골로 돌아가고 싶다.
   (라) 아무리 어려운 일도 해 보면 되는 수가 있다.
   (마) 그것은 남자로서 할 만한 일이 아닌가?
   (바) 물이 맑기도 해라.

7. '있다, 계시다, 없다'의 씨가름에 대한 기존의 논의를 정리해 보고 그
   타당성 여부를 검토해 보라.

8. 맺음씨끝의 끝바꿈 범주를 ①한자격법 씨끝과 ②두자격법 씨끝으로
   나누어 정리해 보라.

9. 풀이씨의 벗어난 끝바꿈을 ①줄기의 벗어남 ②씨끝의 벗어남 ③줄기
와 씨끝의 벗어남으로 구분하여 설명해 보라.

10. '으' 탈락과 'ㄹ' 탈락 현상을 바른 끝바꿈으로 볼 것인가, 벗어난 끝바
꿈으로 볼 것인가에 대하여 토의해 보라.

11. 맺음씨끝의 갈래와 말본적 기능을 정리해 보라.

12. 안맺음씨끝의 갈래와 말본적 기능을 정리해 보라.

13. 아래 글을 읽고 벗어난 끝바꿈을 하는 낱말을 골라 그 갈래를 밝혀 보라.

나는 지난해 여름까지 난초 두 분을 정성스레, 정말 정성을 다해 길렀었다. 3
년 전 거처를 지금의 다래헌으로 옮겨 왔을 때 어떤 스님이 우리 방으로 보내
준 것이다. 혼자 사는 거처라 살아 있는 생물이라고는 나하고 그애들뿐이었다.
그애들을 위해 관계 서적을 구해다 읽었고, 그애들의 건강을 위해 하이포넥스
인가 하는 비료를 구해 오기도 했었다. 여름철이면 서늘한 그늘을 찾아 자리를
옮겨 주어야 했고, 겨울에는 그 애들을 위해 실내 온도를 내리곤 했다.
이런 정성을 일찍이 부모에게 바쳤더라면 아마 효자 소리를 듣고도 남았을 것
이다. 이렇듯 애지중지 가꾼 보람으로 이른 봄이면 은은한 향기와 함께 연두빛
꽃을 피워 나를 설레게 했고, 잎은 초승달처럼 항시 청정했었다. 우리 다래헌
을 찾아온 사람마다 싱싱한 난초를 보고 한결같이 좋아라 했다.

(법정, '무소유' 중에서)

●참고문헌____

고영근(1993), ≪국어 형태론 연구≫, 서울대 출판부.

김석득(1992), ≪우리말 형태론≫, 탑출판사.

김승곤(1996), ≪현대 나라말본≫, 박이정.

김진우(1971), <소위 변격용언의 비변격성에 관하여≫, 한국언어문학8·9
　　　　　　(합병호).

김차균(1971), <변칙용언의 연구>, 한글147, 한글학회.

남기심·고영근(1993), ≪표준 국어문법론≫, 탑출판사.

남기심(1986), <이형태의 상보적 분포와 통사적 구성>, 한글193, 한글학회.

______(1994), ≪국어 연결어미의 쓰임≫, 서광학술자료사.

리의도(1990), ≪우리말 이음씨끝의 통시적 연구≫, 어문각.

박지홍(1993), ≪우리 현대말본≫, 과학사.

서정수(1995), ≪국어문법≫, 뿌리깊은나무.

손세모돌(1993), <국어 보조용언에 대한 연구>, 한양대 박사학위 논문.

엄정호(1990), <종결어미와 보조동사의 통합 구문에 대한 연구>, 성균관
　　　　　　대 박사학위 논문.

______(1989), <소위 지정사 구문의 통사 구조>, 국어학18, 국어학회.

이길록(1974), ≪국어문법 연구≫, 일신사.

이상복(1981), <국어 연결어미에 대하여>, 말3, 연세대 한국어학당.

이상태(1977), <" - 면 - 무리의 이음월에 대하여>, 배달말2.

______(1988), <국어 접속어미 연구>, 계명대 박사학위 논문.

이주행(2000), ≪한국어 문법의 이해≫, 월인.

이희승(1955), ≪국어학 개설≫, 민중서관.

양태식(1977), <맺음씨끝 ' - 게'의 통사적 기능에 대한 고찰>, 부산대 국

어국문학13·14.

정복순(1992), <15세기 구속씨끝의 형태·통어적 연구>, 동아대 박사학위 논문.

정인승(1956), ≪표준 고등말본≫, 신구문화사.

최재희(1989), <국어 접속문의 구성에 관한 연구>, 성균관대 박사학위 논문.

최현배(1963), <잡음씨에 대하여>, 연세논총2.

______(1971), ≪우리 말본≫, 정음문화사.

허 웅(1975), ≪우리 옛말본≫, 샘문화사.

______(1983), ≪국어학≫, 샘문화사.

______(1985), ≪국어 음운학≫, 샘문화사.

제10장 영굴곡법

우리말에서 임자씨는 토씨가 붙어, 풀이씨는 씨끝이 붙어 말본상의 뜻을 나타낸다. 그런데 매김씨, 어찌씨, 느낌씨 등은 씨끝이나 토씨 없이 말본상의 뜻을 나타낸다. 이와 같이 말본형태소 없이 씨 자체로써 말본상의 뜻을 나타내는 방법을 영굴곡법이라 한다.[1] 영굴곡을 하는 씨들은 풀이씨나 임자씨와는 달리 하나의 월에서 반드시 필요한 것은 아니지만, 이러한 씨가 더해짐으로써 월의 내용을 보다 똑똑히 나타낼 수 있다.

10.1 매김씨

매김씨는 임자씨 앞에 놓여 그것을 꾸미는 씨 범주로서, 임자씨의 뜻을 분명히 제한하는 구실을 한다.

(1) ㄱ. 철수는 <u>새</u> 옷도 좋아하지만 <u>헌</u> 옷도 좋아하지.
ㄴ. <u>이</u> 이야기는 아무도 들은 적이 없다.

---

[1] 박지홍(1992:162~163)에서는 영굴곡법을 '꼴없는 굴곡법'이라 하였다. 곧 꼴없는 형태소 'ϕ'가 붙어서 굴곡을 한다고 보는 것이다. 이에 해당하는 것으로 매김씨, 어찌씨, 느낌씨를 보이고, 이음씨도 '굴곡하지 않는 씨'라고 하여 따로 설정하였다.

250

(1ㄱ)의 매김씨 '새'와 '헌'은 뒤따르는 이름씨 '옷'을 꾸미고 있다. (1ㄴ)의 '이'도 역시 매김씨로, 뒤에 오는 이름씨 '이야기'를 꾸미고 있다. 이처럼 매김씨는 임자씨 앞에 와서 그 임자씨를 꾸미는 구실을 한다.

형태적 특성 : 매김씨는 어떤 말본상의 뜻을 나타내기 위해 토씨와 어울리지도 않고 씨끝바꿈도 하지 않는다.

⑵ ㄱ. *새가 소리, *새를 소리, *새에 소리, *새의 소리
　　ㄴ. *새다, *새고, *새니, *새어서, *새면

매김씨는 (2ㄱ)과 같이 어떠한 토씨와도 결합할 수 없다. 이것은 이름씨와 비교하면 더욱 두드러진다. 가령 '새 옷'과 '형 옷'을 비교하면 매김씨 '새'는 이름씨 '형'과 비슷한 성질을 가졌다고 할 수도 있으나 이들은 토씨와의 결합에서 큰 차이를 보인다. 곧 '새 옷'은 토씨 '-의'와 결합할 수 없으나(*새의 옷), 이름씨 '형'은 가능하다(형의 옷). 이들을 좀더 살펴 보면 매김씨 '새'는 '*새가, *새를, *새의'와 같이 어떤 토씨와도 결합할 수 없는 데 비해, 이름씨 '형'은 '형이, 형을, 형의' 등과 같이 다른 토씨와의 결합이 가능하다. 이러한 점에서 매김씨는 이름씨와 다른 독립된 씨로 분류할 수 있다.

그리고 매김씨는 (2ㄴ)과 같이 씨끝바꿈도 하지 않는다. 이러한 특성을 씨끝바꿈을 하는 풀이씨와 비교하면 다음과 같다.

매 김 씨			풀 이 씨		
ㄱ. 새	ㄴ. 이	ㄷ. 그	ㄱ. 새롭다	ㄴ. 이렇다	ㄷ. 그렇다
새 ∅ (책)	이 ∅ (옷)	그 ∅ (사람)	새로운 (채)	이런 (옷)	그런 (사람)
*새의 책	*이의 옷	*그의 사람	새롭고	이렇고	그렇고
*새고 책	*이고 옷	*그고 사람	새로우니	이러니	그러니
*새는 책	*이는 옷	*그는 사람	새로워서	이래서	그래서
*새인 책	*이인 옷	*그인 사람	새로우며	이러며	그러며

'새 책//새로운 책'의 '새'와 '새로운', '이 옷//이런 옷'의 '이'와 '이런', '그 사람//그런 사람'의 '그'와 '그런'은 뜻에 있어 별로 차이가 없다. '새로운'은 풀이씨 '새롭다'의 매김꼴로 씨끝바꿈한 말이고, '새'는 씨끝바꿈을 하지 않고 이름씨 앞에 놓여 있다는 점 밖에는 차이가 보이지 않는다. 그러나 '새로운'은 '새롭고, 새로우니, 새로워서, 새로우며' 등으로 꼴 있는 씨끝바꿈을 하지만 매김씨 '새'는 *새의, *새고, *새는, *새인, *새다' 등과 같이 꼴 있는 씨끝바꿈을 하지 않는다. 매김씨 '이'와 '그' 역시 '새'와 마찬가지이다. 풀이씨 '이렇다, 그렇다'는 '이렇고, 이러니, 이래서, 그렇고, 그러니, 그래서' 등으로 꼴 있는 씨끝바꿈을 할 수 있지만, 매김씨 '이, 그, 저'는 꼴 있는 씨끝바꿈을 할 수 없다.

그러나 매김씨도 꼴 없는 말본형태소를 뒤에 지니고 있다고 할 수 있다. 곧 '새 책', '이 옷' '그 사람' 등의 '새', '이', '그'의 뒤에 뒷말을 꾸미게 하는 말본형태소가 없다면 '새'는 '책'을 꾸밀 수 없고 '이'는 '옷'을 꾸밀 수 없고 또 '그'는 '사람'을 꾸밀 수 없다. 그러므로 뒤에 꼴 있는 말본형태소를 가지지 않는 매김씨 역시 '새 ϕ 책', '이 ϕ 옷', '그 ϕ 사람'과 같이 꼴 없는 씨끝바꿈을 한다고 할 수 있다.

매김씨는 낱말 그 자체로 매김씨가 되는 '새, 그, 헌' 등이 있는가 하면, '여남은, 그까짓' 등에서 보듯이 뿌리에 뒷가지가 붙어 파생된 매김씨도 있다. 그리고 '건설적, 우호적, 민주적, 서민적' 등과 같이 한자어 뿌리에 한자어 뒷가지 '적'(- 的)이 붙은 파생어도 매김씨로 쓰인다.

기능적 특성 : 임자씨나 풀이씨는 토씨를 붙이거나 꼴을 바꿈으로써 여러 월성분으로 쓰이지만, 매김씨는 그렇지 못하고 언제나 매김말로만 쓰인다. 그런데 매김말의 구실은 매김씨만이 하는 것은 아니다.

　(3) ㄱ. 나는 <u>새</u> 옷을 입었다.
　　　 ㄴ. 나는 <u>새로운</u> 옷을 입었다.

(3ㄱ)의 '새'는 매김씨로서 이 월에서 매김말의 구실을 한다. (3ㄴ)의 '새로운'은 매김씨가 아니지만 이 월에서 '옷'이라는 임자씨를 꾸미는 매김말의 구실을 한다. '새로운'은 그림씨 '새롭다'가 씨끝바꿈을 하여 매김말의 구실을 하는 것이다.

때로는 다음과 같이 매김씨가 겹쳐서 월에 나타나는 경우가 있는데, 이때는 마치 앞의 매김씨가 뒤의 매김씨를 꾸미는 것으로 보이지만 사실은 두 매김씨 모두 뒤에 오는 임자씨 '옷'을 꾸민다.

(4) 저 헌 옷은 누구의 것이냐?

(4)에서 매김씨 '저'가 매김씨 '헌'을 꾸미는 것처럼 보이지만 실은 '헌'이 '옷'을 꾸미고, '저'가 다시 임자조각 '헌 옷'을 꾸미는 것으로 보아야 한다. 그러므로 매김씨가 궁극적으로 꾸미는 대상은 임자씨 '옷'이다.

갈 래 : 매김씨는 형태상 변하지도 않고, 기능상 매김말 밖에는 다른 월성분이 되지 못하므로 갈래를 나누는 기준은 뜻이 될 수밖에 없다. 매김씨는 뜻에 따라 바탕매김씨(실질관형사)와 꼴매김씨(형식관형사)로 나누어진다. 바탕매김씨는 매김씨가 뒤에 이어지는 임자씨를 꾸밀 때 실질적인 뜻을 가지고 임자씨가 가진 성질, 모양 등의 속성이 어떠한가를 보이는 것이며, 꼴매김씨는 임자씨의 셈숱, 사람들과의 관계 등을 형식적으로 보이는 것이다. 바탕매김씨는 뒤따르는 임자씨의 겉과 속모양을 실질적으로 그리는 것이기 때문에 그림매김씨(성상관형사)라고도 한다. 그리고 꼴매김씨는 다시 임자씨의 셈숱을 나타내는 셈숱매김씨(수량관형사)와 임자씨의 어떠함을 가리키는 가리킴매김씨(지시관형사)로 나눌 수 있다.

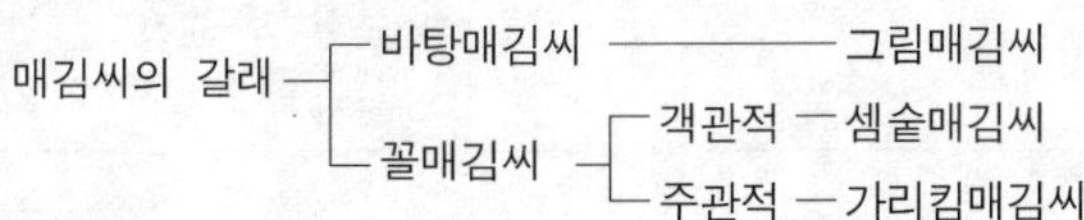

① 그림매김씨

그림매김씨는 뒤따르는 임자씨의 속성을 실질적인 뜻으로 나타내는 것이다. 여기에는 성질과 상태에 관한 것, 시간과 공간에 관한 것, 서로의 관계에 관한 것이 있다.

	갈 래	고 유 어	한 자 어
그림매김씨	성질과 상태에 관한 것	새, 헌, 외, 첫, 여러, 온, 왼, 오른, 뭇, 온갖	진(眞), 가(假), 공(公), 사(私), 순(純), 잡(雜), 호(好), 악(惡), 신(新), 구(舊)
		새 책은 좋다. 헌 옷은 쓸모있다. 외 길은 외롭다. 내 첫 사랑	진 범인/가 형사 공 생활/사 생활 호 영향/악 영향 순 이익/잡 수입
	시간과 공간에 관한 것	옛	대(大), 소(小), 장(長), 단(短), 고(高), 저(低)
			대 건축, 대 사건 소 건축, 소 사건 장 거리, 장 기간 단 거리, 단 기간 고 물가, 고 비행 저 물가, 저 비행
	서로의 관계에 관한 것	다른	이(異), 동(同), 주(主), 정(正), 부(副), 준(準)
			이 민족 동 지역, 동 구역 주 세력, 주 원인 정 교수, 정 교사 부 교수, 부 교장 준 교사

그림매김씨는 위와 같이 우리말로 된 것도 있고, 한자말로 된 것도 있다. 우리말이 한자말보다 그 예가 적은 것은, 우리말은 어떤 상태나 성질 등을 매김씨로 나타내기보다는 그림씨로 나타내는 것이 일반적이기 때문이다.

서로의 관계에 관한 매김씨 '다른'은 그림씨 '다르다'에서 파생된 매김씨로 볼 수 있다..

　　(5) 그는 나와는 <u>다른</u> 생각을 가졌다.

하지만 '다른'이 (5)와 같이 두 자격을 가질 때는 여전히 그림씨가 된다. 그리고 매김씨는 그 꼴이 앞가지와 비슷할 뿐 아니라 앞가지가 뿌리를 꾸미는 꼴로 이루어진 낱말에서는 더욱 비슷하여 매김씨와 앞가지를 구별하기가 매우 힘들다. 매김씨는 그 자체로 하나의 낱말이 되지만 앞가지는 뿌리와 어울리지 않으면 낱말로 인정되지 않는다는 차이가 있지만 정확히 둘을 구분하기 어려운 경우가 많다. [매김씨와 앞가지의 구분에 대해서는 「6.2 파생법」의 '임자씨에 붙는 앞가지 파생법'을 참고하라.]

② 셈숱매김씨

셈숱매김씨는 임자씨의 셈이나 숱을 매기는 매김씨로, 대부분 단위성 매인이름씨와 결합하여 셈숱을 표시한다. 이러한 셈숱매김씨는 크게 셈을 나타내는 매김씨와 숱을 나타내는 매김씨로 나누어지고, 셈을 나타내는 매김씨는 다시 으뜸셈씨와 차례셈씨로 나뉜다. 그런데 이들은 셈숱의 확실함과 확실하지 않음에 따라 각각 잡힘(定)과 안잡힘(不定)의 두 가지로 구분할 수 있다.

대체로 셈숱매김씨는 셈씨와 대응되는 체계를 이루고 있는데 셈씨와 꼴이 같은 것이 많지만 기본적인 셈숱매김씨는 그 꼴을 달리하는 일이 많다. 곧 셈씨 '하나, 둘, 셋, 넷, 다섯' 등은 단위성 매인이름씨 앞에 쓰이면 끝소리가 없어진 '한, 두, 세, 네, 닷' 등이 된다. 이 가운데서 '셋, 넷, 다섯, 여섯' 등은 뒤따르는 매인이름씨에 따라 각각 다른 꼴로 실현된다.

			고 유 어	한 자 어
셈	으뜸셈	잡 힘	한, 두, 세(서,석), 네(너,넉), 닷(다섯), 엿(여섯), 일곱, 여덟, 열, 스무, 설흔, 마흔, 쉰, 예순, 온, 즈믄	일, 이, 삼, 사 오, 십, 이십, 삼십, 백, 천, 만, 억
		안잡힘	한두, 두세, 두서너, 서너 너댓, 대여섯, 여닐곱, 몇, 두어, 여러, 모든	반(半), 전(全)
	차례셈	잡 힘	첫째, 둘째, 셋째, 넷째, 다섯째	제일, 제이, 제삼, 제사
		안잡힘	몇째, 여러째, 두어째, 한두째, 두세째, 서너째	
숱	잡 힘			반
	안 잡 힘		숱한	소수, 다수

(6) ㄱ. 셋 + 단위성 매인이름씨
　　　　살, 마리 → 세 살, 세 마리
　　　　말, 되, 홉, 돈, 근 → 서 말, 서 되, 서 홉, 서 돈, 서 근
　　　　섬, 냥, 달, 장 → 석 섬, 석 냥, 석 달, 석 장
　　ㄴ. 넷 + 단위성 매인이름씨
　　　　살, 사람, 마리 → 네 살, 네 사람, 네 마리
　　　　말, 되, 돈 → 너 말, 너 되, 너 돈
　　　　섬, 냥, 달 → 넉 섬, 넉 냥, 넉 달
　　ㄷ. 다섯 + 단위성 매인이름씨
　　　　말, 되, 냥, 섬 → 닷 말, 닷 되, 닷 냥, 닷 섬
　　　　살, 마리, 사람 → 다섯 살, 다섯 마리, 다섯 사람
　　ㄹ. 여섯 + 단위성 매인이름씨
　　　　말, 되, 냥, 섬 → 엿 말, 엿 되, 엿 냥, 엿 섬
　　　　살, 사람, 마리 → 여섯 살, 여섯 사람, 여섯 마리

　(6)에서 '세, 서, 석 : 네, 너, 넉 : 다섯, 닷 : 여섯, 엿'은 그 다름을 음운론적으로 설명할 수 없으므로 형태론적 변이형태라 할 수 있다.[2]

---

2) '한(두, 세) 사람'의 「한, 두, 세」는 매김씨로 보고 '하나에 둘을 보태면 셋이다'의 「하나, 둘, 셋」은 셈씨로 보는 것이 일반적이다. 그러나 그렇게 되면 '일(이, 삼) 원'의 「일, 이, 삼」도 매김씨가 되어야 할 것이고, '일에 이를 보내면 삼이다'에 있어서는 셈씨가 되는 것으로 풀이해야 하므로 무리다. 그래서 이 말들을 모두

③ 가리킴매김씨

가리킴매김씨는 임자씨 앞에서 임자씨를 가리키는 매김씨로, 그 가리킴의 확실함과 확실하지 않음에 따라 잡힘과 안잡힘으로 나누어진다. 또한 이들은 고유어 계통과 한자어 계통으로 나뉜다.

	갈 래	고 유 어	한 자 어
가리킴매김씨	잡 힘	이, 그, 저, 요, 고, 조, 이런, 그런, 저런, 다른	해(該), 당(當), 귀(貴), 본(本), 동(同), 현(現), 전(前), 폐(弊), 타(他), 금(今), 내(來), 후(後), 상(上)
		이 사람은 그 사람보다 착하다. 요 과자는 정말 맛있다. 이런 이야기는 난생 처음 듣는다. 저런 옷은 너에게 맞겠군. 다른 책도 같이 들고 와라.	해 사건, 해 사무소 당 관청 귀 회사, 귀 서한, 귀 가족 본 연구소 동 대학교, 동 시험장
	안잡힘	어느, 무슨, 웬	모(某)
		어느 날인지 정확히 기억은 나지 않는다마는…… 무슨 일로 나를 찾니? 웬 일로 그가 나를 만나러 왔나?	모 년, 모 월, 모 일

위에서 '잡힘'의 '고유어' 가운데 '요, 고, 조'는 '이, 그, 저'의 작은말이고, '이런, 그런, 저런'은 원래 그림씨 '이렇다, 그렇다, 저렇다'의 매김꼴 '이러한, 그러한, 저러한'의 줄어진 꼴인데 이들 역시 매김씨로 처리한다.

한편 '잡힘'의 '고유어' 가운데 '다른(他)'은 그림씨 '다르다(異)'의 매김꼴과 그 꼴이 같으나 구실이 다르므로 서로 구별해야 한다.

셈씨로 보고, 매김말로 쓰이는 것은 셈씨의 한 쓰임으로 보는 방법을 취하기도 한다(허 웅, 1983:192, 김승곤, 1996:210 참조).

(7) ㄱ. <u>다른(他)</u> 아이들도 그 과자를 먹고 싶어한다.
    ㄴ. 민오는 호진이와 <u>다른(異)</u> 아이이다.

(7ㄴ)의 '다른'은 「민오는 호진이와 다르다」로 풀어 쓸 수 있으나 (7ㄱ)의 '다른'은 「아이들이 다르다」로 풀어 쓸 수 없다. 이들은 뜻에서도 차이가 있어 (7ㄱ)의 '다른'은 '딴(他)'를 뜻하지만, (7ㄴ)의 '다른'은 '같지 않음(異)'을 뜻한다.

안잡힘 가리킴매김씨는 자세히 모름, 가리지 않음, 똑똑하지 아니함 등을 나타내는 매김씨인데 이 가운데 고유어 계통의 '어느'는 '똑똑하지 않음'을, '무슨'은 '알지 못함'을, '웬'은 '어찌된 일인지 분간할 수 없음'을 나타낸다. 안잡힘 가리킴매김씨 중 한자어 계통에는 '모(某)'가 있는데, 이것은 이름을 숨기고 밝히지 않을 때 쓰는 가리킴매김씨이다.

(8) ㄱ. 영희가 <u>무슨</u> 말을 하는지 궁금하지 않다. <어떤 뜻을 가진>
    ㄴ. 방금 한 말이 <u>무슨</u> 뜻이니? <어떤 뜻을 가진>
    ㄷ. 민오는 <u>어느</u> 동네에 살고 있니? <똑똑하지 않음, 정확하지 않음>
    ㄹ. <u>어느</u> 곳으로 가든지 잘 살길 바란다.
                              <결정짓지 못함, 정확하지 않음>
    ㅁ. <u>웬</u> 일로 네가 나를 찾니? <어찌된 일인지 분간할 수 없음>
    ㅂ. 순영이는 <u>모</u> 여고를 졸업했다. <이름을 숨기고 밝히지 않음>

이들 매김씨가 함께 같은 임자씨를 꾸밀 때에는 일정한 배열상의 순서가 있다.

(9) ㄱ. <u>저</u> 헌 옷
    ㄴ. <u>의</u> <u>세</u> 송이의 꽃
    ㄷ. <u>이런</u> <u>모든</u> <u>헌</u> 옷

(9ㄱ)은 가리킴매김씨가 그림매김씨 앞에, (9ㄴ)은 가리킴매김씨가 셈숱매김씨 앞에 놓여 있다. (9ㄷ)과 같이 세 매김씨가 함께 놓이면 맨 먼저 가리킴매김씨가 오고 그 다음에 셈숱매김씨, 마지막에 그림매김씨의 순서대로 배열된다.

어찌씨는 주로 풀이씨 앞에 놓여 풀이씨를 꾸민다.

> (10) ㄱ. 나는 그를 <u>아주</u> 좋아한다.
> ㄴ. 그녀는 <u>방금</u> 떠났다.
> ㄷ. 그이는 <u>정말</u> 심술쟁이다.

(10ㄱ)에서 어찌씨 '아주'는 그림씨 '좋아한다'를 꾸며서 좋아하는 정도를 나타내고, (10ㄴ)에서 어찌씨 '방금'은 움직씨 '떠났다'를 꾸며서 떠난 지 얼마 되지 않았음을 나타내고 있다. 그리고 (10ㄷ)에서 어찌씨 '정말'은 '심술쟁이다'라는 「이름씨+잡음씨」로 된 풀이말을 꾸며서 단정의 뜻을 나타내는데, 여기서 어찌씨 '정말'은 잡음씨 '이다'를 꾸미는 것으로 볼 수도 있다.

형태적 특성 : 어찌씨는 매김씨와 마찬가지로 형태상 꼴 없는 씨끝바꿈을 한다. 어찌씨의 이러한 특성을 꼴 있는 씨끝바꿈을 하는 풀이씨와 비교하면 다음과 같다.

어 찌 씨			풀 이 씨		
정말	매우	바로	흐르다	새롭다	아름답다
정말∅ (예쁘다)	매우∅ (빨리)	바로∅ (그)	흐르는 (물)	새로운 (옷)	아름다운 (그녀)
*정말의	*매우의	*바로의	흐르고	새롭고	아름답고
*정말고	*매우고	*바로고	흐르니	새로우니	아름다우니
*정말인	*매우인	*바로인	흘러서	새로워서	아름다워서

어찌씨 '정말, 매우, 바로' 등은 풀이씨 '흐르다, 새롭다, 아름답나'와 같이 꼴 있는 씨끝바꿈을 하지 않는다.

그러나 어찌씨도 꼴 없는 말본형태소를 뒤에 지니고 있다. 곧 '정말∅ 예쁘다', '매우∅ 빨리', '바로∅ 그' 등에서 '정말', '매우', '바로'의 뒤에 뒷말을 꾸미는 말본형태소가 없다면 '정말'은 '예쁘다'를 꾸밀 수 없고, '매우'는 '빨리'를 꾸밀 수 없으며, 또 '바로'는 '그'를 꾸밀 수 없다. 그러므로 어찌씨 역시 매김씨의 경우처럼 꼴 없는 씨끝바꿈을 한다고 할 수 있다.

그런데 어찌씨가 마치 꼴 있는 씨끝바꿈을 하는 것처럼 보이는 경우도 있다.

(11) ㄱ. 그녀는 <u>정말로</u> 예쁘다.
     ㄴ. 어제 졌던 꽃이 <u>새로</u> 피고 있다.
     ㄷ. 파도가 <u>높이</u> 치솟는다.

그러나 (11ㄱ, ㄴ)의 '정말로, 새로'는 이름씨 '정말'과 매김씨 '새'에 어찌씨 파생뒷가지인 '-로'가 붙은 것이므로 풀이씨의 씨끝바꿈과는 근본적으로 성질이 다르다. 또한 (10ㄷ)의 '높이'의 경우도 그림씨 '높다'에 어찌씨 파생뒷가지 '-이'가 붙어 어찌씨를 파생한 것이므로 이것을 씨끝바꿈으로 볼 수 없다. 그러므로 어찌씨는 매김씨와 마찬가지로 꼴 없는 씨끝바꿈을 한다고 보아야 한다.

어찌씨는 매김씨와는 달리 토씨와 결합하기도 한다. 이를 매김씨, 이름씨와 비교해 보면 다음과 같다.

매 김 씨	어 찌 씨	이 름 씨
새 옷→*새<u>의</u> 옷	퍽 좋아한다→ 퍽<u>도</u> 좋아한다 자주 만난다→ 자주<u>는</u> 만난다. 빨리 달린다→ 빨리<u>만</u> 달린다.	민오 옷→ 민오<u>의</u> 옷
→ *새<u>를</u> *새<u>가</u> *새<u>도</u>	→ *퍽<u>을</u> 좋아한다. → *자주<u>를</u> 만난다. → *빨리<u>를</u> 달린다.	→ 민오<u>가</u> 민오<u>를</u> 민오<u>도</u>
토씨의 결합 ×	토씨의 부분적인 결합 △ 자리토씨 × 도움토씨 ○	토씨의 결합 ○

※ ○표는 결합이 가능하고, ×표는 불가능하며, △표는 부분적인 결합이 가능함을 나타냄

이름씨 '민오'는 '민오가, 민오를, 민오도'와 같이 다른 토씨와의 어울림이
가능하다. 그러나 매김씨 '새'는 '*새를, *새가, *새도'와 같이 어떤 토씨와도
어울릴 수 없다. 이에 비해 어찌씨 '퍽, 자주, 빨리'는 자리토씨와는 어울릴
수 없고, 도움토씨와는 어울릴 수 있다.

(12)는 어찌씨에 도움토씨가 어울린 예이다.

   (12) ㄱ. 꽃이 활짝<u>은</u> 피었구나.
       ㄴ. 아직<u>은</u> 기다려야 한다고 생각해.
       ㄷ. 그가 성질이 급해서 일을 빨리<u>는</u> 한다.
       ㄹ. 너는 천천히<u>도</u> 못하니?
       ㅁ. 우리가 빨리<u>만</u> 가면 되지?

어찌씨는 '꼭, 잘, 정말, 거의' 등과 같이 원래부터 어찌씨인 것이 있는가
하면 '영구히, 한꺼번에, 자주, 비로소, 번번이' 등과 같이 뿌리에 뒷가지가
붙어 파생된 파생어찌씨도 있다.

기능적 특성 : 어찌씨는 풀이씨의 앞에서 그 풀이씨를 꾸미는 것이 주된
구실이지만 임자씨나 매김씨, 어찌씨 앞에서 이들을 꾸미기도 하고 경우에
따라서는 이은말이나 월을 꾸미기도 한다.

   (13) ㄱ. 우리집 <u>바로</u> 옆이 민오집이다.   <이름씨를 꾸밈>
       ㄴ. 우리는 <u>단지</u> 그만 기다렸다.   <대이름씨를 꾸밈>
       ㄷ. 꼭 하나만 필요합니다.   <셈씨를 꾸밈>
       ㄹ. 그것은 <u>매우</u> 헌 책인데 상관없니?   <매김씨를 꾸밈>
       ㅁ. 이 배는 <u>매우</u> 빨리 달린다.   <어찌씨를 꾸밈>
       ㅂ. 그 곳은 <u>절대</u> 가지 말라.   <이은말을 꾸밈>
       ㅅ. <u>과연</u>, 그의 말이 옳더구나.   <월을 꾸밈>

(13ㄱ)의 '바로'는 이름씨 '옆'을 꾸미고 (13ㄴ)의 '단지'는 대이름씨 '그'를

꾸미며, (13ㄷ)의 '꼭'은 셈씨 '하나'를 꾸민다. 또 (13ㄹ)의 '매우'는 매김씨 '헌'을 꾸미고 있으며 (13ㅁ)의 '매우'는 어찌씨 '빨리'를 꾸민다. 이렇게 (13 ㄱ~ㅁ)은 하나의 씨를 꾸미는 경우지만 (13ㅂ,ㅅ)은 그렇지 않다. 곧 (13ㅂ) 의 '절대'는 이은말 「가지 말라」를 꾸미고 (13ㅅ)의 '과연'은 월 「그의 말이 옳더구나」를 꾸민다.

이와 같이 어찌씨는 월에서 어찌말이 되는 것이 원칙인데 때로는 풀이말 이 되는 것이 있다.

(14) ㄱ. 사람은 돈이 <u>없이</u> 살 수는 없다.

ㄴ. 바다와 <u>같이</u> 깊은 어머니의 은혜

ㄷ. 그들의 야망은 내 생각과는 <u>달리</u> 변해갔다.

ㄹ. 우리는 아무도 <u>몰래</u> 빠져 나왔다.

본래 파생어찌씨는 「<u>빨리</u> 걸어라, 산이 <u>높이</u> 솟았다, <u>고이</u> 잠드셨다」에서 의 '빨리, 높이, 고이'처럼 월에서 어찌말이 되므로 마디를 만들지 않는다. 그러나 그림씨에서 전성한 (14ㄱ~ㄷ)의 '없이, 같이, 달리'와 움직씨에서 전 성한 (14ㄹ)의 '몰래'와 같은 어찌씨는 앞의 월성분에 대하여 풀이말 구실을 하므로 어찌마디를 이루고 있다.[3]

갈래 : 어찌씨는 그 꾸밈을 받는 언어형식이 말도막이냐, 월이냐에 따라 말도막은 꾸며 주는 월성분어찌씨와 월을 꾸며 주는 말재어찌씨와 낱말과 낱말, 월과 월을 이어주는 이음어찌씨가 있다.[4]

---

3) 어찌말의 풀이말 구실에 대해서는 허 웅(1983:274)과 박지홍(1986:174)을 참조할 것.
4) 월성분어찌씨는 '성분부사', 말재어찌씨는 '문장부사' 또는 '양태부사'라고도 한다.

(15) ㄱ. 우리 집 <u>바로</u> 옆이 교회다.
     ㄴ. 이 배는 <u>매우</u> 빠르다.

(15ㄱ)의 '바로'는 이름씨 '옆'을, (15ㄴ)의 '매우'는 그림씨 '빠르다'를 꾸며주는 월성분어찌씨이다.

(16) ㄱ. <u>아마</u> 그가 오겠지요.
     ㄴ. <u>제발</u> 가지 말고, 여기 있거라.

(16ㄱ)의 '아마'는 말할이가 그럴 것이라고 추측하며, (16ㄴ)의 '제발'은 말할이가 아랫사람에게 가지 말도록 간절히 바라는 말할이의 의향이 나타나 있으면서 월을 꾸며주는 말재어찌씨이다.

1 월성분어찌씨

월성분어찌씨는 그 뜻에 따라 때어찌씨, 곳어찌씨, 모양어찌씨, 정도어찌씨, 지움(부정)어찌씨, 가리킴어찌씨로 나눈다.

(17) ㄱ. 가끔, 매일, 자주, 비로소
     ㄴ. 곳곳이, 집집이, 이리, 그리, 저리

(17ㄱ)은 사건이 일어나는 때가 이적이거나 지난적이면서 사건이 얼마동안 되풀이 됨을 나타내는 때어찌씨이다. (17ㄴ)의 '곳곳이'는 <여러 곳에 모두>의, '집집이'는 <집이라는 집은 모두>의 뜻이 있는 곳어찌씨이다. 그리고 '이리, 그리, 저리'는 말할이와 들을이를 기준으로 하여 멀고 가까움에 따르는 '쪽'의 뜻이 있는데 움직씨만을 꾸미는 분포상의 제약이 있다.

(18) ㄱ. 철이는 <u>이리</u> 까분다. <u>이랬다 저랬다 걷잡을 수 없다.</u>
     ㄴ. 누가 <u>이리</u> 떠드느냐?

그런데 (18ㄱ)의 '이리'는 '쪽'의 뜻이 없고 뒷 월의 내용을 대용하고 있으며, (18ㄴ)에서는 행동의 방식을 보이고 있는데 이때는 가리킴어찌씨이다[5].

    (19) ㄱ. 가벼이, 부지런히, 출렁출렁, 번들번들
        ㄴ. 제일, 가장, 아주, 꽤

(19ㄱ)의 어찌씨는 풀이씨의 내용이 되는 일의 드러나는 모양을 꾸며 주는 모양어찌씨이다. '가벼이'와 '부지런히'는 일의 속모양을 꾸미고 '출렁출렁'이나 '번들번들'과 같은 시늉말은 겉모양을 꾸미는데, 겉모양 가운데서도 소리시늉말 '출렁출렁'은 움직임의 모양을, 짓시늉말 '번들번들'은 물건의 모양을 꾸민다. (19ㄴ)은 주로 상태성을 가진 그림씨에 붙어 그것을 한정하여 속성의 드러나는 정도를 보이는 정도어찌씨이다. 모양어찌씨나 정도어찌씨는 주로 풀이씨의 내용을 실질적으로 꾸며 주는 공통성을 가지고 있으므로 묶어서 속겉어찌씨(성상부사)라고도 한다[6].

    (20) ㄱ. 안(아니), 못
        ㄴ. 이리, 그리, 저리, 어찌, 아무리

(20ㄱ)은 풀이씨의 내용을 부정하는 뜻을 가진 지움어찌씨(부정부사)이다. 지움어찌씨 가운데 '안'은 어떤 행위를 이행할 뜻이 없음을 나타내는 의도 지움이고, '못'은 어떤 행위를 이행할 능력이 없음을 드러내는 능력 지움이다. (20ㄴ)은 행동의 방식이나 앞뒤에 나온 이야기 내용을 대신하여 나타내는 구실을 하는 가리킴어찌씨이다[7].

---

5) 최현배(1971:596 - 597)에서는 이런 어찌씨를 '모양어찌씨' 가운데 '건너로 모양어찌씨'라고 했다. '이리, 그리, 저리'가 곳어찌씨일 때는 움직씨만을 꾸미는데, 가리킴어찌씨일 때는 움직씨, 그림씨, 잡음씨, 어찌씨를 꾸미는 차이가 있다.
6) 속겉어찌씨(성상부사)의 설정에 대해서는 정인승(1956:150)과 남기심·고영근(1993:176 - 177)을 참고하라.

어찌씨가 겹쳐 쓰일 때는 일정한 통어상의 차례에 따라 배열된다.

(21) ㄱ. 그는 <u>요즈음 이리 아주</u> 잘 공부하는 학생을 좋아한다.
　　 ㄴ. 그는 <u>어제</u> (일을) <u>아주 많이 아니</u> 하였다.

(21ㄱ)에서는 때어찌씨 '요즈음', 가리킴어찌씨 '이리', 정도어찌씨 '아주', 모양어찌씨 '잘'의 차례로, (21ㄴ)에서는 때어찌씨 '어제, 정도어찌씨 '아주', 모양어찌씨 '많이', 지움어찌씨 '아니'의 차례로 배열되어 있다.

② 말재어찌씨

말재어찌씨에서는 월 전체의 말본뜻에 관여하는 것으로, 월의 끝에 놓인 풀이씨의 말재 - 단정, 의혹, 바람과 같은 판단의 양식 - 와 서로 응한다.

(22) ㄱ. 과연, 반드시, 결코, 절대로
　　 ㄴ. 설마, 왜, 아마, 만일
　　 ㄷ. 아무쪼록, 부디, 제발

(22)의 어찌씨에는 말할이의 의도가 드러나 있다. 이와 같은 어찌씨를 풀이씨가 지닌 바탈(속성)을 꾸며주는 바탈어찌씨(속성부사)와 달리 말재어찌씨라 한다. (22ㄱ)은 월의 끝에 놓인 풀이말이 의심스러운 점이 없이 단정의 형식을 취하기를 요구하는 어찌씨이다. (22ㄴ)은 풀이말이 의혹이나 가설의 형식을 취하기를 요구하는 어찌씨인데 '아마'는 '추측'의 뜻을 가진 형식과 '만일'은 '가설적 조건'의 뜻을 가진 형식과 호응한다. 그리고 (21ㄷ)은 풀이말에 시킴이나 가정을 요구하여 일이 이루어 지기를 바라는 어찌씨이다. 이와 같은 말재어찌씨는 요구하는 뜻에 따라 풀이씨의 씨끝과 서로 공기한나.

---

7) 남기심·고영근(1993:177)에서는 가리킴어찌씨(지시부사)에 때어찌씨와 곳어찌씨를 포함시켰다.

(23) ㄱ. <u>과연</u> 그는 공부를 잘 <u>한다</u>.
ㄴ. <u>설마</u> 그가 거짓말을 <u>하겠느냐</u>?
ㄷ. <u>아무쪼록</u> 공부를 잘 <u>하여라</u>.
ㄹ. <u>제발</u> 비만 <u>오면</u>, 식수난을 해결할 수 있을 텐데.

(23ㄱ)의 '과연'은 서술법 씨끝 '‒다'와, (23ㄴ)의 '설마'는 물음법 씨끝 '‒느냐'와, (23ㄷ)의 '아무쪼록'은 시킴법 씨끝 '‒어라'와 상응한다. '제발'은 "제발 밥 좀 <u>먹어라</u>."에서는 시킴법 씨끝 '‒어라'와 공기하지만 (23ㄹ)에서는 가정을 요구하는 조건의 이음씨끝 '‒면'과 공기하기도 한다[8].

③ 이음어찌씨

이음어찌씨는 낱말과 낱말을 이어주거나 월과 월을 이어주는 구실을 한다.[9]

(24) ㄱ. 그리고, 그러므로, 왜냐하면, 요컨대
ㄴ. 및, 또는, 곧

(24ㄱ)은 월을 잇는 이음어찌씨이며, (24ㄴ)은 낱말을 잇는 이음어찌씨이다.

(25) ㄱ. 그는 밥을 먹었다. <u>그리고</u> 술도 마셨다.
ㄴ. 점심 <u>및</u> 저녁을 다 굶었다.

(25ㄱ)의 이음어찌씨 '그리고'는 앞 뒤 월을 순차적으로 이어주며, (25ㄴ)의 '및'은 앞 뒤 낱말을 정해진 순서 없이 이어주는 이음어찌씨이다.

---

8) 말재어찌씨(양태부사)를 화식부사 또는 진술부사라 하기도 하는데, 이에 대해서는 최현배(1971:599)를 참고하라.

9) 허 웅(1983:193)과 박지홍(1986:178‒179)에서는, 이음어찌씨를 어찌씨 본래의 기능인 뒷말을 꾸미지 못하고 또 월에서 어찌말이 되지 아니하고 홀로말이 되므로 어찌씨와 독립한 이음씨의 씨 범주를 설정했다.

느낌씨는 말할이가 느끼는 슬픔, 기쁨, 노여움 등과 같은 감정을 나타내기도 하고, 누구를 꾀거나 부를 때 말 첫머리에 의지를 드러내기도 하며, 단순한 말버릇이나 말더듬 등을 나타내는 마디나 월을 꾸미는 꾸밈씨의 한 종류이다.

(26) ㄱ. <u>아</u>! 하늘이 맑구나.
　　 ㄴ. <u>아이고</u>, 이게 웬 일이냐!
　　 ㄷ. <u>자</u>, 우리 함께 갑시다.
　　 ㄹ. <u>아니오</u>, 저는 그렇게 생각하지 않습니다.
　　 ㅁ. 다 너 때문이다, <u>뭐</u>.
　　 ㅂ. 왜 <u>거시기</u> 있잖아.

(26ㄱ,ㄴ)의 '아, 아이고'는 느낌이나 놀람과 같은 감정을 나타내고 있다. 그리고 (26ㄷ,ㄹ)의 '자, 아니오'는 꾀임과 물음에 대한 대답의 뜻이 있다. (26ㄱ,ㄴ)의 느낌씨가 들을이를 의식하지 않는 독자적 상황에서 자신의 감정을 나타낸다면 (26ㄷ,ㄹ)의 느낌씨는 들을이를 의식하며 자기의 생각을 표시하는 것이다.

(26ㅁ)의 '뭐'는 감정이나 의지가 나타나지 않는 단순한 말버릇이며, (26ㅂ)의 '거시기'는 말이 얼른 안 나올 때 말을 찾아내기 위하여 말을 더듬는 모양을 보이는 느낌씨이다.

특성 : 느낌씨가 가진 특성은 다음과 같다.

첫째, 느낌씨는 이야기하는 상황이 주어진다면 그 자체만으로 말할이의 감정과 의지가 표현될 수 있어, 다음에 다른 말이 계속되지 않더라도 독립된 월과 같은 구실을 한다.

(27) ㄱ. <u>아이고</u>, 우스워라
     ㄴ. <u>아니요</u>, 나는 안 갑니다.

(27ㄱ,ㄴ) 월에서, 느낌씨와 이어지는 월 사이에 얼마간의 휴식을 둘 수 있는 것은 느낌씨가 독립성이 있음을 보이는 것이다. 그러나 완전한 휴식을 둘 수 없는 것은 뒷 월과 어느 정도의 꾸밈 관계가 성립하기 때문이다.

  둘째, 느낌씨는 월의 앞에 놓이는 것이 원칙이지만 (28)과 같이 월의 끝이나 중간의 어디에도 놓일 수 있어 그 자리가 자유롭다.

(28) ㄱ. 너도 같이 이 작업을 하자, <u>응</u>.
     ㄴ. 그 여자는 입을 가리고 <u>호호</u> 웃었다.
     ㄷ. 내가 <u>말이야</u> 어제 <u>말이야</u> 그 사람과 이야기 했단 <u>말이야</u>.

셋째, 느낌씨도 매김씨나 어찌씨와 같이 꼴 없는 씨끝바꿈을 한다.

(29) ㄱ. <u>아∅</u>! 하늘이 푸르구나.
     ㄴ. <u>예∅</u>, 저도 갈 겁니다.

느낌씨가 뒷 월과 꾸밈 관계에 있음은 느낌씨의 끝에 두 말을 이어주는 꼴 없는 형태소가 숨어서 두 말을 얼마간 잇고 있음을 알 수 있다.

넷째, 느낌씨는 토씨와 결합하는 일이 없다.

(30) ˙ㄱ. <u>아</u>! 하늘이 푸르구나.
     ˙ㄴ. 아(<u>는</u>, <u>의</u>, <u>가</u>) 하늘이 푸르구나.

이와 같은 느낌씨의 특성은, 약간의 도움토씨가 붙을 수 있는 어찌씨와는 다르고 어떤 토씨도 붙지 못하는 매김씨와는 비슷한 점이 있다.

갈래 : 느낌씨는 뜻에 따라, 감정느낌씨와 의지느낌씨, 말버릇느낌씨, 말더듬느낌씨로 나눌 수 있다.

감정느낌씨는 놀람, 기쁨과 같은 말할이의 감정을 단순히 드러내는 말이다. 의지느낌씨는 들을이를 염두에 두고 들을이가 어떻게 행동하기를 요구하거나 같이 행동하기를 꾀거나 부를 때 나타내는 말이고, 말버릇느낌씨는 들을이를 염두에 두지 않을 뿐 아니라 말할이 자신도 아무 생각 없이 버릇처럼 내뱉는 것이며, 말더듬느낌씨는 말할이가 하고자 하는 말이 빨리 나오지 않아 말을 더듬을 때 뜻도 없이 소리내는 말이다.

(31) ㄱ. 기쁨 : 하, 하하, 허허, 호호…
　　 ㄴ. 성냄 : 에, 엣, 에이, 원…
　　 ㄷ. 슬픔 : 아이고, 에구, 어이…
　　 ㄹ. 걱정 : 하, 허

감정느낌씨는 (31ㄱ～ㄹ)처럼 기쁨, 성냄, 슬픔, 걱정과 같은 감정을 나타내는 말이다. 원래 사람의 감정이란 복잡한 모습을 보이므로 그 갈래를 더 잘개 쪼갤 수도 있다[10].

(32) ㄱ. 단념 : 에따, 앗아라, 그만둬
　　 ㄴ. 재촉 : 응, 그래, 어서
　　 ㄷ. 부름 : 여보, 여보게, 여보시오, 임마…
　　 ㄹ. 대답 : 응, 그래, 오냐, 예

의지느낌씨는 말할이가 들을이를 의식하여 자기의 의지를 드러내는 말이다. (32ㄱ)은 어떤 행동을 단념하는 뜻이 있고 (32ㄴ)은 재촉하는 뜻이 있다. 그리고 (32ㄷ)은 말할이가 들을이를 부르는 말이며 (32ㄹ)은 상대방의 물음에 대한 대답이다. '응'은 재촉과 대답의 뜻을 모두 갖고 있는데 이때는 말가락이나 말하는 상황에 따라 구별하여 사용된다.

---

10) 감정느낌씨의 세부적인 갈래는 최현배(1971:608 - 609)를 참고하라.

(33) ㄱ. 여보십시오 - 여보 - 여보게 - 이바 - 얘 - 임마
     ㄴ. ① 아니올시다 - 아닙니다 - 아니오 - 아니 - 아니야
        ② 예 - 응

그런데 의지느낌씨 가운데 부름말은 (33ㄱ)과 같이 상대방의 지위에 따라 높임의 등분이 설정된다. 대답말은 지움(부정) 대답일 때에는 (33ㄴ①)과 같이, 긍정 대답일 때는 (33ㄴ②)와 같이 높임의 등분이 설정된다. 의지느낌씨도 뜻에 따라서 복잡한 모습을 보이므로 그 갈래를 더 잘게 쪼갤 수도 있다[11].

(34) ㄱ. 머, 멀, 말이지, 말이야…
     ㄴ. 이, 에, 저, 음, 거시기…

(34ㄱ)은 아무 느낌이나 생각 없이 단순히 말버릇으로 말에 섞어 내는 말버릇느낌씨이고 (34ㄴ)은 말이 빨리 나오지 아니할 때 말을 더듬는 모양으로 아무 뜻 없는 소리로 내는 말더듬느낌씨이다.

---

11) 의지느낌씨의 세부적인 갈래는 최현배(1971:609 - 610)을 참고하라.

【정리문제】

1. 영굴곡법을 설정해야 할 까닭을 생각해 보라.

2. 매김씨의 특성을 정리해 보라.

3. 매김씨의 갈래를 나누어 보고 갈래별로 특성을 요약해 보라.

4. 어찌씨의 특성을 정리해 보라.

5. 어찌씨의 갈래를 나누어 보고 갈래별로 특성을 정리해 보라.

6. 이음의 기능을 맡고 있는 말을 어찌씨로 처리하는 방법과 별도로 이음
   씨를 설정하는 처리 방법에 대하여 그 장점과 단점을 생각해 보라.

7. 느낌씨의 특성을 정리해 보라.

8. 느낌씨의 갈래를 나누어 보고 갈래별로 특성을 정리해 보라.

9. 말재어찌씨(양태부사)의 특성과 갈래를 정리해 보라.

10. 양태성(서법성)의 개념을 정리해 보고 우리말에서 양태성을 실현하는
    방법에는 어떤 것이 있는가를 조사해 보라.

●참고문헌______________________________________

김봉모(1983), <국어 매김말 연구>, 부산대 박사학위 논문.

김승곤(1996), ≪현대 나라말본≫, 박이정.

남기심·고영근(1993), ≪표준 국어문법론≫, 탑출판사.

노대규(1983), ≪국어의 감탄문 문법≫, 보성문화사.

박선자(1983), <한국어 어찌말 연구>, 부산대 박사학위 논문.

박지홍(1992), ≪우리 현대말본≫, 과학사.

서정수(1975), <국어 부사류의 구문론적 연구>, 현대 국어문법 연구 논문
　　　　　　선(4), 계명대 출판부.

______(1995), ≪국어문법≫, 뿌리깊은나무.

정인승(1956), ≪표준 고등말본≫, 신구문화사.

채영희(1993), <우리말 시킴 표현 연구>, 부산대 박사학위 논문.

최현배(1971), ≪우리 말본≫, 정음문화사.

허　웅(1974), ≪표준문법≫, 신구문화사.

______(1983), ≪국어학≫, 샘문화사.

______(2000), ≪20세기 우리말의 형태론(고친판)≫, 샘문화사.

제3부
통어론

11.1 월성분의 재료

하나의 월은 여러 개의 말도막으로 이루어져 있는데, 이들은 서로 긴밀히 연결되어서 하나의 통일된 뜻을 나타낸다. 이와 같이 월을 말도막으로 나누고, 말도막들을 몇 겹으로 얽어 매어서 월을 만들어 내는 과정을 연구하는 부문을 통어론이라 한다. 통어론에서 다루는 말의 단위에는 '낱말, 말도막, 이은말, 마디, 월'이 있다.

낱말은 뜻을 가진 말의 낱덩이로 형태소와는 다르게 원칙적으로 자립적이어야 한다는 특징을 가지고 있다.

(1) ㄱ. 사람, 글, 말, 셋, 그, 매우   <자립형식 =낱말>
    ㄴ. 달리 ‒ 고, 사랑하 ‒ 는, 깊 ‒ 게   <의존형식+의존형식=낱말>
    ㄷ. 사람 ‒ 이, 글 ‒ 은, 말 ‒ 을, 셋 ‒ 이   <자립형식+의존형식=낱말+낱말>

(1ㄱ～ㄷ)에서 보는 바와 같이 낱말은 자립형식 하나로 된 (1ㄱ)과 같은 것이 있고, (1ㄴ)과 같이 의존형식과 의존형식이 결합된 것도 있다. 그런데 (1ㄷ)과 같은 것은 두 낱말로 보는 것이 보통인데, 의존형식인 토씨는 다른

의존형식인 줄기나 씨끝과는 달리 결합된 임자씨와 쉽게 떨어질 수 있다는
점 등으로 하나의 낱말로 본다. 이처럼 낱말은 자립형식인 것이 원칙이지만
토씨와 같이 의존형식인 것이 있다. 이때 토씨는 제 홀로는 월성분의 밑감이
될 수 없고 반드시 임자씨에 붙어야 월성분 구실을 할 수 있다.

낱말이 홀로 월성분이 되는 힘에는 차이가 있다. 곧 씨 갈래 가운데 느낌
씨가 가장 그 힘이 강하고, 그 다음이 매김씨와 어찌씨이다. 이 가운데 매김
씨가 어찌씨보다 월성분이 되는 힘이 더 강한 것은 매김씨는 전혀 토씨의
도움을 필요로 하지 않지만, 어찌씨는 '빨리만, 아직은, 천천히도'에서처럼
토씨의 도움을 받아 월성분이 될 수가 있기 때문이다. 다음으로 제 홀로 월성
분이 되는 힘이 강한 것은 풀이씨이며, 임자씨는 풀이씨에 비하여 그 힘이 약
하다. 왜냐하면 임자씨는 원칙적으로 토씨의 도움을 받아야만 월에서 말본상
의 구실을 할 수 있기 때문이다.

월성분의 가장 직접적인 밑감은 말도막인데 말도막은 띄어쓰기 단위와
일치한다. 이 말도막은 구실에 따라 (2)와 같이 임자말, 위치말, 부림말, 풀이
말로 나누어진다.

(2) <u>지호가</u>　　<u>커피숍에서</u>　　<u>친구를</u>　　<u>기다린다</u>.
　　임자말　　　위치말　　　부림말　　풀이말

이은말은 몇 개의 말도막이 모여 「임자 - 풀이」의 짜임새를 가지지 못하
는 큰 낱덩이로써 마치 낱말처럼 쓰이는 언어형식을 말한다. 이은말도 말도
막과 같이 월에서 차지하는 자리에 따라 여러 월성분이 된다.

(3) 나는 <u>더 이상</u> <u>갈 데 없는</u> 사람이다.

(3)에서 '더 이상'과 '갈 데 없는'은 이은말로 둘 이상의 말도막이 모여 하
나의 월성분 구실을 하고 있다. 곧 '더 이상'은 어찌말이고, '갈 데 없는'은
매김말이다.

이은말은 월 안에서의 구실에 따라 임자조각, 풀이조각, 부림조각, 위치조각, 방편조각, 견줌조각, 매김조각, 어찌조각, 홀로조각으로 나눌 수 있는데, 이들 각 조각의 월성분은 각각 임자말, 풀이말, 부림말, 위치말, 방편말, 견줌말, 매김말, 어찌말, 홀로말이 된다.

(4) ㄱ. <u>새 나라의</u> 건설이 <u>나의</u> 소망이다.
　　　　임자조각　　　　　풀이조각

ㄴ. 나는 <u>옛 것을</u> 좋아한다.
　　　부림조각

ㄷ. <u>내년 이월까지에는</u> 일을 다 마쳐야지.
　　　위치조각

ㄹ. 그이는 <u>우리들의 대표로서</u> 그 회의에 참석하였다.
　　　　　방편조각

ㅁ. 내가 <u>꿈 속에서 본 눈경치처럼</u> 아름답다.
　　　　견줌조각

ㅂ. 그 아이는 <u>무척 빨리</u> 달린다.
　　　　어찌조각

ㅅ. <u>마음 같아서는</u> 너를 내쫓고 싶다.
　　　홀로조각

(4)에서 이은말 형식의 각 조각들은 그 짜여지는 꼴이 정해져 있는 것이 아니므로 이들 조각을 더 잘게 나누어 말본상 관계를 고려하면 매우 복잡해질 것이다. 따라서 이들을 더 잘게 나누지 않고 하나의 월성분으로 처리하는 것이 월 짜임새를 풀이하는 데 편리하다.

몇 개의 말도막으로 이루어진 낱덩이 가운데는 이은말 밖에도 마디가 있다. 마디는 이은말과는 달리 결합된 말도막들 사이에 「임자 - 풀이」의 관계를 가진다. 그런데 마디가 하나의 옹근월이 되지 못하는 것은 아직 하고자 하는 말이 끝나지 않았거나 하나의 큰 월에서 따로 서지 못했기 때문이다.

마디는 그 구실에 따라 '안긴마디'와 '이음마디'로 나누기도 한다. (5ㄱ)은 하나의 월에 덧붙어서 월성분처럼 구실을 하는 안긴마디이고, (5ㄴ)은 한 월이 끝나지 않고 그 뒤에 다른 월을 이어서 더 큰 월로 만드는 이음마디이다. 안긴마디는 하나의 큰 월에서 월성분의 밑감이 되지만 이음마디는 월성분의 밑감은 되지 못한다.

    (5) ㄱ. 그에게서 [향기가 진한] 꽃을 받았다.
        ㄴ. [가을 하늘은 푸르고], [가을 산은 붉게 물들었다].

안긴마디는 다시 구실에 따라 '임자마디, 부림마디, 위치마디, 방편마디, 견줌마디, 풀이마디, 매김마디, 어찌마디, 따옴마디' 등으로 나눌 수 있다.

    (6) ㄱ. [산이 푸름이] 바다와 같다.
           임자마디

        ㄴ. [날이 새기를] 기다린다.
           부림마디

        ㄷ. [그가 그렇게 하기에] 나도 그랬지.
           위치마디

        ㄹ. [그는 신삼기로써] 겨울을 보낸다.
           방편마디

        ㅁ. [내가 가는 것보다] 네가 가는 것이 낫다.
           견줌마디

        ㅂ. 나는 [손톱이 닳았다.]
           풀이마디

        ㅅ. [내가 잡은] 새
           매김마디

        ㅇ. 눈물이 [비 오듯이] 쏟아진다.
           어찌마디

ㅈ. 그이가 ["내일 가거라"라고] 말했다.
　　　　　　따옴마디

이음마디는 구실에 따라, (7ㄱ)과 같이 마디와 마디 사이가 대등한 관계에 있는 벌임 이음마디와 (7ㄴ)과 같이 종속적인 관계에 있는 딸림 이음마디로 나눌 수 있다.

(7) ㄱ. <u>인생은 짧고</u> 예술은 길다.
　　ㄴ. <u>여름이 오니</u> 전염병이 유행한다.

여러 개의 말도막이 서로 긴밀히 연결되어서 하나의 통일된 뜻을 나타내는 언어형식을 월이라 하는데, 월은 기본적으로 다음과 같은 세 가지의 종류가 있다.

(8) ㄱ. 무엇이 어찌한다.
　　ㄴ. 무엇이 어떠하다.
　　ㄷ. 무엇이 무엇이다.

(8)에서 보듯이 월은 '어찌한다, 어떠하다, 무엇이다'라는 자리에 들어 있는 내용에 따라 그 꼴이 바뀐다. 월에는 '무엇이'라는 임자가 되는 성분과 '어찌한다, 어떠하다, 무엇이다'라는 풀이가 되는 성분이 있는데, 이들 성분들은 월 안에서 각각 말본상의 구실을 갖게 된다. 이처럼 낱말, 말도막, 이은말, 마디와 같은 언어형식이 월 안에서 가지는 구실을 월성분이라 한다. 우리말에서 월성분의 갈래는 임자말, 풀이말, 부림말, 위치말, 방편말, 견줌말, 매김말, 어찌말, 홀로말로 나뉜다.[1] 이들 월성분은 크게 으뜸성분, 딸림성분,

---

1) 월성분의 갈래는 기움말(보어)과 어찌말(부사어)을 보는 관점에 따라 차이가 있다. 최현배(1971:769 - 770)에서는 잡음씨 '이다', '아니다' 앞에 오는 성분을 기움말(보어)로, 남기심·고영근(1993:261 - 264)에서는 풀이말 '되다, 아니다' 앞에 오는 성분을 기움말로 보았으나 허 웅(1975:118)은 기움말을 설정하지 않고 임자말

홀로성분으로 나눌 수 있다.

월성분	
으뜸성분	임자말, 풀이말, 부림말, 위치말, 방편말, 견줌말
딸림성분	매김말, 어찌말
홀로성분	홀로말

11.2 으뜸성분

월에서 반드시 필요로 하는 으뜸성분에는 월의 임자가 되는 임자말과 임자말을 풀이하는 풀이말이 있다. 그리고 풀이말의 내용에 따라 반드시 있어야 할 부림말, 위치말, 방편말, 견줌말이 있다.

임자말 : 임자말은, 「무엇이 어찌한다, 무엇이 어떠하다, 무엇이 무엇이다.」라는 월에서 '무엇이'의 자리에 놓이는 월성분으로 월의 임자(주체)가 된다.

임자말은 임자씨에 임자자리토씨 ' - 이/가'가 붙는다. 임자자리토씨 ' - 이'는 앞의 임자씨에 받침이 있을 때, ' - 가'는 앞의 임자씨에 받침이 없을 때 쓰이므로 ' - 이'와 ' - 가'는 음성적 변이형태이다.

 (9) ㄱ. <u>꽃이</u> 피었다. <이름씨 + '이'>
   ㄴ. <u>내가</u> 너에게 편지를 보냈다. <대이름씨 + '가'>
   ㄷ. <u>하나가</u> 열보다 나을 때가 있다. <셈씨 + '가'>

이은말이나 마디도 그 뒤에 임자자리토씨가 붙어 월에서 임자말의 구실을 하기도 한다. (10ㄱ)의 「이렇게 귀한 물건이」는 이은말 '이렇게 귀한 물

___

로 보았다. 그리고 허 웅(1975:108)은 최현배(1971:777)와 남기심 · 고영근(1993: 271 - 279)이 어찌말로 본 것 가운데서 '위치'를 나타내는 위치말, '도구와 수단'을 나타내는 방편말, '비교와 함께함'을 나타내는 견줌말을 따로 설정했다.

건'에 임자자리토씨 ' - 이'가 붙어 임자말의 구실을 하고 (10ㄴ)의 「얼굴이 둥글기가」는 임자마디 '얼굴이 둥글기'에 임자자리토씨 ' - 가'가 붙어 임자말의 구실을 하고 있다.

(10) ㄱ. <u>이렇게 귀한 물건이</u> 세상에 또 어디 있겠습니까?

<이은말 + 임자자리토씨>

ㄴ. [얼굴이 둥글기가] 보름달과 같다. <마디 + 임자자리토씨>

그런데 이러한 임자자리토씨가 임자를 높일 때는 (11ㄱ,ㄴ)과 같이 ' - 께서'로 그 꼴이 바뀐다.

(11) ㄱ. <u>어머니께서</u> 오빠를 불러 야단치셨다.
ㄴ. <u>할아버지께서</u> 나에게 감추어 두신 사탕을 몰래 쥐어 주셨다.

임자말의 자리에 있는 임자씨가 단체를 뜻하면서 무정이름씨일 때는 (12ㄱ,ㄴ)처럼 임자자리토씨 ' - 에서'가 쓰인다. 그러나 임자씨가 단체를 뜻하지만 유정이름씨일 때에는 (12ㄷ)과 같이 ' - 에서'가 쓰일 수 없다.

(12) ㄱ. <u>우리 나라에서</u> 2002년 월드컵을 개최합니다.
ㄴ. <u>우리 회사에서</u> 새로운 모형의 자동차를 개발하였다.
ㄷ. *<u>저 축구 팀에서</u> 참 훌륭하다.

사람의 수를 나타내는 셈씨가 임자말 구실을 할 때에는 임자자리토씨 ' - 서'가 쓰인다.

(13) 빨간 우산을 쓴 남녀 <u>둘이서</u> 다정히 걸어가고 있다.

때로는 (14)에서처럼 임자자리토씨 대신 도움토씨가 붙어 임자말의 구실을 하기도 한다.

(14) ㄱ. <u>나는</u> 어제 밤새 그림을 그렸다.
     ㄴ. <u>민호도</u> 어제 나와 같이 영화를 보러 갔다.

입말에서는 글말보다 임자자리토씨가 생략되는 것이 자연스럽다.

(15) ㄱ. 너 뭐 하니?
     ㄴ. 아빠 친구 가신다. 나와서 인사 드려라.

임자말은 다른 월성분에서 가지지 않는 몇 가지 통어상의 특징을 보인다.
첫째, 임자말이 높임의 대상이 될 때 풀이말은 반드시 주체높임의 안맺음
씨끝 ' - 시 - '가 붙고 임자자리토씨는 ' - 께서'를 취한다.

(16) 할머니<u>께서</u> 무서운 옛날 이야기를 들려 <u>주셨다</u>(주<u>시</u>었다).

둘째, 한 월 안에서 임자말과 같은 말이 반복될 때는 뒤의 말이 돌이킴대
이름씨 되기에 의해서 '자기'로 바뀐다. 돌이킴대이름씨되기는 (17ㄱ)에서처
럼 셋째가리킴에만 가능하고, (17ㄴ,ㄷ)과 같이 첫째가리킴이나 둘째가리킴
에는 적용되지 않는다.

(17) ㄱ. 민지가 민지 노트를 정민에게 빌려 주었다.
     → 민지가 <u>자기</u> 노트를 정민에게 빌려 주었다.
     ㄴ. 나는 내 동생을 사랑한다.
     → *나는 <u>자기</u> 동생을 사랑한다.
     ㄷ. 너는 네 실제 모습을 감추는 것 같아.
     → *너는 <u>자기</u> 실제 모습을 감추는 것 같아.

그런데 이처럼 돌이킴대이름씨 되기가 적용되면 때로 전달하고자 하는
내용에 중의성이 나타나는 경우가 있다.

(18) <u>엄마가</u> 딸에게 <u>자기</u> 옷을 입혔다.
　→ 엄마가 딸에게 <u>엄마</u> 옷을 입혔다.
　→ 엄마가 딸에게 <u>딸</u> 옷을 입혔다.

(18)에서 '자기'는 '엄마'를 가리킬 수도 있고, '딸'을 가리킬 수도 있다.

(19) ㄱ. 엄마가 자신의 옷을 딸에게 입히는 것을 좋아한다.
　　ㄴ. 딸의 팔이 아파서 엄마는 딸의 옷을 딸에게 입혔다.

(18)의 월에 나타나는 중의성을 없애기 위해서는 (19ㄱ,ㄴ)과 같은 전제월 가운데 하나를 설정할 필요가 있기 때문에 이야기말본적인 면을 고려해야 한다.

셋째, 임자말은 보통 월의 처음에 오지만 때로 그 자리를 벗어나 도치가 되기도 한다. 이러한 도치가 가능한 것은 임자자리를 보여주는 토씨가 있기 때문이다.

(20) 볼을 타고 때구르르 굴렀다, <u>눈물이</u>.

넷째, 하나의 월에 몇 개의 임자말이 겹쳐 나타나는 경우가 있다.

(21) ㄱ. 우리 집 <u>개는</u> <u>털이</u> 하얗다.
　　ㄴ. <u>물이</u> <u>얼음이</u> 되었다.
　　ㄷ. <u>그는</u> <u>성인군자가</u> 아니다.
　　ㄹ. <u>시골은</u> <u>집이</u> <u>담이</u> 낮다.

다섯째, 임자말은 (22)와 같이 입말에서 임자말이 없어도 월의 임자를 짐작할 수 있을 때 자주 생략된다.

(22) ㄱ. 여행을 다녀왔습니다.
　　ㄴ. 그래 재미있었어요?
　　ㄷ. 고생스러웠지만 역시 마음을 후련하게 해 주었습니다.

풀이말 : 풀이말은 「무엇이 어찌한다, 무엇이 어떠하다, 무엇이 무엇이다.」와 같은 월에서 '어찌한다, 어떠하다, 무엇이다'라는 자리에 놓여서 월의 임자가 되는 임자말을 풀이하는 월성분이다. '어찌한다'는 움직씨가 풀이말이 되어 임자말의 움직임을 풀이하고, '어떠하다'는 임자말의 성질이나 상태를 풀이하는 것으로 그림씨가 풀이말이 된다. '무엇이다'는 잡음씨가 풀이말이 되는 것으로 임자씨에 잡음씨가 결합되어 이루어진 월성분이다.

풀이말은 '움직씨, 그림씨, 임자씨+잡음씨'로 되고 이은말이나 마디도 풀이말이 될 수 있다.

(23) ㄱ. 말이 <u>달린다</u>.   <움직씨>
     할머니의 머리가 눈처럼 <u>하얗다</u>.   <그림씨>
     여기가 <u>문화대학교이다</u>.   <임자씨+잡음씨>
     ㄴ. 그것은 <u>누워서 떡 먹기이다</u>.   <이은말>
     ㄷ. 오빠는 [친구가 많다].   <마디>

풀이말은 말본적 특성에 따라 임자말만을 요구하기도 하고, 그 밖에 부림말, 위치말, 방편말, 견줌말을 요구하기도 한다. 이처럼 풀이말에 따라 자리의 수에 차이가 있다.

(24) ㄱ. <u>하늘이</u> 맑다.
     (임자말)

     <u>말이</u> 달린다.
     (임자말)

     ㄴ. <u>나는</u>   <u>꽃을</u>   심었다.
     (임자말) (부림말)

     ㄷ. <u>그는</u>   <u>사기꾼에게</u>   속았다.
     (임자말) (위치말)

     ㄹ. <u>그는</u> 그의 <u>아버지와</u> 닮았다.
     (임자말)   (견줌말)

ㅁ. <u>나는</u>　　　 <u>너를</u>　　 제자로 삼겠다.
　　(임자말)　 (부림말)　(방편말)

ㅂ. <u>선생님께서</u> <u>책을</u> 반 <u>아이에게</u> 주셨다.
　　(임자말)　 (부림말)　　 (위치말)

(24ㄱ)에서와 같이 대부분의 그림씨나 제움직씨는 하나의 임자말만을 요구하는데, 이러한 풀이말을 '한자리 풀이말'이라 하고, (24ㄴ)과 같은 남움직씨나 (24ㄷ,ㄹ)의 '속다, 닮다' 등은 임자말 밖에 부림말, 위치말, 견줌말 등의 월성분을 반드시 필요로 한다. 이처럼 두 개의 월성분을 요구하는 풀이말을 '두자리 풀이말'이라 한다. (24ㅁ,ㅂ)의 '삼다, 주다' 등은 임자말 밖에도 두 개의 월성분을 더 필요로 하는데, 이와 같은 풀이말을 '세자리 풀이말'이라 한다.

부림말 : 부림말은 「무엇이 무엇을 어찌한다」라는 월에서 '무엇을'의 자리에 들어가는 월성분을 말한다. 이때 「어찌한다」에 오는 풀이말은 남움직씨여야 한다.

부림말은 임자씨에 부림자리토씨 '- 을/를'이 붙은 말도막이다. 이때 '- 을'과 '- 를'은 그 앞에 오는 임자씨에 받침이 있는냐 없느냐에 따라 달라지는 음성적 변이형태이다. 그리고 이은말이나 마디도 부림말의 구실을 할 수 있다. 마디가 부림말이 될 때에는 마디 안의 풀이씨가 이름법으로 씨끝바꿈을 하고 거기에 부림자리토씨가 붙은 꼴이다.

(25) ㄱ. 누가 이 <u>그림을</u> 그렸느냐? <임자씨+부림자리토씨>
　　 ㄴ. 나는 <u>왕복 백리를</u> 걸어 왔다. <이은말>
　　 ㄷ. 그 아이는 [그가 어서 오기를] 목이 빠지게 기다리고 있다.<마디>

그런데 안은월의 풀이말이 '모르다, 생각하다, 알다'와 같은 지각움직씨의 경우에는 월에 맺음씨끝 '- 는가/은가'나 '- 는지/은지'가 붙어 마디를 이룬 뒤에 부림자리토씨를 취하여 그 마디가 부림말의 구실을 하기도 한다.

(26) ㄱ. 우리는 [(우리가) 이 어려운 경제 난국을 어떻게 헤쳐나갈 것인가를]
　　　 곰곰히 생각해야 한다.
　　 ㄴ. 나는 이제야 [그가 왜 나를 그렇게 노려 보았는지를] 알 것 같다.

입말에서는 부림자리토씨가 생략되어 쓰이는 것이 일반적이다.

(27) ㄱ. 나, 어제 <u>너(를)</u> 봤어.
　　 ㄴ. 너, <u>밥(을)</u> 먹었니?

또 때로는 부림자리토씨 대신 도움토씨가 쓰여 부림말의 구실을 하기도
한다.

(28) ㄱ. 나는 고기<u>는</u> 잘 먹지만 해물은 잘 못 먹는다.
　　 ㄴ. 너는 음악<u>도</u> 많이 아는구나.
　　 ㄷ. 너는 이것<u>만</u> 다 하면 가도 좋아.

위치말 : 위치말은 풀이말에 대하여 때나 곳의 위치를 나타내는 말인데,
때로는 풀이말의 원인을 나타내기도 한다.
　위치말은 위치자리토씨 ' - 에, - 에서, - 에게, - 한테, - 께, - 더러'
등이 임자씨나 이은말, 마디와 같은 언어형식에 붙어 이루어진다.

(29) ㄱ. 두 시에 <u>여기에서</u> 만나도록 하자. <임자씨+위치자리토씨>
　　　 그것을 <u>철호한테</u> 주고 와라. <임자씨+위치자리토씨>
　　　 <u>바람에</u> 나무가 쓰러졌다. <임자씨+위치자리토씨>
　　 ㄴ. <u>내일 두 시에</u> 여기를 가 보거라. <이은말>
　　　 <u>이번 달에는</u> 원고를 제때 좀 주시오, <이은말>
　　　 성적표를 <u>너의 부모님께</u> 보여 드리고 도장을 받아 오너라.
　　　　　　　　　　　　　　　　　　　　　　　　　　 <이은말>
　　 ㄷ. 그것은 [내가 하기에] 무리인 것 같다. <마디>
　　　 너의 집이 잘 되려면 [너 하기에] 달렸다. <마디>

방편말 : 방편말은 풀이말의 수단이나 방법, 자격 등을 나타내는 자리에 놓이는 월성분이다. 이것이 때로는 방향을 나타내기도 하는데, 이것은 부림말과 뜻에 있어서 겹치는 부분이 있기 때문이다.

방편말은 임자씨에 방편자리토씨 ‘-으로서(써)’가 붙어서 되기도 하고, 이은말이 방편말이 되기도 하며, 마디 전체가 방편말의 구실을 하기도 한다.

(30) ㄱ. 나는 <u>학생으로서</u> 의무를 다 했다.　　　　　　<임자씨+방편자리토씨>
　　　결혼이 <u>사랑만으로</u> 이루어진다고 생각하면 오산이다.
　　　　　　　　　　　　　　　　　　　　　　　<임자씨+방편자리토씨>
　　　나는 그 아이를 <u>수양딸로</u> 삼을 것이다.　　<임자씨+방편자리토씨>
　　ㄴ. 그는 <u>14대 대통령으로</u> 당선되었다.　　　　　　　<이은말>
　　　국어 선생님이 이번 <u>우리 반 담임으로</u> 확정됐다.　　<이은말>
　　ㄷ. 우리는 [네가 넘어짐으로써] 모두 다 넘어졌다.　　　<마디>

견줌말 : ‘같다, 닮다, 다르다, 낫다, 싸우다’와 같은 견줌의 거리가 반드시 필요한 풀이말에 이끌려 견줌자리에 놓이는 월성분을 견줌말이라 한다. 이 월성분은 (31ㄱ)과 같이 견줌의 뜻만 가지는 것이 아니라 (31ㄴ)과 같이 함께 함을 나타내기도 한다.

(31) ㄱ. 그녀가 가지고 있는 가방은 내 <u>가방과</u> 똑 같다.
　　ㄴ. <u>나와</u> 같이 가자.

임자씨가 견줌자리토씨 ‘-과/와, -보다, -처럼, -만(큼), -하고’ 등과 어울려 월에서 견줌말이 된다.

(32) ㄱ. 나는 <u>동생과</u> 많이 닮았다.　　　　　　<임자씨+견줌자리토씨>
　　　그것이 <u>이것보다</u> 낫겠다.　　　　　　<임자씨+견줌자리토씨>
　　　<u>너만큼</u> 공부하면 나는 하버드대는 갔겠다.　<임자씨+견줌자리토씨>
　　ㄴ. <u>나와 너만큼</u> 그와 그의 애인도 서로 깊이 사랑할까?　<이은말>
　　　<u>너의 고백보다</u> 더 솔직한 고백은 없을 거야.　　　<이은말>
　　ㄷ. 사람이 사람을 미워함은 [사람이 사람을 떠남보다] 더 슬프다.　<마디>

딸림성분은 월에서 반드시 필요로 하는 월성분은 아니지만 이 성분이 있음으로써 월의 내용이 더욱 분명해지고 풍부해 진다. 이 딸림성분에는 임자씨로 된 월성분을 꾸미는 매김말과 주로 풀이씨로 된 월성분을 꾸미는 어찌말이 있다.

매김말 : 매김말은 임자씨를 꾸미는 딸림성분이다.

(33) ㄱ. 나는 <u>새</u> 옷을 좋아한다.
   ㄴ. 우리는 <u>그의</u> 글을 사랑한다.
   ㄷ. 그렇게 <u>멋지던</u> 네가 어떻게 <u>이런</u> 꼴을 하고 있니?

그런데 다음과 같이 매김말이 꾸미는 말이 매인이름씨일 때에는 매김말이 반드시 있어야 한다.

(34) ㄱ. <u>헌</u> 것은 그만 버리고 <u>새</u> 것을 가져라.
   → *것은 그만 버리고 것을 가져라.
   ㄴ. 나는 <u>한</u> 번도 그를 <u>만난</u> 적이 없다.
   → *나는 번도 그를 적이 없다.

모든 매김씨는 매김말로 쓰이고, 임자씨에 매김자리토씨 ' - 의'가 붙은 말도막도 매김말로 쓰인다. 그런데 때로는 매김자리토씨가 떨어지고 임자씨만으로도 매김말로 쓰이는 경우가 있다. 그리고 풀이씨가 매김법으로 씨끝바꿈을 하여 매김말로 쓰이기도 한다.

(35) ㄱ. 어제 산 <u>새</u> 책을 잃어버렸다.　　　　　<매김씨>
   ㄴ. 나는 <u>사람의</u> 아들이다.　　　　　<임자씨+매김자리토씨>
   ㄷ. <u>우리</u> 의무는 조국의 통일이다.　　　　　<임자씨+ ϕ >
   ㄹ. 나는 항상 <u>새로운</u> 것을 추구한다.　　　　　<풀이씨의 매김법>

매김말은 그 뒤에 오는 으뜸성분과 더불어 이은말을 만들고 이 이은말에 매김법 씨끝이 붙어 매김말로 쓰이기도 하고, 마디에 매김법 씨끝이 붙어 매김말로 쓰이기도 한다.

(36) ㄱ. <u>천고마비의 계절인</u> 가을이 또다시 왔다.　　　<이은말>
　　ㄴ. [키가 큰] 사람이 저기 있다.　　　<마디>
　　ㄷ. [내가 그렇게 바라던] 취업이 오늘에야 되었다.　　<마디>

(36ㄱ)의 「천고마비의 계절인」은 이은말이 매김말 구실을 하고 있으며 (36ㄴ)의 「키가 큰」이나 (36ㄷ)의 「내가 그렇게 바라던」은 마디가 매김말 구실을 하고 있다. 그런데 (36ㄴ,ㄷ)의 매김마디는 속짜임새가 다르다. 곧 (36ㄴ)의 매김마디 「키가 큰」은 「임자 - 풀이」의 정상적인 월성분을 갖추고 있는데 (36ㄷ)의 매김마디 「내가 그렇게 바라던」은 「내가 취업을 그렇게 바라다」라는 속짜임새에서 부림말 '취업을'이 뒤로 자리를 옮기면서 풀이말이 매김꼴로 바뀌었다. 그래서 (36ㄴ)과 같은 매김마디를 '완전한 매김마디(동격관형절)'라 하고 (36ㄷ)과 같은 매김마디를 '빠져 나간 매김마디(관계관형절)'라 한다.

매김말이 갖는 통어상의 특징은 다음과 같다.

첫째, 매김말은 (37)과 같이 반드시 뒤에 오는 임자씨를 한정한다.

(37) <u>새</u> 구두, <u>나라의</u> 보배, <u>학교</u> 운동장

둘째, 매김말은 월에서 자리를 옮길 수 없다.

(38) 너는 <u>그</u> 옷은 벗고 <u>이</u> 옷을 입어라.
　→*너는 옷은 그 벗고 옷을 이 입어라.

셋째, 여러 개의 매김말이 겹쳐 나타날 때는 차례를 지켜야 한다. 곧 '가리

킴매김말', '셈숱매김말', '그림매김말'이 차례대로 배열되어야 바른 월을 이
룰 수 있다.

    (39) ㄱ. <u>이 여러 새</u> 옷은 누구의 것이냐?
       → *새 이 여러 옷은 누구의 것이냐?
       → *여러 이 새 옷은 누구의 것이냐?
       → *새 여러 이 옷은 누구의 것이냐?
       ㄴ. <u>저 두 헌</u> 책은 누가 보던 것이냐?
       → *헌 저 두 책은 누가 보던 것이냐?
       → *두 저 헌 책은 책은 누가 보던 것이냐?
       → *헌 두 저 책은 누가 보던 것이냐?

그런데 위와 같은 여러 개 겹친 매김말은 그 꾸밈이 계층적이지 않다.

    (40) <u>이 여러 새</u> 옷은 누구의 것이냐?

곧 모든 매김말이 뒤에 있는 임자씨 '옷'을 꾸미고 있다. 하지만 다음과 같
은 예문에서는 여러 개 겹친 매김말의 꾸밈 관계가 계층적이다.

    (41) 내가 <u>저 가정 안의</u> 사정을 어찌 알겠니?

곧, 먼저 가리킴 매김말 '저'가 '가정'을 꾸미고, '저 가정'은 하나의 매
김조각이 되어 다시 '안'을 꾸며서 '저 가정 안의'이라는 더 큰 매김조각
을 만들어 전체 월의 매김말이 되이 부림말인 '사정'을 꾸미는 계층성을
보인다.

    어찌말 : 어찌말은 풀이말을 꾸미는 월성분이다. 어찌말이 없어도 월은 이

루어지지만 어찌말이 더해짐으로써 말하려고 하는 내용을 더욱 선명하게 할
수 있다.[2]

    (42) 가을 하늘이 푸르다.
     → 가을 하늘이 <u>아주</u> 푸르다.

어찌말은 월에서 있어도 되고 없어도 되는 딸림성분이지만 (43)에서는 반
드시 있어야 하므로 으뜸성분의 구실을 한다.

    (43) 그 총각 정말 <u>잘</u> 생겼네.
     → *그 총각 정말 생겼네.

모든 어찌씨는 자리토씨의 도움 없이도 월에서 어찌말의 구실을 한다.

    (44) 약속 시간에 늦었으니 <u>어서</u> 서둘러라.
     나는 그 일을 <u>꼭</u> 해내고야 말겠어.

' - 게 '로 씨끝바꿈을 한 그림씨가 어찌말의 구실을 하기도 한다.

    (45) 어려운 일이 생기더라도 <u>씩씩하게</u> 자라야 한다.

이은말이 어찌말로 쓰이는 경우도 있다.

    (46) 하늘이 <u>매우 아름답게</u> 변했다.

---

2) 학교말본에서 규정하고 있는 어찌말에는 「철수가 <u>낫으로</u> 풀을 벤다.」에서 이름
씨 '낫'에 토씨 ' - 로'가 붙은 임자씨 어찌말(체언 부사)과 「날씨가 <u>매우</u> 맑다」에
서 어찌씨 '매우'가 어찌말이 되는 경우를 모두 포함하고 있다. 어찌씨가 어찌말이
되면 이 어찌말은 딸림성분이지만 임자씨 어찌말은 생략될 수가 없으므로 으뜸성분
이 된다. 그러므로 임자씨 어찌말에서 어찌자리토씨로 보고 있는 ' - 에(서), - (으)
로, - 보다'는 임자씨에 자리(격)를 지정해주므로 어찌말 본래의 특성에 맞지 않는다.
따라서 ' - 에(서)'는 위치말에 붙는 위치자리토씨로, ' - (으)로'는 방편말에 붙는
방편자리토씨로, ' - 보다'는 견줌말에 붙는 견줌자리토씨로 보는 것이 합리적인
처리 방법이다.

다음과 같은 경우에는 매김말과 결합된 어찌씨다운 매인이름씨가 하나의
어찌조각을 이루어 어찌말의 구실을 한다.

    (47) ㄱ. 너는 <u>할 만큼</u> 했으니 너무 걱정 말아라.
        ㄴ. 아무 것도 <u>하지 않은 채</u> 앉아만 있으면 어쩌니?
        ㄷ. 나는 어제 내가 <u>결정한 대로</u> 밀어 부칠거야.

또 마디가 어찌말로 쓰이기도 하는데, 이때는 마디 안의 풀이씨가 씨
끝 '- 게, - 도록, - 듯이' 등의 어찌법으로 씨끝바꿈을 한다.

    (48) ㄱ. [손이 닳도록] 빌었다.
        ㄴ. 그는 [밤 늦게] 집으로 돌아왔다.
        ㄷ. [물이 흘러가듯이] 세월도 흘러가는구나.

어찌말에는 '- 도'와 같은 도움토씨가 결합하기도 한다.

    (49) ㄱ. 너 정말 <u>잘도</u> 먹는구나.
        ㄴ. <u>어리석게도</u> 그는 그 기회를 잡지 못하고 차 버렸다.

어찌말이 가지는 통어상의 특징은 다음과 같다.
첫째, 어찌말은 월성분을 꾸미는 것과 월을 꾸미는 것이 있다.

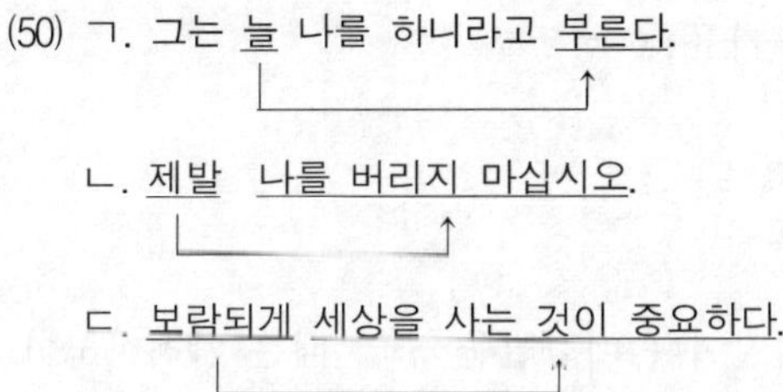

(50ㄱ)의 어찌말 '늘'은 풀이말 '부른다'를 꾸미고 (50ㄴ)의 어찌말 '제발'
은 월 「나를 버리지 마십시오」를 꾸민다. 월을 꾸미는 어찌말에는 (50ㄷ)의

‘보람되게’와 같이 풀이씨가 ‘ - 게’ 씨끝바꿈을 한 꼴도 포함된다.

월성분을 꾸미는 어찌말은 풀이말 밖에도 (51ㄱ)과 같이 매김말을 꾸미기도 하고, (51ㄴ)과 같이 다른 어찌말을 꾸미기도 하고, (51ㄷ)과 같이 임자말을 꾸미기도 한다.

> (51) ㄱ. <u>아주</u> 헌 책을 구입했다.
>   ㄴ. <u>더</u> 빨리 걸읍시다.
>   ㄷ. <u>바로</u> 이웃이 철수네 집이다.

둘째, 어찌말도 여러 개가 겹쳐 나타날 수 있는데, 이때도 매김말과 마찬가지로 그 꾸밈 관계가 계층적인 것과 계층적이지 않은 것이 있다.

> (52) ㄱ. 제 시간에 도착하려면 <u>더</u> <u>빨리</u> 걸어.

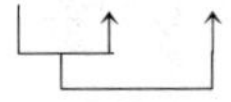

>   ㄴ. 그 아이는 그 징검다리를 <u>팔짝팔짝</u> <u>잘도</u> <u>건넜다</u>.

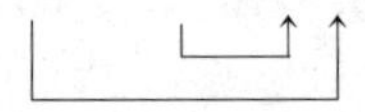

(52ㄱ)의 두 어찌말 ‘더’와 ‘빨리’는 ‘걸어’를 꾸미는 관계가 계층적이고, (52ㄴ)의 두 어찌말 ‘팔짝팔짝’과 ‘잘도’는 ‘건너다’를 꾸미는 관계가 계층적이지 않다.

셋째, 어찌말은 자리옮김이 자유롭다.

> (53) ㄱ. 나는 네가 <u>무척</u> 보고 싶다.
>   ㄴ. 나는 <u>무척</u> 네가 보고 싶다.

그런데, 어찌말이 다른 어찌말이나 매김말을 꾸밀 때는 자리바꿈이 되지 않는다.

> (54) ㄱ. 아주 잘 했다. → *잘 아주 했다.
>   ㄴ. 저것은 매우 새 건물이다. → *저것은 새 매우 건물이다.

홀로말 : 홀로말은 월의 다른 성분과 긴밀한 짜임을 이루지 않고 홀로 서는 월성분이다.

홀로말이 홀로 설 수 있다고 하지만, 전체 월과 전혀 관계를 맺지 않는다고 보기는 어렵다. 예를 들어 홀로말을 뺀 월이 슬픔을 나타내는 내용인데, '하하, 호호'와 같은 기쁨을 나타내는 홀로말을 쓰면 어색해 진다.

(55) ㄱ. <u>아아</u>, 달도 밝구나.
ㄴ. <u>민호야</u>, 이것 좀 같이 들자.

월에서 홀로말이 될 수 있는 것은, (55ㄱ)과 같이 느낌씨나 (55ㄴ)과 같이 임자씨에 부름자리토씨 ' - 야'가 붙은 월성분이다.

(56) ㄱ. 아버지, 오늘 언제 들어오실 건가요?
선생님, 제가 그 일을 도와 드릴게요.
ㄴ. 님이여, 제발 나를 떠나지 마오.
하늘이시여, 저를 도와 주시옵소서.

그런데 (56ㄱ)에서와 같이 높임의 대상이 홀로말이 될 때는 부름자리토씨가 붙지 않는 것이 자연스럽다. (56ㄴ)에서 ' - 이여'나 ' - 이시여'를 붙여 부르는 경우는 예스런 말이나 시어, 글말에 주로 쓰이고 요즘의 입말에는 드물게 쓰인다. 다음과 같은 예문에서는 마디가 하나의 홀로말이 된다.

(57) [자연의 아름다움이여!] 우리 인간의 허물을 덮어 주게나.

월 이음어찌씨 '그러나, 게다가, 그래서' 등을 홀로말로 보기도 하지만, 앞에 나온 월의 내용을 뒤에 나오는 월의 내용과 이어 준다는 점에서 홀로말로 보기 어렵다. 낱말 이음어찌씨 '곧, 또는, 및' 등도 월 이음어찌씨와 같은 구실을 한다는 점에서 홀로말로 보기 어렵다.

【정리문제】

1. 씨와 월성분의 차이를 설명하고 아래 월을 씨와 월성분으로 분류하라.

   (가) 이웃집 뜰에 핀 장미가 곱고, 길 가다 문득 마주치고 하는 담너머 늘어진
        들장미들이 소담하고 아름답다.
   (나) 나는 흰 옷을 입은 어떤 여의사 앞에서 진찰을 받고 있었다.
   (다) 보라! 우리가 절망 속에서 기다리고 동경하던 계시는 참으로 여기 우리
        앞에 와서 있지 않는가?

2. 월성분의 갈래를 정리해 보라.

3. 안긴마디(내포절)와 이음마디(접속절)의 통어상 특징을 밝히고 각 마디
   의 종류를 정리해 보라.

4. 우리말의 기본적인 세 가지 월의 유형을 설명하라.

5. 임자말의 통어상의 특성을 설명하라.

6. 풀이말을 자리수의 갈래별로 나누어 보라.

7. 아래 월의 밑줄 친 말의 월조각을 모두 어찌말로 처리하는 방법과, (가)
   는 어찌말, (나)는 위치말, (다)는 방편말, (라)는 견줌말로 나누는 방법에
   대하여 그 합리성 여부를 검토해 보라.

   (가) 가을 하늘이 <u>아주</u> 푸르다.
   (나) 두시에 <u>여기에서</u> 만나도록 하자.

(다) 나는 <u>학생으로서</u> 의무를 다했다.
(라) 그녀가 가지고 있는 가방은 내 <u>가방과</u> 똑같다.

8. 어찌말의 통어상 특성을 설명하라.

9. 매김말의 통어상 특성을 설명하라.

10. '완전한 매김마디'와 '빠져나간 매김마디'의 차이를 설명하라.

●참고문헌

김민수(1971), ≪국어문법론≫, 일조각.

______(1983), ≪신국어학≫, 일조각.

남기심・고영근,(1993), ≪표준 국어문법론≫, 탑출판사.

박지홍(1992), ≪우리 현대말본≫, 과학사.

최현배(1971), ≪우리 말본≫, 정음문화사.

하치근(1993), ≪남북한 문법 비교 연구≫, 한국문화사.

허 웅(1975), ≪표준문법≫, 신구문화사.

______(1983), ≪국어학≫, 샘문화사.

______(1999), ≪20세기 우리말의 통어론≫, 샘문화사.

제12장 월의 갈래

　말은 밋밋하게 한 줄로 이어진 소리의 연결체가 아니라 뜻을 바탕으로 하여 그에 따라 형태소, 낱말, 말도막과 같은 경계가 생기도록 되어 있는데 그 경계 가운데 가장 큰 것이 월이다.

　월은 일반적으로 두 갈래로 나누어진다. 한 갈래는 그 짜임새에 따른 것이고, 다른 한 갈래는 말할이의 들을이에 대한 의향(태도)에 따른 것이다. 첫째 방법에 따라서는 「임자말 - 풀이말」의 관계가 한 번이냐, 두 번 이상에 따라 홑월과 겹월로, 둘째 방법에 따라서는 말할이가 들을이에게 자기의 뜻을 베푸는 서술월, 대답을 요구하는 물음월, 들을이만의 행동을 요구하는 시킴월, 어떤 행동을 함께 하기를 요구하는 꾀임월로 나눌 수 있다.

12.1 짜임새에 따라

12.1.1 홑월

　임자말이 풀이말에 이끌려 만들어진 「임자 - 풀이」 짜임새를 갖춘 월을 홑월이라 한다. 이와 같은 짜임새를 갖추고 있는 월에는 (1ㄱ~ㄷ)과 같은 「무엇이 어찌한다」, 「무엇이 어떠하다」, 「무엇이 무엇이다」 세 유형이 있다.

(1) ㄱ. 민수는 밥을 먹는다. [무엇이 어찌한다]
    ㄴ. 가을 하늘이 푸르다. [무엇이 어떠하다]
    ㄷ. 영호는 성실한 학생이다. [무엇이 무엇이다]

이러한 월의 짜임새를 (2ㄱ~ㅅ)과 같이 월성분 사이의 관계에 따라 나눌 수 있다. 부림말과 이를 필수적으로 요구하는 남움직씨로 짜여진 것을 '부림 짜임새'라 하고 풀이씨를 꾸미는 어찌말 그리고 임자씨를 꾸미는 매김말로 이루어진 것을 '꾸밈 짜임새'라고 한다. 또 위치말, 방편말, 견줌말 등과 이를 필수적으로 요구하는 풀이말로 된 것을 '상황 짜임새'라고 하고, 따옴말과 그에 딸린 풀이말로 된 것을 '따옴 짜임새'라 한다. 부림짜임새와 꾸밈짜임새 및 상황짜임새와 같은 언어형식은 홑월의 구성 요소가 되지만 따옴짜임새는 겹월의 구성 요소가 된다.

(2) ㄱ. 민수는 <u>책을</u> 읽는다.　　　　　　<부림 짜임새>
    ㄴ. <u>매우</u> 느리다.　　　　　　　　<꾸밈 짜임새>
    ㄷ. <u>새</u> 옷이 곱다.　　　　　　　　<꾸밈 짜임새>
    ㄹ. 10시에 <u>학교에</u> 간다.　　　　　<상황 짜임새(위치말)>
    ㅂ. 이것은 <u>그것과는</u> 다르다.　　　<상황 짜임새(견줌말)>
    ㅁ. <u>칼로</u> 연필을 깎아라.　　　　　<상황 짜임새(방편말)>
    ㅅ. 그는 <u>이곳으로 올 것이라고</u> 얘기했다.　<따옴 짜임새>

그런데 월을 구성하는 성분들 사이의 긴밀도는 같지 않다. 월성분 사이의 긴밀도를 바탕으로 이들의 짜임새를 보이면 아래와 같다.

(3) <u>민오는</u>　<u>거의</u>　<u>매일</u>　<u>진한</u>　<u>커피를</u>　<u>마신다.</u>
    임자　어찌　어찌　매김　부림　풀이

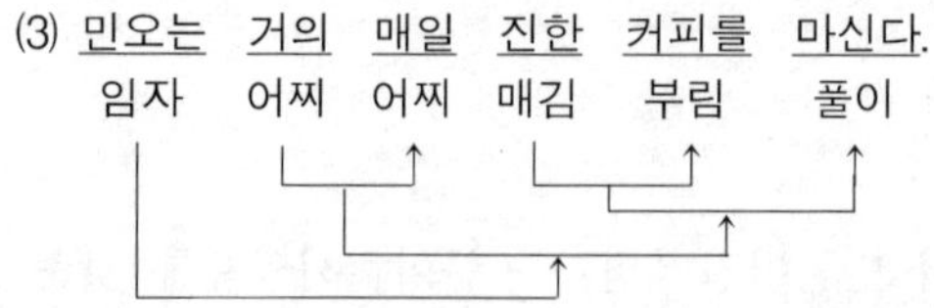

이처럼 (3)의 월은 여섯 개의 월성분이 평면적으로 이어진 것이 아니라, 네 번의 계층적인 분석을 해야 그 짜임새를 파악할 수 있다. 이때 한 언어형식을 이루고 있는 제일차적인 조각을 그 언어형식의 직접성분이라 한다. (3)의 월 전체의 직접성분은 임자말 '민오는'과 풀이조각 '거의 매일 진한 커피를 마신다'이고, 풀이조각 '거의 매일 진한 커피를 마신다'의 직접성분은 어찌조각 '거의 매일'과 풀이조각 '진한 커피를 마신다'이다. 풀이조각 '진한 커피를 마신다'의 직접성분은 부림조각 '진한 커피를'과 풀이말 '마신다'이고, 어찌조각 '거의 매일'의 직접성분은 어찌말 '거의'와 '매일'이고, 부림조각 '진한 커피를'의 직접성분은 매김말 '진한'과 부림말 '커피를'이다.

홑월은 (4ㄱ～ㄹ)과 같이 임자말과 풀이말의 짜임이 단 한 번만으로 이루어진 월이다.

(4) ㄱ. 나는 ‖ 그를 좋아한다.
ㄴ. 어머니는 ‖ 매일 아침 일찍 조깅을 하신다.
ㄷ. 동백꽃이 ‖ 붉다.
ㄹ. 그 아이는 ‖ 우리 학교에서 모범생이다.

12.1.2 겹월

임자말과 풀이말의 관계가 두 번 이상 나타나는 월을 겹월이라 한다. 겹월은 홑월들이 짜여지는 모습에 따라 다시 둘로 나눌 수 있는데 첫째는 월(마디)이 다른 월에서 하나의 월성분 구실을 하며 안기는 것으로, 안길 때의 꼴은 안긴월의 풀이말이 두자격법의 이름법, 매김법, 어찌법으로 씨끝바꿈을 한다. 곧 이 겹월은 월(마디)이 월성분의 구실을 하는 안은겹월(내포문)인데, 안은겹월을 이루는 마디에는 임자마디, 매김마디, 어찌마디, 풀이마디, 따옴마디가 있다. 둘째는 몇 개의 월(마디)이 나란히 이어지는 것으로 앞에 놓이는 월의 풀이말이 이음씨끝으로 씨끝바꿈을 한 꼴에 다른 월이 이어진 이은겹월(접속문)이다. 이은겹월은 두 월(마디) 사이의 관계가 뜻으로 보아 벌임으로 이어지는 벌임겹월과 앞마디가 원인, 이유, 조건 등으로 뒷마디에 이어진 딸림겹월로 나누어진다.

```
        ┌ 홑월
 월 ─┤                ┌ 안은겹월
        └ 겹월 ─┤                      ┌ 벌임겹월
                    └ 이은겹월 ─┤
                                      └ 딸림겹월
```

안음과 안김

하나의 월이 그 속에 다른 월을 그 월의 성분으로 안고 있는 것을 안은월이라 하고, 이때 큰 월 속에서 그 월의 성분으로 안겨 있는 것을 안긴월이라고 한다. 안긴월을 이루고 있는 마디는 월에서 갖는 구실에 따라 임자마디, 풀이마디, 매김마디, 어찌마디, 따옴마디 등으로 나눌 수 있다.

임자마디로 안김 : 임자마디는 한 월의 풀이말이 이름법 씨끝 '-음'이나 '-기' 또는 매인이름씨 '것'을 취하여 이루어진다. 이는 임자씨처럼 월 속에서 임자말, 부림말, 위치말, 방편말, 견줌말 등으로 쓰일 수 있다.

1 '-음'에 의한 임자마디

(5) ㄱ. [그가 나쁜 소리를 했음이] 우리들에게는 놀랍지가 않다.
　　ㄴ. 나는 [어머니께서 시장에 가셨음을] 몰랐다.

(5)는 이름법 씨끝 '-음'에 의한 임자마디가 월 속에서 임자말과 부림말로 쓰인 것이다. 이들의 짜임을 살펴 보면 다음과 같다.

(6) ㄱ. (∅이) 우리들에게는 놀랍지가 않다.
　　　그가 나쁜 소리를 했다.
　　→ [그가 나쁜 소리를 했음이] 우리들에게는 놀랍지가 않다.

ㄴ. 나는 (∅ 을) 몰랐다.

　어머니께서 시장에 가셨다.

→ 나는 [어머니께서 시장에 가셨음을] 몰랐다.

2 '-기'에 의한 임자마디

(7) ㄱ. [네가 내일 떠나기가] 좋겠다.

ㄴ. 나는 [우리 학교가 여러 난관을 잘 극복하기를] 바란다.

ㄷ. 이곳의 생태는 [청개구리가 살아가기에] 적합하다.

ㄹ. [아기 보기로] 방학을 보낸다.

ㅁ. 공부가 [(∅ 가) 죽기보다] 싫었다.

(7)은 이름꼴 씨끝 '-기'에 의한 임자마디가 월 속에서 임자말, 부림말, 위치말, 방편말, 견줌말로 쓰인 것이다. 이들의 짜임을 보면 다음과 같다.

(8) ㄱ. (∅ 가) 좋겠다.

　네가 내일 떠난다.

→ [네가 내일 떠나기가] 좋겠다.

ㄴ. 나는 (∅ 를) 바란다.

　우리 학교가 여러 난관을 잘 극복한다.

→ 나는 [우리 학교가 여러 난관을 잘 극복하기를] 바란다.

ㄷ. 이곳의 생태는 (∅ 에) 적합하다.

　청개구리가 살아가다.

→ 이곳의 생태는 [청개구리가 살아가기에] 적합하다.

ㄹ. (∅ 가) 아기를 보다.

　(∅ 가) 방학을 보낸다.

→ [아기 보기로] 방학을 보낸다.

ㅁ. (∅ 가) 죽다.

　(∅ 가) 공부가 싫었다.

→ 공부가 [(∅ 가) 죽기보다] 싫었다.

3 '것'에 의한 임자마디

'것'에 의해 이루어지는 임자마디는 다시 두 가지로 나눌 수 있는데, 그 하나는 마침법으로 끝난 월에 ‘-는 것’이 붙어서 되는 것과 다른 하나는 매김꼴로 된 월에 바로 ‘것’이 붙어서 되는 것이 있다. 이들도 역시 ‘-음’에 의한 임자마디나 ‘-기’에 의한 임자마디와 같이 월 속에서 임자말이나 부림말, 위치말, 방편말, 견줌말이 될 수 있다.

   (9) ㄱ. [그가 시험에 합격하였다는 것은] 기적과도 같다.
       ㄴ. 나는 [그가 그녀를 좋아했다는 것을] 깨달았다.
       ㄷ. 그들은 [다 함께 사막을 건널 것을] 제안했다.
       ㄹ. [그가 거짓말을 했던 것이] 정말일까?

  (9)는 ‘것’에 의한 임자마디가 월 속에 안기어 임자말이나 부림말 등으로 쓰이는 예이다. 이 가운데서 (9ㄱ,ㄴ)은 월 「그가 시험에 합격하였다」와 「그가 그녀를 좋아했다」에 ‘-는 것’이 결합한 것이고, (9ㄷ,ㄹ)은 월 「다 함께 사막을 건널」과 「그가 거짓말을 했던」에 ‘것’이 결합한 것이다. 이들의 짜임새는 다음 (10)과 같다.

   (10) ㄱ. (ϕ 은) 기적과도 같다.
          그가 시험에 합격하였다.
      → [그가 시험에 합격하였다는 것은] 기적과도 같다.
       ㄴ. 나는 (ϕ 을) 깨달았다.
          그가 그녀를 좋아했다.
      → 나는 [그가 그녀를 좋아했다는 것을] 깨달았다.
       ㄷ. 그들은 (ϕ 을) 제안했다.
          (그들은) 다함께 사막을 건넌다.
      → 그들은 [다함께 사막을 건널 것을] 제안했다.
       ㄹ. (ϕ 이) 정말일까?
          그가 거짓말을 했다.
      → [그가 거짓말을 했던 것이] 정말일까?

  ‘것’에 의한 임자마디는 ‘-음’에 의한 임자마디와 바꾸어 쓰일 수 있는데 입말에서는 ‘-음’에 의한 임자마디보다는 ‘것’에 의한 표현이 더 많이 쓰인다. 이 세 가지 임자마디의 꼴 가운데 어떠한 꼴을 취할 것인 가는 그것을 안고 있는 월의 풀이말의 뜻바탕에 따라 다르다. '맹세하다, 약속하다, 서약하다, 쉽다, 어렵다, 편하다' 등은 ' - 음' 임자마디, ' - 기' 임자마디, '것' 임자마디를 모두 월성분으로 취할 수 있고 '권하다, 부탁 하다, 강조하다' 등은 ' - 기' 임자마디와 '것' 임자마디를 취할 수 있다.

또 '드러나다, 밝혀지다, 알려지다, 탄로나다, 기억하다, 발표하다, 보고하 다, 부당하다, 타당하다, 이상하다' 등의 풀이씨는 ' - 음' 임자마디나 '것' 임 자마디를 월성분으로 취하고, '바라다, 희망하다, 빌다, 기다리다, 기대하다' 등의 풀이씨는 ' - 기' 임자마디를 월성분으로 취한다.

매김마디로 안김 : 매김마디는 월 속에서 매김말의 자리에 놓여 임자씨를 꾸미는 구실을 하는 것으로 매김마디를 만드는 씨끝은 매김법 씨끝이다.

	때매김	움직씨	그림씨	잡음씨
매김법	이적(현재)	- 는	- 은	- ㄴ
씨끝	지난적(과거)	- 은/ㄴ, - 던	- 던	- 던
	올적(미래)	- 을/ㄹ	- 을/ㄹ	- 을/ㄹ

매김마디에는 '완전한 매김마디'와 '빠져나간 매김마디'가 있다.

   (11) ㄱ. 나는 [그가 착한 학생이라는] 얘기를 들었다.
       ㄴ. [낙엽이 떨어지는] 계절은 슬프다.

(11ㄱ,ㄴ)은 월에 매김법 씨끝이 붙어서 매김마디가 된 것과 풀이씨의 줄 기에 매김법 씨끝이 붙어 매김마디가 된 것인데, 이들은 모두 뒤에 오는 임 자씨를 꾸며 주고 있다.

그런데 (11)의 매김마디들은 따로 떼어냈을 때, 그 안에 한 월의 모든 월성분을 완전히 갖추고 있다. 이렇게 한 월의 모든 월성분을 완전히 갖추고 있는 매김마디를 '완전한 매김마디(동격관형절)'라 한다.

이에 비해 (12)는 매김마디에 월성분이 빠져 있다.

> (12) ㄱ. [민영이가 만든] 옷은 그해 겨울 잃어버리고 말았다.
> ㄴ. [내가 어제 책을 산] 서점은 바로 우리 집 옆에 있다.

(12ㄱ)의 매김마디 「민영이가 만든」은 임자말과 풀이말이 갖추어져 있으나, '만들다'가 남움직씨인데도 필요한 부림말이 없다. (12ㄴ)의 매김마디 「내가 어제 책을 산」은 풀이말에 필요한 위치말이 없다. 이렇게 원래 있던 월성분이 그 마디의 꾸밈을 받는 자리로 옮겨진 것을 '빠져나간 매김마디(관계관형절)'라 한다. 이러한 빠져나간 매김마디의 짜임새는 다음과 같이 파악할 수 있다.

> (13) ㄱ. [민영이가 (옷i) 만든] 옷i은 그해 겨울 잃어버리고 말았다.
> ㄴ. [내가 어제 (서점i) 책을 산] 서점i은 바로 우리 집 옆에 있다.

어찌마디로 안김 : 어찌마디는 월에서 어찌말의 구실을 하는 마디로 파생어찌씨에 의한 것, 풀이씨의 씨끝바꿈에 의한 것, 매인이름씨에 의한 것으로 나뉜다.

1 파생어찌씨에 의한 것

> (14) ㄱ. 그들은 [돈 없이도] 사랑하는 마음으로 살아갈 수 있었다.
> ㄴ. 여옥이는 [백옥과도 같이] 맑은 피부를 가졌다.
> ㄷ. 그는 [아우와는 달리] 의젓한 면이 있다.

(14ㄱ～ㄷ) 월의 어찌마디는 각각 「돈이 없다」, 「백옥과도 같다」, 「아우

와는 다르다」라는 월에 파생가지 ' - 이'가 붙어 안긴월의 구실을 하고 있다.
그리고 '없이, 같이, 달리' 등은 그 단독으로 어찌씨의 구실을 하는 것이 아
니라 각각 「그들은 돈이 없다」, 「여옥이는 피부가 백옥과도 같다」, 「그는 아
우와는 다르다」라는 월의 풀이말 구실을 하면서 그 풀이말 구실을 지닌 채
안은월의 어찌말이 된 것이므로 이들은 두 자격을 가진 어찌마디이다.

② 풀이씨의 씨끝바꿈에 의한 것

    (15) ㄱ. 눈물이 [비 오듯이] 흘러내린다.
        ㄴ. 뜰에는 [들국화가 아름답게] 피었다.
        ㄷ. 그녀는 [내 마음이 아프도록] 얘기를 한다.

위의 (15)는 ' - 듯이, - 게, - 도록'이 어찌마디를 이루는 어찌법 씨끝으로
쓰인 것이다. (15)에서 「비가 오다」, 「들국화가 아름답다」, 「내 마음이 아프
다」라는 하나의 월이 전체 월에 어찌마디로 안겨 어찌말 구실을 하고 있다.
  이들을 이음씨끝으로 이어진 이은겹월로 볼 것인가, 아니면 어찌법 씨끝
에 의한 안은겹월로 볼 것인가를 결정하는 일은 매우 어려운 문제이다. 그러
나 여기서는 이들의 씨끝바꿈꼴을 어찌말의 성격이 짙다고 보아 어찌법으로
보고 이들을 어찌마디로 처리하기로 한다(허 웅, 1983:274).

③ 매인이름씨에 의한 것

매인이름씨 '듯(이), 채로, 대로, 척, 양' 등은 앞의 매김마디와 더불어 전체
월 속에서 어찌말의 구실을 한다.

    (16) ㄱ. 오늘은 아이들이 [쥐 죽은 듯이] 자는구나.
        ㄴ. 그 나무는 [열매가 달린 채로] 잘렸다.
        ㄷ. 그녀가 [가만히 있는 대로] 관찰해 보자.
        ㄹ. 그는 [못 본 척] 옆으로 비껴 지나쳤다.
        ㅁ. 민수는 [모든 것을 모르는 양] 시치미를 뗀다.

(16)의 「쥐가 죽다」, 「열매가 달리다」, 「(그녀가) 가만히 있다」, 「그는 못 보다」, 「(민수는) 모든 것을 모른다」 등은 독립된 월로 쓰일 수 있다. 그런데 이들 월은 풀이말이 풀이씨의 매김꼴에 매인이름씨 '듯(이), 채로, 대로, 척, 양' 등이 붙어서 전체 월 속에서 어찌마디를 이루어 어찌말의 구실을 하고 있다.

풀이마디로 안김: 하나의 월이 전체 월 속에서 풀이말의 구실을 하는 마디를 풀이마디라 한다.

    (17) ㄱ. 코끼리는 [코가 길다].
        ㄴ. 저 아이는 [아버지가 경찰관이다].
        ㄷ. 이 집은 [마당이 좁다].

(17)의 「코가 길다」, 「아버지가 경찰관이다」, 「마당이 좁다」는 그 자체가 풀이조각으로 월에서 풀이마디를 이루고 있다. 풀이마디는 여러 겹으로 안길 수 있다.

    (18) ㄱ. 시골은 [산이　[나무가 많다.]]
        ㄴ. 부산은 [경기장이　[수준이 높다.]]
        ㄷ. 우리집은 [집이　[뜰이 넓다.]]

(18)의 예들은 각각 「산이 나무가 많다」, 「경기장이 수준이 높다」, 「집이 뜰이 넓다」 등의 풀이마디를 안고 있는데, 이 풀이마디는 그 안에 또 하나의 풀이마디 「나무가 많다」, 「수준이 높다」, 「뜰이 넓다」를 안고 있다.

그런데 임자마디, 매김마디, 어찌마디 등은 마디의 뒤에 월성분을 구분해 주는 씨끝이 붙지만 풀이마디에는 마디를 구분해 주는 별도의 씨끝이 없다.

문법가에 따라서는 풀이마디를 인정하지 않고 단순히 기움말을 가진 홑 월로 보기도 한다.[1)]

따옴마디로 안김 : 따옴마디는 주어진 월에 특수토씨 ‘－라고, －고’가 붙어서 이루어진다.

> (19) ㄱ. 나는 [그가 그 사실을 모른다고] 생각했다.
> ㄴ. 우리는 흔히 [사람은 사회적 동물이라고] 믿는다.
> ㄷ. 민수는 나에게 [그 집에 누가 사느냐고] 물었다.
> ㄹ. 순이는 [“네 마음이 참 착하구나!”라고] 말했다.

(19ㄱ,ㄴ)은 나의 생각이나 우리의 신념 등의 내용을 나타내는 것이고 (19ㄷ,ㄹ)은 남의 말을 따온 것인데, (19ㄱ～ㄷ)은 간접 따옴이고 (19ㄹ)은 직접 따옴이다.

서술월에 특수토씨 ‘－고’가 붙을 때 따오는 부분의 서술법 씨끝은 움직씨에는 ‘－는다’ 그림씨에는 ‘－다’, 잡음씨 ‘이다’의 경우는 ‘－라’가 쓰인다. 또 물음법은 움직씨에는 ‘－느냐’가, 그림씨에는 ‘－으냐’가, 잡음씨에는 ‘－냐’가 붙는다. 시킴법 씨끝 ‘－(으)라’와 꾀임법 씨끝 ‘－자’는 움직씨에만 붙고 그림씨와 잡음씨에는 붙지 못한다. 이것을 정리하면 다음과 같이 나타낼 수 있다.

	움 직 씨		그 림 씨		잡 음 씨	
서술법	먹	는다	맑	다	(학생)이	라
물음법		느냐		으냐		냐
시킴법		(으)라		*으라		*(으)라
꾀임법		자		*자		*자

(표 가운데 '고'가 각 씨별로 공통으로 붙는다.)

남의 말이나 자연적인 소리 등을 흉내 내어 전달할 때에는 ‘－라고’ 대신에 ‘하고’를 붙여 쓸 수가 있다.

---

1) 풀이마디는 마디로서의 자질을 갖추지 못한 말도막(어절) 연결체이고, 또한 일반적인 언어학 이론을 적용하여 볼 때, 그것을 가진 구조의 월은 겹월로 보지 않는다. 특히 합리성이 강조되는 학교말본의 기술에 있어서는, 이른바 풀이마디는 마디의 유형에서 제외할 것이며, 이런 구조의 월은 그 중의 임자말을 가지는 홑월로 다루는 것이 합리적인 처리로 보기도 한다(이은정, 1994:14～17).

(20) ㄱ. 갑자기 차가운 바람이 ["쏴아"하고] 스친다.
    ㄴ. 순이가 ["영철이는 어디 갔니?"하고] 물었다.
    ㄷ. 그녀는 ["어머나, 이 일을 어쩌나!"하고] 낙심한다.

월성분 줄여 없앰 : 안은마디와 안긴마디에서 같은 월성분이 나타날 때에
는 그 가운데 하나가 줄어드는 수가 있다.

(21) 나는 [(나는) 민수와 공부하기를] 좋아한다.

(21)에서 '나는'은 안은마디와 안긴마디에서 똑같이 임자말로 쓰였기 때문
에 임자말이 겹치는 것을 피하기 위하여 하나를 줄여 없앴다.

이음

겹월 가운데는 둘 이상의 월이 나란히 이어져서 월을 이루는 것이 있다.
이러한 월은 앞 월과 뒷 월이 이음씨끝에 의해 이어져 새로운 월이 만들어
지는데 이러한 월을 이은겹월이라고 한다.
이때 서로 이어진 두 월은 각각 마디가 된다. 앞 마디와 뒷 마디의 관계는
이음씨끝의 뜻과 밀접한 관계가 있는데, 이음씨끝은 뜻으로 보아 '벌임 관계'
와 '딸림 관계'로 나누어 진다. 앞 마디와 뒷 마디의 관계가 '벌임'으로 이어
진 겹월을 '벌임겹월'이라 하고, '딸림'으로 이어진 겹월을 '딸림겹월'이라
한다.

(22) ㄱ. 하늘은 높고, 바다는 깊다.
    ㄴ. 언니는 사랑스럽지만, 아우는 밉살스럽다.

(22)의 월은 모두 두 개의 월(마디)이 이어진 겹월이다. (22ㄱ)은 앞 마디와
뒷 마디의 관계가 벌임으로 이어진 벌임겹월이고, (22ㄴ)은 딸림으로 이어진
딸림겹월이다.

벌임으로 이어짐 : 이음씨끝에 의해 이어진 두 마디 사이의 관계가 뜻으로 보아 벌임으로 이어지는 것이 있다.

(23) ㄱ. 그녀가 노래를 <u>부르고</u> 그는 춤을 췄다.
　　 → 그는 춤을 추고 그녀는 노래를 불렀다.
　　 ㄴ. 민수는 냉정해 <u>보이지만</u> 마음이 여리다.
　　 → 민수는 마음이 여리지만 냉정해 보인다.
　　 ㄷ. 영오는 그 책을 <u>읽었으나</u> 내용을 이해하지 못했다.
　　 → 영오는 내용을 이해하지 못했지만 그 책을 읽었다.
　　 ㄹ. 그는 밥을 <u>먹으면서</u> 음악을 듣는다.
　　 → 그는 음악을 들으면서 밥을 먹는다.

　(23)의 밑줄 친 이음씨끝 '-고, -지만, -으나, -면서' 등은 앞 마디와 뒷 마디를 벌임으로 이어준다. 앞 마디와 뒷 마디가 서로 의존하지 않고 아무런 영향을 주지 않으므로 벌임으로 이어진 월은 서로 그 위치를 맞바꾸어도 전달되는 뜻에는 차이가 없다.
　그런데 앞 마디와 뒷 마디가 비록 벌임 관계의 이음씨끝으로 이어진 경우라 해도 뜻으로 보아 딸림 관계로 볼 수 있는 경우가 있다.

　(24) ㄱ. 봄이 <u>오고</u> 꽃이 핀다.
　　 ㄴ. 꽃이 <u>피고</u> 봄이 온다.

　(24ㄱ)은 (24ㄴ)과 같은 뜻을 나타내므로 '벌임겹월'이지만 상황에 따라서는 '봄이 와서 꽃이 피는' 것으로 이해할 수 있으므로 벌임 관계로 보기 어렵다.

딸림으로 이어짐 : 겹월 가운데 앞 마디가 원인, 이유, 조건 등으로 뒷 마디에 이어진 월을 '딸림겹월'이라 한다. 딸림겹월에서 중심되는 마디를 '으

뜸마디'라 하고 으뜸마디에 딸려 있는 마디를 '딸림마디'라 한다[2]. 딸림겹월
에서는 앞 마디가 딸림마디이고 뒷 마디가 으뜸마디가 된다.

> (25) ㄱ. 배가 <u>고프니</u> 힘도 없다.
> ㄴ. 눈이 내리지 <u>않아서</u> 슬프다.
> ㄷ. 가을이 <u>되면</u> 추수를 한다.

(25)에 쓰인 이음씨끝은 모두 앞 마디와 뒷 마디를 딸림으로 이어준다. 이
들은 벌임겹월과는 달리 앞 마디와 뒷 마디를 서로 맞바꿀 수 없다.

이음의 겹침 : 이은겹월은 여러 개의 홑월이 이어질 때 그 이어짐에 있어
서 계층적 짜임새를 이룬다.

> (26) [[[그는 옷을 벗어서] [그녀의 어깨 위에 걸쳐 주고]] [[불을 피워] [몸을 따
> 뜻하게 했다.]]]

(26)은 네 개의 마디가 이어져 만들어진 것으로, 그 직접구성성분은 「그는
옷을 벗어서 그녀의 어깨 위에 걸쳐 주고」와 「불을 피워 몸을 따뜻하게 했
다」이다. 이때 두 직접구성성분은 벌임 관계에 있다. 이 가운데 앞 마디
는 다시 「그는 옷을 벗어서」와 「그녀의 어깨 위에 걸쳐 주고」로 나뉘고, 뒷
마디는 다시 「불을 피워」와 「몸을 따뜻하게 했다」로 나뉜다. 이때 두 직접
구성성분 사이는 딸림 관계에 있다.

이음과 줄여 없앰 : 두 월이 이어질 때에 같은 월성분이 겹쳐지게 되면 그
가운데 하나는 줄어진다.

---

2) 최현배(1937:829)에서는, 가진월에서 그 씨처럼 쓰인 마디를 '딸림마디'라 하고
   그 딸림마디를 가진 마디를 '으뜸마디'라고 했다.

(27) 그녀는 맥주를 마셨다.
　　　그녀는 소주를 마셨다.
　→ 그녀는 맥주를 마셨고, 그녀는 소주를 마셨다.
　→ 그녀는 맥주와 소주를 마셨다.

(27)은 임자말 '그녀는'과 풀이말 '마셨다'가 겹쳐 쓰이고 있으므로 그 가운데 하나를 줄여 없앴다.

(28) ㄱ. 그녀의 얼굴은 그녀의 어머니 얼굴과 거의 <u>똑같다</u>.
　　 ㄴ. 어느날 우연히 영수와 민수는 길거리에서 <u>마주쳤다</u>.
　　 ㄷ. 어제 영자와 순영이는 심하게 <u>다투었다</u>.
　　 ㄹ. 철수와 만수는 매일 <u>만난다</u>.

그러나 (28)과 같이 풀이씨 '같다, 마주치다, 다투다, 만나다' 등은 본래 두 개의 임자말을 필수적으로 요구하기 때문에 두 개의 임자말을 취하고 있지만 겹월이 아닌 홑월로 처리해야 한다.

이음과 안음, 안음과 이음의 되풀이 : 겹월은 '안음'과 '이음'의 방법을 함께 써서 더욱 더 복잡해지기도 한다.

(29) [[[그녀는 [[(그녀가) 사랑하는] [그가 오기를]] 기다리나] [그는 오지 않는다.]]]

(29)는 「그녀는 사랑하는 그가 오기를 기다리다」와 「그는 오지 않는다」가 이어진 겹월이다. 이은겹월의 앞 마디는 「사랑하는 그가 오기를」과 「(그녀가) 사랑하는」을 안고 있다. 또 뒷 마디 「그는 오지 않는다」는 하나의 홑월로 볼 수 있다.

이와 같이 '안음'과 '이음'의 방법을 함께 써서 더욱 더 복잡한 겹월을 만들어 월은 무한히 길어질 수 있다.

12.2 의향(태도)에 따라

월은 말할이의 의향(태도)에 따라서, 들을이에게 자기의 생각을 여러 가지 방식으로 나타낼 수 있다.

(30) ㄱ. 오늘은 날씨가 <u>좋구나</u>.
  ㄴ. 언제 시험이 <u>끝나느냐</u>?
  ㄷ. 문을 <u>닫아라</u>.
  ㄹ. 빨리 학교에 <u>가자</u>.

(30ㄱ)과 같이 자기의 할 말을 해 버리거나, (30ㄴ)과 같이 들을이에게 묻거나, (30ㄷ)과 같이 시키거나, (30ㄹ)과 같이 자기와 함께 행동하기를 요구할 수도 있다. 이와 같이 말할이의 의향에 따라 월을 끝맺는 법을 마침법(의향법)이라고 한다. 마침법은 (30ㄱ~ㄹ)의 '-구나, -느냐. -아라, -자'와 같은 맺음씨끝으로 의향(태도)의 차이를 나타낸다. 의향의 차이를 나누는 1차적인 기준은 말할이가 들을이에게 요구가 있는가, 없는가에 둔다[3].

곧, (30ㄱ)은 말할이가 들을이에게 요구 없이 자기의 생각을 평범하게 진술하고 있으며, (30ㄴ~ㄹ)은 들을이에게 무엇인가를 요구하고 있는 월이다. 들을이에게 요구 없이 자기의 생각을 진술하고 있는 (30ㄱ)을 서술월이라고 한다. 들을이에게 요구가 있는 (30ㄷ,ㄹ) 월은 그 요구가 '대답'인가, '행동'인가에 따라 대답을 요구하는 (30ㄴ)을 물음월이라고 한다.

---

3) 최현배(1971:854~855)에서는 말할이가 들을이에게 공동적인 움직임을 취하고자 요청했는가, 그렇지 않았는가에 따라 아래와 같이 나누고 있다.

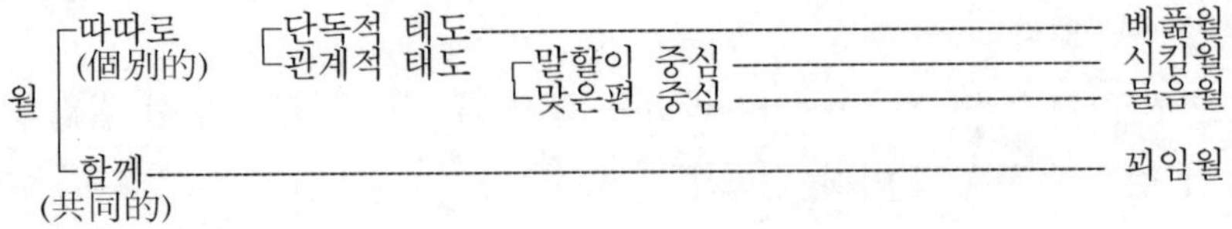

```
       ┌따따로    ┌단독적 태도─────────────── 베풂월
       │(個別的)  └관계적 태도  ┌말할이 중심 ────────── 시킴월
월 ────┤                        └맞은편 중심 ────────── 물음월
       │
       └함께───────────────────────── 꾀임월
        (共同的)
```

행동을 요구하는 (30ㄷ,ㄹ)은 다시 들을이만의 행동을 요구하느냐, 말할이와 들을이의 행동을 함께 요구하느냐에 따라 나누어진다. (30ㄷ)과 같이 들을이만의 행동을 요구하는 월을 시킴월이라 하고 (30ㄹ)과 같이 말할이와 들을이의 행동을 함께 요구하는 월을 꾀임월이라 한다4).

(31)
```
        ┌─ 들을이에게 요구 없음 ──────────────────────── 서술월
  마침법 │
        └─ 들을이에게 요구 있음 ┌─ 대답을 요구 ──────────── 물음월
                               └─ 행동을 요구 ┌─ 들을이만의 행동 ──── 시킴월
                                             └─ 함께 함 ──────── 꾀임월
```

마침법의 유형 설정은 문법가에 따라 차이가 있다. 그 까닭은 유형 설정의 기준을 '의향'에만 두느냐, '형태'와 절충하느냐 하는 점 때문이다.

(32) ㄱ. 그건 지극히 작고 빈약한 <u>꽃이다</u>.
     ㄴ. 아! 달도 <u>밝구나</u>.
     ㄷ. 내가 너를 제주도에 데리고 <u>가마</u>.

위의 월을 의향에 따라서 (32ㄱ)은 서술월, (32ㄴ)은 느낌월, (32ㄷ)은 약속월로 나누기도 한다. 이때 월의 유형을 나누는 맺음씨끝은 (32ㄱ)은 '- 다', (32ㄴ)은 '- 구나', (32ㄷ)은 '- 마'이다.

(33) ㄱ. 일기예보에서는 오늘 밤에 구름이 많이 낀다더니 달이 <u>밝구나</u>.
     ㄴ. 내가 세 시에 데리러 <u>간다</u>. 기다려.

그런데 (33ㄱ) 월에서는 (32ㄴ) 월과 같이 씨끝 '- 구나'가 결합되어 있지만 감탄의 뜻이 없는 서술월이며, (33ㄴ) 월에서는 (32ㄱ) 월과 같이 씨끝 '- 다'

---

4) 허 웅(1983:225)을 참고할 것.

가 결합되어 있지만 서술의 뜻이 없는 약속월이다.

이와 같은 현상은 우리말에서는 느낌의 씨끝 ‘ - 구나’나 약속의 씨끝 ‘ - 마’가 서술의 씨끝 ‘ - 다’와 대립할 만한 말본적 구실이 없이 ‘서술’의 중심 뜻에 매어 있기 때문이다. 따라서 의향법 씨끝으로 ‘느낌’이나 ‘약속’, ‘서술’과 같은 구별이 확립되지 못하고 공통의 형식인 ‘ - 다’를 쓰므로 느낌월과 약속월을 서술월과 분리시키지 말고, 서술월의 한 갈래로 보는 것이 우리말의 특성에 맞는 합리적인 처리이다[5].

마침법에는 서술하거나, 묻거나, 시키거나, 함께 하기를 요구하는 의향(태도) 밖에도 공경의 태도도 아울러 나타내어야 하는데, 이와 같은 말본 범주를 들을이높임법이라 한다.

우리말의 마침법은 말할이와 들을이의 상관적 관계에서 실현되는 상관적 장면과 들을이를 고려하지 않고 말할이의 생각을 일방적으로 표현하는 단독적 장면에서 실현되는 경우가 있다.

 (34) ㄱ. 아버님께서 가라 하시니 <u>가겠습니다만</u>, 억울한 사정이 <u>있습니다</u>……
   ㄴ. 억울한 사정? 그게 무슨 <u>소리냐</u>?
   ㄷ. 사실은 뒷집에서 불씨를 얻어 온 것이 아니라, 엊저녁에 빌려 준 것을 오늘 아침에 받아 온 <u>것입니다</u>.
   ㄹ. 허허, <u>그랬더냐</u>? 하마터면 내가 실수를 할 <u>뻔했구나</u>!

(마해송, 불삼대)

위의 글은 수필 속에 나오는 대화이다. 말할이와 들을이가 한 장소에 있으면서 나누는 대화이므로 들을이의 신분에 따라 밑줄 친 풀이말과 같이 높임법이 달리 실현되고 있다. 따라서 대화와 같은 상관적 장면에는 풀이말에 들을이높임법이 실현된다.

---

5) 느낌월을 서술월에서 독립시켜야 한다는 관점은 남기심·고영근(1993:3337)을, 서술월에 포함시켜야 한다는 관점은 최현배(1971:860)를 참고할 것.

(35) 연한 녹색은 나날이 번져 <u>가고 있다</u>. 어느덧 짙어지고 <u>말 것이다</u>. 머문 듯 가는 것이 세월인 것을. 유월이 되면 원숙한 여인 같이 녹음이 <u>우거지리라</u>. 그리고 태양은 정열을 퍼붓기 시작할 <u>것이다</u>.

(피천득, 오월)

위의 글은 들을이를 고려하지 않은 단독적 장면의 수필이다. 수필이나 기사문, 일기문, 소설의 지문에서는 들을이가 나타나지 않고 말할이의 생각을 일방적으로 표현하기 때문에 풀이말에 신분에 따른 들을이높임법이 실현되지 않는다.

따라서 월 속의 의향(태도)은 마침법 씨끝에 나타나는데 상관적 장면의 경우에는 의향 밖에도 들을이의 신분에 맞는 들을이높임법도 함께 고려해야 한다.

12.2.1 서술월

말할이가 들을이에게 자기의 뜻을 베풀어 말하거나 약속을 하거나 느낌을 나타내면서 서술법으로 끝맺는 월을 서술월이라 한다.

(36) ㄱ. "날씨가 무척 <u>덥다</u>. 목욕부터 하자."
　　 ㄴ. 나는 집에 <u>있겠다</u>.

서술월에는 (36ㄱ)과 같이 남의 요구가 없이 제 홀로 자기 생각을 나타내는 일방적 서술과 (36ㄴ)과 같이 "너는 어디에 있겠느냐?"와 같은 물음월의 대답으로 말하는 응답 서술이 있다. 일방적 서술이나 응답 서술은 이들을 구분할 밑본형태소가 따로 없기 때문에 갈래를 나누지 않는다.

(37) ㄱ. 동백이가 아이스크림을 맛있게 <u>먹는다</u>.
　　 ㄴ. 설악산의 가을 단풍이 무척 <u>아름답다</u>.
　　 ㄷ. 그 애는 착한 <u>소년이다</u>.

　서술월을 이루는 대표적인 맺음씨끝에 '-다'가 있다. 풀이말이 움직씨일 때에는 (37ㄱ)과 같이 안맺음씨끝 '-는-'을 앞세우고 '-다'가 붙지만, 풀이말이 (37ㄴ,ㄷ)과 같이 그림씨나 잡음씨일 때에는 줄기에 바로 붙는다. 그런데 '-다'가 움직씨의 줄기에 바로 붙는 경우도 있다.

(38) ㄱ. 아침 여섯시에 <u>일어나다</u>. (일기문)
　　　ㄴ. 한국 축구팀 월드컵 본선에 <u>진출하다</u> (신문 기사 제호)
　　　ㄷ. 나무들 비탈에 <u>서다</u> (소설 제목)

　위의 월은 일기문, 신문 기사의 제호, 소설 제목이다. '-다'는 단독적 장면에서 움직씨의 줄기에 바로 붙어, (38ㄱ~ㄷ)과 같이 말할이의 주관을 개입시키지 않고 사실을 간략하게 표현하기도 한다.

　서술월이 상관적 장면에서 쓰일 때에는 들을이높임법이 고려되어야 하는데 그 실현 양태에는 격식체와 비격식체가 있다. 격식체는 종적인 상하 관계에 바탕을 두고 있으며, 비격식체는 횡적인 수평 관계에 바탕을 두고 있다. 현재 서술월의 실현 양태는 격식체나 비격식체가 뒤섞여 쓰이고 있으면서 점차 비격식체의 사용 비중이 커지고 있다. [「13.4 높임법」을 참고하라.]

　격식체 : 서술월의 격식체 상대높임에는 네 가지 등급이 있다.[높임의 등급에 관한 구체적인 내용은 「13.4 **높임법**」을 참고하라.]

(39) ㄱ. 밥을 <u>먹는다</u>.
　　　ㄴ. 대자연은 한없이 <u>아름답다</u>.
　　　ㄷ. 그건 지극히 작고 빈약한 <u>꽃이다</u>.
　　　ㄹ. 그때 그 분은 책을 읽고 <u>있더라</u>.
　　　ㅁ. 그는 앞으로 큰 인물이 <u>되리라</u>.

　(39ㄱ~ㅁ)은 말할이가 자기 뜻을 베풀어 말하는데 들을이를 아주 낮추고

있다. (39ㄱ)은 풀이말이 움직씨이므로 줄기와 씨끝 사이에 안맺음씨끝 ‘-는-’이 붙었다. 그리고 (39ㄴ,ㄷ)은 풀이말이 그림씨와 잡음씨이므로 줄기에 ‘-다’가 바로 붙었다. 돌이킴(회상)이나 짐작(추측)의 안맺음씨끝 ‘-더-, -리-’가 붙어 있는 (39ㄹ,ㅁ)에서는 씨끝 ‘-다’가 ‘-라’로 꼴이 바뀌었다. 격식체의 아주낮춤의 씨끝에는 ‘-다’ 밖에도 ‘-느니라/나니라, -노라’가 있으나 이 씨끝은 현재 입말에서는 잘 쓰이지 않고 있지만 정중한 말씨나 글에는 더러 쓰이고 있다.

(40) ㄱ. 달도 <u>밝구나</u>.
　　 ㄴ. 너는 <u>가는구나</u>.
　　 ㄷ. 올해는 <u>풍년이로구나</u>.
　　 ㄹ. 그 사람의 심성이 정말 <u>착하도다</u>.

위의 월들은 느낌을 나타내는 서술월이다.

(40ㄱ)의 풀이말은 그림씨이므로 줄기에 씨끝 ‘-구나’가 바로 붙었다. (40ㄴ)은 풀이말이 움직씨이므로 줄기에 안맺음씨끝 ‘-는-’이 붙고 그 뒤에 씨끝 ‘-구나’가 결합되었다. (40ㄷ)은 풀이말이 잡음씨이다. 잡음씨의 줄기 뒤에는 ‘-로구나’ 씨끝이 붙었다. (40ㄹ)은 그림씨의 줄기 뒤에 씨끝 ‘-도다’가 붙었는데 ‘-도다’는 ‘-구나’와 교체되어 쓰일 수 있으며 뜻의 차이는 없다.

(41) ㄱ. 내가 곧 <u>가마</u>.
　　 ㄴ. 그 돈을 곧 <u>갚으마</u>.

위의 월은 약속의 뜻이 있는 서술월이다. 약속의 뜻을 가진 맺음씨끝으로 ‘-마’가 분석된다. 약속의 맺음씨끝은 들을이높임법의 체계가 꽤 정연하다. ‘-마’는 아주낮춤에, ‘-ㅁ세’는 예사낮춤에, ‘-리다’는 예사높임에, ‘-오리다’는 아주높임에 쓰이는 씨끝이다. 그런데 지금의 사용 실태를 보면 ‘-마’

는 쓰이고 있지만 ‘ - ㅁ세’는 ‘ - 겠네’로, ‘ - 리다’는 ‘ - 겠소’로, ‘ - 오리다’는
‘ - 겠습니다’로 교체되어 쓰이고 있다.

    (42) ㄱ. 나는 <u>가네</u>.
        ㄴ. 비가 <u>오네</u>.

움직씨의 줄기에 붙는 예사낮춤의 씨끝에 ‘ - 네’가 있는데 이 씨끝은 새
로이 알게 된 사실을 서술한다.

    (43) ㄱ. 요사이 날씨가 꽤 <u>차이</u>.
        ㄴ. 자네를 보니 매우 <u>기쁘이</u>.

풀이말이 그림씨일 때는 (43)과 같이 예사낮춤의 씨끝으로 ‘ - 이’가 쓰인다.

    (44) ㄱ. 그가 <u>소년일세</u>.
        ㄴ. 우리가 만날 곳은 <u>정거장일세</u>.

풀이말이 잡음씨일 때는 (44)와 같이 예사낮춤의 씨끝으로 ‘ - ㄹ세’가 쓰인다.

    (45) ㄱ. 내가 곧 빚을 <u>갚음세</u>.
        ㄴ. 내가 곧 그 곳에 <u>감세</u>.

위의 풀이말 줄기에 붙은 ‘ - ㅁ세’는 들을이에게 말할이가 장차 어떤 일
을 하겠다는 약속을 하는 예사낮춤의 씨끝이다. 그런데 요즈음은 ‘ - 이’나
‘ - ㄹ세’가 ‘ - 네’로 교체되어 쓰이며 약속의 ‘ - ㅁ세’도 ‘ - 겠네’의 쓰임이
일반화되고 있다.

    (46) ㄱ. 경치가 과연 <u>좋데</u>.
        ㄴ. 그때 그 사람이 그런 말을 <u>하데</u>.

돌이킴(회상)의 안맺음씨끝 ‘-더-’가 예사낮춤의 맺음씨끝 ‘-이’와 어울려 서술의 뜻을 드러낼 때에는 ‘-데’로 축약되어 쓰인다.

(47) ㄱ. 밤이 <u>깊으오</u>.
     ㄴ. 나는 <u>가오</u>.
     ㄷ. 저것은 <u>범이오</u>.

서술의 뜻을 가진 예사높임의 씨끝으로는 (47)처럼 ‘-오’가 쓰인다.

(48) ㄱ. 나는 <u>듣소</u>.
     ㄴ. 그런 일은 매우 <u>많소</u>.

풀이말의 줄기가 닿소리일 때는 (48)과 같이 예사높임의 씨끝 ‘-소’가 붙는다.

(49) ㄱ. 영희가 학교에 <u>갑니다</u>.
     ㄴ. 철수가 밥을 <u>먹습니다</u>.
     ㄷ. 그 분은 내일 서울에 <u>가옵니다</u>.

서술월의 아주높임에는 줄기가 홀소리로 끝나면 ‘-ㅂ니다’가, 닿소리로 끝나면 ‘-습니다’가 붙는 것이 일반적이다. (49ㄷ)의 씨끝 ‘-옵니다’는 지금은 잘 쓰이지 않는 예스런 말씨이다. 아주높임의 서술법에 돌이킴의 때매김 씨끝을 결합하면 ‘갑디다, 먹습디다’와 같이 ‘-디’로 실현된다. 이 밖에도 ‘-느이다, -나이다, -니이다, -(더)이다’와 같은 아주높임의 씨끝도 있지만 입말에는 잘 쓰이지 않고 글말에서 예스런 말씨로 쓰이기노 한다.

비격식체 : 서술월의 비격식체 들을이높임에는 두루낮춤과 두루높임의 두 등급이 있다.

(50) ㄱ. 요즈음은 밥도 <u>먹어</u>.
　　　ㄴ. 그 꽃은 매우 보기 <u>좋아</u>.
　　　ㄷ. 그것은 내 <u>것이어</u>. 네 것이 <u>아니아</u>.

　맺음씨끝 ‘–아/어’는, 비격식체에 쓰이는 반말로써 격식체의 아주낮춤과
예사낮춤의 구실을 두루 맡고 있는 두루낮춤의 ‘해체’ 씨끝이다. 이 씨끝은
들을이가 지금까지 몰랐던 새로운 사실을 알리는 구실을 한다.

(51) ㄱ. 영화 구경 가는 것이 <u>좋지</u>.
　　　ㄴ. 영희가 <u>왔지</u>.
　　　ㄷ. 영희가 이번에는 <u>합격하겠지</u>.

　맺음씨끝 ‘–지’는 앞의 ‘–아/어’ 씨끝과 마찬가지로 비격식체에 쓰이는
반말로써 격식체의 아주낮춤과 예사낮춤의 구실을 두루 맡고 있는 두루낮춤
의 해체 씨끝이다. 그런데 ‘–지’ 씨끝은 앞의 ‘–아/어’ 씨끝과는 달리 들
을이가 그 사실을 알고 있다고 말할이가 전제로 하고 들을이에게 말하는 경
우에 쓰인다. 그러므로 같은 서술이지만 ‘–아/어’ 씨끝은 말할이가 들을이
가 모르는 새로운 사실을 말하는데, ‘–지’ 씨끝은 들을이가 이미 말하려는
사실을 알고 있다는 전제 아래에서 말한다는 차이가 있다.

(52) ㄱ. 저는 <u>가(아)요</u>.
　　　ㄴ. 저 꽃이 매우 <u>좋아요</u>.
　　　ㄷ. 저도 같이 <u>가지요</u>.
　　　ㄹ. 철수는 착한 <u>아이지요</u>.

　비격식체의 두루높임은, 두루낮춤의 씨끝 ‘–아/어’, ‘–지’에 토씨 ‘–요’를
결합시켜 격식체의 예사높임과 아주높임의 구실을 두루 맡고 있으며 해요체
라고도 한다. (52ㄱ,ㄴ)은 씨끝 ‘–아/어’에 토씨 ‘–요’를, (52ㄷ,ㄹ)은 씨끝
‘–지’에 토씨 ‘–요’를 붙여서 들을이를 높이고 있다.

12.2.2 물음월

말할이가 들을이에게 대답을 요구하면서 물음법으로 끝맺는 월을 물음월이라 한다.

> (53) ㄱ. 그 영화가 <u>재미있었느냐?</u>
>   ㄴ. 너희 학교 교장선생님은 <u>누구시니?</u>
>   ㄷ. 내가 그걸 모를 것 <u>같니?</u>

(53ㄱ)의 물음월은 물음에 대한 대답이 여김(긍정)일때는 '예', 지움(부정)일 때는 '아니오'를 요구한다. 이런 물음월을 판정물음월이라 한다. (53ㄴ)의 물음월은 물음말(의문사) '누구'에 대한 설명을 요구하는 물음월이다. 이와 같은 물음월을 설명물음월이라 한다. 그런데 (53ㄷ)의 물음월은 (53ㄱ,ㄴ)과는 달리 말할이가 모르는 사실을 알기 위해서 묻는 질문이 아니기 때문에 대답이 필요 없다. 이와 같은 물음월을 수사물음월이라 한다. 수사물음월은 말할이의 마음 속에서 그 물음과 반대의 사실을 인정한다는 뜻이 있으므로 반어물음월이라고도 하는데 질문이 여김월(긍정문)이면 강한 지움(부정)을, 질문이 지움월(부정문)이면 강한 여김(긍정)을 나타낸다. 이와 같은 물음월은 「공든 탑이 무너지랴?」「늙은 말이 콩 마다 하랴?」와 같은 속담이나 격언의 표현에 알맞다.

물음월은 문맥에 따라서 시킴이나 말림, 꾀임의 뜻을 나타낼 수도 있다.

> (54) ㄱ. 영길아, 너는 밥을 안 먹니? <시킴>
>   ㄴ. 왜, 백해무익한 담배를 피우느냐? <말림>
>   ㄷ. 자네, 같이 안 가겠는가? <꾀임>

위의 월들을 꼴을 고려하지 않고 뜻에 따라 갈래를 나누게 되면 월의 종류가 매우 복잡하게 될 것이다. 그러므로 (54ㄱ~ㄷ) 월은 풀이말 씨끝의 꼴을 중심으로 하여 물음월로 보고, 물음월에 드러나는 주변적인 뜻으로 시킴, 말림, 꾀임과 같은 뜻이 있다고 보아야 한다.

(55) ㄱ. 너는 내일 그 연주회에 갈 수 <u>있겠니</u>?
ㄴ. 할머니께서는 언제 <u>오십니까</u>?

우리말의 물음월은 (55ㄱ)과 같이 물음법 씨끝으로 이루어지는데, 설명물음월의 경우는 (55ㄴ)의 '언제'와 같은 물음말이 쓰인다. 물음말이 오는 경우에도 물음법 씨끝은 필요하므로 우리말의 물음월 형성에 있어서 중심적인 구실을 하는 것은 물음법 씨끝이다.

서술월과 물음월의 꼴이 같은 경우가 있다.

(56) ㄱ. 비가 <u>와(요)</u>. (↘)
ㄴ. 비가 <u>와(요)</u>? (↗)

(56ㄱ)은 서술월인데 입말의 경우에는 (56ㄴ)의 물음월과 구별하기 위해서 내림 억양을 사용하고, (56ㄴ)의 물음월은 올림 억양을 사용한다. 그러나 글말에 있어서는 마침표(·)와 물음표(?)를 사용하여 구별해야 한다.

대이름씨 가운데 모름대이름씨(미정칭대명사)는 물음월에 쓰이고 안잡힘대이름씨(부정칭대명사)는 서술월에 쓰인다.

(57) ㄱ. 집에 <u>누가</u> 왔더냐?
ㄴ. <u>아무도</u> 안 왔습니다.

(57ㄱ)은 모름대이름씨 '누(누구)'가 있으므로 설명물음월이다. 그리고 (57ㄴ)은 안잡힘대이름씨 '아무'가 있으므로 서술월이다. 그런데 모름대이름씨가 서술월에 쓰여서 안잡힘대이름씨의 구실을 하는 경우가 있다.

⑸8) 집에 <u>누가</u> 왔다.

(58)의 월 가운데 있는 '누(누구)'는 안잡힘대이름씨이다. 그런데 같은 물음월인데도 꼴은 같지만 그 구실이 다른 대이름씨가 쓰여 중의성을 보이는 경우가 있다.

⑸9) ㄱ. 안에 <u>무엇이</u> 있어요? (↗)
      ㄴ. 안에 <u>무엇이</u> 있어요? (↘)

(59ㄱ,ㄴ)의 '무엇'은 꼴은 같지만 올림 억양의 물음월인가, 내림 억양의 물음월인가에 따라 대이름씨의 말본적인 구실이 다르다. (59ㄱ)처럼 올림 억양의 월에서는 '무엇'이 안잡힘대이름씨이므로 판정물음월이다. 그러나 (59ㄴ)처럼 내림 억양의 월에서는 '무엇'이 모름대이름씨이므로 설명물음월이다.

물음월도 서술월과 같이 상관적 장면과 단독적 장면에 쓰여 들을이높임법이 실현된다. 물음월이 단독적 장면에 쓰일 때는 「나는 쓸 데 없는가?」, 「내가 제일이지?」와 같이 말할이가 말할이 스스로에게 묻는 자문(自問)의 뜻이 있다.

격식체 : 물음월의 격식체 들을이높임에는 네 가지 등급이 있다.

⑹0) ㄱ. 너 어디 <u>가느냐</u>?
      ㄴ. 물이 얼마나 <u>깊으냐</u>?
      ㄷ. 이것이 <u>범이냐</u>?

아주낮춤의 물음법 씨끝에는 ' - 느냐'와 ' - 으냐'가 있다. ' - 느냐'는 (60ㄱ)과 같이 움직씨에 붙고, ' - 으냐'는 (60ㄴ)과 같이 그림씨나 (60ㄷ)과 같이 잡음씨에 붙는다.

(61) ㄱ. 그 사람은 무엇을 하고 <u>노는가</u>?
     ㄴ. 그 청년은 신체가 <u>건강한가</u>?
     ㄷ. 그것이 <u>범이던가, 소던가</u>?

　예사낮춤의 물음법 씨끝에는 '－는가'와 '－은가'가 있다. '－는가'는 (61
ㄱ)과 같이 움직씨에 붙고 '－은가'는 (61ㄴ)과 같이 그림씨나 (61ㄷ)과 같이
잡음씨에 붙는다.

(62) ㄱ. 당신도 <u>가오</u>?
     ㄴ. 밤이 <u>깊으오</u>?
     ㄷ. 누가 제일 먼저 <u>먹소</u>?
     ㄹ. 사람이 <u>많소</u>?

　예사높임의 물음법 씨끝에는 '－으오'와 '－소'가 있다. '－으오'는 (62ㄱ)
과 같이 받침 없는 움직씨와 (62ㄴ)과 같이 받침 있는 그림씨에 붙어 물음월
을 만든다. 그리고 '－소'는 (62ㄷ,ㄹ)과 같이 받침 있는 움직씨나 그림씨에
붙어 물음월을 만든다. 그런데 (62ㄱ)의 월을 내림 억양을 사용하면 시킴월
이 되고, (62ㄴ)의 월을 내림 억양을 사용하면 서술월이 된다. 이와같은 의향
(태도)에 따른 차이는 입말에서는 억양으로 글말에서는 월의 부호로 구별한다.

(63) ㄱ. 그가 오늘 학교에 <u>갑니까</u>?
     ㄴ. 그 동굴이 <u>깊습니까</u>?
     ㄷ. 그 동물이 <u>범입니까</u>?

　아주높임의 물음법 씨끝에는 '－읍니까'와 '－습니까'가 있다. (63ㄱ)이
나 (63ㄷ)처럼 풀이씨의 줄기에 받침이 없으면 '－읍니까'가, (63ㄴ)처럼 받
침이 있으면 '－습니까'가 쓰인다.
　아주높임의 물음법에 돌이킴의 때매김 씨끝을 결합시키면 '－더－'가 '－니－'
와 교체되면서 '－디－'로 바뀌어 '갑디까', '깊습디까', '범입디까'로 실현된다.

비격식체 : 물음월의 비격식체 들을이높임에는 두루낮춤과 두루높임의 두 등급이 있다.

    (64) ㄱ. 어디서 <u>보았어/보았지</u>?
        ㄴ. 그 꽃 <u>좋아/좋지</u>?
        ㄷ. 그 곳이 그 사람 <u>집이야/집이지</u>?

두루낮춤에 쓰이는 물음법 씨끝에 '-아/어'와 '-지'가 있다. 이 두 씨끝은 (64ㄱ~ㄷ)과 같이 자유로이 교체가 가능하지만 뜻에 차이가 있다.

'-아/어' 씨끝은 말할이가, 들을이가 모르는 새로운 사실을 묻는데, '-지'는 들을이가, 말할이가 말하려는 사실을 이미 알고 있다는 전제 아래에서 묻는 뜻이 있다.

    (65) ㄱ. 그 사람은 지금 무엇을 하고 <u>있나</u>?
        ㄴ. 누가 제일 먼저 <u>왔니</u>?
        ㄷ. 그가 지금 바로 <u>떠나겠디</u>?

'-아/어'와 '-지' 밖의 두루낮춤의 물음법 씨끝에 (65ㄱ)의 '-나'와 (65ㄴ)의 '-니', 그리고 (65ㄷ)의 '-디' 씨끝이 있다. '-나' 씨끝은 격식체의 아주낮춤과 예사낮춤에 두루 쓰이므로 들을이높임의 토씨 '-요'와의 결합이 자연스럽다. 그러나 '-니'는 아주낮춤과만 공기하므로 들을이높임의 토씨 '-요'와 결합되지 못한다. 그런데 '-니'는 격식체 아주낮춤의 씨끝 '-느냐'보다 정답거나 부드러운 느낌을 띤다.

(65ㄷ)의 '-디'는 아주 낮추어야 할 자리에 지닌 사실을 돌이켜 묻는 씨끝 '-더냐'의 반말체이다.

    (66) ㄱ. 아저씨 자장면 시키셨<u>어요</u>?
        ㄴ. 아저씨 자장면 시키셨<u>지요</u>?
        ㄷ. 아저씨 자장면 시키셨<u>나요</u>?

두루높임(해요체)은 두루낮춤의 씨끝 뒤에 들을이높임의 토씨 '요'를 붙인다. (66ㄱ)은 두루낮춤의 씨끝 ' - 어' 뒤에 (66ㄴ)은 두루낮춤의 씨끝 ' - 지' 뒤에, (66ㄷ)은 두루낮춤의 씨끝 ' - 나' 뒤에 토씨 ' - 요'가 붙어 두루높임의 뜻을 나타낸다.

12.2.3 시킴월

말할이가 들을이에게 어떤 행동을 요구하면서 시킴법으로 끝맺는 월을 시킴월이라 한다.

(67) ㄱ. 부모님께 빨리 편지를 <u>써라</u>.
　　　ㄴ. 알맞은 답의 번호를 답란에 <u>쓰라</u>.

(67ㄱ)은 말할이가 들을이에게 자기의 뜻대로 편지를 쓸 것을 직접 요구하는 시킴월로써 풀이말 '써라'의 줄기 '쓰 - '에 시킴법 씨끝 ' - 어라'가 붙었다. (67ㄴ)은 말할이(출제자)가 들을이(수험생)에게 시험지를 통하여 말할이의 뜻대로 답안을 작성할 것을 간접적으로 지시하고 있는 시킴월이다. 이 시킴월은 풀이말 줄기 '쓰 - '에 시킴법 씨끝 ' - 라'가 붙었다. (67ㄱ)의 ' - 어라'는 입말에서 쓰이는 '해라체'의 직접 시킴법 씨끝이며 (67ㄴ)의 ' - 라'는 글말에 쓰이는 '하라체'의 간접 시킴법 씨끝이다. 시킴월은 말할이가 들을이에게 제 뜻대로 움직이기를 요구하는 월이므로 둘째가리킴 임자말과 어울리며 움직씨 풀이말을 가려잡는 것이 원칙이다.[6] 때로는 그림씨를 가려잡는 일이 있다.

---

6) 최현배(1971:863)는 시킴월은 둘째가리킴 월임이 원칙이로되 더러 셋째 가리킴의 임자씨로써 그 월의 임자를 삼는 일이 없지 아니한데 이러한 경우에는 진정한 시킴이 아니라 말할이의 바람(希望)이나 허락, 버려둠(放任)의 뜻이 있다고 했다.
　(1) 바람(希望)

(68) ㄱ. 좀 <u>침착하래</u>(하라고 해).
ㄴ. 좀 <u>조용하라니</u>.
ㄷ. 좀 <u>솔직하게</u>.

(68)의 풀이말은 모두 그림씨이다. 이렇게 되면 시킴월이 움직씨 풀이말을 가려잡는다는 원칙에 예외가 생기게 된다. 그러므로 (68ㄱ)의 '침착하래'는 '침착하게 하라'의, (68ㄴ)의 '조용하라니'는 '조용하게 하라니'의, (68ㄷ)의 '솔직하게'는 '솔직하게 하라'의 움직씨다운 표현의 줄임으로 보게 되면 예외 현상을 설명할 수 있는 한 방법이 된다[7].

(69) ㄱ. 이것 좀 보아.
ㄴ. 너는 저리 가거라.
ㄷ. 대한 청년들아, 그대들이 정신을 차려라.
ㄹ. 어머니, 진지 잡수시오.

시킴월에서 들을이와 임자가 같으면 (69ㄱ)처럼 임자말이 드러나지 않는 것이 일반적이지만 (69ㄴ)처럼 임자말이 드러나기도 한다. (69ㄷ)은 부름말과 임자말이 함께 드러났고 (69ㄹ)은 부름말만 있고 임자말은 드러나지 않았다. 시킴월은 발화 현장에서 어떤 행동을 요구하므로 때매김법의 실현이 앞의 서술월이나 물음월과 다르다.

(70) ㄱ. 밥을 먹는다/먹었다/먹겠다.
ㄴ. 밥을 먹느냐?/먹었느냐?/먹겠느냐?
ㄷ. 밥을 먹어라/*먹었어라/*먹겠어라.

· 불어라, 불어라, 순풍이 불어라.
· 비가 오너라, 바람이 불어라고 양재를 피운다.
(2) 허락과 버려둠(放任)
· 인제는 바람이 불려거든 불어라.
· 어느 놈이 때릴 테면 때려라.
7) 허 웅(2000:742)을 참고할 것.

(70ㄱ)의 서술월과 (70ㄴ)의 물음월은 줄기에 이적, 지난적, 올적의 때매김 씨끝과 자유로운 교체가 가능하지만 시킴은 발화 현장의 일이므로 (70ㄷ)과 같이 지난적, 올적의 때매김 씨끝과 교체가 불가능하다

(71) ㄱ. 여기 가만히 <u>섰거라</u>.
     ㄴ. 이대로 <u>앉었어</u>(요).

그러나 (71ㄱ,ㄴ)과 같은 특별한 경우에는 시킴월의 풀이말에 지난적 때매김 씨끝 '-었-'이 어울릴 수도 있는데, 이것은 완결 지속의 상태를 유지하라는 뜻이다[8].

직접시킴월 : 입말에서 실현되는 시킴월을 직접시킴월이라 하는데 직접시킴월은 다시 격식체와 비격식체로 나누어진다.

(72) ㄱ. 빨리 <u>보아라</u>.
     ㄴ. 빨리 <u>보게</u>.
     ㄷ. 빨리 <u>보오</u>.
     ㄹ. 빨리 <u>보시오/보십시오</u>.

격식체 시킴월은 높임의 등급에 따라 (72ㄱ)의 아주낮춤(해라체)과 (72ㄴ)의 예사낮춤(하게체), (72ㄷ)의 예사높임(하오체)과 (72ㄹ)의 아주높임(합쇼체)으로 구분한다. 아주낮춤의 시킴법 씨끝으로는 '-아라/어라'가 일반적으로 쓰이지만 '-거라, -너라, -여라'가 쓰이기도 한다. '-거라'는 움직씨 줄기 '가(다)'에 '-너라'는 움직씨 줄기 '오(다)'에, '-여라'는 움직씨 줄기 '하(다)'에 쓰이는데 이들 씨끝은 형태적 변이형태이다.

(73) ㄱ. 빨리 <u>가려무나</u>.
     ㄴ. 먹고 싶으면 <u>먹으렴</u>.

---

8) 허 웅(2000:764~765)을 참고할 것.

(73ㄱ)의 ' - 려무나'나 (73ㄴ)의 ' - 으렴'은 시킴보다는 허락의 뜻이 강하
지만 허락의 뜻을 드러내는 말본 형식이 체계적으로 갖추어지지 못했고 뜻
에 있어서도 일반 시킴월과 변별할 수 있는 차이가 없기 때문에 아주낮춤의
시킴법 씨끝에 포함시킨다9).

> (74) ㄱ. 빨리 <u>걸어</u>, 언제 <u>오지</u>.
>   ㄴ. 빨리 <u>걸어요</u>, 언제 <u>오지요</u>.

(74)는 비격식체의 시킴월이다.

(74ㄱ)의 ' - 어', ' - 지'는 두루낮춤의 반말체(해체) 씨끝이며 (74ㄴ)은 (74
ㄱ)의 씨끝에 토씨 ' - 요'를 붙인 두루높임의 해요체 씨끝이다.

간접시킴월 : 글말에서 실현되는 간접시킴법은 말할이(필자)가 들을이(독
자)에게 종이(책)를 통하여 말할이의 뜻에 따르도록 지시하므로, 말할이의
뜻에 따르도록 요구하는 직접시킴법과 차이가 있다.

> (75) ㄱ. 통일이여, 어서 <u>오라</u>.
>   ㄴ. 나를 <u>따르라</u>.
>   ㄷ. 독재자는 <u>물러가라</u>.

직접시킴월의 임자는 둘째가리킴인데, 간접시킴월의 임자는 (75)와 같이
셋째가리킴이다. 그러므로 직접시킴월에는 들을이높임법이 실현되는데 간
접시킴월에는 들을이높임법이 중화된다. 따라서 직접시킴월의 해라체 씨끝
을 간접시킴월의 하라체 씨끝과 교체하면 아래와 같이 자연스럽지 못하다.

---

9) 남기심 · 고영근(1993:354)에서는 허락의 뜻을 갖고 있는 씨끝에 '해라체'의 ' - 려
  무나', '하게체'의 ' - 게나', '하오체'의 ' - 구려'가 있지만 고유한 형식이 갖추어지
  지 않았고 '합쇼체'에 해당하는 씨끝은 없으므로 독립된 문체법으로 인정하지 않
  았다.

(75)′ ?ㄱ. 통일이여, 어서 <u>오너라</u>.
 ?ㄴ. 나를 <u>따라라</u>.
 ?ㄷ. 독재자는 <u>물러가거라</u>.

(75)는 들을이높임법이 중화된 간접시킴월이므로 셋째가리킴 임자말과의
호응이 자연스럽지만 (75)′는 아주낮춤의 들을이높임법이 실현된 직접시킴
월이므로 셋째가리킴 임자말과의 호응이 부자연스럽다.

(76) ㄱ. 만천하 독자여, <u>읽으시라</u>.
 ㄴ. <u>기대하시라</u>, 개봉박두

직접시킴월의 '해라체'에서는 주체높임의 안맺음씨끝 ' - 시 - '가 붙을
수 없는데 (76)처럼 간접시킴월의 '하라체'에서는 붙을 수 있다. 그 까닭은
간접시킴월에 있어서는 들을이높임법이 중화되었기 때문이다. 그러나 간접
시킴월에 있어서도 (75)처럼 임자가 개인이거나 사람이 아닐 경우에는
' - 시 - '가 쓰이지 못하고 (76ㄱ,ㄴ)과 같이 노래나 구호와 같은 불특정 다
수를 들을이로 하여 공개적으로 말하는 경우에만 쓰인다[10].

12.2.4 꾀임월

말할이가 들을이에게 어떠한 행동을 함께 하기를 요구하면서 꾀임법으로
끝맺는 월을 꾀임월이라 한다. 꾀임월은 행동하기를 요구한다는 점에 있어
서는 시킴월과 비슷하지만 들을이가 행동하기를 요구하는 시킴월과는 달리
말할이와 들을이가 함께 어떤 행동을 할 것을 요구한다는 데에 차이가 있다.

(77) ㄱ. 밥을 <u>먹어라</u>.
 ㄴ. 밥을 <u>먹자</u>.

---

10) 이익섭, 채 완(2000:228)을 참고할 것.

(77ㄱ)은 들을이만의 행동을 요구하는 시킴월이다. 그러나 (77ㄴ)은 말할이와 들을이의 행동을 함께 요구하는 꾀임월이다.

(78) ㄱ. 나는 자네도 같이 공부하기를 <u>바란다</u>.
ㄴ. 요 다음 일요일에, 화계사로 놀러 가는 것이 <u>어떻겠습니까</u>?

위의 (77ㄴ)과 (78ㄱ,ㄴ)은 공통적으로 꾀임의 뜻을 갖고 있다. 그런데 (77ㄴ)은 풀이말의 줄기 '먹 - '이 꾀임법 씨끝 ' - 자'와 어울렸으므로 꾀임월이다. 그러나 (78ㄱ,ㄴ)은 꾀임의 뜻은 있지만 (78ㄱ)은 풀이말의 줄기 '바라 - '가 서술법 씨끝 ' - (ㄴ)다'와 어울렸으므로 서술월로, (78ㄴ)은 풀이말의 줄기 '어떻 - '이 물음법 씨끝 ' - (겠)습니까'와 어울렸으므로 물음월로 보아야 한다[11].

꾀임월은 시킴월과 마찬가지로 행동을 요구하므로 움직씨로 된 풀이말과 어울린다.

(79) ㄱ. 우리 학교에 <u>가세</u>.
ㄴ. 선생님께서도 <u>가시지요</u>.

(79ㄱ)의 '가세'와 (79ㄴ)의 '가시지요'는 움직씨로 된 풀이말이다. 그러나 꾀임월이 그림씨로 된 풀이말과 어울리기도 한다.

(80) ㄱ. 우리 좀 더 <u>부지런하자</u>.
ㄴ. 자연 그대로 <u>건강하자</u>.

(80ㄱ,ㄴ)의 풀이말 '부지런하자', '건강하자'는 그림씨이다. 이렇게 되면 꾀임월이 움직씨 풀이말과 어울린다는 원칙에 예외가 생기게 된다. 그러므로 '부지런하자'는 '부지런히 하자'의, '건강하자'는 '건강하게 살자'의 움직

---

11) 최현배(1971:863)을 참고할 것.

씨다운 표현의 줄임으로 보게 되면 예외 현상을 설명할 수 있는 한 방법이 된다[12].

꾀임월의 임자가 월의 표면에 나타나는 모습에는 차이가 있다.

> (81) ㄱ. <u>우리</u> 학교에 가세.
>   ㄴ. <u>선생님께서도</u> 가시지요.
>   ㄷ. <u>나</u> 그 책 좀 보세.

(81ㄱ)에서는 말할이와 들을이가 함께 포함된 임자말 '우리'가 월의 표면에 나타났지만 (81ㄴ)에서는 들을이인 '선생님'만 임자말로 내세우고 말할이는 말 밖에 숨겨두고서 나타내지 않았다. 그리고 (81ㄷ)에서는 말할이 '나'만 임자말로 내세웠고 들을이는 나의 행위 수행을 위한 협조자로서 나타내지 않았다.

꾀임월은 시킴월과 마찬가지로 때매김법의 실현이 서술월이나 물음월과 다르다.

> (82) ㄱ. 밥을 먹어라/*먹었어라/*먹겠어라.
>   ㄴ. 밥을 먹자/*먹었자/*먹겠자.

(82ㄱ)의 시킴월에 지난적과 올적의 때매김 씨끝이 어울리지 못하듯이 (82ㄴ)의 꾀임월에도 어울리지 못한다. 그러나 예외적인 경우가 있다.

> (83) ㄱ. 여기 같이 <u>섰자</u>.
>   ㄴ. 같이 <u>앉았어요</u>.

(83ㄱ,ㄴ)의 풀이말에는 지난적의 때매김 씨끝이 어울려 있는데, 이것은 완결 지속의 상태를 유지하려는 목적으로 쓰인 것이다[13].

---

12) 허 웅(2000:752)를 참고할 것.

꾀임월은 격식체와 비격식체로 실현된다.

(84) ㄱ. 자, 어서 <u>들어가자</u>.
　　 ㄴ. 우리도 시작해 <u>보세</u>.
　　 ㄷ. 내일은 같이 <u>떠나오</u>.
　　 ㄹ. 여보, 돈이고 뭐고 노래나 <u>부릅시다</u>.

(84)는 격식체의 꾀임월로, (84ㄱ)과 같이 아주낮춤의 씨끝 '-자'로 실현되는 꾀임월, (84ㄴ)과 같이 예사낮춤의 씨끝 '-세'로 실현되는 꾀임월, (84ㄷ)과 같이 예사높임의 씨끝 '-으오'로 실현되는 꾀임월, (84ㄹ)과 같이 아주높임의 씨끝 '-읍시다'로 실현되는 꾀임월이 있다.

(85) ㄱ. 우리 같이 <u>가(아)</u>. / 우리 같이 <u>가지</u>.
　　 ㄴ. 우리 같이 <u>가요</u>. / 우리 같이 <u>가지요</u>.

(85)는 비격식체의 꾀임월로, (85ㄱ)과 같이 반말체 씨끝 '-아/어, -지'와 어울린 두루낮춤의 꾀임월과 (85ㄴ)과 같이 해요체 씨끝 '-아요/어요, -지요'와 어울린 두루높임의 꾀임월이 있다.

꾀임월은 말할이가 들을이에게 어떠한 행동을 함께 하기를 요구하는 월인데 때로는 말할이나 들을이가 자기 행동을 하는데 도와 주도록 상대에게 청하는데 쓰이기도 한다.

(86) ㄱ. 나 그 책 좀 보세.
　　 ㄴ. 차 좀 내립시다.
　　 ㄷ. 조용히 합시다
　　 ㄹ. 이리 와서 약 먹자.

(86ㄱ,ㄴ)은 말할이가 들을이에게 자기가 책을 보고, 차에서 내리는 일을

---

13) 허 웅(2000:773)을 참고할 것.

도와 주기를 바라는 뜻의 꾀임월이다. 그런데 (86ㄷ,ㄹ)은 들을이가 조용히 하고, 약을 먹는 행동을 하여 말할이의 뜻에 따라 달라는 꾀임월이다.

이들 꾀임월에서는 말할이와 들을이의 행위 자체는 다르지만 공동의 목적을 이루기 위하여 말할이나 들을이가 어느 한 쪽을 도와 주는 것도 함께 하는 행위로 보았다[14].

---

14) 이익섭, 채 완(2000:228)을 참고할 것.

【정리문제】

1. 홑월과 겹월을 가르는 기준은 무엇인가?

2. 겹월을 안은겹월과 이은겹월로 나누는 기준은 무엇인가?

3. 아래 '안은겹월' 속에서 안긴마디를 찾아 내어 그 종류를 밝혀라.

   (가) 과연 배를 타 낼 수 있을까가 문제이다.
   (나) 우리가 서로 아는 탓으로 일이 오히려 잘못 되었다.
   (다) 풀잎은 먼지가 뽀얗게 나풀거린다.
   (라) 나는 비가 싫다.
   (마) 그이가 오라고 하기에 왔습니다.

4. 이은겹월을 벌임겹월과 딸림겹월로 나누는 기준은 무엇인가?

5. 아래 월의 밑줄 친 씨끝은 '안음'과 '벌임', '딸림' 가운데 어떤 기능을
   갖고 있는가?

   (가) 기러기가 <u>울면서</u> 날아간다.
   (나) 이것은 <u>책이고</u>, 저것은 붓이다.
   (다) 하늘도 <u>맑으며</u>, 물도 많다.
   (라) 물이 <u>맑거든</u> 떠 오너라.
   (마) 그는 그런 <u>사람이므로</u> 나는 상대를 하지 않았다.
   (바) 비가 오지 <u>않아서</u> 모를 내지 못했다.
   (사) 얼굴이 <u>희기가</u> 눈과 같다.
   (아) 그가 그렇게 말한 <u>까닭에</u> 나는 와 버렸다.
   (자) 구름의 한 <u>조각이</u> 사라지듯 사람의 목숨도 시러진다.

6. 아래 월을 짜임새에 따라 종류별로 나누어 보라.

   (가) 말끔한 하늘에는 불덩이 같은 해가 크게 떴다.

(나) 옷 벗은 나무가지에는 아직 잎이 피지 않았는데 길가 마른 잔디 속에 꽃
    이 피었다.
(다) 우리는 국어를 사랑하고 위할 줄 아는 국민이 되어야 한다.
(라) 나는 염소 모피를 벗어서 아가씨 어깨 위에 걸쳐 주고 모닥불을 피워서
    언 몸을 녹이었다.
(마) 나는 아까부터 내가 그에게 너무 심하게 굴었다는 죄책감에 사로잡혀 있다.
(바) 중세에 연극은 유럽 여러 나라에서 교회의 주관으로 온 국민을 위한 행사
    로서 공연되었다.
(사) 그는 네가 여기 있는 것도 모르고 산 속을 헤매겠구나.

7. 월을 의향(태도)에 따라 나누는 기준을 설명하고 아래 월을 의향에 따
   라 종류별로 나누어 보라.

(가) 아무쪼록 한 집안이 구수하게 살아 보자.
(나) 그 분도 내 심정을 너그러이 용서하여 주시리라.
(다) 청춘의 끓는 피가 아니더면, 인간이 얼마나 쓸쓸하랴?
(라) 나와 같이 아들 딸 낳고 살자꾸나.
(마) 네, 걱정 마세요. 빨리 다녀올께요.
(바) 그 바위 아래로부터는 가파른 계곡이다.
(사) 누군가 가만가만히 노래를 부르는군요.
(아) 전쟁이 아니면 평화를 달라.
(자) 기왕이면 돈도 좀 넣어 보구료.

8. 월이 실현되는 상관적 장면과 단독적 장면의 환경적인 특성을 구분 하
   여 설명하라.

9. 월이 실현되는 양태에는 격식체와 비격식체가 있다. 이 두 양태의 특성
   을 구분하여 설명하라.

10. 직접시킴월과 간접시킴월의 특성을 구분하여 설명하라.

●참고문헌

김민수(1971), ≪국어문법론≫, 일조각.

권재일(1985), ≪국어 복합문 구성 연구≫, 집문당.

남기심·고영근(1993), ≪표준 국어문법론≫, 탑출판사.

노대규(1981), <국어 감탄문 연구>, 말6, 연세대 한국어학당.

류현미(1999), <국어 의문문의 연구>, 충남대 박사학위 논문.

박영준(1991), <국어 명령문 연구>, 고려대 박사학위 논문.

서정목(1987), ≪국어 의문문 연구≫, 탑출판사.

이익섭·채 완(1999), ≪국어 문법론 강의≫, 학연사.

이은정(1994), <(이른바) 서술절에 대한 고찰>, 한글 새소식 266호, 한글학회.

최현배(1971), ≪우리 말본≫, 정음문화사.

허 웅(1983), ≪국어학≫, 샘문화사.

______(1999), ≪20세기 우리말의 통어론≫, 샘문화사.

제13장 말본 요소의 통어적 기능

　　움직임에는 제 스스로 움직이는 '스스로움직임(주동)'과 제 스스로 함이 없이 다른 사람으로 하여금 어떤 움직임을 하게 하는 '하임움직임(사동)'이 있다. 그리고 움직임이 다른 사람의 움직임에 입어서 되는 것이 아니라 제 힘으로 움직이는 '제힘움직임(능동)'과 다른 사람의 움직임의 힘을 입어서 움직이는 '입음움직임(피동)'이 있다.

제 스스로 함	있음	스스로움직임(주동) → 스스로움직씨(주동사)
	없음	하임움직임(사동)　→ 하임움직씨(사동사)
제 힘으로 함	있음	제힘움직임(능동)　→ 제힘움직씨(능동사)
	없음	입음움직임(피동)　→ 입음움직씨(피동사)

　　스스로움직임의 '스스로움직씨'와 제힘움직임의 '제힘움직씨'를 본대움직씨라 하고, 하임움직임의 '하임움직씨'와 입음움직임의 '입음움직씨'를 바뀐 움직씨라고 한다.

본대움직씨(본래동사)	스스로움직씨, 제힘움직씨
바뀐움직씨(전성동사)	하임움직씨, 입음움직씨

하임움직씨와 입음움직씨가 파생의 방법에 의해 만들어질 때는 형태적인 문제로 다루어진다. 그러나 (1)과 같이 본대움직씨에서 이들 움직씨가 만들어 질 때는 월성분이 통어상의 구실을 바꾸기 때문에 통어적인 문제도 관계한다. 곧 스스로움직임과 제힘움직임에서 하임의 파생가지나 입음의 파생가지와 같 은 말본적인 요소를 더함으로 하여 월 안에서 통어적 구실이 달라진다.

  (1) ㄱ. 진희의 동생이 책을 <u>읽는다</u>. (스스로움직씨)
    → 진희가 동생에게 책을 <u>읽힌다</u>. (하임움직씨)
    ㄴ. 진희의 동생이 책을 <u>읽는다</u>. (제힘움직씨)
    → 책이 진희의 동생에게 <u>읽힌다</u>. (입음움직씨)

13.1. 하임법

월의 임자말이 부림말이나 위치말에 어떤 움직임을 하게 하는 움직씨를 하임움직씨라 하고, 이를 실현시키는 말본적인 방법을 하임법이라 한다.

  (2) ㄱ. 아이가 젖을 <u>먹는다</u>.
    ㄴ. 어머니께서 아이에게 젖을 <u>먹이신다</u>.

(2ㄱ)의 '먹는다'는 월의 임자인 '아이'가 직접 실질적인 움직임을 하는 움 직씨인 데 비해, (2ㄴ)의 '먹이신다'는 월의 임자인 '어머니'가 직접 실질적 인 움직임을 하는 것이 아니라 '아이'에게 움직임을 하게 하는 움직씨이다.
이러한 하임법에는 하임의 파생가지에 의한 파생의 방법과 '-게 하다'에 의한 통어적 방법이 있다.

파생의 방법 : 파생의 방법에 의한 하임법은 움직씨 뿌리에 하임의 파생가지 '-이-, -히-, -리-, -기-, -우-, -구-, -추-'를 더해서 이루어진다.

(3) ㄱ. 동생이 <u>웃는다</u>.
　　→ 형이 동생을 <u>웃긴다</u>.
　　ㄴ. 민오가 책을 <u>읽었다</u>.
　　→ 선생님이 민오에게 책을 <u>읽히셨다</u>.

(3)의 '웃다, 읽다'가 쓰인 월은 '스스로월(주동문)'이고 (3)의 '웃기다, 읽히다'가 쓰인 월은 '하임월(사동문)'이다. 이렇게 스스로월이 하임월로 바뀔 때에는 일정한 말본적 변화를 거치게 된다. 곧 하임월에서는 스스로월의 임자말인 '동생이'나 '민오가'가 (3ㄱ)처럼 '동생을'이라는 부림말로 바뀌거나 (3ㄴ)처럼 위치말 '민오에게'로 바뀐다. 또 하임월에서는 새로운 임자말이 생기고 스스로움직씨인 '웃다'와 '읽다'가 하임움직씨인 '웃기다, 읽히다'로 바뀌게 된다. 이러한 말본적인 변화를 자세하게 보이면 (4)와 같다.

(4) ㄱ. 제움직씨 '스스로월' → '하임월'
　　　동생이　　웃는다.
　　　(임자말) (스스로움직씨)
　　→ 형이　　동생을　　웃긴다.
　　　(새 임자말)(부림말) (하임움직씨)
　　ㄴ. 남움직씨 '스스로월' → '하임월'
　　　민오가　　책을　　읽는다.
　　　(임자말) (부림말) (스스로움직씨)
　　→ 선생님이　　민오에게　　책을　　읽히셨다.
　　　(새 임자말)　(위치말)　(부림말)　(하임움직씨)

(4)와 같이 스스로월이 하임월로 바뀔 때에는 일정한 말본적 변화를 겪게 된다.

하임움직씨에 의한 파생은 극히 제한되어 있다.

하임움직씨가 파생움직씨인 만큼 단순한 스스로움직씨에 대한 하임의 뜻밖에 특수한 뜻을 지니는 일이 있다.

(5) ㄱ. 어머니가 아이에게 젖을 <u>먹이신다</u>.
    ㄴ. 우리 집에서도 소를 <u>먹인다</u>.
    ㄷ. 우리는 이제 막 이 노래를 <u>익혔다</u>.
    ㄹ. 민수는 도박으로 100만원을 <u>날렸다</u>.

 (5ㄱ)의 '먹이다'는 스스로움직씨 '먹다'에서 파생된 하임움직씨이지만 (5ㄴ)의 '먹이다'는 '먹다'에 대한 하임의 뜻이 아니라 <사육하다, 기르다>라는 뜻으로 사용된 것이다. 그러므로 (5ㄴ)의 월은 이에 대응하는 스스로월이 없으므로 「소가 먹는다」라는 스스로월을 하임월로 바꾼 것이라 할 수 없다. (5ㄷ)의 '익히다'는 <학습하다>의 뜻으로 쓰여 「*이 노래가 이제 막 익었다」라고 하는 스스로월을 만들 수 없다. (5ㄹ)의 '날리다' 역시 <잃다>의 뜻으로 쓰여서 「*100만원이 날았다」라는 스스로월을 만들 수 없으므로 이들은 스스로움직씨에서 파생된 하임움직씨가 아니라 스스로움직씨로 보아야 한다. 그런데 (5)의 '먹이다' '익히다' '날리다' 등에 대해서 '먹+이+다', '익+히+다', '날+리+다'로 분석하여 '-이-, -히-, -리-'를 하임의 파생가지로 처리하기도 한다. 그러나 이때의 '먹이다, 익히다, 날리다'에서는 '하임'의 뜻을 찾아 볼 수 없으며 이미 '먹다, 익다, 날다'라는 스스로움직씨와는 다른 변화 과정을 겪어 새로운 스스로움직씨의 자격을 갖추었다. 그러므로 이들은 어휘화 또는 화석화한 낱말구성소로 보아 한 형태소로 처리해야 한다.
 파생의 방법에 의한 하임법은 그 뜻이 중의적일 때가 있다.

(6) ㄱ. 어머니께서 민수에게 약을 먹이셨다.
    → 어머니께서 민수에게 직접 약을 먹이셨다.   <직접 행위>
    → 어머니께서 민수 스스로 약을 먹도록 했다.   <간접 행위>
    ㄴ. 할머니께서 동생에게 옷을 입히셨디.
    → 할머니께서 동생에게 직접 옷을 입히셨다.   <직접 행위>
    → 할머니께서 동생 스스로 옷을 입도록 했다.   <간접 행위>

 (6ㄱ)은 어머니께서 민수가 스스로 약을 먹도록 어떤 간접적인 행위를 했

다는 것인지, 어머니께서 직접 약을 입에 넣어 주어 먹인 것인지 뚜렷하지가 않다. (6ㄴ) 역시 할머니께서 동생이 옷을 입도록 간접적인 행위를 한 것인지 동생에게 직접 옷을 입혔다는 것인지 그 뜻이 확실하지 않다. 이와 같이 파생법에 의한 하임법은 그 뜻이 임자말의 직접 행위인지 간접 행위인지가 불분명하여 두 가지 해석이 다 가능하다.

  통어적 방법 : 하임법에는 '-이-, -히-, -리-, -기-, -우-, -구-, -추-' 등의 하임의 파생가지가 붙어 성립되는 파생의 방법 밖에 '-게 하다'에 의한 방법이 있다. 이러한 방법을 통어적 방법에 의한 하임법이라 한다.

  (7) ㄱ. 어머니가 아이에게 옷을 <u>입히셨다</u>.
  　　ㄴ. 어머니가 아이에게 옷을 <u>입게 하셨다</u>.

  (7ㄱ)의 '입히셨다'는 '입다'라는 스스로움직씨에 하임의 파생가지 '-히-'가 붙은 하임움직씨이다. 그런데 (7ㄴ)의 '입게 하셨다'는 스스로움직씨 '입다'에 씨끝 '-게'와 도움움직씨 '하다'가 붙어 하임월을 만들었다.
  통어적 방법에 의한 하임법은 대부분의 움직씨에 가능한데, (8ㄱ,ㄴ)과 같이 파생의 방법에 의한 하임 표현이 불가능한 경우에도 (8ㄱ',ㄴ')와 같이 '-게 하다'를 사용한 하임 표현은 가능하다.

  (8) *ㄱ. 나는 동생에게 문을 닫이다.
  　　ㄱ'. 나는 동생에게 문을 <u>닫게 하였다</u>.
  　*ㄴ. 불우한 이웃을 돕히다.
  　　ㄴ'. 불우한 이웃을 <u>돕게 하였다</u>.

  '-게 하다' 하임월은 파생가지에 의한 하임월과는 달리 의미 해석에 중의성이 나타나지 않는다.

(9) ㄱ. 어머니가 아이에게 신을 신기셨다.
　　→ 어머니가 직접 아이에게 신을 신겼다.　　　　<직접 행위>
　　→ 어머니가 아이로 하여금 스스로 신을 신도록 했다.
　　　　　　　　　　　　　　　　　　　　　　<간접 행위>
　　ㄴ. 어머니가 아이에게 신을 신게 하셨다.
　　→ 어머니가 아이로 하여금 스스로 신을 신도록 했다.
　　　　　　　　　　　　　　　　　　　　　　<간접 행위>

　(9ㄱ)과 같이 파생의 방법에 의한 하임월은 임자말의 간접 행위와 직접 행위를 모두 나타내어 중의성을 가지는 데 비해, (9ㄴ)과 같이 '-게 하다'의 통어적 방법에 의한 하임월은 임자말의 간접 행위만을 나타낸다.

　하임법의 실현 방법으로 「이름씨+시키다」로 된 움직씨에 의한 어휘적 방법을 들기도 하는데, 문법가들마다 의견이 다르다. 그러나 '시키다'는 「일하다 → 일시키다」, 「말하다 → 말시키다」 등과 같이 이들을 묶어줄 일정한 말본형태소가 없어서 범주 설정이 불가능하고, '시키다'란 낱말 그 자체에 하임의 뜻이 있으므로 하임법 형성의 방법에서 제외해야 한다.

13.2. 입음법

　월의 임자말이 제 힘으로 스스로 어떤 움직임을 하지 않고 남의 힘을 입어서 그 움직임을 하는 것을 나타내는 말본적 범주를 입음법이라 한다.

　(10) 고양이가 쥐를 <u>잡았다</u>.
　　→ 쥐가 고양이에게 <u>잡혔다</u>.

　(10)의 '잡았다'는 월의 임자 '고양이'가 제 힘으로 움직인 것이고, '잡혔다'의 임자 '쥐'는 제 힘으로 움직인 것이 아니라 남의 힘 곧 '고양이'의 힘

을 입어서 그 움직임을 한 것이다. 입음법의 실현 방법은 입음의 파생가지에
의한 파생의 방법과 ' - 어 지다'에 의한 통어적 방법이 있다.

파생의 방법 : 입음법은 제힘움직씨에 입음의 파생가지 ' - 이 -, - 히 -, - 리 -,
- 기 -'가 붙어 이루어진다.

    (11) ㄱ. 민수가 정이를 업었다.
        → 정이가 민수에게 업히었다.
        ㄴ. 영수가 순이를 밀었다.
        → 순이가 영수한테 밀리었다.

(11)에서는 제힘월의 움직씨 '업다, 밀다'에서 파생된 입음움직씨 '업히다,
밀리다'가 쓰여 제힘월의 부림말이 임자말이 되고 제힘월의 임자말은 토씨
' - 에게'나 ' - 한테'가 붙어서 위치말이 된다. 하임월을 만들 때와 같이 모
든 남움직씨가 입음의 파생가지에 의해 입음월이 되지는 않는다. 그리고 (12
ㄱ ~ ㄹ)과 같이 주어진 제힘월에 대해 그에 대응하는 입음월이 없거나 입음
월만 있고 그에 대응하는 제힘월이 없는 경우가 있다.

    (12) ㄱ. 민오가 칭찬을 들었다.
        → *칭찬이 민오에게 들렸다.
        ㄴ. 우리는 잡초를 열심히 뽑았다.
        → *잡초가 우리에게 열심히 뽑혔다.
        ㄷ. *죄의식이 늘 민오를 쫓는다.
        → 민오는 늘 죄의식에 쫓긴다.
        ㄹ. *바람이 문을 닫았다.
        → 문이 바람에 닫혔다.

(12ㄱ,ㄴ)은 제힘월에 대해 그에 대응하는 입음월이 없으며 (12ㄷ,ㄹ)은
주어진 입음월에 대해 그에 대응하는 제힘월이 없다.

통어적 방법 : 입음월을 만드는 방법에는 입음의 파생가지에 기대지 않고도 씨끝 '－어'에 도움움직씨 '지다'를 더해 만드는 통어적 방법이 있다. 이 방법은 파생의 방법에 의한 입음 표현이 불가능한 경우에 그 빈자리를 메워 주는 구실을 하는 것으로 큰 제약이 없이 거의 모든 움직씨에 적용된다.

    (13) ㄱ. 주머니에 공을 넣었다.
       → 공이 주머니에 넣어졌다.
       ㄴ. 벌써 동쪽 하늘이 환하다.
       → 벌써 동쪽 하늘이 환해진다.
       ㄷ. ……………………………………………………
       → 억지로 울려니까 잘 울어지지 않는다.
       ㄹ. 선생님의 설명이 새로운 사실을 밝혔다.
       → 새로운 사실이 선생님의 설명에 의해 밝혀졌다.

'－어 지다'는 (13ㄱ～ㄷ)에서와 같이 남움직씨, 제움직씨, 그림씨 등에 붙을 수 있고, (13ㄹ)의 '밝혀지다'와 같이 그림씨에서 바뀐 하임의 파생움직씨에도 붙을 수 있다. 그런데 (13ㄴ)은 '－어 지다'가 그림씨와 어울렸는데 그림씨에 '－어 지다'가 붙으면 상태의 변화를 나타내는 움직씨로 바뀌되 입음의 뜻은 없다. 그리고 (13ㄷ)은 제움직씨에 '－어 지다'가 붙어 입음의 뜻을 가지지만 입음움직씨를 가진 월에 대응하는 제힘움직씨를 가진 월이 없으므로 정상적인 입음월로 볼 수 없다.[1]

그런데 '－어 지다'에 의한 통어적 입음법도 반드시 제힘월에 대응되는 것은 아니다. 그렇지 않은 경우도 많다. 그리고 그러한 경우에 입음의 파생 움직씨에 의한 월과 '－어 지다'에 의한 월과는 뜻에 차이가 있다.

---

1) 이익섭·채 완(2000:299－300)은 (13ㄴ, ㄷ)과 같은 입음월을 의사 피동문(비슷한 입음월)이라고 했다.

(14) ㄱ. 가시가 손에 박히었다.
　　→ 가시가 손에 박아 졌다.
　　ㄴ. 풍선이 나무가지에 걸리었다.
　　→ 풍선이 나무가지에 걸어 졌다.

　(14)의 '박히었다', '걸리었다'는 아무도 원하지 않는데 절로 그렇게 되는 것을 뜻하므로 의도성이 없다. 그러나 (14)의 '박아 졌다', '걸어 졌다'는 그러한 결과가 이루어지기를 바라는 어떤 힘이 가해져서 그렇게 된 것을 뜻하므로 의도성이 있다.[2]

13.3 때매김법

　때매김 : 풀이씨가 나타내는 어떤 움직임이나 상태가 때의 흐름에서 차지하는 모습과 이와 관련된 사실들이 풀이씨의 끝바꿈으로 표현되는 말본의 범주(굴곡의 범주)를 때매김법이라 한다. 때매김을 실현하는 말본형태소는 '말할이가 말하고 있는 때(발화시)'와 '움직임이나 상태를 드러내고 있는 때(사건시)'와의 앞 뒤 관계에 따라 이적(현재), 지난적(과거), 올적(미래)으로 구분한다. 그리고 우리말에만 나타나는 특수한 때매김법으로 돌이킴때매김(회상시제)이 있다. 돌이킴때매김은 이미 지나간 때 말할이가 겪은 체험을 생각 속에서 돌이킴(회상)을 나타내는 때매김법이다.

(15) ㄱ. 철수가 지금 밥을 <u>먹는다</u>.
　　ㄴ. 그 사람은 작년에 이 곳을 <u>떠났다</u>.
　　ㄷ. 내일 오후쯤에도 비가 <u>오겠다</u>.
　　ㄹ. 영희는 어제 집에서 <u>공부하더라</u>.

---

　2) 남기심·고영근(1993:299)을 참고할 것.

(15ㄱ)은 철수가 밥을 먹는 때인 사건시 '지금'과 발화시가 같은 때이므로 이적(현재)이다. '먹는다'에는 이적의 때매김이 나타나 있는데, 안맺음씨끝 '-는-'이 이적때매김의 뜻을 갖고 있다. (15ㄴ)에서는 그 사람이 이 곳을 떠난 때가 '작년'이므로 사건시가 발화시에 앞서서 지난적때매김이 실현되어 있는데, 풀이말 '떠났다'의 '-았-'이 지난적때매김의 뜻을 갖고 있다. 그리고 (15ㄷ)은 비가 올 가능성이 있는 때 '내일'이 발화시 뒤에 오므로 올적때매김이 실현되어 있는데, 풀이말 '오겠다' 가운데 있는 안맺음씨끝 '-겠-'이 올적때매김의 뜻을 갖고 있다. (15ㄹ)은 영희가 집에서 공부하고 있었던 지난적의 모습을 말할이가 직접 경험하고 시간이나 공간을 이동시켜 돌이키고 전달, 보고하는 뜻을 지니고 있다. 풀이말 '공부하더라'의 안맺음씨끝 '-더-'가 돌이킴때매김의 뜻을 갖고 있다. 이 씨끝은 문법가에 따라서는 서법 요소로 보기도 하지만 우리말은 상이나 서법의 독립적인 체계 수립이 어렵고 대부분 상이나 서법이 때매김의 주변적인 뜻으로 나타난다.

우리말의 때매김법은 (15)에서와 같이 안맺음씨끝 '-는-, -았-, -겠-, -더-'로 실현되는데, 때어찌씨 '지금, 작년, 내일'과 어울려 때의 뜻을 분명히 나타내기도 한다.

(16) ㄱ. 나는 〔   〕 줄도 모르고 잠을 <u>자고 있었다</u>.
    ㄴ. 그가 <u>떠나는</u>

(16)의 월은 (16ㄱ)의 안은마디가 (16ㄴ)의 안긴마디를 안고 있으므로 (16ㄱ)의 풀이말 '자고 있었다'와 (16ㄴ)의 풀이말 '떠나는'에 때가 나타나 있다. 이와 같은 경우에는 때의 기준이 두 가지가 된다. 하나는 안은마디 (16ㄱ)의 풀이말 '자고 있었다'는 발화시를 기준으로 하여 지난적이다. 다른 하나는 안긴마디 (16ㄴ)의 풀이말 '떠나는'의 때매김을 안은마디 (16ㄱ)의 때매김과 관련시켜 보면 지난적에 있어서의 이적이 된다. 왜냐하면 '떠나는'은 '자

고 있었다'의 때매김과 일치하기 때문이다. 따라서 (16ㄱ)에 나타난 풀이말의 때매김의 기준은 발화시가 되지만 (16ㄴ)의 풀이말의 때매김의 기준은 (16ㄱ)의 풀이말에 나타난 때가 기준이 된다.

위의 (15)에서와 같이 발화시와 사건시의 앞 뒤 관계에 따라 결정되는 때매김을 '절대적 때매김'이라 하고 (16)과 같이 (16ㄱ)의 안은마디의 풀이말과 (16ㄴ)의 안긴마디의 풀이말의 관계에 따라 결정되는 때매김을 '상대적 때매김'이라고 한다. 홑월에 나타난 때매김은 절대적 때매김의 방법에 의해서 파악하고, 이음월이나 매김마디를 갖고 있는 겹월에서는 상대적 때매김의 방법에 의해서 파악한다.

이적때매김(현재시제) : 이적때매김은 지금 눈 앞에 일어나고 있는 일이나 그 일이 지속적인 상태에 있음을 나타내는 때매김으로 발화시가 사건시와 일치한다. 이적때매김은 안맺음씨끝과 매김법 씨끝으로 나타낸다.

(17) ㄱ. 철수는 지금 책을 <u>읽는다</u>.
　　　ㄴ. 영수는 지금 영화를 <u>본다</u>.
　　　ㄷ. 오늘은 날씨가 <u>춥다</u>.
　　　ㄹ. 오늘 준공한 저 건물이 우리 <u>학교이다</u>.

(17ㄱ)의 '읽는다'의 '-는-'과 (17ㄴ)의 '본다'의 '-ㄴ-'은 이적때매김의 안맺음씨끝으로 둘은 음성적인 이형태이다. 그리고 (17ㄷ)의 '춥다'와 (17ㄹ)의 '학교이다'는 안맺음씨끝 '-는/ㄴ-'이 나타나지 않았지만 이적때매김이다.

우리말의 이적때매김 형태소 '-는/ㄴ-'은 움직씨 줄기에만 붙고 그림씨와 잡음씨의 줄기에는 붙지 않는 분포의 제한성이 있다3). 그런데 안맺음

---

3) 이적때매김의 형태소 '-는/ㄴ-'을 씨끝의 요소로 보고, 무형의 형태소 '∅'를 이적때매김의 형태소로 보기도 한다(허 웅, 1983:243).

씨끝 ‘-는/ㄴ-’이 이적때매김과 직접적인 관련이 없는 다른 뜻을 나타내
는 경우가 있다.

    (18) ㄱ. 그 날 화랑은 모두 모였다. 한 화랑이 <u>웃는다</u>.
         ㄴ. 나는 내일 <u>간다</u>.
         ㄷ. 물은 높은 곳에서 낮은 곳으로 <u>흐른다</u>.

  (18ㄱ)의 임자(주체)인 ‘화랑’은 옛날의 인물이다. 따라서 이들이 보인 동
작은 지난적의 일이므로 지난적때매김의 ‘모였다’로 표시했다. 그런데 이어
지는 월의 풀이말 ‘웃는다’는 이적때매김으로 표시되어 앞뒤 월의 때매김에
일관성이 없다. ‘웃는다’의 ‘-는-’은 일반적인 이적때매김 표지가 아니고
사건을 현실성 있고 생생하게 나타내고자 할 때에 쓰이는 역사적인 이적때
매김 표지이다. (18ㄴ)의 풀이말 ‘간다’는 때어찌씨 ‘내일’과 공기하므로 이
적때매김이 아니다. 이때의 안맺음씨끝 ‘-ㄴ-’은 말할이의 의지를 나타내
는 서법소의 구실을 한다. (18ㄷ)은 보편적인 진리를 나타내고 있다. 그러므
로 풀이말 ‘흐른다’의 안맺음씨끝 ‘-ㄴ-’에는 이적때매김의 뜻이 없다.
  이적때매김은 매김법에도 나타난다.

    (19) ㄱ. <u>걷는</u> 사람은 튼튼하다.
         ㄴ. <u>착한</u> 사람이 복을 받는다.
         ㄷ. 위대한 정치가<u>인</u> 링컨은 노예를 해방시켰다.

  (19)는 안긴마디가 매김꼴로써 안은마디에 안겨 있는 겹월이다. 이때 안긴
마디의 매김법 씨끝에 나타나는 때매김은 안은마디의 풀이씨의 내용이 실현
되는 때와 관련하여 결정되는 상대적인 때매김이다. (19ㄱ)의 ‘걷는’은 움직
씨 줄기 ‘걷-’에 매김법 씨끝 ‘-는’이, (19ㄴ)의 ‘착한’은 그림씨 줄기 ‘착
하-’에 매김법 씨끝 ‘-ㄴ’이, (19ㄷ)의 ‘(정치가)인’은 잡음씨 줄기 ‘(정치
가)이-’에 매김법 씨끝 ‘-ㄴ’이 붙어서 이적때매김을 나타내고 있다.

이적의 매김법 씨끝은 움직씨에는 ‘-는’으로, 그림씨나 잡음씨에는
‘-ㄴ/은’으로 실현된다.

지난적때매김(과거시제) : 지난적때매김은 이미 끝난 일이나 끝난 상태를
유지하고 있는 일을 나타내는 때매김으로 사건시가 발화시에 앞선다. 지난
적때매김은 안맺음씨끝과 매김법 씨끝으로 나타낸다.

    (20) ㄱ. 어제는 비가 많이 <u>왔다</u>.
       ㄴ. 그 부인은 처녀 시절에는 참 <u>예뻤다</u>.
       ㄷ. 링컨은 훌륭한 <u>정치가였다</u>.

(20ㄱ)의 ‘왔다’의 ‘-았-’과 (20ㄴ)의 ‘예뻤다’의 ‘-었-’, (20ㄷ)의
‘정치가였다’의 ‘-었-’은 지난적때매김의 안맺음씨끝이다. ‘-았-’과
‘-었-’은 음성적인 이형태인데, 이 씨끝은 이적때매김의 안맺음씨끝이
분포가 제약적인데 비해 움직씨나 그림씨나 잡음씨에 관계없이 붙으므로
분포가 개방적이다.
  그런데 지난적때매김의 안맺음씨끝이 뜻의 차이를 보이는 경우가 있다.

    (21) ㄱ. 유복이는 온갖 풍상을 <u>겪었다</u>.
       ㄴ. 봄이 오니, 푸성귀가 <u>났다</u>.

(21ㄱ)의 풀이말 ‘겪었다’는 풍상을 겪는 행위가 지난적임을 나타내므로
이 때의 ‘-었-’은 지난적때매김의 안맺음씨끝이다. 그런데 (21ㄴ)의 풀이
말 ‘났다’는 푸성귀가 돋아나는 움직임이 이적에 끝난 이적끝남때매김(현재
완료시제)이다. 이적끝남때매김은 움직임이 끝나서 그 결과가 눈앞에 나타
나 있음을 보인다. 그러므로 ‘겪었다’의 ‘-었-’은 지난적때매김의 뜻이 있
으나, ‘났다’의 ‘-았-’은 끝남의 상적인 뜻이 있다. 이와 같은 뜻의 차이가

나타나는 원인은 움직씨 줄기의 특성에서 비롯된다. 움직씨 '겪었다'는 그 행위의 과정을 인식할 수 있으므로 과정성 움직씨인데, 과정성 움직씨의 줄기에 ' - 았/었 - '이 붙으면 지난적의 뜻을 나타낸다. 그러나 움직씨 '났다'는 푸성귀가 돋아나는 움직임의 과정이 사실적인 인식의 대상이 될 수 없으므로 결과성 움직씨이다. 결과성 움직씨의 줄기에 ' - 았/었 - '이 붙으면 '끝남(완료)'의 상적인 뜻을 나타낸다.

' - 았 - '과 ' - 었 - '이 겹쳐 쓰이는 경우에도 줄기의 특성에 따라 뜻의 차이를 보이는 경우가 있다.

(22) ㄱ. 그는 옛날에 <u>떠났었다</u>.
ㄴ. 너 어디 <u>갔었니</u>?
ㄷ. 철수도 의자에 <u>앉았었다</u>.

(22)의 '떠났었다'는 이미 끝난 사실이 오래전 - 지지난 때 - 에 이루어졌음을 나타내는 '지난적의 지난적(대과거)' 또는 '지난적끝남(과거완료)'의 뜻이 있다. 그런데 (22ㄴ)의 '갔었니'는 말할이가 갔다가 돌아온 사람을 보고 묻는 말이므로 끝난(완료) 상태가 유지되어 있지 않음을 나타낸다. 그러나 (22ㄷ)의 '앉았었다'는 지난적끝남의 뜻도 없고, 끝난 상태가 유지되어 있지 않음을 나타내는 뜻도 없고, 단지 지난적때매김의 뜻만 나타낸다. '앉았었다'와 같이 줄기가 결과성 움직씨일 때에는 그 뒤에 붙는 ' - 았었 - ' 씨끝은 지난적때매김의 뜻을 가진다. 우리말의 결과성 움직씨에는 '앉다, 뜨다, 성공하다, 나다, 서다' 등이 있다.

지난적 때매김은 매김법 씨끝에서도 실현된다.

(23) ㄱ. 이 책을 <u>읽은</u> 사람은 손을 들어 보십시오.
ㄴ. 그때 키가 가장 <u>작던</u> 아이가 이렇게 커버렸구나!
ㄷ. 작년까지만 해도 <u>선생이던</u> 그가 이제는 농부가 되었다.

(23ㄱ)의 안긴마디의 풀이말 ‘읽은’은 매김법 씨끝 ‘ - 은’에 의하여 안은 마디에 안겨 있다. 이때 ‘ - 은’은 이적의 매김꼴 씨끝 ‘ - 는’과 대조해 보면 지난적때매김의 뜻이 있음을 알 수 있다. 지난적때매김의 뜻을 가지고 움직씨의 줄기에 붙는 매김법 씨끝에는 ‘ - 은’과 ‘ - ㄴ’이 있는데 이 두 씨끝은 음성적인 이형태이다. 그런데 그림씨나 잡음씨의 줄기에 붙어 지난적의 때매김을 나타내는 매김법 씨끝은 움직씨와 비교해 보면 그 용법에 차이가 있다. 곧 그림씨나 잡음씨의 줄기에 매김법 씨끝 ‘ - 은’이나 ‘ - ㄴ’이 붙으면 이적때매김의 뜻이 나타난다. 그러므로 그림씨나 잡음씨가 지난적의 뜻을 가지려면 (23ㄴ)의 ‘작던’이나 (23ㄷ)의 ‘선생이던’에서와 같이 줄기에 씨끝 ‘ - 던’이 붙는다. 따라서 그림씨와 잡음씨의 줄기에 붙는 매김법 씨끝 ‘ - 던’은 지난적의 상태가 어떠하였음을 돌이켜 말함으로써 다음말을 매기고 있다.

그런데 움직씨 줄기 뒤에도 ‘ - 던’ 씨끝이 붙는 경우가 있는데 그림씨나 잡음씨의 줄기 뒤에 붙는 ‘ - 던’과는 때매김의 차이가 있다.

(24)　ㄱ. 어제 공원에서 <u>찍은</u> 필름을 현상소에 맡겼다.
　　(?)ㄴ. 어제 공원에서 <u>찍던</u> 필름을 현상소에 맡겼다.

(24)의 ‘찍은’은 어제 공원에서 필름을 여분없이 소모하여 현상소에 맡겼으므로 매김법 씨끝 ‘ - 은/ㄴ’은 완결된 상태의 지난적을 나타낸다. 그러나 (24ㄴ)의 ‘찍던’은 어제 공원에서 다 소모하지 못하고 여분이 있는 필름을 현상소에 맡겼다는 뜻이므로 ‘ - 던’은 미완결된 상태의 지난적을 나타낸다. 따라서 아직 완전하게 소모하지 않은 필름을 현상소에 맡기는 것은 특수한 경우가 아니면 정상적이 아니므로 때매김에 있어서 의심이 가는 월이다.

따라서 ‘ - 던’은 미완결된 상태의 지난적을 뜻하므로 결과성 움직씨에는 쓰일 수 없다.

(25) *ㄱ. 철수가 자리에 <u>앉고 있다</u>.

   *ㄴ. 철수가 <u>앉던</u> 자리가 어디냐?

곧 (25ㄱ)의 '앉다'는 결과성 움직씨이므로 이적나아감의 뜻을 가진 '앉고 있다'가 어색하다. 따라서 (25ㄴ)의 '앉던'은 결과성 움직씨 줄기 '앉 - '에 과정성 움직씨에 붙는 미완결된 지난적을 나타내는 ' - 던' 씨끝이 붙었으므로 비정상적인 월이 되었다.

따라서 움직씨에는 지난적때매김의 매김법 씨끝 ' - 은/ㄴ'이 쓰이고 그림씨나 잡음씨에는 ' - 던'이 쓰인다. 그런데 움직씨줄기에는 ' - 은/ㄴ' 밖에 그림씨와 잡음씨 줄기에 붙는 ' - 던'이 쓰이는 경우가 있다. 이때에는 ' - 은/ㄴ'은 완결된 상태의 지난적을 나타내고 ' - 던'은 미완결된 상태의 지난적을 나타낸다.

올적때매김(미래시제) : 올적때매김은 아직 일어나지 않은 일이나 추측, 말할이의 의도를 나타내는 때매김으로 발화시가 사건시에 앞선다.

올적때매김은 안맺음씨끝과 매김법 씨끝으로 나타낸다.

(26) ㄱ. 내일은 비가 <u>오겠다</u>.

   ㄴ. 내 힘껏 노력해 <u>보겠다</u>.

   ㄷ. 그 정도의 일은 나도 <u>하겠다</u>.

(26)의 월에 나타난 ' - 겠 - '은 올적때매김을 나타내는 안맺음씨끝이다. (26ㄱ)의 '오겠다'에는 '미정'이나 '추측'의 뜻이, (26ㄴ)의 '보겠다'에는 말할이의 의두가, (26ㄷ)의 '하겠다'에는 '가능'의 뜻이 나타나 있다. 때매김 형태소 가운데 ' - 겠 - '은 때매김의 뜻 밖에 말할이의 태도를 드러내는 특성이 있으므로 서법소로서의 구실도 한다. 문법가에 따라서는 ' - 겠 - '이 올적때매김의 뜻을 나타내기보다는 서법소로서의 특성이 강하므로 때매김에서 제

외시키기도 한다. 그러나 '먹는다 : 먹었다 : 먹겠다'의 대조에서 ' - 겠 - '을
올적의 때매김 형태소로 보는 것이 우리의 말본 의식을 바탕으로 한 합리적
인 처리 방법이다.

(27) ㄱ. 그는 이번에는 꼭 <u>합격하리라</u>.
ㄴ. 말 없이 고이 보내 <u>드리오리다</u>.

올적때매김의 안맺음씨끝에는 앞의 ' - 겠 - ' 밖에도 ' - 리 - '가 있다. 이들
씨끝의 형성 시기를 보면 ' - 리 - '가 먼저이다. 곧, 중세 국어에서는
' - 리 - '만이 쓰이다가 18세기 말경에 ' - 겠 - '이 나타났다. 지금은 주로 ' - 겠 - '
이 쓰이고, ' - 리 - '는 극히 제한된 범위에서만 쓰인다. ' - 리 - '는 (27)과 같이
글말 특히 노래말 등에서 운율을 살리고 함축미를 더하기 위하여 쓰인다.
그런데 ' - 겠 - '은 올적에 대한 추측뿐만 아니라 이적이나 지난적의 사건
을 추측하는 데도 쓰인다.

(28) ㄱ. 서울은 지금 참 <u>춥겠다</u>.
ㄴ. 이 토끼는 어제쯤 <u>죽었겠어요</u>.

(28ㄱ)의 풀이말 '춥겠다'는 때어찌씨 '지금'과 공기하므로 이적의 일을,
(28ㄴ)의 '죽었겠어요'는 때어찌씨 '어제쯤'과 공기하므로 지난적의 일을 추
측하고 있다.
올적때매김은 매김법 씨끝으로도 실현된다.

(29) ㄱ. <u>먹을</u> 밥을 빨리 가지고 오너라.
ㄴ. 내 말이 조금도 <u>그를</u> 것이 없다.

올적의 뜻을 가진 매김법 씨끝에는 ' - 을/ㄹ'이 있다. (29ㄱ)의 '먹을'에서
매김법 씨끝 ' - 을'에는 아직 결정되지 않은 올적의 뜻이 있다. 한편 (29ㄴ)

의 '그를'에서 매김법 씨끝 ' - ㄹ'에는 때에 관한 뜻이 분명하게 나타나지 않아서 때매김을 결정하기 어렵다. 따라서 올적의 때매김 형태소 ' - 겠 - '이나 ' - 리 - '에는 말할이의 태도가 강하게 나타나는데 올적의 매김법 씨끝 ' - 을'이나 ' - ㄹ'에는 말할이의 태도가 거의 나타나지 않는 차이가 있다.

돌이킴때매김(회상시제) : 돌이킴때매김은 지난 때에 겪은 일을 돌이키면서 서술하는 우리말에만 있는 특수한 때매김법이다.

(30) ㄱ. 요즈음 서울은 참 <u>춥더라</u>.
　　 ㄴ. 사람들이 참 많이 <u>모였더라</u>.
　　 ㄷ. 탈선 사고가 났으니 열차는 한 시간 뒤에야 <u>출발하겠더라</u>.

돌이킴때매김을 실현하는 형태소에는 안맺음씨끝 ' - 더 - '가 있다. (30)은 말할이가 직접 경험한 일을 돌이켜 서술하고 있다. 그런데 ' - 더 - '는 이적, 지난적, 올적의 때매김 형태소와는 달리 이들과 어울려 그 나름대로의 때매김을 표시할 수 있다. 곧 (30ㄱ)은 경험 당시의 이적을, (30ㄴ)은 경험 당시의 지난적을, (30ㄷ)은 경험 당시의 올적을 나타낸다. 그러므로 ' - 더 - '는 이적, 지난적, 올적과 대등한 위치에 있지 않고 한 단계 높은 층위에 있는 특수한 때매김 형태소이다.

그러면 돌이킴때매김 형태소 ' - 더 - '가 가진 구체적인 뜻은 무엇인가?

(30)′ ㄱ. 요즈음 서울은 참 <u>춥다</u>.
　　 ㄴ. 사람들이 참 많이 <u>모였다</u>.
　　 ㄷ. 탈선 사고가 났으니 열차는 한 시간 뒤에야 <u>출발하겠다</u>.

(30)′ 는 말할이가 회상하기 전에 경험한 일을 서술하고 있다. 말할이는 자신이 직접 경험한 일을 (30)과 같이 시간이나 공간을 옮겨 회상하고 이를 들을이에게 전달 보고하고 있다. 그러므로 돌이킴때매김 형태소 ' - 더 - '에는

말할이가 직접 경험한 일을 시간 또는 공간을 옮겨 돌이키고 들을이에게 전
달 보고하는 뜻이 있다[4].

   (31) *ㄱ. 나는 어제 집에서 <u>일하더라</u>.
      ㄴ. 나는 꿈에서 그와 <u>싸우더라</u>.

'-더-'는 가리킴(인칭)의 제약을 받는다. (31ㄱ)과 같이 임자말이 말할
이 자신일 때에는 '-더-'가 서술월에 쓰일 수 없다. 그러나 (31ㄴ)과 같이
말할이가 자신을 객관화시켜서 표현할 때에는 임자말이 말할이 자신일 경우
에도 '-더-'가 서술월에 쓰일 수 있다.
  돌이킴때매김은 매김법에서도 나타난다.

   (32) ㄱ. 거기는 내가 자주 <u>가던</u> 곳이다.
      ㄴ. 거기는 내가 자주 <u>갔던</u> 곳이다.

  (32ㄱ)의 안긴마디의 풀이말 '가던'의 매김법 씨끝 '-던'은 형태상으로는
돌이킴때매김의 '-더-'에 씨끝 '-ㄴ'이 결합된 것으로 보인다. 그런데
씨끝 '-던'에는 '-더-'가 가진 돌이킴의 뜻이나 '-은'이 가진 지난적때
매김의 뜻이 없고, 단지 매김의 기능만 나타난다. 그러므로 '-더-'는 첫째
가리킴 임자말과 쓰일 수 없는데 (32)의 '-던'은 첫째가리킴 임자말과 쓰일 수
있다. (32ㄱ)의 매김법 씨끝 '-던'은 행위가 완료되지 않고 중단된 지난적 미완
료의 뜻이 있다. 그런데 (32ㄴ)과 같이 '-았-'을 더하면 지난적 완료의 뜻으
로 바뀐다.

  [붙임] 시제, 상, 서법

---

4) '-더-'의 기능에 대해서는 이익섭, 채 완(2000:281~286)을 참고하라.

　시간을 바라보는 관념은 나라마다 공통성도 있고 특수성도 있으므로 모든 나라가 공유할 수 있는 때매김 체계를 수립하는 일은 쉽지 않다.

　지금까지 우리말을 대상으로 때매김 체계를 수립하기 위한 논의가 꾸준히 계속되어 왔지만 아직까지 의견 차이가 분분하다. 그 주된 원인은 때의 흐름과 관련된 시제(tense), 상(aspect), 서법(mood)을 때매김 체계 수립에 어떻게 반영하는가 하는 관점상의 차이 때문이다.

　문법가에 따라서는 시제 중심의 체계를 수립하기도 하고 상 중심의 체계를 수립하기도 하며 시제, 상, 서법 각각의 독립적인 체계를 수립하기도 한다.

(i) ㄱ. '시제'는 말할이가 객관적으로 인식하는 시간으로서 발화시를 중심으로 하여 앞뒤의 시간을 제한하는 말본 범주이다.

ㄴ. '상'은 말할이가 주관적으로 인식하는 시간으로 시간의 흐름 선상에서 시점을 보는 것이 아니라 시간적 양태나 시간적 폭을 보이는 것이다.

ㄷ. '서법'은 사실에 대한 단순한 진술이 아니라 말할이가 어떤 의도를 가지고 그것을 파악하여 말하느냐 하는 말할이의 의도가 말본 형태로 나타나는 것이다.

(i)의 시제와 상, 서법에 대한 개념 정의를 바탕으로 하여 우리말에서는 시제와 상, 서법이 어떠한 양상으로 실현되고 있는가를 아래 (ii)를 통하여 살펴보기로 하자.

(ii) ㄱ. 철수는 지금 밥을 <u>먹는다</u>.
ㄴ. 철수는 지금 밥을 <u>먹습니다</u>.
ㄷ. 철수는 지금 밥을 <u>먹습디다</u>.
ㄹ. 그 사람은 이미 그 곳을 <u>떠났다</u>.
ㅁ. 내일은 비가 <u>오겠다</u>.

(ⅱㄱ)의 '풀이말 '먹는다'에는 이적의 시제형태소 ' - 는 - '이 있으므로
시제는 이적이다. 그런데 ' - 는 - '에는 어떤 상태를 얼마동안 지니어 나아
감을 나타내는 '진행'의 상적인 뜻도 발견된다. (ⅱㄴ)의 '먹습니다'는 '먹는
다'의 들을이높임말로 안맺음씨끝 ' - 니 - '는 시제가 '이적'이고 진행의 상
적인 뜻도 있다. 그런데 ' - 니 - '는 (ⅱㄷ)의 '먹습디다'에서 회상의 서법소
' - 디 - '와 교체되므로 '직설'의 서법적인 뜻도 갖고 있다. 그러므로 ' - 니 - '
에는 '이적'의 시제, '진행'의 상, '직설'의 서법적인 뜻이 모두 나타나 있다.
(ⅱㄹ)의 '떠났다'의 ' - 았 - '에는 '지난적'의 시제와 '완료'의 상적인 뜻이
있다. 그리고 (ⅱㅁ)의 '오겠다'의 ' - 겠 - '에는 '올적'의 시제, '예정'의 상,
'추측'의 서법적인 뜻이 나타나 있다.

이와 같은 양상을 통해서 볼 때 우리말의 시제, 상, 서법은 각각 독립해
있는 것이 아니고 시제를 중심으로 하여 상과 서법이 주변적으로 관계하고
있음을 알 수 있다[5].

곧 이적의 시제는 진행상과 직설법과, 지난적의 시제는 완료상과 회상법
과, 올적의 시제는 예정상과 추측법과 관련을 맺고 있다. 그래서 이 한 동아
리의 형태소들을 묶어 하나의 말본 범주로 집약시켜 이것을 때매김법이라고
한다.

그런데 우리말에도 서법적인 뜻만을 가진 말본 형태소가 있다.

   (ⅲ) ㄱ. 너는 <u>가것다</u>.
       ㄴ. 돈 <u>있것다</u>, 실력 <u>있것다</u>, 무슨 걱정이오?
       ㄷ. 물고기도 많이 <u>잡았겠다</u>, 좋아할 만도 하지.
       ㄹ. 이런 이야기를 하면 놈들은 남의 일같이 <u>웃겠다</u>.

(ⅲㄱ,ㄴ)의 안맺음씨끝 ' - 것 - '이나 (ⅲㄷ,ㄹ)의 안맺음씨끝 ' - 겠 - '

---

5) 남기심·고영근 (1993:312 - 324)에서는 우리말의 상을 완료상, 진행상, 예정상으
   로 서법을 직설법, 회상법, 추측법, 원칙법, 확인법으로 구분하고 있다.

은 말할이가 들을이에게 어떤 사실을 확인하며 강조하는 뜻을 가진 강조법의 일종으로서 시제나 상적인 뜻은 드러나지 않고 오직 서법적인 뜻만 나타난다[6]. 우리말에서 서법적인 뜻만을 가진 말본형태소로는 이것이 유일하므로 서법 중심의 체계를 세우기가 어렵다.

강조법의 '-것-'이 올적때매김 씨끝 '-겠-'과 꼴이 같아 구별이 잘 되지 않을 우려가 있으나, 강조법의 '-것-'에는 올적이나 추측, 의도와 같은 뜻이 없고 오직 강조하는 뜻만을 가지고 있을 뿐이다. 강조법의 '-것-'이 '-겠-'으로도 쓰이는 것은 올적때매김의 '-겠-'에 유추된 잘못된 쓰임이다.

허 웅(1987:202-203)은 우리말의 때매김 체계 설정에 대하여 아래와 같은 관점을 제시했다.

> 원래 인도구라파말의 시제(tense)나 상(aspect)이나 서법(mood)은 주로 그 말들의 움직씨의 활용 형태에 따라 설정된 범주이다. 이 경우에 다른 언어 체계에 나타나는 상의 관념이, 또는 시제나 서법의 관념이 우리말에서는 어떠한 형태로 나타나느냐를 먼저 살피는 데서 문제를 출발시키는 것은 근본적으로 잘못이다. 그랬다가는 우리말 자체의 구조를 올바르게 파악하지 못하기 쉽기 때문이다. 우리는 먼저 우리말의 문법적 형태소들을 분석하고, 그것을 나타내는 관념에 따라 문법 범주를 설정해야 한다.

인도구라파말에서는 시제나 상, 서법이 그 말들의 활용 형태에 따라 개별적으로 나타나므로 각각의 체계 설정이 가능하다.

그러나 우리말에서는 시제를 중심으로 하여 상과 서법이 주변적으로 나타나며 특히 서법성이 강하게 반영되는 시킴이나 꾀임, 그리고 약속은 별개의 형태소가 없고 씨끝이 그 구실을 함께 맡고 있다.

따라서 시제 중심의 체계를 수립하는 것이 우리말의 본실에 맞는 때매김 체계 설정 방법이다.

---

6) 허 웅(1983:246)에서는 강조법을 '다짐법'이라 했고, 남기심·고영근(1993:322~323)에서는 '확인법'이라고 했다.

사람 사이에는 손위, 손아래와 같은 상하 관계나 친밀의 정도에 의한 친소 관계를 맺어 삶의 기본적인 틀을 이루어 나간다. 높임법은 이와 같은 상하 관계나 친소 관계에 따라 어떤 대상을 어느 정도로 높이고 낮추느냐를 언어적으로 표현한 체계이다.[7] 상하 관계나 친소 관계에 따른 언어 행위에는 여러 인물들이 등장하게 되는데 하나는 말의 밖에 있는 들을이이고 다른 하나는 말에 등장하는 인물이다. 말에 등장하는 인물에는 말의 임자로 등장하는 인물과 객어(부림말, 위치말, 방편말 따위)로 등장하는 인물이 있다. 이때 이 인물들 서로 간에 누가 누구보다 더 존귀한가, 아니한가에 따라 여러 가지 높임법이 실현된다.

(33) ㄱ. 아버지가 <u>오신다</u>.
ㄴ. 아버지가 <u>오십니다</u>.

(33ㄱ)은 말 밖에 있는 들을이를 낮추었고 (33ㄴ)은 높였다. 따라서 (33ㄱ, ㄴ)은 들을이를 낮추고 높인 정도에 따른 들을이높임법이 실현된 월이다. 들을이높임법은 들을이가 누구인지 월에는 나타나지 않지만 반드시 현장에 있는 인물이므로 말이 쓰이는 환경상의 높임법이다.

(34) ㄱ. 저기 네 친구가 <u>오는구나.</u>
ㄴ. 저기 어버지가(께서) <u>오시는구나.</u>

---

7) 높임법은 쓰이는 명칭이 여러 가지다. 말 들을이를 높이거나 낮추는 법을 존비법이나 공손법으로 부르기도 하고 말의 주체를 높이는 법을 존경법이나 존대법, 객체를 높이거나 낮추는 법을 겸양법이나 겸손법이라고 한다. 그리고 이들을 구분하지 않고 모두 합쳐서 경어법, 존대법, 대우법이라 부르기도 한다. 여기서는 이들을 모두 '높임법'이라는 명칭으로 단일화시키기로 한다.

(34ㄱ)은 임자인 '친구'를 높이지 않았는데, (34ㄴ)에서는 임자인 '아버지'를 높이고 있다. 이와 같이 (34ㄱ, ㄴ)은 임자를 낮추고 높인 정도에 따른 주체높임법이 실현된 월이다.

　　(35) ㄱ. 영희가 동생을 <u>데리고</u> 있다.
　　　　 ㄴ. 영희가 어머니를 <u>모시고</u> 있다.

(35ㄱ, ㄴ)은 주체인 '영희'의 행위가 미치는 객체가 '동생'과 '어머니'이다. (35ㄱ)에서는 주체인 '영희'가 객체인 '동생'과 같은 또래이므로 '데리고'와 같은 예사말을 써서 '동생'을 높이지 않았다. 그런데 (35ㄴ)에서는 객체인 '어머니'가 주체인 '영희'보다 손윗사람이므로 '모시고'와 같은 높임말을 써서 '어머니'를 존대하는 객체높임법이 실현되었다.

주체높임법과 객체높임법은 말에 등장하는 인물을 높이기 때문에 통어상의 높임법이고 들을이높임법은 언어 활동의 환경에 포함되어 있는 들을이를 높이기 때문에 환경상의 높임법이다.

우리말의 높임법의 실현 방식에는, (33ㄴ)의 들을이높임법과 같이 풀이씨의 줄기에 맺음씨끝 ' - 습니다'가 결합되어 실현되거나 (34ㄴ)의 주체높임법과 같이 풀이씨의 줄기에 안맺음씨끝 ' - 시 - '가 붙어서 실현되는 말본적인 현상이 있는 반면에, (35ㄴ)의 객체높임법과 같이 '데리고' 대신에 '모시고'와 같이 특수한 낱말에 의하여 실현되기도 한다. 특수한 낱말에 의한 높임은 어휘적인 현상이므로 말본 범주에 들지 않는다.

주체높임법 : 월의 임자말로 지시되는 주체를 높이는 방법을 주체높임법이라 하는데 주체높임은 안맺음씨끝 ' - 시 - '로 실현된다.

　　(36) ㄱ. 작은아버지가 이것을 <u>사 왔다.</u>
　　　　 ㄴ. 작은아버지께서 이것을 <u>사 오셨다.</u>

주체높임법은 말할이와 주체와의 관계에서 주체가 말할이보다 위일 때에 실현되는데 위, 아래의 판단은 '나이'나 '사회적 신분'과 같은 객관적인 기준에 기댄다.

(36ㄱ)은 말할이가 주체인 '작은아버지'보다 위이기 때문에 주체높임법이 실현되지 않았는데 (36ㄴ)은 말할이가 주체보다 아래이기 때문에 풀이말의 줄기 '오-' 뒤에 안맺음씨끝 '-시-'를 붙여 주체를 높였다.

주체높임의 실현에 있어서는 가리킴의 제약을 받는다.

    (37) ㄱ. 어머니, <u>선생님께서</u> 오십니다.
       ㄴ. 선생님, <u>선생님께서도</u> 그 얘기를 좋아하시는군요.
     *ㄷ. <u>나는</u> 어제 서울에 가셨다.

(37ㄱ)은 주체가 셋째가리킴(3인칭)이며 (37ㄴ)은 주체가 둘째가리킴(2인칭)이다. 그러나 (37ㄷ)과 같이 주체가 첫째가리킴(1인칭)인 경우에는 자기가 스스로를 높일 수 없으므로 주체높임법이 실현 될 수 없다.

주체높임을 실현하는 말할이와 주체 사이의 위, 아래 판단은 '나이'나 '사회적 신분'과 같은 객관적인 기준에 기대지만, 때로는 주관적 기준에 기대기도 한다.

    (38) ㄱ. 신사임당은 모든 여성의 <u>귀감이다</u>.
       ㄴ. 신사임당은 모든 여성의 <u>귀감이시다</u>.

    (39) ㄱ. 대통령이 공항에 <u>도착했습니다</u>.
       ㄴ. 대통령께서 공항에 <u>도착하셨습니다</u>.

위의 (38ㄱ), (39ㄱ)과 같이 역사 교과서나 방송과 같은 공적 담화에서는 대상을 객관화시켜 독자나 시청자를 예우한다는 뜻에서 주체를 높이지 않았

지만 (38ㄴ), (39ㄴ)과 같이 존대해야 할 대상에 대해 각별한 개인적인 친밀
감을 나타내기 위하여 주체를 높이기도 한다.

　주체높임은 주체를 총칭하는 대상을 직접 높이는 것이 일반적인데 때로
는 높여야 할 대상의 신체 부분이나 생활에 필수적인 사물, 개인적인 소유물
에 대해서도 간접적으로 높이는 특수한 경우도 있는데 이를 직접높임법에
대한 간접높임법이라 한다.

(40) ㄱ. 그 분은 머리가 하얗게 세셨다.
　　 ㄴ. 선생님께서도 감기가 드셨다.
　　 ㄷ. 작은아버지께서는 형편이 좋으시다.

　(40ㄱ)의 '머리'는 높여야 할 대상의 신체 일부분이며 (40ㄴ)의 '감기'는
그 대상이 앓고 있는 병세이며 (40ㄷ)의 '형편'은 그 대상의 처지이다.

　그러나 (41ㄱ, ㄴ)과 같이 주체의 소유물이나 부착물을 지나치게 높이는
일은 삼가야 한다.

(41) *ㄱ. 과장님댁 강아지는 아주 예쁘시네요.
　　 *ㄴ. 과장님 매신 넥타이는 참 예쁘시네요.

　주체높임법의 실현에 있어서는 말할이의 주체에 대한 존대 의향이 필수
적인데, 경우에 따라서는 들을이와 말할이의 관계에 의해서 주체높임의 실
현 여부가 결정되는 경우도 있다. 이와 같은 경우를 구체적으로 나누면, 말
할이의 처지에서는 높여야 할 필요가 없는데 들을이의 처지를 고려하여 높
이는 경우와, 말할이로서는 높여야 할 대상인데 들을이에게는 손아래 인물
일 때는 높이지 않는 두 가지가 있다.

(42) ㄱ. 너의 아버지 돌아 오셨니?
　　 ㄴ. 아버지 들어 오시면 아저씨한테 전화하시라고 해라.
　　 ㄷ. 엄마, 어디 가셨니?

(42ㄱ)은 선생님이 제자의 아들에게 (42ㄴ)은 아버지의 친구가 어버지의
아들에게 (42ㄷ)은 아버지가 아들에게 엄마의 이야기를 할 때의 말투이다.
  객관적인 기준으로 보면 말할이가 주체보다 위이거나 같은 또래이지만, 들
을이에게 인격적인 친근감을 나타내려고 들을이 쪽인 주체를 높였다.
  이와 같은 높임은 말할이가 주체에 대해서 인격적으로 각별한 관심을 나
타내고 있다.[8]

  (43) ㄱ. 할아버지, 아버지가 지금 <u>돌아 왔습니다</u>.
       ㄴ. 아버지, 형이 <u>떠납니다</u>.
       ㄷ. 어머니, 애비가 일찍 <u>들어 왔군요</u>.

  (43ㄱ)은 손자가 아버지의 일을 할아버지에게, (43ㄴ)은 아들이 형의 일을
아버지에게, (43ㄷ)은 부인이 남편의 일을 시어머니에게 이야기하는 말투이
다. 이 경우의 공통점은 말할이로서는 주체가 높여야 할 대상인데 들을이보
다는 주체가 손아래이므로 주체를 높이지 않았다. 이처럼 들을이가 매우 높
은 분이 될 때 그보다 낮은 분에 대해서 존대 표현을 억제하는 높임법을 압
존법이라고 한다.
  주체높임법의 실현은 규칙적인 풀이말의 씨끝바꿈에 의하여 줄기에 안맺
음씨끝 ‘ - 시 - ’를 붙이는 방법이 일반적이다.

  (44) ㄱ. 어머니가 서울에 <u>가셨다</u>.
       ㄴ. 선생<u>님께서</u> 학교에 가셨다.

  (44ㄱ)의 풀이말 ‘가셨다’는, 풀이씨의 줄기 ‘가 - ’ 뒤에 주체높임의 안맺음
씨끝 ‘ - 시 - ’와 지난적때매김의 안맺음씨끝 ‘ - 었 - ’이 붙어 이루어진 말이다.
  주체높임법의 실현은 안맺음씨끝 ‘ - 시 - ’에 의한 방법이 일반적인데 경우

에 따라서는 (44ㄴ)과 같이 임자말에 존경의 파생가지 '-님'을 붙이고 임자자리 토씨 '-이/가' 대신에 '-께서'를 사용하여 '높임'의 뜻을 강화하기도 한다.

(45) ㄱ. 어머니가 밥을 (*먹다/자시다)
ㄴ. 할아버지께서 (*아프다/편찮으시다)
ㄷ. 아버지가 (*잔다/주무시다)
ㄹ. 할머니께서 (*죽다/돌아가시다)

위의 (45)의 풀이말은 안맺음씨끝 '-시-'에 의하지 않고 특수 어휘에 의하여 주체높임법을 실현하고 있다. 그러나 특수 어휘에 의한 높임법은 보편적인 현상이 아니므로 높임법의 말본 범주에 속하는 것은 아니다.

(46) *ㄱ. 회장님의 말씀이 <u>계시겠습니다</u>.
ㄴ. 회장님의 말씀이 <u>있으시겠습니다</u>.

(47) *ㄱ. 교장선생님이 댁에 <u>있으십니다</u>.
ㄴ. 교장선생님이 댁에 <u>계십니다</u>.

(48) *ㄱ. 돈이 <u>계신</u> 분은 사시지요.
ㄴ. 돈이 <u>있으신</u> 분은 사시지요.

특수 어휘에 의한 높임법 가운데 '있다'의 말본상의 높임말 '있으시다'와 어휘상의 높임말 '계시다'는 그 뜻과 쓰임이 다르다. 곧 '있으시다'는 높임의 대상자와 관련 있는 사물의 존재에 대하여 쓰는데 '계시다'는 높여야 할 사람의 존재에 국한하여 쓰는 것이 정상적이다.[9]

(46ㄱ), (47ㄱ), (48ㄱ)은 이와 같은 뜻의 차이를 고려히지 않았기 때문에 높임의 표현으로 맞지 않고 (46ㄴ), (47ㄴ), (48ㄴ)은 뜻의 차이를 고려했기 때문에 쓰임이 바르다.

---

9) 서정수(1987:90)를 참고할 것.

들을이높임법 : 들을이높임법은 말할이와 들을이의 대비를 통하여 말할이
보다 들을이가 손위일 때에 실현된다.

> (49) ㄱ. 영희가 동생에게 과자를 <u>주었다</u>.
>   ㄴ. 영희가 동생에게 과자를 <u>주었습니다</u>.

　(49)의 월은 말할이와 들을이가 누구인지 월에는 나타나지 않았다. 그런데
(49ㄱ) 월의 풀이말이 '주었다'로 실현되어 있는 것으로 보면 말할이가 들을
이보다 손위사람임을 알 수 있다. 그런데 (49ㄴ) 월의 풀이말이 '주었습니다'
로 실현되어 있는 것을 보면 말할이가 들을이보다 손아래이므로 들을이를
높이고 있는 곧 들을이높임법이 적용되었다.

　주체높임법이나 객체높임법은 높임의 등급이 양분되어 있지만 들을이높
임법은 그 높임의 등급이 복잡하다. 들을이높임법의 등급이 세분화 되어 있
는 것은, 들을이와 말할이가 바로 현장에서 얼굴을 맞대고 있기 때문에 말할
이가 들을이를 좀 더 세심하게 배려하기 위한 까닭에서이다.[10] 지금까지 들
을이높임법은 학자에 따라 4등급, 5등급, 6등급으로 나누어 등급의 설정이
다양하다.[11]

　이들 등급 가운데 아주높임(합쇼체), 예사높임(하오체), 예사낮춤(하게체),
아주낮춤(해라체)의 4등급이 지금까지의 주장에서 공통적으로 인정되고 있
고 현실적인 높임의 말본 의식과 대체로 일치하고 있음을 알 수 있다.

---

10) 이익섭 · 채 완(2000:348)을 참고할 것.
11) 서정수(1984:41 - 42)에서는 현행의 높임법이 종적인 상하 관계 보다는 횡적인 친
　　밀 관계 표현으로 기울어지고 있는 추세에 비추어 볼 때 4등급 이상의 것은 타당
　　성이 없는 것으로 보았다. 그리고 4등급의 구분마저도 오늘날에는 문제가 될 만
　　큼 간소화 되어 가고 있는 추세에 있다고 했다.

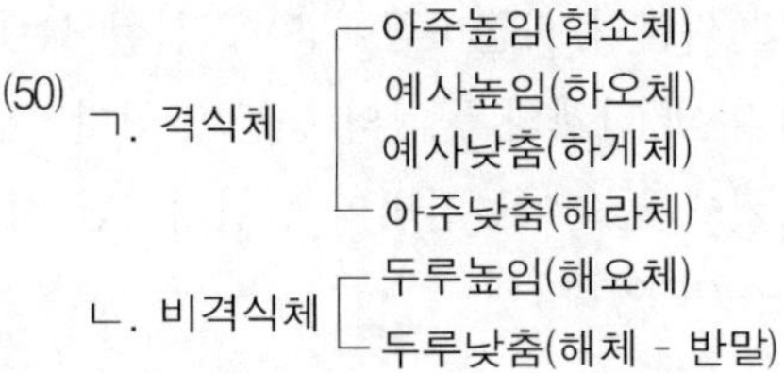

높임법은 원래 종적인 상하 관계에서 성립되었는데, 현대 후기에 접어 들자 우리 사회가 종래의 엄격한 종적 상하 관계에서 횡적 평등 관계로 바뀌면서 횡적 관계 곧 친소 관계를 나타내는 정감의 표현 기능이 더욱 발달하고 있다.[12]

위의 (50)에서 '격식체'는 종적인 상하 관계에 의한 구분 등급이며 '비격식체'는 횡적 관계 곧 친소 관계에 의한 구분 등급으로 현재는 격식체와 비격식체가 혼용되어 쓰이고 있으면서 점차 비격식체의 사용 경향이 늘어 나고 있다.

(51) ㄱ. 격식체는 나이나 사회적 지위 등의 사회적 규범에 의하여 객관적으로 결정되고 개인적인 선택의 여지가 없는 용법임.
ㄴ. 비격식체는 친소 관계에 의한 정감적인 표현으로 개인적인 감정이나 느낌, 태도를 보이기 위하여 개인적인 판단에 기대는 용법임.

(51ㄱ)의 격식체는 사회적인 규범에 기대므로 표현이 직접적이고 단정적이며 객관적이다.

여기에 비해서 (51ㄴ)의 비격식체는 표현이 부드럽고 주관적이어서 격식체가 갖는 심리적인 거리감을 해소하고 더 친근하고 융통성 있는 정감적인 태노를 보인다.[13]

---

12) 서정수(1984:9)를 참고할 것.
13) 남기심・고영근(1993:334 - 335)을 참조할 것. 서정수(1984:40)에서는 격식체는 주로 (i) 공적인 자리, (ii) 상하 관계를 분명히 해야할 자리, (iii) 잘 모르거나 그

격식체의 들을이높임법은 마침법 씨끝의 씨끝바꿈에 의해 실현되는데 서술법, 물음법, 시킴법, 꾀임법에 각각 네 단계의 높임의 등분이 있다. 서술법과 물음법은 움직씨, 그림씨, 잡음씨에 들을이높임법이 실현되지만 시킴법, 꾀임법은 움직씨에만 실현되는 차이가 있다.

마침법의 종류	높임의 단계	씨 끝	움직씨	그림씨	잡음씨
서술법	아주낮춤	- ㄴ다/는다, - 다, - 단다, - 구먼, - 거든, - 는걸, - 을래, - 구나, - 도다	먹는다	예쁘다	(학생)이다
	예사낮춤	- 다네, - 네, - 으이, - 을세, - 음세	먹네	예쁘네	(학생)이네
	예사높임	- 으오, - 소	먹으오	예쁘오	(학생)이오
	아주높임	- 습니다, - 나이다	먹습니다	예쁩니다	(학생)입니다
물음법	아주낮춤	- 나, - 냐, - 느냐, - 니, - 을쏘냐, - 을까, - 을래	먹니	예쁘니	(학생)이니
	예사낮춤	- 는가, - 을가, - 던가, - 는고, - 을고, - 을손기	먹는가	예쁜가	(학생)인가
	예사높임	- 으오, - 소	먹으오	예쁘오	(학생)이오
	아주높임	- 습니까, - 나이까, - 오이까, - 오니까, - 더이까	먹습니까	예쁩니까	(학생)입니까
시킴법	아주낮춤	- 으라, - 아라/어라	먹어라		
	예사낮춤	- 게, - 세	먹게		
	예사높임	- 으오, - 소, - 시오, - 구려	먹으오		
	아주높임	- 으소서, - 십시오	먹으소서		

리 친하지 않은 사이 등에서 쓰여지는 말씨이며 비격식체는 (i) 사적인 자리, (ii) 대등한 관계가 위주되는 자리, (iii) 서로 친하고 허물없는 사이일 경우 등에 쓰이는 말씨라고 그 사용 환경을 구분하고 있다.

꾀임법	아주낮춤	- 자	먹자		
	예사낮춤	- 세	먹세		
	예사높임	- 읍시다	먹읍시다		
	아주높임	- 으십시다	먹으십시다		

① 격식체

1) 아주높임(합쇼체)

아주높임은 그 높임의 정도가 매우 커서 들을이가 말할이보다 손윗사람일 때만 쓰는 말투이다.

   (52) ㄱ. 철수가 밥을 <u>먹습니다</u>.
        ㄴ. 영희도 밥을 <u>먹습니까</u>?

이때 아주높임의 구실을 하는 맺음씨끝으로는 서술법의 '- 습니다'와 물음법의 '- 습니까'가 있다. 요즈음 상하 관계보다 친소 관계에 기대어 높임법을 실현하는 경향이 우세하여 격식체의 아주높임으로 표현해야 할 것을 비격식체의 두루높임인 '해요체'로 표현하는 경우가 늘고 있다.

   (53) ㄱ. 아저씨 <u>고마워요</u>.
        ㄴ. 아저씨 <u>고맙습니다</u>.

(53ㄱ)은 '해요체'의 표현으로 들을이에게 경박하게 보인다. 이때에는 말 쓰이는 환경을 잘 고려하여 (53ㄴ)과 같은 격식적인 표현을 쓰도록 유의해야 한다. 아주높임을 실현하는 씨끝에는 다음과 같은 것이 있다.

마침법의 종류	씨끝	적용되는 씨 범주
서술법	- 습니다, - 나이다	움직씨, 그림씨, 잡음씨
물음법	- 습니까, - 나이까, - 오이까	움직씨, 그림씨, 잡음씨
시킴법	- 으소서, - 십시오	움직씨
꾀임법	- 으십시다	움직씨

2) 예사높임(하오체)

　예사높임은 아랫사람이나 친구에게 '예사낮춤'보다 더 극진하게 높여서 표현하는 높임법으로 (54)의 풀이말과 같이 맺음씨끝 ' - 오'나 ' - 구려'로 실현된다.

　　(54) ㄱ. 여보, 거기 앉아 좀 푹 <u>쉬오</u>.
　　　　ㄴ. 김형, 참 <u>오랜만이오</u>. 다시 만나니 참 <u>반갑구려</u>.

　이와 같은 예사높임은 말할이와 들을이가 모두 나이를 먹을 만큼 먹어야 쓸 수 있는 말투로 서로 사이에 함부로 대하기 어렵다는 태도를 나타내면서 말할이의 권위가 담겨 있는 표현이다. 요즈음은 이 말투의 쓰임이 점차 줄어 들고 있다. 그 원인은 권위주의가 퇴색하고 격식을 차리는 일을 번거롭게 생각하는 풍토가 높임법에 반영되었기 때문이다. 예사높임을 실현하는 씨끝에는 다음과 같은 것이 있다.

마침법의 종류	씨끝	적용되는 씨 범주
서술법	- 으오, - 소	움직씨, 그림씨, 잡음씨
물음법	- 으오, - 소	움직씨, 그림씨, 잡음씨
시킴법	- 으오, - 소, - 시오, - 구려	움직씨
꾀임법	- 읍시다	움직씨

3) 예사낮춤(하게체)

　예사낮춤은 들을이가 말할이보다 아랫 사람이거나 친구 사이일 경우에 쓰이는 말투로 (55)와 같이 맺음씨끝 ' - 게'나 ' - 네'로 실현된다.

　　(55) ㄱ. 자네 밥을 <u>먹게</u>.
　　　　ㄴ. 나는 오늘 고향으로 <u>돌아가겠네</u>.

이 말투도 앞의 예사높임과 같이 들을이가 나이가 꽤 든 아랫사람이므로 함부로 대하기가 어렵다는 태도를 보이므로 말할이 스스로도 나이를 어느 정도 먹어야 쓸 수 있다.

따라서 이 말투는 권위가 담겨 있는 격식체이기 때문에 요즈음 그 쓰임이 줄어드는 경향을 보이고 있다.

격식체의 '아주높임', '예사높임', '예사낮춤'은 요즈음 비격식체의 두루높임 '해요체'로 통합하여 쓰이는 일반적인 경향을 보인다. 예사낮춤을 실현하는 씨끝에는 다음과 같은 것이 있다.

마침법의 종류	씨끝	적용되는 씨 범주
서술법	- 다네, - 네, - 으이, - 을씨, - 음세	움직씨, 그림씨, 잡음씨
물음법	- 는가, - 을가, - 던가, - 는고, - 을고	움직씨, 그림씨, 잡음씨
시킴법	- 게, - 세	움직씨
꾀임법	- 세	움직씨

4) 아주낮춤(해라체)

아주낮춤은 말할이가 들을이를 가장 낮추어 대하는 들을이높임으로 서술법의 맺음씨끝 ' - 다'나 물음법의 맺음씨끝 ' - 느냐'로 실현된다.

 (56) ㄱ. 철수야, 이 복숭아 참 <u>맛있다</u>.
   ㄴ. 너는 오늘 학교에 <u>가느냐</u>?

이 높임법은 대체로 허물이 없는 나이 어린 손아랫사람이나 가까운 친구 사이에 널리 쓰이는데 요즈음은 비격식체의 두루낮춤인 '해체'로 대체하여 쓰이는 경향을 보이고 있다. 아주낮춤을 실현하는 씨끝에는 다음과 같은 것이 있다.

마침법의종류	씨끝	적용되는 씨 범주
서술법	- ㄴ다/는다, - 다, - 단다, - 구먼	움직씨, 그림씨, 잡음씨
물음법	- 나, - 냐, - 느냐, - 니	움직씨, 그림씨, 잡음씨
시킴법	- 으라, - 아라/어라	움직씨
꾀임법	- 자	움직씨

② 비격식체

1) 두루높임(해요체)

들을이가 말할이보다 손윗사람이거나 손위가 아니라도 정중하게 대우해 주어야 할 사람에게 쓰는 말투로써 요즈음 일상 대화에서 폭넓게 쓰이고 있다.

> (57) ㄱ. 이 참외 참 <u>맛있어요</u>. 하나 맛 좀 <u>봐요</u>.
>   ㄴ. 여기는 언제 비가 <u>왔어요</u>?

두루높임의 '해요체'는 격식체 아주높임보다는 격식을 덜 차리고 덜 정중하게 상대방을 대할 수 있고, 또 말할이의 권위가 담겨 있는 예사높임의 '하오체'나 예사낮춤의 '하게체'에 비하여 친밀감을 느끼게 하는 말투이다.

그러므로 가장 정중하게 대하는 '합쇼체'나 권위적인 '하오체', '하게체'를 구분하지 않고 비격식체인 '해요체'를 두루 쓰는 것이 요즈음의 일반적인 현상이다.

두루높임의 '해요체'는 (57)의 풀이말과 같이 비격식체인 두루낮춤의 해체(반말체) 씨끝에 ' - 요'를 덧붙인 ' - 아요/어요, - 지요, - 네요' 등으로 실현된다.

2) 두루낮춤(해체, 반말체)

두루낮춤의 '해체'는 격식체 아주낮춤(해라체)과 등급의 차이를 찾기 어려운 거의 같은 등급이다.

요즈음의 '해체'는 격식체의 '해라체'와 등외 등급인 '반말체'를 통합하여 그 쓰임이 늘어나고 있다.

(58) ㄱ. 창호, <u>오랜만이야</u>.
ㄴ. 영숙이, 지금 어디 <u>살아</u>.
ㄷ. 어이, 이것 좀 가져<u>가</u>.

(58)과 같이 '해체'는 '-아/어, -지, -야/이야' 등의 씨끝을 사용하여 월이 마무리 되지 않은 채 끝나는 변칙적인 말투이다.

객체높임법 : 객체높임법은 주체와 객체와의 관계에서 객체가 주체보다 손윗사람일 때 객체를 높이는 높임법이다.

(59) ㄱ. 혜숙아, 이 편지 <u>오빠한테</u> 가져다 <u>주어라</u>.
ㄴ. 혜숙아, 이 편지 <u>할머니께</u> 가져다 <u>드려라</u>.

(59)는 임자인 '혜숙이'의 행위가 미치는 객체인 '오빠'와 '할머니'가 높임을 받아야 할 대상이다. 그런데 (59ㄱ)의 '오빠'는 '혜숙이'와 같은 또래이므로 객체높임법이 실현되지 않지만 (59ㄴ)의 '할머니'는 주체인 '혜숙이'보다 손윗사람이므로 객체높임법이 실현되었다.

(59ㄱ)과 (59ㄴ)을 비교하여 객체높임법이 실현되는 모습을 보면, 위치자리토씨 '-한테'가 '-께'로, 풀이말 '주어라'가 '드려라'로 대치되었다. 이와 같은 방법은 주체높임법이나 들을이높임법에서 쓰였던 풀이씨의 씨끝바꿈에 의한 것이 아니고 특수 어휘에 의한 것이므로 말본상의 문제가 아니다.

(60) ㄱ. 훈 ᄆᆞᅀᆞᄆᆞ로 뎌 <u>부텨를</u> 보ᅀᆞᄫᅵ라 … (월석3 : 22)
ㄴ. 벼슬 노푼 臣下ㅣ <u>님그믈</u> 돕ᅀᆞᄫᅡ … (석9 : 34)
ㄷ. 훈사가 부텻<u>授記를</u> 닙ᅀᆞ오면 … (법화3 : 65)

중세국어에서는 (60ㄱ～ㄷ)과 같이 객체를 높이기 위하여 풀이말의 줄기에 안맺음씨끝 '-숩/줍/숩-'을 붙였다. 그러나 현대 국어에 와서는 이들 안맺음씨끝이 들을이높임의 구실을 하게 되면서 객체높임법의 씨끝은 소멸했으므로 말본상의 객체높임법은 존재하지 않는다.

(61) ㄱ. 철수에게 이 책을 <u>준다</u>.
ㄴ. 선생님께 이 책을 <u>드린다</u>.

(62) ㄱ. 그 아이에게 그 말을 <u>물어</u> 보아라.
ㄴ. 할머니께 그 말씀을 <u>여쭈어</u> 보아라.

(63) ㄱ. 영희가 동생을 <u>데리고</u> 있다.
ㄴ. 영희가 어머니를 <u>모시고</u> 있다.

(61ㄱ), (62ㄱ), (63ㄱ)에서는 객체가 높임의 대상이 아니므로 풀이말을 '준다', '물어', '데리고'와 같은 예사말을 썼으나 (61ㄴ), (62ㄴ), (63ㄴ)에서는 객체가 높임의 대상이므로 '준다' 대신에 '드린다', '물어' 대신에 '여쭈어', '데리고' 대신에 '모시고'와 같은 높임말을 썼다.

현대 국어에서의 객체높임은 몇 개의 낱말로 나타낼 수 있을 뿐, 씨끝에 의한 규칙적인 방법을 적용할 수 없으므로 말본상의 문제가 아닌 특수 어휘에 의한 높임법으로 처리한다.

13.5. 지움법

월의 내용에 대해서 <그렇지 않음>의 뜻을 나타내는 말본적 실현 방법으로, 어찌씨 '안, 못'이나 풀이씨 '아니다, 아니하다, 못하다, 말다' 등을 사용하여 지움(부정)의 뜻을 표현하는 말본적 범주를 지움법(부정법)이라 하고 이러한 월을 가리켜 지움월(부정문)이라 한다.

지움월은 '안' 지움월과 '못' 지움월, '말다' 지움월로 나뉘고, 그 만드는
방법에 따라서 지움어찌씨(안, 못)로 표현되는 짧은 지움월과 「풀이씨의 줄
기+지」에 아니하다, 못하다, 말다'가 붙은 긴 지움월로 나뉜다.

'안' 지움월 : 풀이말이 「임자씨+이다」의 꼴로 이루어진 월의 지움은 잡
음씨 '이다' 대신 '아니다'를 쓴다.

(64) ㄱ. 호진이는 학생이다.
    ㄴ. 호진이는 학생이 아니다.

(64ㄱ)은 여김월(긍정문)이고 (64ㄴ)은 그에 대한 지움월(부정문)이다. 풀이말
이 움직씨일 때에는 (65)와 같이 두 가지 방법에 의해 지움월을 만들 수 있다.

(65) 철수가 밥을 먹는다.
 → 철수가 밥을 <u>먹지 않는다</u>.   <긴 지움월>
 → 철수가 밥을 <u>안</u> 먹는다.   <짧은 지움월>

그런데 모든 풀이씨에 이 두 가지 지움월이 가능한 것은 아니어서 움직씨
나 그림씨의 개별적인 특성에 따라서 짧은 지움월을 허용하지 않는 것도 있다.

(66) ㄱ. 나는 이 거리를 늘 오간다.
     → *나는 이 거리를 늘 <u>안</u> 오간다.
     ㄴ. 민수는 그 꽃을 짓밟았다.
     → *민수는 그 꽃을 <u>안</u> 짓밟았다
     ㄷ. 그는 학자답나.
     → *그는 <u>안</u> 학자답다.
     ㄹ. 오늘은 하늘이 매우 파랗다.
     → *오늘은 하늘이 매우 <u>안</u> 파랗다.

풀이말로 쓰인 풀이씨가 합성어나 파생어이면 짧은 지움월이 만들어지지
않는다. (66ㄱ)의 '오가다'는 합성어이고, (66ㄴ)의 '짓밟다'는 앞가지에 의한
파생어이며 (66ㄷ)의 '학자답다'와 (66ㄹ)의 '파랗다'는 뒷가지에 의한 파생어
이다. 이와 같은 낱말은 짧은 지움월을 허용하지 않는다.

그러나 긴 지움월을 만드는 데는 (66)'와 같이 제약이 없다.

> (66)′ ㄱ. 나는 이 거리를 늘 오간다.
> → 나는 이 거리를 늘 <u>오가지 않는다.</u>
> ㄴ. 민수는 그 꽃을 짓밟았다.
> → 민수는 그 꽃을 <u>짓밟지 않았다.</u>
> ㄷ. 그는 학자답다.
> → 그는 <u>학자답지 않다.</u>
> ㄹ. 오늘은 하늘이 매우 파랗다.
> → 오늘은 하늘이 매우 <u>파랗지 않다.</u>

지움월의 뜻은 지움이 미치는 범위에 따라 여러 가지로 풀이할 수 있다.

> (67) 민수는 밥을 먹지 않는다.
> → 밥을 먹는 이는 민수가 아니다. (다른 사람이 먹는다)
> → 민수가 먹는 것은 밥이 아니다. (다른 것을 먹는다)
> → 민수가 하는 행동은 밥을 먹는 것이 아니다. (다른 행동을 한다)

(67)의 월은 '민수는 밥을 먹는다'라는 여김월을 지움하는 월인데, 이것은
지움의 대상이 무엇이냐에 따라 (67)과 같이 세 가지의 뜻으로 풀이된다. 곧
지움의 대상이 '민수'가 되고, 지움의 대상이 '밥'이 되고, 지움의 대상이 '먹
는 행위'가 될 수 있다. 이처럼 지움하는 대상이 무엇인가에 따라 월의 뜻이
달라짐을 알 수 있다. 이와 같은 중의성을 해결하기 위하여 도움토씨를 사용
하면 뜻이 분명해진다.

(68) ㄱ. 민수는 <u>밥은</u> 먹지 않는다.
　　 → 그러나 다른 것은 먹는다.
　　ㄴ. 민수는 밥을 <u>먹지는</u> 않는다.
　　 → 그러나 보거나 만지기만 했다.

　지움월에 '다, 모두, 조금' 등의 어찌말이 있으면 그 어찌말이 지움의 범위 안에 들어가기도 하고 그렇지 않기도 하여 뜻이 분명하지 못한 때가 있다.

　(69) 손님이 <u>다</u> 오지 않았다.
　　→ 손님이 한 사람도 오지 않았다.　　　　＜전체 지움＞
　　→ 손님이 오기는 했지만 다 온 것은 아니다.　＜부분 지움＞

　(69)의 월은 어찌말 '다'가 지움의 범위 안에 드느냐, 그렇지 않으냐에 따라 (69)와 같은 두 가지의 해석이 가능하다. ＜부분 지움＞의 뜻을 분명하게 드러내기 위해서 풀이씨의 씨끝 '-지' 뒤에 도움토씨 '-는'을 붙이면 (70)과 같이 중의성이 없어진다.

　(70) 손님이 다 <u>오지는</u> 않았다.
　　→ 손님이 오기는 했지만, 몇 사람만 왔다.

　'안' 지움월은 그 뜻으로 보아 단순 지움과 의도 지움의 두 가지로 나눌 수 있다.

　(71) ㄱ. 영수는 어른이 아니다.
　　ㄴ. 영수는 크지 않다.
　　ㄷ. 영수는 학교에 가지 않는다.

　(71ㄱ,ㄴ)은 단순 지움의 뜻만 가지고 있으나 (71ㄷ)은 단순 지움과 「영수가 학교에 가려고 하지 않아서 가지 않는다」는 의도 지움의 두 가지 해석이 가능하다. 잡음씨나 그림씨가 풀이말일 때는 단순 지움의 뜻만을 가지나 임

자(주체)의 의지가 작용할 수 있는 행위를 나타나는 움직씨가 풀이말인 경우에는 의도 지움의 뜻도 함께 가진다.

  '못' 지움월 : 임자의 의지가 아닌 그의 능력이나 그 밖의 다른 바같의 원인 때문에 그 행위가 일어나지 못하는 것을 나타낼 때는 '못'이나 '못하다'의 지움법이 쓰인다.

> (72) ㄱ. 우리 선생님은 결혼을 <u>안</u> 하신다.　　<의도 지움>
>   ㄴ. 우리 선생님은 결혼을 <u>못</u> 하신다.　　<능력 지움>

  (72ㄱ)의 예는 임자인 '선생님'이 의도적으로 결혼을 하지 않거나 늦추는 것을 뜻하지만, (72ㄴ)의 경우는 아직까지 결혼할 능력이 없거나 경제력 등의 여러 가지 사정에 의해 할 수 없다는 능력에 대한 지움을 뜻한다. 이러한 임자의 능력 부족이나 외부의 원인에 의한 불가능을 나타내는 '못' 지움월은 움직씨에만 나타난다. 풀이말이 그림씨이면 '못' 지움법은 (73ㄱ,ㄴ)과 같이, 말할이가 기대에 미치지 못함을 아쉬워하는 뜻을 가진 긴 지움월만 가능하다.

> (73) ㄱ. 운동장이 <u>넓지 못하다</u>
>   *운동장이 <u>못</u> 넓다.
>   ㄴ. 땅이 <u>깨끗하지 못하다</u>.
>   *땅이 <u>못</u> 깨끗하다.

  '못' 지움법도 '안' 지움법과 마찬가지로 (74)와 같이 '짧은 지움법'과 '긴 지움법'이 있다.

> (74) 철수는 교회에 갔다.
>   → 철수는 교회에 <u>못</u> 갔다.　　<짧은 지움월>
>   → 철수는 교회에 <u>가지 못했다</u>.　　<긴 지움월>

‘못’ 지움월도 ‘안’ 지움월과 마찬가지로 (75)에서처럼 짧은 지움월을 이룰 경우에는 긴 지움월에 비해 적용상의 제약이 있는데, 이는 ‘안/ 아니’에 의한 짧은 지움법의 경우와 같다.

> (75) ㄱ. *민오는 못 운동한다.
>   ㄴ. 민오는 운동(을) 못 한다.

그리고 ‘못’ 지움월도 ‘안’ 지움월과 같이 그 뜻이 중의적일 때가 있다.

> (76) 민수는 숙제를 하지 못했다.
> → 숙제를 하지 못한 사람은 민수이다. (다른 사람이 아닌)
> → 민수가 못한 것은 숙제이다. (다른 것이 아닌)
> → 민수가 하는 행동은 숙제를 하는 것이 아니다.
>   (다른 행동을 한다 – 보고만 있거나)

이 때에 ‘안’ 지움월과 같이 ‘못’ 지움월도 도움토씨를 사용하면 한 가지의 뜻만을 나타내게 된다.

> (77) ㄱ. 민수는 숙제는 하지 못했다.
>   → 그러나 다른 것은 했다.
>   ㄴ. 민수는 숙제를 하지는 못했다.
>   → 단지 숙제를 생각하거나 보기만 했다.

‘말다’ 지움월 : ‘안’ 지움월이나 ‘못’ 지움월은 (78)과 같이 일반적으로 서술법과 물음법에만 적용이 가능하고 시킴법이나 꾀임법에는 불가능하다.

> (78) ㄱ. *너는 학교에 안 기기라.
>   *너는 학교에 가지 않아라.
>   *우리 학교에 안 가자.
>   *우리 학교에 가지 않자.

ㄴ. *너는 학교에 못 가거라.
   *너는 학교에 <u>가지 못해라.</u>
   *우리 학교에 못 가자.
   *학교에 <u>가지 못 하자.</u>

　이와 같이 '안' 지움월과 '못' 지움월은 시킴법과 꾀임법에는 적용될 수 없으므로 '말다'를 사용하여 나타낸다. '말다'에 의한 지움법은 풀이씨의 줄기에 '- 지' 씨끝을 붙이고 그 뒤에 '말다'를 쓴다.

(79) ㄱ. 너는 들에 <u>가지 말아라.</u>
    ㄴ. 우리 들에 <u>가지 말자.</u>

　'말다' 지움월은 (79)와 같이 시킴법과 꾀임법에만 쓰이고, (80)과 같이 서술법과 물음법에는 쓰일 수 없다.

(80) ㄱ. *민오는 세수를 <u>하지 만다.</u>
    ㄴ. *너는 공부도 <u>하지 마니?</u>

　풀이말이 시킴법과 꾀임법의 실현이 가능한 움직씨일 때는 '말다' 지움법을 사용할 수 있다. 때로는 시킴법과 꾀임법의 실현이 불가능한 그림씨 풀이말에 '말다' 지움법이 실현되는 경우가 있다.

(81) ㄱ. 제발 옷이 너무 <u>크지만 말아라.</u>
    ㄴ. 내일 날씨가 <u>흐리지만 말아라.</u>

　(81ㄱ,ㄴ)의 풀이말에는 '기원, 바람'의 뜻이 있다. 그러므로 그림씨에 '말다' 지움법이 사용될려면 '기원, 바람'의 뜻이 있을 때에만 가능하고, (82ㄱ, ㄴ)과 같이 시킴과 꾀임의 뜻이 있으면 불가능하다.

(82) ㄱ. *민수가 <u>나쁘지 말아라</u>.
     ㄴ. *우리가 <u>상냥하지 말자</u>.

그런데 아래 월은 서술월인데 '말다' 지움법이 실현되었다.

(83) ㄱ. 사람들은 이 지구상에서 전쟁이 더 이상

     계속되지 [않기/말기] 를 간절히 원했다.

     ㄴ. 마을 주민들은 오랑캐들이 제발 이 곳을

     약탈하지 [않고/말고] 무사히 돌아갔으면 했다.

　(83ㄱ)은 풀이말이 '원하다'이며 (83ㄴ)은 '돌아갔으면 했다'이다. 이 두 월
의 풀이말이 가진 뜻은 '기원'이나 '바람'이다. '말다' 지움법은 시킴법과 꾀
임법에서 실현되는 것이 원칙이지만 풀이말이 '기원'이나 '바람'과 같은 뜻
을 가지고 있을 때에는 서술법에서도 실현이 가능하다.

【정리문제】 ________________________________

1. 「아이가 밥을 먹는다.」는 월을 가지고 스스로움직임월과 하임움직임월,
   제힘움직임월과 입음움직임월의 통어상의 관계 및 특성을 설명하라.

2. 하임법을 실현하는 파생의 방법과 통어적 방법에 대한 말본상의 차이
   를 정리해 보라.

3. 임음법을 실현하는 파생의 방법과 통어적 방법에 대한 말본상의 차이
   를 정리해 보라.

4. 물리적인 때(time)와 언어적인 때(tense)의 차이점을 설명하라.

5. 절대적때매김과 상대적때매김의 성립 기준을 설명하라.

6. 아래 월의 밑줄 친 부분의 상대적인 때를 구분해 보라.

> (가) 그가 제 몫을 다 <u>먹고도</u> 두 그릇이나 더 먹었다.
> (나) 문녀가 왕의 총애를 <u>믿고서</u> 선희궁께 거만하게 굴었다.
> (다) 우리는 석양이 <u>되자</u> 집으로 돌아왔다.
> (라) 이 공이 공으로써 죄를 <u>갚도록</u> 그를 설득했다.
> (마) 그가 나무를 <u>하러</u> 산에 올라 갔다.
> (바) 그는 다시 과거를 <u>보려고</u> 길을 떠났다.

7. 우리말의 때매김 체계를 수립하는 데는 여러 가지 이견들이 있다. 대표
   적인 이견들을 비교하여 그 차이점을 밝혀 보라.

8. 아래 월들에 실현된 높임법의 종류를 파악하여 <보기>와 같이 주체높임법이 실현되었으면 [+주체], 그렇지 않으면 [－주체], 들을이높임법이 실현되었으면 [+들을이], 그렇지 않으면 [－들을이], 객체높임법이 실현되었으면 [+객체], 그렇지 않으면 [－객체]로 표시하라.

   <보기> **영희가 동생에게 과자를 주었다.** [－주체, －들을이, －객체]
   (가) 영희가 동생에게 과자를 주었습니다.
   (나) 어머니가 영희에게 과자를 주셨다.
   (다) 어머니가 영희에게 과자를 주셨습니다.
   (라) 영희가 할머니께 과자를 드렸다.
   (마) 영희가 할머니께 과자를 드렸습니다.
   (바) 어머니가 할머니께 과자를 드리셨다.
   (사) 어머니가 할머니께 과자를 드리셨습니다.

9. 주체높임법의 성립 기준과 실현 방법을 설명하라.

10. 들을이높임법의 성립 기준과 실현 방법을 설명하라.

11. 객체높임법의 성립 기준과 실현 방법을 설명하라.

12. 지움법의 실현 방법과 실현 방법들 사이의 특성을 설명하라.

●참고문헌____

고영근(1974), <현대국어의 존비법에 대한 연구>, 어학연구 10 - 2.

김동식(1980), <현대국어 부정법의 연구>, 국어연구42.

김민수(1971), ≪국어 문법론≫, 일조각.

김석득(1981), <우리말의 시상>, 애선학보1.

______(1992), ≪우리말 형태론≫, 탑출판사.

김성화(1992), ≪국어의 상 연구≫,한신문화사.

김승곤(1996), ≪현대 나라말본≫, 박이정.

김일웅(1978), <타동·사역 형태소 '이'에 대하여>, 한글161, 한 글학회.

김종택(1981), <국어 대우법 체계를 재론함 - 청자 대우를 중심으로 - >,
          한글172, 한글학회.

김차균(1980), <국어의 사역과 수동의 의미>, 한글168, 한글학회.

______(1990), ≪우리말 시제와 상의 연구≫, 태학사.

김형규(1975), <국어 경어법 연구>, 동양학5.

나진석(1971), ≪우리말의 때매김 연구≫, 과학사.

남기심(1978), ≪국어 문법의 시제 문제에 관한 연구≫, 탑출판사.

남기심·고영근(1993), ≪표준 국어문법론≫, 탑출판사.

남풍연((1976), <국어 부정법의 발달>, 문법연구3.

박지홍(1992), ≪우리 현대말본≫, 과학사.

서상규(1984), <국어 부정문의 의미 해석 원리>, 말9, 연세대 한국어학당.

서정수(1984), ≪존대법의 연구≫, 한신문화사.

______(1995), ≪국어문법≫, 뿌리 깊은 나무.

성기철(1985), ≪현대국어 대우법 연구≫, 개문사.

송석중(1981), <한국말의 부정의 범위>, 한글173·174, 한글학회.

이경우(1983), <현대 국어 부정법의 일 고찰>, 홍익어문2, 홍익대.

______(1998), ≪최근세국어 경어법 연구≫, 태학사.

이길록(1975), ≪국어문법 연구≫, 일신사.

이숭녕(1962), <겸양법 연구>, 아세아연구5 - 2.

이익섭·임홍빈(1983), ≪국어문법론≫, 학연사.

이익섭·채완(1999), ≪국어 문법론 강의≫, 학연사.

이윤하(2001), ≪현대국어의 대우법 연구≫, 역락.

이주행(2000), ≪한국어 문법의 이해≫, 월인.

이환묵(1982), <부정표현 '아니'의 통사 범주와 그 의미>, 어학연구18 - 1.

최현배(1971), ≪우리 말본≫, 정음문화사.

황병순(1980), <부정법의 통시적 고찰>, 어문학40, 한국어문학회.

허 웅(1975), ≪우리 옛말본≫, 샘문화사.

______(1983), ≪국어학≫, 샘문화사.

______(1987), ≪국어 때매김법의 변천사≫, 샘문화사.

______(2000), ≪20세기 우리말의 형태론(고친판)≫, 샘문화사.

______(1999), ≪20세기 우리말의 통어론≫, 샘문화사.

【ㅅ, ㅆ】

2. 말본 형태소

【ㄱ, ㄲ】

용어대비표

<우리말 − 한자말>

【ㄱ, ㄲ】

우리말	한자말
가로 관계	통합 관계
가리킴대이름씨	지시대명사
가리킴매김씨	지시관형사
가리킴그림씨	지시형용사
가리킴어찌씨	지시부사
가림법	선택법
가지	접사
가진 관계 합성어	유속합성어
갈이소리	마찰음
감목법	자격법
값어치매인그림씨	가치보조형용사
거센소리	격음
거스런 풀이	역행 설명
걸림씨	관계사
겉쩌임새	표층구조
견줌그림씨	비교형용사
견줌말	비교어, 대비어
견줌법	비교법, 대비법
견줌자리(토씨)	비교격(조사)
견줌조각	비교구
겹낱말	복합어
겹부림말	이중목적어
겹셈	복수
겹월	복합문
겹임자말	이중주어
고룸소리	조음소
곳어찌씨	장소부사
그림매김씨	성상관형사
그림씨	형용사
글말	문어
기움말	보어
긴 지움월	장형 부정문
꼴	형태
꼴매김씨	형식관형사
꼴 바뀌는 말	(형태)변화사
꼴 바뀌지 않는 말	(형태)불변화사
꼴그림씨	형식형용사
꼴바꿈	어형 변화

꼴임자씨	형식체언
꾀임법	청유법
꾀임월	청유문
꾸밈 관계	수식 관계
꾸밈씨	수식어
꾸밈짜임새	수식구조
끝남	완료
끝바꿈	활용

【ㄴ】

남움직씨	타동사
낱말	단어
낱말만들기	조어법
낱말 이음어찌씨	단어 접속부사
녹은 관계 합성어	융합합성어
높임법	존대법
느낌법	감탄법
느낌씨	감탄사

【ㄷ, ㄸ】

다짐법	확인법, 강조법
닿소리	자음
대이름씨	대명사
더보탬법	첨가법

도움풀이씨	보조용언
도움움직씨	보조동사
도움토씨	보조사
돌이킴대이름씨(되기)	재귀대명사(화)
돌이킴때매김	회상시제
된소리	경음
두루이름씨	보통명사
두자리 풀이말	2항 서술어
둘째가리킴 대이름씨	2인칭대명사
뒷가지	접미사
들을이	청자
들을이높임법	상대존대법
따옴마디	인용절
따옴말	인용어
딸림 관계	종속 관계
딸림겹월	종속복합문
딸림마디	종속절
딸림이음	종속적 연결
딸림이음씨끝	종속적연결어미
딸림성분	부속성분
때매김(법)	시제(법)
때벌임	시간 나열
때어찌씨	시간부사
뜻바탕	의미자질

【ㅁ】

마디	절
마침꼴	종결형, 종지형
마침법(의향법)	문장종결법, 종지법
말다듬기[북한]	국어 순화
말도막	어절
말밑	어원
말버릇 느낌씨	구습감탄사
말본	문법
말본갈	문법학
말본형태소	문법형태소, 형식형태소
말본형태소 되기	문법화
말재어찌씨	양태부사, 화식부사
말할이	화자
맞섬 관계 합성어	병렬합성어
매김꼴(씨끝)	관형사형(어미)
매김마디	관형절
매김말	관형어
매김법	관형법
매김씨	관형사
매김씨스런 앞가지	관형사성 접두사
매김자리(토씨)	관형격(조사)
매인그림씨	보조형용사
매인움직씨	보소동사
매인이름씨	의존명사, 불완전명사
매인이음씨끝	보조적 연결어미
매인풀이씨	보조용언
맺음씨끝	종결어미, 어말어미
머리소리 규칙	두음법칙
모름대이름씨	미정대명사
모양어찌씨	상태부사
모양흉내말	의태어
모양흉내어찌씨	의태부사
모자란움직씨	불구동사
목구멍소리	후음
물음말	의문사
물음법	의문법
물음월	의문문
미룸매인그림씨	추측보조형용사

【ㅂ, ㅃ】

바뀐움직씨	전성동사
바른씨끝바꿈	규칙활용
바른 풀이	순행 설명
바탕매김씨	실질관형사
바탕그림씨	실질형용사
반홀소리	반모음
받침밀	피수식어, 중심어
밝은홀소리	양성모음
벌임이음	병렬적 연결

벌임 관계	병렬 관계
벌임겹월	병렬복합문
벌임 이음씨끝	병렬적 연결어미
벗어난 끝바꿈	불규칙활용
본대움직씨	본래동사
부름말	호격어
부름자리(토씨)	호격(조사)
부림말	목적어
부림자리(토씨)	목적격(조사)
부림조각	목적어구
부림짜임새	「부림말타동사」 구조
붙갈이소리	파찰음
빠져나간 매김마디	관계관형절
뿌리	어근

【ㅅ, ㅆ】

사람대이름씨	인칭대명사
세로 관계	계열 관계, 연합관계
세자리 풀이말	3항 서술어
셈숱	수량
셈숱그림씨	수량형용사
셈숱매김씨	수량관형사
셈씨	수사
셋째가리킴(대이름씨)	제3인칭(대명사)
소리 같은 말	동음어

소리 이음	연음
속겉그림씨	성상형용사
속짜임새	심층구조
손아래(사람)	수하(자)
손윗(사람)	수상(자)
순한소리[북한]	평음
쉼	휴지
스스로움직씨	주동사
스스로움직임	주동
스스로월	주동문
스침소리[북한]	마찰음
시킴(월)	명령(문)
시킴법	명령법
씨	품사
씨가름	품사 분류
씨끝	어미
씨끝바꿈(법)	활용(법)

【ㅇ】

아주낮춤	극하대
아주높임	극존대
안긴마디	내포절
안긴월	내포문
안맺음씨끝	선어말어미
안은(겹)월	포유복합문

안은마디	모문, 포유절	울림소리	유성음
안은월	포유문	움직씨	동사
안잡힘 셈씨	부정수사	월	문장
안잡힘	부정	월성분어찌씨	성분부사
안잡힘 대이름씨	부정칭대명사	월이음어찌씨	문장접속부사
안잡힘 가리킴매김씨	부정칭지시관형사	월조각	문장 성분
앞가지	접두사	으뜸마디	주절
어두운 홀소리	음성모음	으뜸셈(씨)	양수(사)
어림수	개수(槪數)	으뜸움직씨	본동사
어찌마디	부사절	으뜸성분	주요성분
어찌말	부사어	으뜸풀이씨	본용언
어찌법 씨끝	부사형(어미)	이름꼴(씨끝)	명사형(어미)
어찌씨	부사	이름법	명사형
어찌씨스런 매안이름씨	부사성 의존명사	이름씨	명사
어찌씨스런 앞가지	부사성 접두사	이야기	담화
어찌조각	부사구	이야기말본	담화문법
얼안벌임	공간나열	이은겹월	접속문
여김월	긍정문	이은말	구
예사낮춤	보통하대	이음마디	접속절
예사높임	보통존대	이음씨끝	접속어미
예사소리	평음	이음어찌씨	접속부사
올적	미래	이음토씨	접속조사
올적때매김	미래시제	이적	현재
올적 돌이킴 때매김	미래회상시제	이적 끝남 때매김	현재완료시제
옹근월	완전문	이적나아감	현재진행
옹근이름씨	완전명사	이적 돌이킴때매김	현재회상시제

일곱 끝소리 되기	귀착		제힘움직씨	능동사
일몬	일과 사물		제힘움직임	능동
임자	주체		제힘월	능동문
임자마디	체언절, 명사절		줄기	어간
임자말	주어		지난적	과거
임자씨	체언		지난적 끝남	과거완료
임자씨스런 매인이름씨	주어성 의존명사		지난적 돌이킴때매김	과거회상시제
임자자리(토씨)	주격(조사)		지난적때매김	과거시제
임자조각	주어구		지움말	부정어
입말	구어		지움법	부정법
입술소리	순음		지움어찌씨	부정부사
입술콧소리[북한]	순음 /ㅁ/		지움월	부정문
입음법	피동법		지지난 때	대과거, 과거 완료
입음움직씨	피동사		짧은 지움월	단형 부정문
입음움직임	피동			
입음월	피동문			

【ㅊ】

차례벌임(법)	계기적 나열(법)
차례셈(씨)	서수(사)
첫째가리킴	제1인칭
첫째가리킴 대이름씨	제1인칭대명사

【ㅈ, ㅉ】

자리(토씨)	격(조사)
자리바꿈	도치
자리수	결합가
잡음씨	지정사
잡힌셈(씨)	정수(사)
잡힘	정칭(定稱)
제움직씨	자동사

【ㅋ】

콧소리(되기)	비음(화)

【ㅌ】

터스침소리[북한]	파찰음
터짐소리	파열음
토씨	조사
튀김소리	탄설음

【ㅍ】

풀이마디	서술절
풀이말	서술어
풀이법	설명법
풀이씨	용언
풀이씨스런 매인이름씨	서술성 의존명사
풀이조각	서술구

【ㅎ】

하임법	사동법
하임움직씨	사동사
하임움직씨 되기	사동사화
하임월	사동문
한때벌임(법)	동시적나열(법)
한자리 풀이말	1항 서술어
허릿가지	접요사
혀끝소리	설단음

혀끝콧소리[북한]	설단음 /ㄴ/
혀뿌리소리[북한]	연구개음
혀뿌리콧소리[북한]	연구개음 /ㅇ/
홀로말	독립어
홀로씨	감탄사
홀로성분	독립성분
홀소리	모음
홀소리 어울림	모음조화
홀이름씨	고유명사
홑낱말	단일어
홑셈	단수
홑월	단문
홑줄기	단순어간
흉내말	상징어
힘줌법	강조법